Einleitung in Das Studium Der Anthropologie Und Civilisation. Deutsche Autorisirte Ausg. [Of Anthropology] Von G. Siebert

Edward Burnett Tylor

EINLEITUNG

IN DAS

STUDIUM DER ANTHROPOLOGIE

UND

CIVILISATION.

EINLEITUNG

IN DAS

STUDIUM DER ANTHROPOLOGIE

UND

CIVILISATION.

VON

Dr. EDWARD B. TYLOR,

Mitglied der Royal Society.

DEUTSCHE AUTORISIRTE AUSGABE

VON

G. SIEBERT,

Oberlehrer an der Realschule zu Wiesbaden.

MIT 78 IN DEN TEXT EINGEDRUCKTEN HOLZSTICHEN.

BRAUNSCHWEIG,

DRUCK UND VERLAG VON FRIEDRICH VIEWEG UND SOHN.

1883.

VORWORT.

Es mag auf den ersten Blick bedenklich erscheinen, den zahlreichen Wissenschaften, die
für die Zwecke der allgemeinen Bildung als
Unterrichtsmittel verwerthet werden, eine neue
hinzuzufügen Allein das Studium der Anthropologie ist in hohem Grade geeignet, das Studium anderer Wissenschaften zu erleichtern.
Wie das Tragen einer schweren Last durch Anwendung eines bequemen Traggestells trotz einer
geringen Vermehrung des Gewichts erleichtert
wird, so wird durch das Studium der Anthropologie und Civilisation das Studium anderer
Wissenschaften erleichtert, indem die zerstreuten
Thatsachen, welche den Gegenstand dieser
Wissenschaften bilden, durch das Studium der
Anthropologie zu einem übersichtlichen Ganzen
vereinigt werden. Viele Schwierigkeiten des
Unterrichts entspringen aus dem Umstande,
dass der Lernende keine klare Vorstellung von

dem Zweck einer Wissenschaft und der Stellung
derselben zu anderen Wissenschaften besitzt.
Wenn er sich aber mit der geschichtlichen
Entwickelung der Wissenschaft bekannt macht,
wenn er lernt, wie sie sich aus einfacheren Bedürfnissen und Zuständen des menschlichen
Lebens entwickelte, so wird er für das Studium
dieser Wissenschaft besser vorbereitet sein, als
ohne die Kenntniss dieser historischen Entwickelung. Wenn er gelernt hat, wie die
menschliche Sprache in ihrer einfachsten Form
aus Geberden und unarticulirten Tönen besteht,
und wie sich die articulirte Sprache aus diesen
einfachen Anfängen entwickelt hat, so hat er
einen bessern Ausgangspunkt für das Studium
der Sprachwissenschaft gewählt, als wenn er
sich sofort in das Studium grammatischer Fein-
heiten vertieft hätte, die auf den, der die Entstehung derselben nicht kennt, den Eindruck
willkürlicher Regeln machen und die dem Anfänger oft das Studium eher erschweren, als
erleichtern. Dass das Studium der Geometrie
so manchen Anfänger abschreckt, hat seinen
Grund vielfach darin, dass der Schüler nicht in
genügender Weise darüber aufgeklärt wird, wie
die Geometrie aus den Bedürfnissen des praktischen Lebens hervorgegangen ist, wie sie von

den alten Zimmerleuten und Baumeistern begründet wurde, indem sie die Entfernungen und
Dimensionen, die sie bei ihren Arbeiten kennen
mussten, zu ermitteln suchten. Wer sich dem
Studium der Rechtswissenschaft widmet, steht
einer Anzahl höchst verwickelter Rechtssysteme
gegenüber, die sich im Lauf von Jahrtausenden
unter dem Einfluss von Kämpfen, Reformen und
auch Missgriffen entwickelt haben. Er wird
sich das Verständniss dieser Rechtssysteme erleichtern, wenn er sich mit den einfachsten
Formen der Gesetze bekannt macht, die die
Bedürfnisse wilder und barbarischer Völker zu
befriedigen bestimmt waren. Es ist überflüssig,
weitere Beispiele anzuführen; es giebt keine
einzige Wissenschaft und keine einzige Kunst,
deren Studium nicht durch die Kenntniss der
historischen Entwickelung derselben erleichtert
würde.

Das vorliegende Werk soll zur Einführung
in das Studium der Anthropologie dienen, bezweckt dagegen nicht, eine erschöpfende Darstellung der Wissenschaft in ihrem ganzen Umfange zu geben. Da das Werk für einen weiteren
Leserkreis berechnet ist, sind alle speciell wissenschaftlichen Fragen, die für einen solchen kein
Interesse bieten, von dem Inhalt ausgeschlossen

worden. So bieten die neueren Untersuchungen über die Schädelform verschiedener Rassen und dergleichen nur für Denjenigen Interesse, welcher sich eingehend mit Anatomie beschäftigt hat. Die Abschnitte, welche über die einzelnen Zweige des menschlichen Wissens handeln, sind mit grosser Sorgfalt bearbeitet worden. Wer indessen eingehendere Studien über diese Gegenstände machen will, muss auf ausführlichere Einzelwerke verwiesen werden.

Die Wissenschaft vom Menschen zieht die verschiedenartigsten Verhältnisse in ihr Bereich, vom Körper bis zum Geist, von der Sprache bis zur Musik, vom Feuermachen bis zur Moral. Aber alles dies sind Verhältnisse, die für jeden Gebildeten von Interesse sein müssen. Es übersteigt aber die Kraft eines Einzelnen, sich mit allen diesen verschiedenen Verhältnissen eingehend bekannt zu machen. Ich darf daher mit Recht die Bitte aussprechen, etwaige Irrthümer und Unvollkommenheiten mit Nachsicht zu beurtheilen. Ich würde überhaupt die Arbeit nicht unternommen haben, wenn mir nicht eine Anzahl befreundeter Gelehrten in zweifelhaften und schwierigen Fällen mit ihrem Rathe zur Seite gestanden hätten. Zu besonderem Danke bin ich verpflichtet den Herren Professor Hux-

ley und Dr. E. A. Freeman, Sir Henry
Maine, Dr. Birch, Mr. Franks, Professor
Flower, Generalmajor Pitt-Rivers, Professor
Sayce, Dr. Beddoe, Dr. D. H. Tuke, Professor W. K. Douglas, Mr. Russell Mar-
tineau, Mr. R. Garnett, Mr. Henry Sweet,
Mr. Rudler, sowie zahlreichen anderen Freun-
den, denen ich nur hier meinen Dank aussprechen kann, ohne sie alle einzeln namhaft
zu machen. Die Rassenbilder sind nach photo-
graphischen Aufnahmen gestochen, von denen
viele mit Genehmigung der Herren Dammann
in Hudtersfield aus den von ihnen herausgege-
benen Albums ethnographischer Photographien
entlehnt sind.

E. B. T.

VORWORT

DES

VERFASSERS ZUR DEUTSCHEN AUSGABE.

———

Das vorliegende Werk, welches seine Entstehung der Absicht verdankt, die Anthropologie
im Unterrichtswesen als Lehrgegenstand zu
verwerthen, ist für würdig erachtet worden, in
deutscher Bearbeitung veröffentlicht zu werden.
Der Verfasser giebt sich der Hoffnung hin,
dass dieselbe zu einer erhöhten Werthschätzung
der Leistungen deutscher Anthropologen, namentlich der Berliner anthropologischen Gesellschaft beitragen möge. Unter der ausgezeichneten Leitung von Professor Virchow und
Bastian, die an der Spitze der genannten
Gesellschaft stehen, haben sich alle Zweige der
anthropologischen Wissenschaft in der erfreu-
lichsten Weise entwickelt, die physische Anthropologie, die sich mit den körperlichen
Merkmalen der verschiedenen Menschenrassen

beschäftigt, die Archäologie, die die Geschichte derselben bis in die ältesten Zeiten verfolgt, und die Culturgeschichte, die durch das Studium des Völkergedankens als eines gesetzmässigen Erzeugnisses des menschlichen Geistes das geistige und sittliche Leben derselben erforscht. In unserer Zeit sind die Ergebnisse dieser Forschungen keine leere Theorie mehr, sondern sie behaupten ihren Platz in der positiven Wissenschaft, die dem sogenannten praktischen Menschen auf Schritt und Tritt in seinem Lebenslauf als Führer dient.

E. B. T.

INHALT.

INHALT.

Sechzehntes Capitel.

Die Gesellschaft.

ILLUSTRATIONSVERZEICHNISS.

[1]) Im Text zu ergänzen: „(nach Dobson)".

ILLUSTRATIONSVERZEICHNISS.   XIX

Das Alter des Menschengeschlechts.

Die zur Entwickelung der Rassen, der Sprachen und der Civilisation erforderlichen Zeiträume. Spuren des Menschen in der älteren und
jüngeren Steinzeit. Aeltere Quartär- oder Driftperiode.

Wer sich eine bestimmte Ansicht darüber bilden
will, in welcher Weise das Menschengeschlecht zu seinem
gegenwärtigen Zustand und seiner gegenwärtigen Lebensweise gekommen ist, muss sich zunächst darüber klar
werden, ob die Menschen neue Ankömmlinge auf der
Erde, oder alte Einwohner derselben sind. Erschienen sie mit den verschiedenen Rassen und den verschiedenen Arten der Lebensweise im fertig entwickelten Zustande, oder entwickelten sich diese erst nach und nach
im Laufe der Zeit? Wenn wir diese Frage beantworten
wollen, so müssen wir zunächst die verschiedenen Menschenrassen, die Sprachen, die Civilisation und die Alterthümer derselben kurz überblicken, um zu sehen, welche
Beweise für das Alter des Menschen in der Welt in dieser
Weise gewonnen werden können. Auch wird ein solcher
Ueberblick eine passende Einleitung für die ausführlichere Betrachtung des Menschen und seiner Lebensweise bilden.

Was zunächst die Verschiedenheit der Menschenrassen angeht, so wollen wir uns vorstellen, wir ständen an den Docks von Liverpool oder London und beobachteten die Gruppen von Angehörigen solcher Rassen, die von der unserigen sehr verschieden sind. Da bemerken wir die bekannte Gestalt des afrikanischen Negers mit so dunkelbrauner Haut, dass man sie gewöhnlich als schwarz bezeichnet, und mit so natürlich gekräuseltem Haar, dass man es in der Regel als wollig bezeichnet. Dies sind aber keineswegs die einzigen Menkmale, durch welche sich der Neger von uns unterscheidet. Ein Weisser, der sich sein Gesicht geschwärzt und sein Haar gekräuselt hat, um einen Neger vorzustellen, ist eine sehr mangelhafte Nachbildung eines solchen, da die Gesichtszüge des Negers von denen des Europäers wesentlich verschieden sind. Die platte Nase, die weiten Nasenlöcher, die dicken aufgeworfenen Lippen und die, von der Seite gesehen, stark vortretenden Kiefer, sind uns allen wohl bekannt. Ein Hutmacher würde sofort bemerken, dass der Kopf eines Negers verhältnissmässig schmäler ist als das gewöhnliche Oval der Hüte, welche für Engländer berechnet sind. Selbst im Dunkeln würde man einen Neger von einem Weissen unterscheiden können, einmal durch die eigenthümlich atlasartig anzufühlende Haut und sodann durch den noch eigenthümlicheren Geruch, den Keiner, der ihn jemals empfunden hat, verkennen wird. In denselben Docks bemerken wir unter dem Schiffsvolk andere, wohlausgeprägte Menschentypen. Der Kuli von Südindien (der nicht zur Hindurasse, sondern zu den sogenannten Gebirgsstämmen gehört) hat eine dunkelbraune Haut, schwarzes, seidenartiges, wolliges Haar, eine breite Nase, starke Kiefer und dicke Lippen. Bekannter sind die Chinesen, an Körpergrösse dem

Europäer nachstehend, von gelber Hautfarbe und rauhem, straffem, schwarzem Haar. Sehr gut ist das Eigenthümliche ihrer Gesichtszüge auf den chinesischen Porcellantellern und Papierschirmen dargestellt. Man erkennt auf diesen Abbildungen sehr gut die stumpfe Nase, die vorstehenden Backenknochen und die eigenthümliche schiefe Stellung der Augen, die wir dadurch nachahmen können, dass wir die äusseren Augenwinkel mit dem Finger etwas nach oben drücken. Vergleichen wir eine Anzahl derartiger Rassen mit derjenigen, welcher wir selbst angehören, so treten uns die grössten Unterschiede in der Gesichtsfarbe und den Gesichtszügen entgegen. Dabei werden wir bemerken, dass unter den Weissen, wie wir uns selbst zu nennen pflegen, mindestens zwei Haupttypen zu unterscheiden sind. Begeben wir uns an Bord eines Kopenhagener Handelsschiffes, so finden wir unter der Mannschaft grösstentheils Männer mit blauen Augen, heller Gesichtsfarbe und blondem Haar, während wir auf einem Genueser Schiffe, welches neben jenem ankert, grösstentheils Männer von dunkler Gesichtsfarbe, schwarzen glänzenden Augen und schwarzem Haar finden. Diese beiden Typen hat man nicht unpassend als den hellweissen und den dunkelweissen unterschieden.

Erst in neuerer Zeit hat man die Rassenunterschiede in wissenschaftlicher Weise festgestellt. Allein seit den ältesten Zeiten machten die politischen Verhältnisse von Einheimischen und Fremden, von Eroberern und Unterworfenen, von Freien und Sclaven den Rassenunterschied zum Gegenstand der Aufmerksamkeit und gaben Veranlassung, die Kennzeichen der verschiedenen Rassen mit peinlicher Sorgfalt zu beachten. Bis zur Abschaffung der Sclaverei wurde in den südlichen Vereinigten Staaten den Spuren der Negerabstammung mit der grössten

1

Aengstlichkeit nachgeforscht. Man begnügte sich nicht
damit, die Mischlinge regelrecht als Mulatten, Quadro-
nen u. s. w. herab bis Octaronen zu classificiren. Wenn
es ein Mischling, an dem ein ungeübtes Auge ausser
einer bräunlichen Gesichtsfarbe nichts Auffallendes bemerkte, wagte, sich an einer öffentlichen Table d'hôte
niederzulassen, so wurde er aufgefordert, seine Hände
vorzuzeigen, und der Makel afrikanischer Abstammung
wurde an der schwarzen Farbe der Wurzel der Fingernägel erkannt.

Da die Rassenunterschiede so leicht in die Augen
fallen, war es zu erwarten, dass sich in alten Inschriften
und Abbildungen die Menschenrassen, wie sie beim Beginn der historischen Zeit waren, dargestellt finden würden. Dies ist der Fall in Aegypten, wo sich die ältesten
Inschriften der Welt befinden. Die ältesten Abbildungen von Aegyptern selbst sind über 4000 Jahre alt und
zeigen genau dieselben Gesichtszüge, wie die aus späteren Zeiten stammenden Abbildungen. Die aus der Zeit
der sechsten Dynastie (um 2000 v. Chr.) stammende berühmte Inschrift des Fürsten Una erwähnt die Nashi
oder Neger, deren gegen zehntausend für das ägyptische Heer ausgehoben und eingeübt wurden. An den
Wänden des Grabes von Knumhetp, welches aus der Zeit
der zwölften Dynastie stammt, findet sich die Darstellung
eines feierlichen Aufzuges von Amu, die durch ihre Gesichtszüge als Glieder derjenigen Rasse zu erkennen sind,
welcher die Syrier und Hebräer angehörten. Namentlich die aus der Zeit der neunzehnten Dynastie stammenden Wandgemälde der Königsgräber von Theben
haben uns colorirte Abbildungen der vier grossen Rassen
erhalten, welche von den Aegyptern unterschieden wurden. Es sind dies die rothbraunen Aegypter selbst, die

Bewohner Palästinas mit ihrem Adlerprofil und ihrer bräunlichen Gesichtsfarbe, die plattnasigen, dicklippigen afrikanischen Neger und die Libyer mit heller Gesichtsfarbe. So zerfiel das Menschengeschlecht bereits in scharf abgesonderte Rassen, die sich durch die Hautfarbe und die Gesichtsbildung unterschieden. Es ist überraschend, wie deutlich noch jetzt diese altweltlichen Menschentypen zu erkennen sind. Der heutige Aethiopier bildet das vollkommene Ebenbild des Aethiopiers der alten Denkmäler. Trotz der zahlreichen Einfälle fremder Völker in Aegypten hat sich die Masse der Dorfbewohner so rein erhalten, dass es leicht wäre, Typen aus derselben auszuwählen, die als Repräsentanten der Zeit der Pharaonen gelten könnten. Die Portraits derselben müssen nur in der steifen Art der Denkmäler, von der Seite gesehen, ausgeführt werden, und wir haben ein getreues Bild der Aegypter, wie sie sich selbst zu der Zeit abbildeten, als sie die Israeliten in Gefangenschaft hielten. Ebenso zeigen die alten ägyptischen Portraits von Gefangenen aus Palästina, von Syriern, Phöniciern und Hebräern, die scharf ausgeprägten israelitischen Gesichtszüge, welche wir heute in allen Städten Europas erblicken. So spricht das Zeugniss der alten Denkmäler in Uebereinstimmung mit der geographischen und historischen Forschung dafür, dass sich die Bildung der grossen Rassen des Menschengeschlechtes bereits vor dem Beginn der historischen Zeit vollzogen hatte. Die Veränderungen, welche während der historischen Zeit stattgefunden haben, scheinen, abgesehen von der Bildung von Mischrassen durch Zwischenheirath, verhältnissmässig gering gewesen zu sein.

Aus dem Gesagten ergiebt sich, dass die historische Zeit nur als die moderne Periode des Daseins des Menschengeschlechts zu betrachten ist. Obwohl es uns an einem Maassstab fehlt, durch welchen wir die Länge dieser Periode bestimmen könnten, haben wir doch genügende Gründe, uns dieselbe als einen ausserordentlich langen Zeitraum vorzustellen. Ein Blick auf eine ethnologische Karte, auf welcher die von verschiedenen Menschenrassen bewohnten Gegenden durch verschiedene Farben bezeichnet sind, lehrt uns, dass die verschiedenen Völkerstämme nicht regellos über die Erde zerstreut sind, ein weisser Stamm hier, ein brauner da, und etwa ein schwarzer zwischen beiden. Vielmehr sind ganze Rassen über weite Gegenden verbreitet, gleichsam als ob sie sich hier entwickelt hätten, und der eigenthümliche Typus der Rasse scheint mehr oder weniger mit dem Klima, in welchem die Rasse lebt, in Zusammenhang zu stehen. Namentlich bemerkt man, dass die Hauptmasse von schwarzen Stämmen den Aequatorialgegenden Afrikas und Polynesien, die gelbe Rasse Mittel- und Südasien, die weisse Rasse dem gemässigten Asien und Europa angehört. Eine solche Karte gestattet uns sogar, die Lage derjenigen Gegend zu errathen, in welcher sich vermuthlich jede dieser Rassen ursprünglich entwickelt hat und von welcher aus sie sich immer weiter ausgebreitet hat. Wären nun, wie Einige angenommen haben, die Neger, die Mongolen, die Weissen und andere Rassen verschiedene Arten, jede einem besonderen Ursprung in ihrem eigenen Gebiet entstammend, so würde die Ausbreitung der Völker über die Erde keine übermässig lange Zeit erfordern, da die einzelnen Rassen nur nöthig hätten, sich von ihrer eigenen Geburtsstätte aus weiter auszubreiten. Einer solchen Annahme widersprechen aber die modernen Zoologen, die das Studium der Arten und Rassen der Thiere zu den berufensten Richtern in dieser Streitfrage macht, aus zwei Hauptgründen. Erstens zeigen alle Völkerschaften, von den schwärzesten bis zu den weissesten, von den wildesten bis zu den civilisirtesten, eine solche Uebereinstimmung in ihrem Körperbau und in ihrer Geistesthätigkeit, dass dieselbe nicht einfacher und besser erklärt werden kann, als durch die Annahme der Abstammung von gemeinsamen, wenn auch noch so entfernten Vorfahren. Zweitens sind alle Menschenrassen ungeachtet der Verschiedenheit in Gestalt und Hautfarbe fähig, Wechselehen einzugehen und Mischrassen jeder beliebigen Combination zu erzeugen, wie z. B. die Millionen von Mulatten und Mestizen der neuen Welt, welche der Vermischung von Europäern, Afrikanern und Eingeborenen Amerikas entsprungen sind. Auch dieser Umstand deutet auf gemeinsame Abstammung aller Menschenrassen. Wir können die Theorie der Einheit des Menschengeschlechtes als die mit der gewöhnlichen Erfahrung und der wissenschaftlichen Untersuchung am besten in Einklang stehende betrachten. Bis jetzt besitzen wir indessen nur sehr unvollkommene Mittel, um beurtheilen zu können, wem die Vorfahren des Menschen an Körper und Geist glichen, bevor die Vorfahren der gegenwärtigen Neger, Tataren und Australier sich in verschiedene Stämme gesondert hatten. Ebenso wenig sind bis jetzt die Ursachen aufgeklärt, unter deren Einfluss sich bei diesen Stämmen die verschiedenen Typen des Schädels und der Glieder, der Farbe und der Haare entwickelten. Es kann gegenwärtig nicht ermittelt werden, in welchem Grade die Eigenschaften einzelner Vorfahren von den Nachkommen ererbt und im Laufe der Generationen verstärkt wurden, bis zu welchem Grade stärkere Stämme, wenn schwächere im Kampf um Land und Leben unterlagen, den von ihnen abstammenden

Nationen ihr eigenes Gepräge aufdrückten, bis zu welchem Grade wandernde Völkerschaften durch Wechsel des Klimas, der Nahrung und der Lebensweise eine körperliche Veränderung erfuhren. Jedenfalls ist anzunehmen, dass zugleich mit der Ausbreitung des Menschengeschlechts über die Erde neue, den verschiedenen Gegenden angepasste Rassen entstanden. Welchen Antheil auch diese und andere noch weniger aufgeklärte Ursachen an der Veränderung der Menschenrassen gehabt haben, jedenfalls sind Unterschiede, wie zwischen einem Engländer und einem Neger der Goldküste, nicht als unbedeutende Abänderungen zu betrachten. Dieselben sind im Gegentheil von solcher Bedeutung, dass man sie mit den Unterschieden zwischen Thieren verglichen hat, die man als verschiedene Arten betrachtet, wie z.B. zwischen dem braunen Bär mit seiner gerundeten Stirn und dem Eisbär mit seinem weisslichen Pelz und seinem langen platten Schädel. Wenn wir daher in Gedanken bis in eine Zeit zurückgehen, in welcher die Vorfahren des Afrikaners, des Australiers, des Mongolen und des Skandinaviers noch einen einzigen ungetheilten Stamm bildeten, so muss die Theorie der gemeinsamen Abstammung hinreichend starke Ursachen und hinreichend lange Zeiträume annehmen, um die Veränderungen zu erklären, denen keine einzige derjenigen Veränderungen, die in historischer Zeit stattgefunden haben, auch nur annähernd gleichkommt. Von diesem Standpunkte aus betrachtet ist jeder schwarze, braune, gelbe und weisse Mensch, der uns am Landungsplatze eines Hafenortes begegnet, ein lebendiger Zeuge für das hohe Alter des Menschengeschlechts.

Wenden wir uns jetzt der weiteren Frage zu, was uns die Sprache über das Alter des Menschengeschlechts

auf der Erde lehrt. Man kennt ungefähr tausend verschiedene Sprachen. Es ist jedoch auf den ersten Blick
klar, dass sich dieselben nicht sämmtlich selbständig und
von einander getrennt entwickelt haben. Es giebt Gruppen von Sprachen, die in ihrem grammatischen Bau und
in ihrem Wortschatz eine so grosse Uebereinstimmung
zeigen, dass ihre gemeinsame Abstammung von ein und
derselben Ursprache keinem Zweifel unterliegen kann.
Eine der am besten bekannten dieser sogenannten Sprachfamilien mag als Beispiel dienen, um die Art und Weise
ihrer Entwickelung näher darzulegen. In alten Zeiten
war das Lateinische (in einem etwas weiteren Sinne des
Wortes) die Sprache Roms und einiger anderer Gegenden Italiens, und mit der Ausdehnung des römischen
Reiches breitete sich auch die lateinische Sprache aus
und verdrängte nach und nach die früheren Sprachen
ganzer Provinzen. Indem das Lateinische in jedem Lande
eine besondere Reihe von Veränderungen durchlief, entwickelte sich aus ihm die Familie der romanischen
Sprachen, von welcher das Italienische, Spanische und
Französische bekannte Glieder sind. Wie verschieden
diese Sprachen im Laufe ihrer selbständigen Entwickelung geworden sind, sehen wir daraus, dass ein Seemann
von Dieppe sich nicht in Malaga verständlich machen
kann, oder dass uns die Kenntniss der französischen
Sprache nicht befähigt, Dante zu lesen. Und doch zeigen die romanischen Sprachen die Spuren ihres römischen Ursprungs so deutlich, dass man leicht italienische,
spanische und französische Sätze auswählen kann, deren
Worte sämmtlich die lateinische Urform, von welcher
sie abstammen, erkennen lassen. Als Beispiel mögen
einige bekannte Sprüchwörter dienen. Da es sich übrigens hier nur um eine Vergleichung der einzelnen Worte

handelt, entbehrt die lateinische Uebersetzung natürlich
der richtigen grammatischen Form.

Italienisch.

E meglio un uovo oggi che una gallina domani,
est melius unum ovum hodie quid una gallina de mane,
  d. h. Besser ein Ei heute als ein Huhn morgen.

Chi va piano va sano, chi va sano va lontano,
qui vadit planum vadit sanum, qui vadit sanum vadit longum,
d. h. Wer langsam geht, geht sicher, wer sicher geht, geht weit.

Spanisch.

Quien canta sus males espanta,
quem cantat suos malos expav(ere),
  d. h. Wer singt, verscheucht seine Leiden.

Por la calle de despues se va à la casa de nunca,
per illam callem de de-ex-post se vadit ad illam casam de nunquam,
d. h. Auf dem Wege von „bald" kommt man nach dem Hause
von „nie".

Französisch.

Un tiens vaut mieux que deux tu l'   auras,
unum tene valet melius quod duos tu illum habere-habes,
  d. h. Ein „nimm" ist besser, als zwei „du sollst haben".

Parler de la corde dans la maison d' un pendu,
parabola de illam chordam de intus illam mansionem de unum pend(o),
  d. h. Im Haus eines Gehenkten vom Strick sprechen.

Angesichts solcher Sätze ist es einleuchtend, dass
sich die italienische, die spanische und die französische
Sprache aus der lateinischen entwickelt haben, indem
sich die Worte von Generation zu Generation um so mehr
veränderten, je weiter sie sich von der Ursprache entfernten. Selbst wenn die lateinische Sprache nicht erhalten wäre, würden die Philologen dennoch im Stande
sein, aus einer Vergleichung der romanischen Sprachen

den Schluss zu ziehen, dass eine Sprache, von welcher
sie alle abstammen, existirt haben muss, wenn auch eine
Reconstruction dieser Sprache uns nur eine dürftige Vorstellung von ihrem Wortvorrath und ihrem grammatischen Bau geben würde. Eine andere Gruppe europäischer Sprachen bietet uns ein gutes Beispiel gemeinsamer Abstammung von einer Ursprache, die sich nicht
erhalten hat. Nehmen wir an, wir hörten der Unterhaltung einiger holländischer Seeleute zu. Anfangs würde
uns die Sprache derselben vielleicht ganz unverständlich vorkommen, allein ein scharfes Ohr würde nach
einiger Zeit den Klang bekannter Worte erkennen, ja
vielleicht schliesslich ganze Sätze, wie die folgenden verstehen: — *Kom hier! Wat zegt gij? Hoe is het weder?
Het is een hevige storm, ik ben zeer koud. Is de maan op?
Ik weet niet.* Wegen der verschiedenen Orthographie
ist zwar die Aehnlichkeit dieser geschriebenen Worte
mit den entsprechenden englischen nicht sehr auffallend,
aber die gesprochenen Sätze haben die grösste Aehnlichkeit mit den folgenden, allerdings etwas veralteten
oder provinziellen englischen Redensarten: — *Come
here! What say ye? How is the weather? It is a heavy
storm, I be sore cold. Is the moon up? I wit not.* Eine
solche Uebereinstimmung zweier Sprachen lässt sich aber
nicht einfacher und natürlicher erklären, als durch die
Annahme gemeinsamer Abstammung von ein und derselben Muttersprache. Diese Annahme ist eine ganz
ähnliche, als die Annahme gemeinsamer Abstammung
der Völker selbst. Ebenso wie wir sagen, die Holländer
und die Engländer sind so ähnliche Geschöpfe, dass sie
von gemeinsamen Vorfahren abstammen müssen, so sagen
wir auch, diese beiden Sprachen sind so ähnlich, dass
sie sich aus einer gemeinsamen Stammsprache entwickelt

haben müssen. Eine dritte Sprache, die mit Holländisch
und Englisch nahe verwandt ist, ist das Friesische. Aus
dieser Aehnlichkeit schliesst man, dass einst eine Muttersprache oder eine Gruppe von Dialecten existirt haben
muss, von welcher die drei genannten Sprachen abstammen, und die man als das ursprüngliche Niederdeutsche
bezeichnen könnte, eine Sprache, die uns indessen nicht
durch Schriftdenkmale überliefert ist.

Je grösser aber die Zeiträume werden, in deren Verlauf die Sprachen einer Familie sich selbständig entwickelten, desto geringer wird die Möglichkeit, die Verwandtschaft derselben in der Uebereinstimmung ganzer
Sätze zu erkennen. In diesem Falle sind die Philologen
auf weniger auffallende Uebereinstimmungen angewiesen,
die indessen zum Nachweis der Verwandtschaft genügen,
wenn die beiden Sprachen nicht nur übereinstimmende
Worte besitzen, sondern wenn diese gemeinsamen Worte
auch in beiden Sprachen in übereinstimmenden grammatischen Formen vorkommen. Vergleicht man z. B.
Sanskrit, die alte Sprache der indischen Brahmanen,
mit Griechisch und Lateinisch, so findet man, dass das
Sanskritzeitwort *dâ*, geben, in der gegenwärtigen Zeit
durch Reduplication und Anhängen der Personalendung
die Form *dadâmi* erhält, die eine grosse Aehnlichkeit
mit dem griechischen *didōmi* hat. Von derselben San-
skritwurzel wird ein Particip der zukünftigen Zeit *dâsya-
mânas*, entsprechend dem griechischen *dōsomenos*, gebildet, während das Sanskritwort *dâtâr* dem griechischen
Wort *dotēr*, d. h. Geber, entspricht. So entsprechen den
lateinischen Formen *vox, vocis, vocem, voces, vocum, voci-
bus* die Sanskritformen *vâk, vâćas, vâćam, vâćas, vâćâm,
vâgbhyas*. Wenn sich in verschiedenen Sprachen, wie
Sanskrit, Griechisch und Lateinisch, eine derartige durch-

gehende Analogie zeigt, so ist kaum eine andere Erklärung für diese Erscheinung möglich, als die Annahme einer Ursprache, von welcher diese Sprachen abstammen und von welcher sie sich während ihrer Entwickelung in verschiedenen Richtungen entfernt haben. Auf diese Weise hat man erkannt, dass nicht nur diese Sprachen durch gemeinsame Abstammung verwandt sind, sondern dass eine Anzahl von Gruppen alter und moderner Sprachen in Asien und Europa Abkömmlinge einer gemeinsamen Ursprache, dem sogenannten Arischen sind, dessen Bau wir nur in unvollkommener Weise durch Vergleichung der von ihm abstammenden Sprachen ermitteln können. Die Hauptglieder dieses sogenannten arischen oder indogermanischen Sprachstammes sind die indische Gruppe, die persische Gruppe, die hellenische oder griechische Gruppe, die italische oder lateinische Gruppe, die slavische Gruppe, zu welcher Russisch gehört, die germanische Gruppe, zu welcher Deutsch und Englisch gehören, und die keltische Gruppe, zu welcher Wallisisch gehört. Einige Glieder dieses Sprachstammes sind uns in einer für unsere beschränkte Zeitrechnung ausserordentlich alten Form überliefert worden. Die heiligen Bücher der Inder und Perser haben uns die Sanskrit- und die Zendsprache erhalten, welche durch ihren Bau ein Alter erkennen lassen, welches über die Zeit der Entstehung der ältesten griechischen und lateinischen Inschriften, sowie der alten persischen Keilinschriften des Darius hinausgeht. Allein bereits in ihren ältesten bekannten Formen zeigen die arischen Sprachen eine solche Verschiedenheit, dass der gemeinsame Ursprung derselben nur mit Mühe nachzuweisen ist. Die geringe Aehnlichkeit, durch welche das Wallisische noch seine Verwandtschaft mit Griechisch und Lateinisch zeigt,

mag eine Vorstellung von der ungeheuren Zeit geben,
welche verflossen ist, seit sich alle drei aus der arischen
Ursprache entwickelt haben, die selbst wahrscheinlich
lange vor Beginn der historischen Zeit zu existiren aufgehört hat.

Noch eine andere Gruppe von Sprachen alter Völker nimmt in der Weltgeschichte eine wichtige Stellung
ein, nämlich die Familie der semitischen Sprachen, zu
welcher das Hebräische und Phönicische, sowie das aus
den Keilinschriften von Niniveh entzifferte Assyrische
gehört. Das Arabische, die Sprache des Korans, ist der
grosse moderne Repräsentant dieser Familie, und wie
gross die Aehnlichkeit desselben mit dem Hebräischen
ist, mag an einigen bekannten Redensarten gezeigt werden. Der Araber begrüsst den Fremden noch mit *salâm
alaikum*, „Friede über euch“, fast ebenso wie der alte
Hebräer gesagt haben würde *shâlôm lâchem*, „Friede
euch“. Der oft gehörte arabische Ausruf *bismillah* lautet
hebräisch *be-shêm hâ-Elohim*, „im Namen Gottes“. Viele
Namen biblischer Personen zeigen grosse Aehnlichkeit
mit arabischen Namen. *Ebed-melech* (d. h. Diener des
Königs) z.B., der den Jeremias aus dem Gefängniss nahm,
trug einen ganz ähnlichen Namen wie der Khalif *Abd-el-
Melik* der muhamedanischen Geschichte. Keine dieser
semitischen Sprachen bildet indessen die Muttersprache
der Familie, ähnlich wie das Lateinische die Muttersprache der romanischen Sprachfamilie bildet. Assyrisch,
Phönicisch, Hebräisch und Arabisch sind vielmehr
Schwestersprachen, welche auf eine ältere, längst ver-
schwundene Muttersprache hindeuten. Die alte ägyptische Sprache der Hieroglyphen kann nicht als ein Glied
der semitischen Sprachfamilie betrachtet werden, obwohl
sie durch manche Eigenthümlichkeiten auf einen ent-

fernten Zusammenhang mit derselben hindeutet. Wir
wissen auch, dass vor dem Jahre 2000 v. Chr. zwei wichtige Sprachen existirten, welche weder zur arischen, noch
zur semitischen Familie gehörten, nämlich das Altbaby-
lonische und das Altchinesische. Auch die Sprachen anderer Gegenden, z. B. Amerikas, zerfallen, wie sich bei
näherer Untersuchung herausstellt, in verschiedene Gruppen oder Familien.

Dieser flüchtige Blick auf 'den ältesten bekannten
Zustand der Sprachen genügt, um uns zu überzeugen,
dass sich die Sprachbildung der Hauptsache nach bereits
in vorhistorischen Zeiten vollzogen hatte. Gehen wir
soweit zurück, als uns die Sprachwissenschaft führen
kann, so finden wir bereits eine Anzahl von Sprachgrup-
pen vor, die sich durch ihre Worte und ihren Bau unterscheiden, und die, wenn sie überhaupt jemals in Beziehung zu einander gestanden haben, nur noch so schwache
Spuren ihrer Verwandtschaft zeigen, dass sich dieselben
unserer aufmerksamsten Nachforschung entziehen. Trotz
der eifrigsten Bemühungen ist es nicht gelungen, Spuren
einer Ursprache des Menschengeschlechts zu entdecken.
Die ältesten Sprachtypen, welche wir erreichen können, indem wir von bekannten Sprachen zurückgehen,
zeigen keine Anzeichen, dass sie Ursprachen des Menschengeschlechts gewesen seien. Man kann im Gegentheil mit Bestimmtheit behaupten, dass sie nicht Ursprachen sind, dass vielmehr Perioden des Wachsthums
und des Verfalls die Spuren des Zusammenhangs zwischen
dem Klang und der Bedeutung der Worte verwischt
haben. Während der historischen Zeit machte sich die
Thätigkeit des Menschen auf dem Gebiet der Sprache
nur in geringem Grade in der Neubildung von Sprach-
elementen bemerklich, aus dem einfachen Grunde, weil

die von den Vorfahren ererbten Worte seinem Bedürfniss genügten. Das einzige, was er bei dem Auftreten
neuer Vorstellungen zu thun hatte, bestand in der Umformung bereits vorhandener Worte. So gewinnen wir
durch das Studium der Sprachen dieselbe Ansicht über
das Alter des Menschengeschlechts, die wir bereits aus
dem Studium der Menschenrassen gewonnen haben.
Fragen wir einen Philologen, wie lange nach seiner Ansicht das Menschengeschlecht existire, so wird er uns
antworten, so lange, dass sich aus den ersten Anfängen
eine wohl ausgebildete Sprache entwickeln konnte, und
dass sich aus dieser wieder Sprachfamilien herausbilden
und sich über die Erde ausbreiten konnten. Diese ungeheure Entwickelung hat sich aber bereits in einer Zeit
vollzogen, die derjenigen Zeit, aus welcher die ältesten
ägyptischen, babylonischen, assyrischen, phönicischen,
persischen und griechischen Inschriften stammen, vor-
ausgeht, da in diesen Inschriften bereits die Familien
der menschlichen Sprache im ausgebildeten Zustande
vorliegen.

Wir haben nun unsere Aufmerksamkeit der Cultur
oder Civilisation zuzuwenden, um zu sehen, ob auch sie
uns mit Thatsachen bekannt macht, die dafür sprechen,
dass der Mensch schon in Zeiten gelebt und gewirkt
hat, die den ältesten Zeiten, von denen wir historische
Kunde besitzen, vorausgehen. Es ist eine gute alte
Regel, vom Bekannten zum Unbekannten fortzuschreiten,
und jeder einsichtsvolle Beobachter weiss aus eigener
Erfahrung genügend, in welcher Weise sich die Civilisation entwickelt. Schon die Beschreibung, welche uns
ein bejahrter Mann von dem Zustand Englands zur Zeit
seiner Knabenjahre und von den zu seinen Lebzeiten
eingeführten Erfindungen und Verbesserungen geben

kann, ist für uns eine Quelle werthvoller Belehrung.
Wenn er mit dem Courierzug in London abfährt, um in
zehn Stunden Edinburg zu erreichen, so erinnert er
sich der Zeit, als man zwei Tage und zwei Nächte
brauchte, um diese Strecke mit dem Postwagen zurück-
zulegen. Wenn während der Reise sein Blick auf eine
der Signalstangen fällt, welche längs der Bahnlinie
stehen, so erinnert er sich, wie derartige Semaphoren
(d. h. Zeichenträger) damals das beste Mittel zum Tele-
graphiren waren und wie sie auf den Hügeln zwischen
London und Plymouth standen und durch die Schwingungen ihrer Arme die Botschaften der Admiralität be-
förderten. Der Anblick des elektrischen Telegraphen,
durch welchen der optische verdrängt wurde, erinnert
ihn daran, dass die Veranlassung zur Construction desselben ein in seiner Jugendzeit entdeckter Zusammenhang zwischen Magnetismus und Elektricität gegeben
hat. Dies erweckt wieder die Erinnerung an andere
wissenschaftliche Entdeckungen der Neuzeit, welche uns
die Geheimnisse des Weltalls enthüllen, wie z. B. die
Spectralanalyse, welche uns die Bestandtheile der Himmelskörper mit Sicherheit zu ermitteln gestattet, was unsere Väter nie und nimmer für möglich gehalten hätten.
Weiter würde uns unser Gewährsmann sagen können,
dass unser Wissen nicht nur an Umfang zugenommen
hat, sondern dass es auch in weitere Kreise gedrungen
ist, als früher, wo der Sohn des Pächters kaum einen so
guten Unterricht erhalten konnte, als ihn heute der
Sohn des Arbeiters geniesst. Weiter könnte er seinen
Zuhörern auseinandersetzen, wie die Gesetze des Landes
besser geworden sind und besser ausgeführt werden, so
dass einer nicht mehr wegen Diebstahls gehenkt wird,
dass mehr gethan wird, um die Verbrecher zu bessern,

anstatt sie nur zu strafen, dass Leben und Eigenthum sicherer sind, als früher. Endlich, und das letzte ist nicht das geringste, wird er bestätigen können, dass das Volk moralisch etwas besser geworden ist, als es war, dass die öffentliche Meinung einen höheren Grad von Anstand erfordert, als früher, wie man aus der schärferen Verurtheilung ersehen kann, welcher jetzt Betrüger und Trunkenbolde anheimfallen. Solche Beispiele vom Fortschreiten der Civilisation in einem einzigen Lande und im Laufe eines einzigen Menschenalters lehren uns, dass die Welt nicht mit uns stillgestanden hat, sondern dass neue Künste, neue Gedanken, neue Einrichtungen und neue Lebensanschauungen sich aus den älteren Zuständen heraus entwickelt haben.

Ein solches Fortschreiten der Civilisation, welches sich in unserer Zeit so schnell vollzieht, scheint nun in mehr oder weniger lebhafter Weise seit den ältesten Zeiten stattgefunden zu haben. Beweise für diese Annahme bieten sich uns aus verschiedenen Richtungen. Soweit die Geschichte zurückreicht, zeigt sie uns, wie sich Künste, Wissenschaften und politische Einrichtungen aus unvollkommenen Zuständen entwickeln und wie dieselben im Laufe der Zeit vervollkommnet und ihrem Zwecke entsprechender organisirt werden. Um nur einige Beispiele dieser bekannten Thatsache anzuführen, die Geschichte der parlamentarischen Regierung beginnt mit der Berathung der Häuptlinge und den stürmischen Versammlungen des ganzen Volkes. Die Geschichte der Medicin reicht bis zu einer Zeit zurück, wo man Epilepsie (d. h. Anfall) als die wirkliche Thätigkeit eines Dämon betrachtete, welcher den Patienten ergriff und in Zuckungen versetzte. Doch dies sind Thatsachen, welche uns die Geschichte lehrt. Hier handelt es sich aber darum, zu ermitteln, welche Stufen der Civilisation in der vorhistorischen Zeit durchlaufen wurden. Hier leistet uns die Archäologie wesentliche Dienste, indem sie uns z. B. mit den Steinäxten und anderen rohen Werkzeugen früherer Menschenstämme bekannt macht und uns so in den Stand setzt, uns von dem unentwickelten Zustande der Künste bei denselben eine Vorstellung zu bilden. Auf diesen Punkt werden wir sogleich näher zurückkommen. Einen anderen nützlichen Führer bilden die Ueber- reste früherer Zustände. Bei einer sorgfältigen Beob- achtung des Denkens, der Kunstthätigkeit und der Ge- wohnheiten eines Volkes finden wir überall Ueberbleibsel älterer Zustände. Wenn wir z. B., um ein triviales Bei- spiel anzuführen, darüber nachdenken, in welcher Weise ein so seltsames Kleidungsstück wie der Frack entstan- den sein möge, so werden wir uns die Entstehung des- selben in folgender Weise zu erklären haben. Die Rock- schösse wurden einst aus dem einfachen Grunde zurück- geschnitten, weil sie beim Reiten hinderlich waren, und die beiden jetzt nutzlosen Knöpfe hinten an der Taille sind ebenfalls Ueberbleibsel aus einer Zeit, wo sie dazu dienten, die Rockschösse hinten zu befestigen. Der eigen- thümlich zugeschnittene Kragen zeigt noch die jetzt an eine falsche Stelle verschobenen Einschnitte, die den Zweck hatten, ein Auf- und Niederklappen desselben zu ermöglichen, die Aufschläge auf den Brustklappen, welche jetzt nur noch zur Zierde angebracht werden, repräsen- tiren das ursprüngliche Futter und die jetzt nur noch durch eine Naht angedeuteten Aufschläge auf den Aermeln sind Ueberreste von wirklichen Aufschlägen, die durch Zurückschlagen der Aermel entstanden. So zeigt es sich, dass der moderne Frack seine Beschaffen- heit der Abstammung von einem alten praktischen Reit-

und Arbeitsgewand verdankt. Oder wenn Jemand in der
modernen englischen Sprache noch Spuren der norman-
nischen Eroberung (im Jahre 1066) sucht, so kann er
dieselben in dem Strassenruf *„Oh yes! Oh yes!"* finden,
in welchem sich der alte französische Ausruf *„Oyez!*
Oyez!" d. h. „hört! hört!" erhalten hat. Solche Ueberbleibsel entstammen häufig noch viel früheren Cultur-
perioden, wie aus dem folgenden Beispiel hervorgeht.
Die Indier benutzen zwar schon seit langer Zeit Feuerstein und Stahl, um für gewöhnliche Zwecke Feuer zu
erzeugen, die Brahmanen dagegen bedienen sich noch
zur Erzeugung des heiligen Feuers für das tägliche Opfer
des alten Verfahrens, indem sie einen zugespitzten Stock
in ein anderes Stück Holz hineinbohren, bis durch die
Reibung Feuer entsteht. Auf die Frage, warum sie dies
beschwerliche Verfahren anwenden, trotzdem ihnen ein
bequemeres bekannt ist, antworten sie, dass sie es thun,
um reines und heiliges Feuer zu erhalten. In Wirklichkeit bewahren sie durch ihr Festhalten am Herkommen
einen Rest der Lebensweise entfernter, auf einer viel
niedrigeren Culturstufe stehender Vorfahren auf. Alle
Beobachtungen über die Entstehung der Künste und
Wissenschaften lehren uns, dass dieselben keineswegs
plötzlich in vollendetem Zustande auftreten. Dieselben
entwickelten sich Schritt für Schritt, und wo andere Anhaltspunkte fehlen, kann man sich durch blosse Betrachtung einer Erfindung eine Vorstellung bilden, wie
dieselbe etwa zu Stande gekommen ist. So wird ein
Jeder bei Betrachtung eines gewöhnlichen Bogens und
einer Armbrust die Ueberzeugung gewinnen, dass der
erstere älter ist als die letztere, und dass die Armbrust
aus dem gewöhnlichen Bogen dadurch entstanden ist,
dass man mit demselben einen Stock verband und an

demselben einen Drücker anbrachte, durch welchen das Seil losgelassen werden konnte, nachdem der Pfeil in die gewünschte Lage gebracht worden war. Wenn uns auch die Geschichte nicht sagt, wann und von wem diese Verbesserung eingeführt worden ist, so sind wir dennoch von dem geschilderten Vorgange ebenso fest überzeugt, wie von der historischen Thatsache, dass die Armbrust zum Luntenschlossgewehr, dies zum Feuersteinschlossgewehr, dieses zum Percussionsgewehr und dieses zum Hinterladungsgewehr führte.

Durch gleichzeitige Anwendung dieser verschiedenen Mittel der Forschung wird es oft möglich, den ganzen Entwickelungsgang einer Kunst oder einer Einrichtung von dem höchsten Zustande in der civilisirten Welt rückwärts bis zu den ersten Anfängen im Leben der uncivilisirtesten Völkerstämme zu verfolgen. Vergegenwärtigen wir uns z. B. die moderne Mathematik etwa in demjenigen Umfange, in welchem sie in den gewöhnlichen Handbüchern, die zum Gebrauch des Studirenden bestimmt sind, behandelt wird. Ein zur Zeit der Königin Elisabeth Studirender brauchte keine Infinitesimalrechnung, ja kaum analytische Geometrie zu studiren, da die sogenannte höhere Mathematik erst später begründet worden ist. Gehen wir in das Mittelalter zurück, so kommen wir in die Zeit, wo die von den Indiern begründete Algebra durch deren Schüler, die Araber, als etwas Neues nach Europa gebracht worden war, und man anfing, die arabischen Zahlzeichen 1, 2, 3 u. s. w. dem alten Rechenbrett und den römischen Ziffern I, II, III u. s. w. gegenüber als eine Verbesserung anzuerkennen. Noch früher, in dem classischen Zeitalter, erreichen wir die Zeit, in welcher die Methoden Euklid's und der übrigen griechischen Geometer begründet wurden.

So kommen wir endlich auf das zurück, was den Mathematikern der ältesten historischen Periode in Babylonien
und Aegypten bekannt war, eine Arithmetik, die in un-
beholfener Weise das leistete, was jetzt ein Kind in ge-
schickterer Weise ausführen lernt, und eine Geometrie,
die aus einigen Regeln für das praktische Messen bestand. Bis zu diesen Anfängen können wir die Mathematik in historischer Zeit verfolgen. Es giebt indessen
andere Mittel, die uns noch tiefere, von dieser Wissenschaft durchlaufene Entwickelungsstufen zu entdecken
gestatten. Die zum Theil noch jetzt gebräuchlichen
Namen von Längenmaassen, wie Elle, Fuss, Spanne, beweisen uns, dass die Anfänge der Messkunst in eine Zeit
fallen, als noch keine Normalmaasse erfunden waren,
sondern man sich damit begnügte, die Länge von Gegenständen durch Anlegen der Hände oder der Füsse zu
bestimmen. Wir haben hinreichende Beweise dafür, dass
sich die Arithmetik aus dem Zählen an den Fingern und
Zehen entwickelt hat, was jetzt noch bei Wilden gebräuchlich ist. In manchen Sprachen wurden die Worte,
die zur Bezeichnung von Zahlen dienen, offenbar in einer
Periode gebildet, als diese Art des Rechnens noch in
Gebrauch war, und haben sich aus dieser Zeit bis in die
Gegenwart erhalten. So bezeichnet ein Malaye die Zahl
fünf durch das Wort *lima*, welches, was indessen dem
heutigen Malayen nicht mehr bekannt ist, einst „Hand"
bedeutete. Hieraus geht hervor, dass diese Bezeichnung
aus einer Zeit stammt, als die Vorfahren zum Ausdruck
der Zahl fünf eine Hand emporhoben und den Namen
derselben aussprachen. Ja dass wir unserem Zahlensystem die Zahl zehn anstatt der geeigneteren Zahl zwölf
zu Grunde legen, hat, wie es scheint, seinen Grund darin,
dass unsere Vorfahren die zehn Finger beim Zählen be-

nutzten, eine Gewohnheit, die sich als unveränderte Hinterlassenschaft des Urmenschen bis auf den heutigen Tag erhalten hat. In den folgenden Capiteln werden wir andere Beispiele kennen lernen, wie sich die Künste aus den einfachsten Anfängen entwickelt haben. So werden wir bei der Vergleichung von Werkzeugen finden, wie sich aus dem roh behauenen Steine, der beim Gebrauch in der Hand gehalten wurde, der künstlicher geformte Steinmeissel entwickelte, der in einem hölzernen Stiel befestigt und als Beil benutzt wurde, wie später, als Metalle in Gebrauch kamen, das Steinblatt durch ein Bronze- oder Eisenblatt ersetzt wurde, bis endlich die Form der modernen Axt mit durchbohrtem Blatt zur Aufnahme des Stiels erreicht wurde. Die im VIII. Capitel gegebenen Abbildungen zeigen die verschiedenen Formen der Axt, deren Entwickelung in der vorhistorischen Zeit begann, und die seit den ältesten Zeiten für den Menschen ein wichtiges Hülfsmittel zur Erreichung einer höheren Culturstufe gewesen ist.

Wenn auch die Civilisation im Allgemeinen in der angedeuteten Weise fortschreitet, so folgt daraus doch nicht, dass dieselbe stets in ununterbrochener Entwickelung begriffen ist. Im Gegentheil, die Geschichte lehrt uns, dass sie lange Perioden hindurch stillsteht und oft rückwärts geht. Um einen solchen Verfall der Cultur zu verstehen, muss man bedenken, dass die höchsten Künste und die vollkommensten gesellschaftlichen Einrichtungen nicht immer die Oberhand gewinnen. Dieselben können zu vollkommen sein, als dass sie sich behaupten könnten, denn das Volk kann nur das gebrauchen, was seinen Verhältnissen angemessen ist. Sehr lehrreich ist in dieser Hinsicht die Beobachtung, welche ein Engländer in Singapore machte, wo er zu seinem

grössten Erstaunen zwei blühende Geschäftszweige vorfand. Der eine bestand darin, alte englische Schiffe zu
kaufen, dieselben umzubauen und als Dschunken aus-
zurüsten, der andere darin, alte englische Percussions-
gewehre zu kaufen und dieselben in altmodische Feuer-
steinschlossgewehre umzuformen. Dies scheint auf den
ersten Blick sehr widersinnig, und doch lässt sich ein
vernünftiger Grund dafür angeben. Es war so schwierig,
in Ostindien eingeborene Schiffer zu bekommen, die mit
europäisch ausgerüsteten Schiffen umzugehen verstanden,
dass es zweckmässiger erschien, dieselben mit den unbeholfenen Fahrzeugen, an die sie gewöhnt waren, zu versehen. Und was die Gewehre betrifft, so kamen die
Jäger in den warmen feuchten Wäldern, weit entfernt
von bewohnten Orten, mit Feuersteingewehren besser
aus, als mit Percussionsgewehren, bei deren Gebrauch sie
einen Vorrath von Zündhütchen bei sich zu führen und
trocken aufzubewahren gehabt hätten. In beiden Fällen
war das, was die Leute brauchten, nicht das beste Erzeugniss der Civilisation, sondern etwas, was ihren Verhältnissen angepasst und am leichtesten zu haben war.
Dieselbe Regel gilt sowohl bei der Annahme neuer, als
auch der Beibehaltung alter Civilisation. Wenn die
Lebensweise eines Volkes durch Auswanderung in eine
andere Gegend oder durch Missgeschick in den alten
Wohnsitzen oder durch Vermischung mit einer niederen
Rasse verändert wird, so kann der Fall eintreten, dass
die Cultur seiner Vorfahren überflüssig oder unmöglich
wird und daher verschwindet. Eine solche Entartung
ist bei den Nachkommen der Portugiesen in Ostindien
zu beobachten, welche sich mit den Eingeborenen vermischt haben und in der Civilisation zurückgegangen
sind. Neu ankommende Europäer sehen dieselben in

ihren elenden Hütten inmitten üppiger tropischer Früchte
und Blumen umher faulenzen, gleichsam als ob sie dahin
gesetzt seien, um zu zeigen, wie der Mensch in der Cultur zurückgeht, wenn die Nothwendigkeit angestrengter
Thätigkeit wegfällt. Eine andere häufige Ursache des
Niedergangs der Civilisation besteht darin, dass ein unter
günstigen Verhältnissen lebendes Volk aus seinen Wohnsitzen vertrieben wird, wie z. B. die Shoshoneeindianer,
welche vor ihren Feinden, den Blackfeet (Schwarzfüssen),
in die Einöden der Felsengebirge flohen, wo sie ein
armseliges Dasein fristen und sich zum Theil von wilden
Wurzeln ernähren, was ihnen den Namen Diggerindianer
(d. h. Grabindianer, wegen des Ausgrabens der Wurzeln)
zugezogen hat. Es kann sogar der Fall eintreten, dass
einem Volke unter dem Einfluss ungünstiger Bedingungen
die Ausübung besonderer Künste verloren geht. So
waren z. B. die Südseeinsulaner, als sie Capitän Cook
besuchte, keineswegs ein sehr uncultivirtes Volk. Dennoch benutzten sie nur Steinäxte und Steinmesser und
hatten so wenig Kenntniss der Metalle, dass sie die ersten
eisernen Nägel, welche sie von den englischen Seefahrern
erhielten, pflanzten, in der Hoffnung, eine neue Ernte
erzielen zu können. Es ist allerdings möglich, dass ihre
Vorfahren die Metalle nicht kannten, aber ebenso wahrscheinlich ist es, dass ihre Vorfahren ein asiatisches Volk
waren, denen die Metalle bekannt waren, die aber in
Folge der Auswanderung auf die Inseln des Oceans und
der Trennung von ihren Verwandten den Gebrauch derselben verlernten und in den Zustand der Steinzeit zu-
rücksanken. Der Verfall der Civilisation verdient die
Aufmerksamkeit des Forschers in demselben Grade, wie
das Fortschreiten derselben. Hier ist nur deshalb auf
denselben hingewiesen, um hervorzuheben, dass er keines-

wegs der allgemeinen Theorie widerspricht, dass sich die
Civilisation von niederen Stufen zu höheren fortentwickelt
hat. Niemand kann etwas verlieren, ohne es vorher gehabt zu haben, und wo sich Völker von der höheren
Civilisation ihrer Vorfahren entfernten, bleibt immer
noch zu erklären, auf welche Weise diese höhere Civilisation erreicht wurde.

Ueberall wo wir ausgebildete Künste, abstracte Wissenschaften und complicirte politische Institutionen finden, erscheinen dieselben als Ergebnisse einer stufen-
weisen Entwickelung aus früheren, einfacheren und weniger vollkommenen Zuständen. Keine Civilisationsstufe
tritt spontan auf, sondern entwickelt sich aus früheren
Stufen. Diesen Grundsatz muss Jeder festhalten, der die
Gegenwart, in welcher er lebt, und die Geschichte der
Vergangenheit verstehen will. Untersuchen wir jetzt,
welche Bedeutung dieser Grundsatz für das Alter und
den früheren Zustand des Menschengeschlechts hat.
Die ägyptischen und babylonischen Denkmäler beweisen,
dass bereits vor 5000 Jahren gewisse Völker eine hohe
Culturstufe erreicht hatten. Ohne Zweifel war damals,
wie auch später, der grösste Theil der Erde von Barbaren und Wilden bewohnt. In den Nil- und Euphrat-
gegenden dagegen herrschte Civilisation. Die alten
Aegypter waren im Besitz des wichtigsten Merkmals
eines civilisirten Volkes, der Kunst des Schreibens, ja
aus den hieroglyphischen Schriftzeichen ihrer Inschriften
scheint sich unser Alphabet entwickelt zu haben. Sie
betrieben mit Geschick den Ackerbau und ernteten von
ihren, durch die jährlichen Ueberschwemmungen befruch-
teten Feldern reichliche Getreidemengen, deren die dichte
Bevölkerung bedurfte. Welchen hohen Grad der Ausbildung die Baukunst bei den alten Aegyptern erreicht

hatte, beweisen die Pyramiden, welche den Namen ihrer
Erbauer für alle Zeiten berühmt gemacht haben. Die
grosse Pyramide von Gizeh zählt noch heute zu den
Wundern der Welt. Die quadratische Grundfläche dieses aus behauenem Kalkstein und Syenit bestehenden
Steinkolosses hat eine Seite von 240 m, während die Höhe
(151 m) genau in der Mitte zwischen den Höhen der
Thürme des Strassburger Münsters (142 m) und des Köl-
ner Doms (160 m) steht. Die vollendete Bearbeitung
der riesigen Steinblöcke, sowie die schöne Maurerarbeit
im Innern der Kammern und Gänge bezeugt die Geschicklichkeit des Steinmetzen und des praktischen Geometers.
Dass die alten Aegypter ausgezeichnete Beobachter der
astronomischen Erscheinungen waren, geht daraus hervor, dass die Seiten der Pyramiden genau nach den vier
Himmelsgegenden eingestellt sind. Die Zeit der Tag- und
Nachtgleiche kann durch Beobachtung des Sonnenunter-
gangs mitten über der Seitenfläche der Pyramide bestimmt werden, und die benachbarten Araber regeln ihre
astronomischen Daten nach dem Schatten derselben. So
weisen alle Einrichtungen dieses Volkes auf eine lang-
jährige und allmälige Entwickelung hin, die Künste und
die Lebensweise, die Sculptur und die Baukunst, die
Rechen- und Messkunde, das geordnete öffentliche Leben
mit seinen Herrschern und Beamten, die Religion mit
ihrem organisirten Priesterstand und ihren mannigfaltigen Ceremonien. Die beste Vorstellung von dem Alter
der ägyptischen Cultur giebt vielleicht die Betrachtung
uralter Denkmäler, wie z. B. des Grabes des Fürsten
Teta aus der vierten Dynastie, welches im britischen
Museum aufbewahrt wird, und die Wahrnehmung, wie
diese Cultur bereits damals starr und traditionell geworden war. Die Kunst hatte bereits eine solche Stufe er-

reicht, dass ein weiterer Fortschritt unmöglich erschien, da die von den Vorfahren ererbten Zustände so vollkommen waren, dass eine Aenderung derselben sündhaft gewesen wäre. Von den alten Babyloniern oder Chaldäern wissen wir weniger, aber auch die von ihnen hinterlassenen Denkmäler und Inschriften verrathen ein bedeutendes Alter und eine hohe Entwickelung der Civilisation. Ihre Schrift war die sogenannte Keilschrift, die sie, wie es scheint, selbst erfunden hatten und die von ihnen auf ihre Nachfolger, die Assyrier, überging. Sie waren grosse Städtebauer, und von ihren grossen Tempeln, z. B. demjenigen, welcher dem Gotte von Ur, dem bekannten biblischen Ur in Chaldäa, geweiht war, sind noch Backsteine erhalten, auf denen die Namen ihrer Könige eingeschrieben sind. Ihre Gesetze, die uns zum Theil durch Inschriften überliefert sind, waren sehr ausgebildet. Sie enthielten Bestimmungen über das Eigenthum verheiratheter Frauen, verhängten Kerkerstrafe über einen Vater oder eine Mutter, die ihr Kind verleugnete, legten demjenigen, welcher seine Sclaven tödtete oder misshandelte, eine tägliche Abgabe von einem halben Maass Getreide auf. Durch ihre genauen Beobachtungen der Himmelskörper, welche sie für ihre astrologischen Zwecke ausführten, wurden die Chaldäer und Babylonier die Begründer der Astronomie. Die Geschichte dieses Volkes, welches seinen Namen mit so grossen Zügen in das Buch der Civilisation eintrug, reicht bis in dasselbe hohe Alterthum zurück, wie die Geschichte der Aegypter. Dies sind die beiden ältesten Völker, deren Cultur durch Inschriften, die der Zeit ihrer alten Grösse selbst entstammen, bezeugt wird. Daher ist es sicherer, sich auf sie zu berufen, als auf andere Völker, welche als Beweise ihres Alters schriftliche Denkmäler aufzuweisen haben,

die in viel späteren Zeiten entstanden sind. Wenn wir
nun die alte Cultur derselben betrachten, so macht dieselbe den Eindruck auf uns, als ob sie von Menschen
geschaffen worden sei, deren Geist genau in derselben
Weise thätig war, als der unserige. Es waren keine über-
menschlichen Kräfte, es war eben die menschliche Natur,
die, nach verschiedenen Richtungen hin ihre Kraft er-
probend, grosse Resultate erreichte, dieselben aber nicht
auszunutzen verstand, wenn sie erreicht waren, die das
grosse Problem des Schreibens löste, aber die unbeholfenen
Hieroglyphen nicht in Buchstaben umzuformen verstand,
die sich mit ernster Andacht der Religion hingab und doch
nur einen Hunde- und Katzendienst ausbildete, der selbst
den Alten lächerlich erschien, die die Astronomie pflegte
und sich doch nicht von den Thorheiten der Astrologie frei-
machen konnte. Inmitten der überraschendsten Civilisa-
tionsbestrebungen erkennt man die Spuren des voraus-
gegangenen barbarischen Zustandes. Die ägyptischen
Pyramiden sind Grabdenkmäler, wie sie auch in anderen
Ländern vorkommen, nur von riesiger Grösse und aus
behauenen Steinen oder aus Backsteinen erbaut. Die
ägyptischen Hieroglyphen mit ihren Abbildungen von
Menschen, Thieren und den verschiedenartigsten leblosen
Gegenständen erzählen uns die Geschichte ihrer eigenen
Erfindung, wie sie mit einer reinen Bilderschrift anfingen, ähnlich wie die wilden Jägerstämme Amerikas. So
zeigt es sich, dass die Civilisation in dem ältesten historisch nachweisbaren Zustande bereits eine Höhe erreicht
hatte, die nur durch die Annahme der Entwickelung in
einer langen vorhistorischen Periode erklärt werden
kann. Dies Resultat stimmt mit demjenigen überein,
welches wir bereits durch das Studium der Rassen und
durch das Studium der Sprachen erreicht hatten.

Wenn auch hier nicht versucht werden soll, ein Bild von der Lebensweise der Menschen zur Zeit ihres ersten Auftretens auf der Erde zu entwerfen, so ist es doch von Wichtigkeit, soweit zurückzugehen, als uns diese Einsicht in den Entwickelungsgang der Civilisation zu leiten vermag. In der Beurtheilung der Lebensweise des Menschen in früheren Zeiten unterstützt uns auch sehr wesentlich die Beobachtung der gegenwärtigen Lebensverhältnisse. In der Lebensweise des Menschen lassen sich drei Hauptstufen, die der Wildheit, die der Barbarei und die der Civilisation unterscheiden und in folgender Weise näher kennzeichnen. Auf der Stufe der Wildheit befindet sich der Mensch, so lange er von wilden Pflanzen und Thieren lebt, weder den Boden anbaut, noch Thiere für seine Nahrungsbedürfnisse züchtet. In tropischen Wäldern, wo Ueberfluss an Früchten und Wild ist, können Wilde in kleineren Horden stets dieselbe Oertlichkeit bewohnen, da sie hier das ganze Jahr hindurch Nahrung finden, während sie in minder fruchtbaren und kälteren Gegenden auf eine wandernde Lebensweise angewiesen sind, da hier die Nahrung an einer Stelle bald erschöpft ist. Zur Anfertigung ihrer rohen Werkzeuge benutzen sie Materialien, die sie fertig vorfinden, wie Holz, Stein und Knochen, dagegen verstehen sie nicht, die Metalle aus den Erzen darzustellen und gehören daher der Steinzeit an. In den Zustand der Barbarei tritt der Mensch ein, sobald er Ackerbau treibt. Mit der Anhäufung eines gewissen Vorraths von Nahrungsmitteln, die bis zur nächsten Ernte aufbewahrt werden können, beginnt das Leben in festen Wohnsitzen, in Dörfern und Städten. Diese ansässige Lebensweise hat aber ungeheure Verbesserungen der Künste, der Wissenschaften, der Sitten und der öffentlichen Einrichtungen zur Folge. Hirtenvölker müssen bei dieser Unterscheidung der barbarischen Stufe zugezählt werden, denn wenn auch ihr Umherziehen von Weideplatz zu Weideplatz die Begründung fester Wohnsitze und die Bebauung des Bodens unmöglich macht, so liefern ihnen doch ihre Heerden fortwährend Milch und Fleisch. Einige barbarische Völker sind nicht über den Gebrauch von Steinwerkzeugen hinausgekommen, während die meisten in die Metallzeit eingetreten sind. Die Stufe der Civilisation endlich lassen wir am zweckmässigsten mit der Entwickelung der Schreibkunst beginnen, die dadurch, dass sie die Geschichte, die Gesetze, das Wissen und die Religion für kommende Geschlechter aufzeichnet, die Vergangenheit und Zukunft zu einer ununterbrochenen Kette intellectuellen und moralischen Fortschritts verbindet. Diese Unterscheidung von drei grossen Culturstufen ist sehr praktisch und hat den Vortheil, dass sie nicht eingebildete, sondern wirklich vorhandene Zustände der Gesellschaft bezeichnet. Soweit wir die Sache beurtheilen können, hat sich die Civilisation, wie es scheint, wirklich durch diese drei Stufen hindurch entwickelt. In einem Wilden der brasilischen Wälder, einem Barbaren Neuseelands oder Dahomés und in einem civilisirten Europäer haben wir daher die drei Stufen in der Entwickelung der Civilisation verkörpert, nur darf nicht vergessen werden, dass dieser Vergleich nur als ein Führer, nicht als eine vollständige Erklärung angesehen werden darf.

Von diesem Gesichtspunkte aus erscheint der Schluss gerechtfertigt, dass in Gegenden, die jetzt von civilisirten Völkern bewohnt werden, einst wilde und barbarische Völkerschaften gewohnt haben müssen. Glücklicherweise sind wir nicht ausschliesslich auf unsere Phantasie

angewiesen, um uns ein Bild von dem Leben dieser uncivilisirten Menschen zu machen, da zahlreiche Ueberbleibsel von denselben erhalten sind und in Museen aufbewahrt werden. Wir haben jetzt näher zu untersuchen,
welches Zeugniss die Archäologie und Geologie für das
Alter des Menschen ablegt.

Wenn ein Archäologe die an irgend einem Orte ausgegrabenen Gegenstände untersucht, so kann er im Allgemeinen aus der Beschaffenheit derselben den Zustand
der Civilisation beurtheilen, in welchem sich die Menschen, von denen die Gegenstände stammen, befunden
haben. Wenn z. B. Waffen von Bronze oder Eisen, Fragmente von feinen Thongefässen, Knochen von Haus-
thieren, verkohltes Getreide und Stücke Tuch gefunden
werden, so beweisen diese Gegenstände, dass das Volk,
von welchem dieselben stammen, in einem civilisirten
oder wenigstens in einem hohen barbarischen Zustande
gelebt hat. Wenn dagegen nur rohe Werkzeuge aus
Stein und Knochen gefunden werden, aber kein Metall,
keine irdenen Gefässe, keine Ueberbleibsel, aus denen
hervorgeht, dass Ackerbau betrieben worden ist oder
Hausthiere gehalten worden sind, so lässt sich hieraus
schliessen, dass die betreffende Gegend von einem wilden Volke bewohnt worden ist. Eine der Hauptfragen,
die für die Beurtheilung des Culturzustandes eines Volkes von Wichtigkeit sind, ist die, ob es zur Anfertigung
seiner Werkzeuge und Waffen Metalle benutzt hat oder
nicht. Ist dies der Fall, so sagt man, das Volk gehöre
der Metallzeit an. Findet sich dagegen kein Kupfer oder
Eisen, sondern bestehen die Aexte, Messer, Lanzenspitzen
und andere Werkzeuge aus Stein, so sagt man, das Volk
gehöre der Steinzeit an. Ueberall, wo nun solche Steinwerkzeuge aufgefunden werden, liefern sie den Beweis,

dass in dem Lande einst Menschen der Steinzeit gewohnt haben. Es ist eine bemerkenswerthe Thatsache, dass man in allen Gegenden der bewohnten Erde solche alte Steinwerkzeuge gefunden hat. Dieser Umstand beweist, dass die Einwohner solcher Gegenden in dieser Hinsicht einst auf der Stufe der heutigen Wilden standen. In Gegenden, deren Bewohner schon seit langer Zeit die Bearbeitung der Metalle kennen, hat man von der wahren Bedeutung dieser Gegenstände, welche beim Pflügen und Graben zum Vorschein kommen, keine Vorstellung mehr und sucht ihre Entstehung durch wunderliche Erzählungen zu erklären. In England und anderen Gegenden nennt sie das Volk Donnerkeile (*thunderbolts*), um der Vorstellung Ausdruck zu geben, dass sie mit einem Blitz vom Himmel niedergefallen seien. Man hat die Vermuthung ausgesprochen, dass sich im Orient, dem Sitz der ältesten Civilisationen, eine Gegend finden lassen werde, welche keine Spuren von Menschen zeigt, die daselbst im Zustande der Wildheit gelebt haben, woraus hervorgehen würde, dass dieselben in dieser Gegend von Anfang an in einem civilisirten Zustande gelebt hätten. Dies ist jedoch nicht der Fall. Auch in Assyrien, Palästina, Aegypten und anderen Gegenden findet man scharf zugehauene Feuersteine, womit der Beweis geliefert ist, dass auch hier einst Menschen der Steinzeit lebten, bevor durch den Gebrauch der Metalle eine höhere Culturstufe erreicht wurde.

Mag Europa von den ältesten Menschenstämmen bewohnt worden sein oder nicht, jedenfalls bilden die in diesem Welttheil aufgefundenen Reste gegenwärtig die besten Beweise für das Alter des Menschen. Um dies zu verstehen, muss man wissen, dass die Steinzeit in eine ältere und eine jüngere Periode zerfällt, wie aus der Be-

34   ANTHROPOLOGIE.

trachtung einer guten Sammlung von Steinwerkzeugen deutlich hervorgeht. Fig. 1 soll dazu dienen, eine Vorstellung von den in der späteren Steinzeit benutzten Werkzeugen zu geben. Die Axt, ebenso der Hammerkopf ist durch Reiben auf einem Schleifstein ziemlich geformt und geglättet. Die Lanzenspitzen und Pfeile,

Fig. 1.

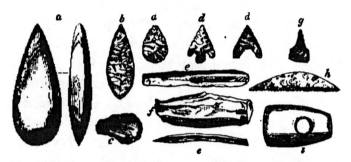

Werkzeuge aus der jüngeren Steinzeit. *a* Steincelt oder Axt; *b* Lanzenspitze aus Feuerstein; *c* Schaber; *d* Pfeilspitzen; *e* Feuersteinmesser; *f* Kern, von welchem die Feuersteinblätter abgeschlagen wurden; *g* Feuersteinahle; *h* Feuersteinsäge; *i* Steinhammerkopf.

Schaber und Feuersteinmesser zu schleifen, würde nutzlose Arbeit gewesen sein. Dieselben sind aber mit grosser Geschicklichkeit zugehauen. Alle diese Steinwerkzeuge haben grosse Aehnlichkeit mit denjenigen, welche bei den nordamerikanischen Indianern bis auf den heutigen Tag in Gebrauch sind. Ein Urtheil über die Zeit, in welcher die Völkerschaften lebten, die diese Werkzeuge anfertigten, gestattet uns das Vorkommen derselben in Dänemark. Die Wälder des heutigen Dänemarks bestehen hauptsächlich aus Buchen, allein in den Torfmooren liegen zahllose Eichenstämme, welche beweisen, dass in früheren Zeiten die Eichenwälder vorherrschten. In noch grösseren Tiefen findet man Kiefernstämme, woraus sich ergiebt, dass noch vor der Zeit der Eichenwälder in jenen Gegenden Kiefernwälder vorhanden waren. So lassen sich drei auf einander folgende Waldperioden, die Periode der Buche, die der Eiche und die der Kiefer unterscheiden, und die Tiefe der Torfmoore, die stellenweise 10 m übersteigt, beweist uns, dass seit der Periode der Kiefer Jahrtausende verflossen sind. Gleichzeitig mit den Wäldern änderte sich auch der Culturzustand der Menschen, welche in ihnen lebten. Während jetzt die Buchenstämme mit der eisernen Axt gefällt werden, finden sich unter den Eichenstämmen der Torfmoore Bronzeschwerter und bronzene Schildbuckel. Die Bewohner jener Gegenden befanden sich also damals in der Bronzezeit. Feuersteinäxte, die aus den tieferen Schichten stammen, in denen die Kiefernstämme liegen, beweisen, dass in Dänemark die Steinzeit mit der Periode des Kiefernwaldes zusammenfiel. England war von Völkern, die solche Steinwerkzeuge hinterlassen haben, bewohnt, bevor die keltische Rasse, die man die alten Briten nennt, und die ohne Zweifel mit Metallwaffen ausgerüstet war, in das Land eindrang. Die Steinäxte und Pfeilspitzen der alten Bevölkerung finden sich durch Berg und Thal, in Mooren und Sümpfen, auf der Oberfläche oder in tieferen Schichten der Torfmoore oder in Lehm- und Sandablagerungen über das ganze Land zerstreut. Die Bildung solcher Moor- und Lehmablagerungen begann zu einer Zeit, die der Historiker als sehr alt, der Geologe dagegen, der mit grösseren Zeiträumen zu rechnen gewohnt ist, als modern bezeichnet. Sie gehören den jüngeren Alluvialschichten an, d. h. sie entstanden zu einer Zeit, als das Festland seine heutige Gestalt und die Flüsse ihren jetzigen Lauf im Wesentlichen angenommen hatten. Um hiervon eine Anschauung zu gewinnen, hat man nur nöthig, ein breites Thal von einer erhöhten

3*

Stelle aus zu betrachten. Man wird sich leicht überzeugen, dass die Lehm- und Sandablagerungen durch Fluthwasser angeschwemmt worden sein müssen, die im Wesentlichen den Lauf des jetzigen Flusses entlang die Abhänge des Thales bespülten. Die Menschen der jüngeren Steinzeit lebten in dieser historisch alten, aber geologisch modernen Periode, und die Ueberbleibsel derselben finden sich nur an Stellen, an welche sie durch den Menschen oder durch die Natur gelangen konnten. Es gab aber eine noch frühere Periode der Steinzeit, in welcher unsere Gegenden von Völkern bewohnt wurden, die in der Cultur noch weiter zurück waren, und in welcher diese Gegenden ein anderes Klima besassen und ein anderes Ansehen hatten, als heute. An den Abhängen mancher Flussthäler, z. B. des Ousethals in England, und des Sommethals in Frankreich, findet man 15 bis 30 m über dem gegenwärtigen Wasserspiegel, also vollständig ausserhalb des Bereiches des heutigen Fluthwassers, Ablagerungen von Sand und Kies, aus denen man zahlreiche rohe Feuersteinwerkzeuge ausgegraben hat. Dieselben sind von Menschenhänden behauen, die in dieser Kunst eine nicht geringe Fertigkeit erreicht hatten, wie sich Jeder überzeugen wird, der den Versuch macht, ein ähnliches Steinwerkzeug anzufertigen. Die bemerkenswerthesten Werkzeuge dieser älteren Steinzeit sind die in Fig. 2 abgebildeten Steinäxte. Die unvollkommene Bearbeitung und der vollständige Mangel von Schliffspuren selbst an den Kanten dieser Hau- oder Schneidinstrumente beweist, dass die Verfertiger derselben bei weitem noch nicht die Geschicklichkeit erreicht hatten, welche die Werkzeuge der jüngeren Steinzeit erkennen lassen. Die beiden verschiedenen Arten von Werkzeugen, sowie die Perioden, denen sie angehören,

unterscheidet man gewöhnlich durch die von J. Lubbock eingeführten Bezeichnungen „paläolithisch" (der

Fig. 2.

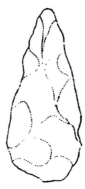

Feuersteinäxte aus der älteren Steinzeit.

alten Steinzeit angehörig) und „neolithisch" (der neuen
Steinzeit angehörig). Was nun die hochgelegenen Sandschichten betrifft, in denen sich die paläolithischen Werkzeuge finden, so geht aus ihrer Lage deutlich hervor,
dass sie nichts mit der Wirkung des Wassers zu thun
haben, welches jetzt auf der Thalsohle Sandbänke und
Lehmschichten ablagert und verschiebt, ebenso wenig mit
der gegenwärtigen Wirkung des Regens, welcher die
Oberfläche der Thalabhänge auswäscht. Sie müssen vielmehr in einer früheren Periode abgelagert worden sein,
als die Vertheilung von Wasser und Land eine andere
war, als heute. Wie weit dieser Zustand seine Ursache
darin hatte, dass die Thäler noch nicht bis zu ihrer
jetzigen Tiefe eingeschnitten waren, oder darin, dass die
ganze Gegend nicht so hoch über dem Meeresspiegel lag,
oder endlich darin, dass in Folge des stärkeren Regen-
falls während einer Regenperiode die Flüsse bedeutend
grösser waren als jetzt, wollen wir hier nicht eingehen-

der erörtern, da dies die Discussion verwickelter geologischer Fragen erfordern würde. Die Geologie lehrt uns, dass diese alten Sandschichten der sogenannten Eiszeit angehören, während welcher in Europa ein arktisches Klima herrschte. Wir wissen auch, welche Thiere gleichzeitig mit dem Menschen der älteren Steinzeit das Land bewohnten, da man ausser den Feuersteinwerkzeugen auch Knochen und Zähne von Thieren in den Sandschichten gefunden hat. Das Mammuth, ein ausgestorbener riesiger Elephant und einige ebenfalls ausgestorbene Nashornarten bewohnten die Wälder, und ein dem heute lebenden ganz ähnliches Flusspferd lebte an den Flüssen. Der Moschusochse und der Grislybär, welche in jener Periode England bewohnten, kommen jetzt noch in den Felsengebirgen Nordamerikas vor, während der Höhlenbär, damals eins der gefährlichsten wilden Thiere unseres Landes, jetzt ausgestorben ist. Der damals in England einheimische Löwe war grösser als die jetzigen asiatischen und afrikanischen Löwen, vielleicht grösser als diejenigen, welche, wie Herodot berichtet, im fünften Jahrhundert v. Chr. Macedonien durchstreiften und die Kameele im Heere des Xerxes anfielen. Wie aus der Anwesenheit des Renthiers und des Mammuths mit seinem wolligen Haarkleid, sowie aus anderen Anzeichen geschlossen werden muss, war das Klima Europas damals strenger als jetzt, vielleicht dem Klima Sibiriens ähnlich. Wie lange bereits der Mensch im Lande war, lässt sich mit unseren gegenwärtigen Kenntnissen nicht beurtheilen. Vielleicht bewohnte er bereits in einer früheren milderen Periode Europa, vielleicht ist er erst später aus einer wärmeren Gegend eingewandert. Werkzeuge, die mit denen der alten Steinzeit Europas die grösste Aehnlichkeit haben, hat man auch in Asien gefunden, wo sie

z. B. in einer Eisenthonschicht am Fusse der östlichen
Ghats oberhalb Madras vorkommen.

Diese europäischen Wilden der Mammuthperiode
suchten Obdach unter überhängenden Klippen und in
Höhlen, wie z. B. der Kentshöhle bei Torquay, wo die
Werkzeuge des Menschen zugleich mit den Knochen der
wilden Thiere in grosser Menge vorkommen. Die Untersuchung solcher Knochenhöhlen, namentlich im mittleren Frankreich, hat uns einen Einblick in die Lebensweise der ehemaligen Bewohner derselben gestattet. Das
Renthier, welches sich jetzt in hohe nördliche Breiten
zurückgezogen hat, war damals in Frankreich sehr verbreitet, wie die Knochen und Geweihstücke beweisen,
welche nebst den Ueberresten des Mammuths, von einer
Stalagmitenschicht bedeckt, in den Höhlen von Périgord
vorkommen. Mit diesen Knochen vermischt finden sich
rohe Steinäxte und Schaber, steinerne Stösser, knöcherne
Lanzenspitzen, Ahlen und andere Gegenstände, die beweisen, dass die Lebensweise jenes Volkes ähnlich der
der Eskimos gewesen ist, die heute an den Küsten der
Hudsonsbai das Renthier jagen. Ebenso wie die Eskimos, beschäftigten sich auch diese Ureinwohner Frankreichs und der Schweiz in ihrer freien Zeit damit, dass
sie in die Oberflächen verschiedener Gegenstände Thierbilder einritzten. Unter den zahlreichen derartigen
Figuren, welche man in französischen Höhlen aufgefunden hat, befindet sich, auf eine Platte von Mammuth-
elfenbein eingeritzt, eine Zeichnung eines Mammuths,
Fig. 3 (a. f. S.), welche die zottigen Haare und die stark
gekrümmten Stosszähne, durch die sich das Mammuth
von anderen Elephantenarten unterscheidet, deutlich erkennen lässt. Ein anderes Kunstproduct dieser Art, welches in Fig. 4 wiedergegeben ist, bietet deshalb ein be-

sonderes Interesse, weil es uns neben zwei Pferdeköpfen
und einer Schlange (oder einem Aal) die älteste bekannte
Abbildung eines Menschen überliefert.

Fig. 3.

Skizze eines Mammuths aus der Höhle von La Madeleine. (Lartet u. Christy.)

Fig. 4.

Menschliche Figur und Pferdeköpfe, Skizze aus einer Höhle. (Lartet
u. Christy.)

Aus dem Gesagten ergiebt sich, dass der Mensch
der älteren Steinzeit bereits lebte, als die Fluthen eine
Höhe über der gegenwärtigen Thalsohle erreichten, welche
jetzt von den Gipfeln hoher Bäume erreicht wird, als das
Klima, wie jetzt in Lappland, für das Mammuth, das
Renthier und andere jetzt zum Theil ausgewanderte, zum
Theil ausgestorbene Thiere geeignet war. Wenn wir nun
bedenken, wie ausserordentlich langsam sich solche Veränderungen in der Beschaffenheit des Landes, des Klimas
und der Thierwelt vollziehen, wo sie nur immer statt-
finden, so müssen wir für die ungeheuren Veränderungen

bis zum Eintritt der jüngeren Steinzeit einen ausserordentlich langen Zeitraum annehmen, in dessen Verlauf die Flüsse nahezu auf ihr jetziges Niveau herabsinken, Klima und Thierwelt ziemlich ihren jetzigen Zustand erreichen konnten. Aus den aufgefundenen Ueberresten geht hervor, dass die ältesten bekannten Völker Jäger und Fischer waren, die wir heute als Wilde bezeichnen würden. Sie als Urmenschen zu bezeichnen, ist dagegen unzweckmässig, da dies leicht so verstanden werden könnte, als ob sie die ersten auf der Erde erschienenen Menschen oder wenigstens denselben ähnlich gewesen seien. Die Lebensweise der Menschen, welche während der Mammuthperiode die Gegenden von Abbeville oder Torquay bewohnten, macht nicht den Eindruck, als ob sie die ursprüngliche Lebensweise des Menschen gewesen sei. Die Menschen der alten Steinzeit waren wahrscheinlich Stämme, deren Vorfahren unter einem milderen Klima gelebt und in den Künsten des Nahrungserwerbs und der Vertheidigung einige Geschicklichkeit erlangt hatten, so dass die Nachkommen später im Stande waren, den harten Kampf gegen das rauhe Klima und die wilden Thiere der Quartärperiode erfolgreich zu bestehen.

Ueber die Dauer dieser Periode können wir nichts Bestimmtes sagen. Einige Geologen haben sie auf 20 000, andere auf 100 000 Jahre geschätzt. Dies sind indessen nur Vermuthungen, da uns sichere Anhaltspunkte zur Beurtheilung der Zeit fehlen. Wir müssen uns einstweilen damit begnügen, sie als eine geologische Periode zu betrachten, bei welcher der Maassstab der Chronologie nicht mehr anwendbar ist. Einige hervorragende Geologen sind der Ansicht, dass sich Steine mit Spuren menschlicher Thätigkeit in England und Frankreich in Schichten finden, die vor der letzten Eisperiode abge-

lagert sind, als ein grosser Theil des Continents von
einem Eismeer bedeckt war, auf welchem schwimmende
Eisberge ihre riesigen Felsblöcke, die sie aus fernen Ge-
birgen mitbrachten, auf den jetzt trocken liegenden Boden
fallen liessen. Sollte sich diese Ansicht, deren Richtigkeit bis jetzt noch zweifelhaft ist, als richtig erweisen,
so müssten wir unsere Schätzung des Alters des Menschen noch bedeutend erhöhen. Jedenfalls finden wir in
den entscheidenden Beweisen für die Existenz des Menschen während der Quartär- oder Mammuthperiode keine
Andeutung über die noch frühere Zeit, in welche die
Anfänge des menschlichen Lebens auf der Erde fallen.
So führt die Begründung der wissenschaftlichen Anthropologie zu einem Princip, welches auch die Grundlage
der wissenschaftlichen Geologie geworden ist. Bis vor
Kurzem, als die Chronologie für die Erde und den Menschen ein Alter von nicht 6000 Jahren herausrechnete,
war eine geologische Wissenschaft kaum möglich, da für
den Bildungsprocess der Schichten, welche die Reste
ungeheurer Folgen von Pflanzen und Thieren enthalten,
nicht die genügende Zeit zu Gebote stand. Jetzt findet
die Entstehung derselben ihre Erklärung durch die Hypo-
these, dass die geologische Zeit Millionen von Jahren
umfasst. Der Mensch reicht allerdings in diesen ungeheuren Zeitraum nicht sehr weit zurück. Dennoch fällt
sein erstes Auftreten auf der Erde in eine Vergangenheit, der gegenüber der Unterschied zwischen alt und
modern in der historischen Zeit verschwindend ist. Die
wenigen Jahrtausende der historischen Zeit führen uns
nur bis an den Ausgang einer vorhistorischen Zeit von
unabsehbarer Länge zurück, während der die erste Ausbreitung des Menschengeschlechts über die Erde und
die Entwickelung der grossen Menschenrassen stattfand,

während der sich die Bildung der grossen Sprachfamilien vollzog und während der sich die Cultur bis auf das Niveau der orientalischen Völker, der Vorläufer des modernen civilisirten Lebens, entwickelte.

Nachdem wir so kurz skizzirt haben, was uns die Geschichte, die Archäologie und die Geologie über das Alter des Menschen lehrt, wollen wir zunächst in den folgenden Capiteln eine eingehendere Beschreibung des Menschen und seiner Varietäten geben, dann die Natur und die Entwickelung der Sprache und endlich die Entwickelung der Civilisation auf dem Gebiete des Wissens, der Künste und der gesellschaftlichen Einrichtungen näher verfolgen.

Zweites Capitel.

Der Mensch und die Thiere.

Wirbelthiere. Folge und Abstammung der Arten. Affen und Mensch, Vergleichung ihres Baues. Hände und Füsse. Haar. Gesichtszüge. Gehirn. Der Geist bei Thieren und Menschen.

Nur eine gründliche Kenntniss der Anatomie und Physiologie setzt uns in den Stand, den Bau des menschlichen Körpers richtig zu verstehen und unsere Glieder und Organe mit den entsprechenden Körpertheilen anderer Thiere zu vergleichen. Der Leser, welcher sich mit diesen Wissenschaften näher bekannt machen will, muss auf geeignete Handbücher derselben verwiesen werden. Es wird indessen zweckmässig sein, die Stellung des Menschen in der Thierwelt etwas eingehender zu kennzeichnen, was ohne Voraussetzung besonderer Fachkenntnisse möglich ist.

Dass die Körper anderer Thiere in ihrem Bau mit unseren eigenen mehr oder weniger übereinstimmen, lernen wir bereits in der Kinderstube. Knaben, welche Pferd und Reiter spielen, indem sich der eine auf allen Vieren bewegt und der andere rittlings auf seinem Rücken sitzt, sind sich bereits bewusst, dass das eingebildete Pferd in Kopf, Augen und Ohren, Mund und

Zähnen, Rücken und Beinen einige Aehnlichkeit mit
einem wirklichen Pferd hat. Und dem Dorfknaben, der
die vorüberziehenden Jäger betrachtet, ist es bekannt
genug, dass der Jäger und sein Pferd, die Hunde und
der Hase, den sie jagen, sämmtlich Geschöpfe sind, deren
Körper sich in gleicher Weise auf einem Knochengerüst
oder Skelett aufbaut, dass sich ihr Leben in der Thätigkeit ähnlicher Organe äussert, dass sie Lungen besitzen,
die zum Athmen dienen, einen Magen, der die durch
Mund und Schlund aufgenommene Nahrung verdaut, ein
Herz, welches das Blut durch die Adern treibt, dass bei
allen die Augen, die Ohren und die Nase zur Aufnahme
der Gesichts-, der Gehörs- und der Geruchseindrücke
dienen. Nicht nur der Bauer, sondern auch mancher
Gebildetere sieht dies als etwas ganz Selbstverständliches
an, ohne jemals weiter darüber nachzudenken. Hätten
sich diese Verhältnisse der allgemeinen Beobachtung
entzogen und wären dieselben als das Ergebniss einer
neuen Entdeckung bekannt geworden, so würde jeder
denkende Mensch angeregt worden sein, über den Zusammenhang dieser Thiere nachzudenken, die, abgesehen
von Abweichungen im Einzelnen, so zu sagen nach ein
und demselben Muster gebaut sind. Die allereinfachste
wissenschaftliche Vergleichung von Thieren stellt uns
sofort diesem Problem gegenüber. In manchen Fällen
lehrt uns eine sorgfältigere Untersuchung, dass die
ursprüngliche rohe Vergleichung des Menschen mit dem
Thiere der Berichtigung bedarf. Aus einer Vergleichung
des menschlichen Skeletts mit einem Pferdeskelett ergiebt
sich z. B., dass das Knie und das Sprunggelenk eines
Pferdes nicht, wie man gewöhnlich annimmt, unserem
Ellenbogen und Knie, sondern unserem Handgelenk und
Fussgelenk entsprechen. Die Vergleichung der Glied-

maassen des Menschen mit den Beinen des Pferdes führt
ferner zu dem bemerkenswerthen Ergebniss, dass das
Vorderbein und Hinterbein eines Pferdes einem menschlichen Arm und Bein entsprechen, in welchem alle Finger und Zehen verschwunden sind bis auf einen einzigen
Finger und eine einzige Zehe, die zum Gehen dienen
und deren Nägel in Hufe umgeformt sind. Eine vergleichende Betrachtung der Skelettsammlung eines
naturhistorischen Museums lässt uns das allgemeine
Gesetz erkennen, dass sich durch alle Ordnungen der
Fische, Reptilien, Vögel und Säugethiere bis herauf zum
Menschen ein gemeinsamer Typus oder Grundplan verfolgen lässt, welchen alle Wirbelthiere, d. h. alle diejenigen Thiere zeigen, welche ein knöchernes Rückgrat,
eine sogenannte Wirbelsäule besitzen. Wenn auch die
Gestalt und die Verrichtung der Glieder sehr grossen
Veränderungen unterliegt, so sind dieselben dennoch zu
erkennen, selbst wenn sie bis auf ein kleines Ueberbleibsel
geschwunden sind, gleichsam als ob sie nur noch da
wären, um das gemeinsame Modell der Wirbelthiere erkennen zu lassen. Das Skelett eines Barsches ist zwar
vom Skelett des Menschen sehr verschieden, aber trotzdem erkennen wir in den Brustflossen und Bauchflossen
diejenigen Theile, welche den Armen und Beinen des
Menschen entsprechen. Bei weitem die meisten Schlangen zeigen keine Spur von Gliedmaassen, und doch giebt
es Formen, welche eine Verbindung mit den Reptilien
herstellen, wie z. B. die Riesenschlange, deren Skelett ein
Paar verkümmerter Hinterbeine zeigt. Der grönländische
Walfisch besitzt keine hinteren Gliedmaassen, und die
vorderen bilden eine Art von Flossen oder Rudern. Wenn
man dieselben aber zergliedert, so findet man im Innern
eine Gruppe von Knochen, die den Arm- und Hand-

knochen des Menschen entsprechen. Man sagt gewöhn-
lich, der Mensch unterscheide sich von den niederen
Thieren wesentlich durch den Mangel eines Schwanzes.
Im Skelett des Menschen erkennt man aber sehr deut-
lich den Schwanz, der von den letzten, spitz zulaufenden
Wirbeln des Rückgrates gebildet wird.

Die genannten Thiere gehören sämmtlich der Jetztzeit
an. Die Geologie lehrt uns aber, dass die Erde in längst
vergangenen Zeiten von Arten bewohnt war, die von den
jetzt lebenden verschieden, aber dennoch augenscheinlich
mit ihnen verwandt waren. Während der Tertiärzeit
war Australien, wie noch jetzt, durch seine Beutelthiere
ausgezeichnet. Dieselben gehörten aber keiner der gegenwärtigen Arten an und waren meist viel grösser. Selbst
das grösste der jetzt lebenden Känguruhs ist ein Zwerg
im Vergleich mit dem riesigen ausgestorbenen Diprotodon,
dessen Schädel ungefähr 1 m lang war. Ebenso lebten
in Südamerika riesige zahnarme Thiere, die jetzt nur
noch dürftig durch die kleinen Faulthiere, Ameisenfresser
und Gürtelthiere vertreten werden. Fossile Elephanten
finden sich in den Miocänschichten, aber die Arten sind
andere, als die jetzt in Afrika und Indien lebenden. Dies
sind einige allgemein bekannte Beispiele der jetzt von
allen Zoologen anerkannten Thatsache, dass seit den
ältesten geologischen Zeitaltern ab und zu neue Arten
von Thieren auf der Erde erschienen sind, die ihren
Vorgängern so ähnlich waren, dass es den Anschein hat,
als ob die alten Typen umgeformt worden seien, um sie
neuen Lebensbedingungen anzupassen, während die früheren Formen nach und nach von der Erde verschwanden. Diese Beziehung zwischen den älteren Arten der
Wirbelthiere und den neueren, welche an ihre Stelle getreten sind, ergiebt sich unmittelbar aus der Beobach-

tung und ist nicht in Abrede zu stellen. Viele Zoologen,
jetzt vielleicht die meisten, gehen einen Schritt weiter,
indem sie nicht nur die Aehnlichkeit der alten und neuen
Formen anerkennen, sondern dieselbe durch die Descen-
denz- oder Entwickelungshypothese, nach ihrem Hauptbegründer gewöhnlich die Darwin'sche Theorie genannt,
zu erklären suchen. Auf die Thatsache der Entstehung
von Rassen oder Spielarten (Varietäten) von Thieren
stützt sich die Annahme, dass die natürliche Abänderung
unter veränderten Lebensbedingungen weit genug gehen
kann, um neue Arten zu erzeugen, die durch bessere Anpassung an das Klima und die Lebensbedingungen die
alten verdrängen können. Nach dieser Theorie sind die
jetzigen Känguruhs Australiens, die Faulthiere Südamerikas und Elephanten Indiens nicht nur die Nachfolger, sondern die wirklichen Nachkommen ausgestorbener Arten, und die fossilen Knochen tertiärer pferde-
artiger Thiere mit dreizehigen und vierzehigen Füssen
zeigen uns, wie die Vorfahren unserer Pferde aussahen,
bevor die nicht benutzten Zehen zu den Griffelbeinen
im Fuss des heutigen Pferdes zusammengeschrumpft
waren. Wenn verschiedene gleichzeitig lebende Arten
von Thieren eine grosse Aehnlichkeit in ihrem Körperbau zeigen, so erklärt die Descendenztheorie diese Aehnlichkeit dadurch, dass dieselbe von einer gemeinsamen
Stammart ererbt worden ist. Nun stehen aber unter
allen Säugethieren durch ihren Körperbau dem Menschen am nächsten die Affen, unter diesen die schmal-
nasigen Affen der alten Welt und unter diesen wieder
die sogenannten anthropoiden oder menschenähnlichen
Affen, welche die tropischen Wälder von Afrika bis zum
östlichen Archipel bewohnen. Vergleichen wir aber nun
die Skelette derselben, so erkennen wir sofort, dass sie

in einer systematischen Anordnung der Thiere mit dem Menschen zusammengestellt werden müssen. Kein Anatom, welcher den Körperbau dieser Affen untersucht hat, hält es für möglich, dass der Mensch von einem derselben abstammt, aber vom Standpunkt der Descendenztheorie aus betrachtet erscheinen sie als die nächsten existirenden Abkömmlinge derselben Stammart, von welcher auch der Mensch abstammt.

Nichts ist geeigneter, die grosse Uebereinstimmung der Skelette der anthropoiden Affen mit dem Skelett des Menschen hervortreten zu lassen, als Fig. 5 (a. f. S.), welche Prof. Huxley's Werk über die Stellung des Menschen in der Natur entlehnt ist. Zugleich lässt die Figur auch einige Hauptunterschiede erkennen, durch welche die Verschiedenheit der Bewegungen der Affen und des Menschen bedingt wird. Man hat gesagt, das Kind nehme erst dann die Menschenwürde an, wenn es aufhöre, auf allen Vieren zu gehen. Die aufrechte Stellung und der aufrechte Gang ist jedoch keineswegs ein blosses Ergebniss der Erziehung, beides ist nur dadurch möglich, dass der Körperbau des Menschen ein anderer ist, als der Körperbau eines Vierfüssers. Die Gliedmaassen eines Hundes oder einer Kuh sind so beschaffen, dass das Thier nicht anders als auf allen Vieren stehen kann, und dies ist in geringerem Grade auch beim Affen der Fall. Der Kopf und der Rumpf des heranwachsenden Kindes dagegen werden durch die verschiedenartige Entwickelung der hinteren und vorderen Gliedmaassen in die aufrechte Stellung emporgehoben. Die aufrechte Stellung des Menschen erfordert zwar eine ununterbrochene Muskelthätigkeit, aber der Mensch ist auch so gebaut, dass er seinen Körper leichter in dieser Stellung im Gleichgewicht halten kann, als andere Thiere. Beim

Tylor, Anthropologie. 4

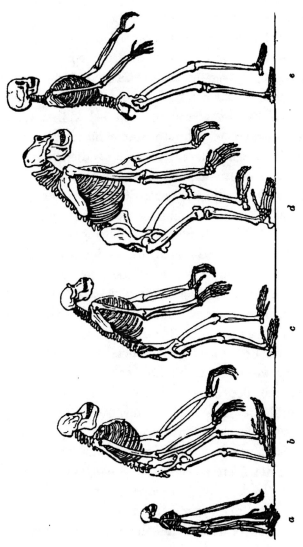

Fig. 5.

Affenskelette und Menschenskelett. *a* Gibbon; *b* Orang; *c* Schimpanse; *d* Gorilla; *e* Mensch (nach Huxley).

Menschen liegt, wie aus der Figur ersichtlich ist, die
Oeffnung an der Schädelbasis, durch welche das Rückenmark in das Gehirn eintritt, das sogenannte Hinter-
hauptloch, weiter nach vorn, als bei den Affen. Daher
ist auch der Schädel nicht, wie bei den letzteren, nach
vorn geneigt, sondern er ruht auf der Spitze des ober-
sten Wirbels, des sogenannten Atlas. Aus der Figur ist
auch ersichtlich, wie die Wirbelsäule S-förmig gekrümmt
ist und wie das knöcherne Becken bei aufrechter Stellung des Körpers eine breite Stütze für die Eingeweide
bildet. Bei dieser aufrechten Stellung dienen die Füsse
als Basis und setzen die Beine in den Stand, den Rumpf
zu tragen. So ist die aufrechte Stellung, welche von ab-
gerichteten Thieren nur mit Anstrengung nachgeahmt
wird, für den Menschen leicht und ungezwungen. Bei
den vierfüssigen Thieren sind die vorderen und hinteren
Gliedmaassen durch die Anordnung der Knochen und
Muskeln zu übereinstimmender Thätigkeit eingerichtet,
während beim Menschen eine solche Uebereinstimmung
in den Bewegungen der Beine und Arme nicht stattfindet. Von den Affen gehen manche mit gekrümmten
Beinen und vorwärts gestreckten Armen auf allen Vieren,
wobei sie mit der Fusssohle und der flachen Hand den
Boden berühren. Die höheren menschenähnlichen Affen
sind dagegen durch ihren Körperbau einer kletternden
Lebensweise angepasst, wobei sie mit Händen und Füssen
die Zweige der Bäume ergreifen. Wenn ein Orang-Utan
auf den Boden kommt, so humpelt er unbeholfen umher,
indem er gewöhnlich mit dem Aussenrand der Füsse und
mit den Knöcheln der eingeschlagenen Hand den Boden
berührt. Der Orang und der Gorilla haben die eigenthümliche Gewohnheit, sich auf die geballten Fäuste zu
stützen und ihren Körper zwischen ihren langen Armen

4*

fortzuziehen, ähnlich wie sich ein Krüppel mit Hülfe
seiner Krücken fortbewegt. Die grösste Annäherung an
eine aufrechte Stellung wird vom Affen im natürlichen
Zustande erreicht, wenn ein Gibbon auf den Füssen fortschreitet und mit den Knöcheln der Hände abwechselnd
auf der einen und der anderen Seite den Boden berührt,
oder wenn er eine Strecke weit läuft und zur Erhaltung
des Gleichgewichts die Arme nach hinten über den Kopf
wirft, oder wenn ein Gorilla sich auf die Beine stellt und
zum Angriff nach vorn stürzt. Alle diese Arten der Bewegung wird man sich mit Hülfe der Skelettbilder leicht
vergegenwärtigen können. So bilden die Affen ein interessantes Zwischenglied zwischen den Vierfüssern und
Zweifüssern. Aber nur der Mensch ist so geformt, dass
er die Hände für ihre besondere Thätigkeit frei hat,
während er die Füsse zur Fortbewegung benutzt.

Es ist verkehrt, bei einer Vergleichung des Menschen mit den niederen Thieren den Vorrang desselben
nur auf seinen Geist zu begründen, ohne seine Ueberlegenheit durch die Leistungsfähigkeit seiner Gliedmaassen
hervorzuheben. Wenn in den Abbildungen zu Reinecke
Fuchs der Künstler sein Bestes thut, um den Löwen darzustellen, wie er das Scepter hält, die Wölfin, wie sie mit
dem Fächer wedelt und den Fuchs, wie er einen Brief
schreibt, so zeigen diese Abbildungen doch nur, wie wenig
die Gliedmaassen vierfüssiger Thiere zur Ausführung
solcher Bewegungen geeignet sind. Der Mensch ist nur
deshalb das „Thier, welches Werkzeuge gebraucht", weil
er sowohl durch den Geist zur Erfindung derselben, als
auch durch die Hände zum Gebrauch derselben befähigt
ist, und nur die Affen, die durch ihren Körperbau dem
Menschen am nächsten stehen, können den Gebrauch
eines Werkzeugs, wie z. B. eines Löffels oder eines Mes-

sers, einigermaassen nachahmen. Fig. 6 mag dazu dienen, Hand und Fuss des Schimpanse mit denen des

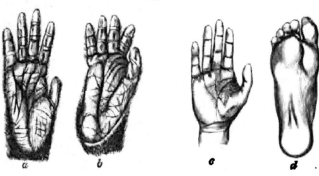

a Hand, *b* Fuss des Schimpanse (nach Vogt); *c* Hand, *d* Fuss des
Menschen.

Menschen zu vergleichen. Der Fuss des Affen hat eine
so grosse Aehnlichkeit mit einer Hand, dass manche
Naturforscher die höheren Affen unter dem Namen Vier-
händer zusammengefasst haben. Seinem anatomischen
Bau nach ist er ein Fuss, aber ein Greiffuss, der zum
Ergreifen eines Gegenstandes dadurch befähigt ist, dass
die grosse Zehe den übrigen Zehen wie ein Daumen
gegenübergestellt werden kann, was beim menschlichen
Fuss nicht möglich ist. Bei den Völkern, welche barfuss
gehen, ist allerdings die grosse Zehe nicht so unbehülf-
lich, als bei den Europäern, die ihre Füsse mit Schuhen
oder Stiefeln zu bekleiden pflegen. Der Wilde Australiens
hebt mit dem nackten Fuss seinen Speer auf und der
Hindu, der das Schneidergewerbe ausübt, bedient sich des
Fusses, um das Zeug, welches er näht, festzuhalten. In
der Figur ist absichtlich nicht der freie Fuss eines Wilden, sondern der von einem ledernen Stiefel zusammen-
gedrückte Fuss eines Europäers abgebildet worden, um

den Gegensatz zwischen dem Affen und dem Menschen um so stärker hervortreten zu lassen. Man sieht, dass Hände und Füsse des Affen zum Klettern auf Bäumen vorzüglich geeignet, zum Gehen auf dem Boden aber ganz ungeeignet sind. Dagegen sind beim Menschen die oberen und unteren Gliedmaassen in einer durchaus verschiedenen Weise ausgebildet, indem der Fuss besser zum Gehen, aber weniger zum Greifen tauglich ist, als beim Affen, während die Hand als Tast- und Greiforgan die Affenhand bei Weitem übertrifft. In der menschlichen Hand ist der Daumen länger und freier beweglich, die Handfläche breiter und biegsamer, als in der Affenhand. Auch machen die empfindlichen Ballen an den Enden der Finger die menschliche Hand zu einem feineren Tastorgan. In dem Affenhause eines zoologischen Gartens kann man interessante Vergleiche zwischen den Händen höherer und niederer Affenarten anstellen. Die Hand eines Löwenäffchens mit ihren bekrallten Fingern ist eigentlich nur ein Kletterwerkzeug. Bei anderen niederen Affen sind die Daumen klein und nicht opponirbar, d. h. das Ende desselben erreicht nicht die Enden der übrigen Finger, während, wie aus der Figur zu ersehen ist, die Daumen der höheren Affen opponirbar sind, wie der Daumen des Menschen. Wie sehr der Werth der Hand als mechanisches Werkzeug von der Opponirbarkeit des Daumens abhängt, davon kann sich Jeder selbst überzeugen, indem er die Hand mit steif gehaltenem Daumen zu benutzen versucht. Der Umstand, dass der Mensch durch seine Hand befähigt ist, Waffen und Werkzeuge zu verfertigen und zu handhaben, um die Natur seinen Zwecken dienstbar zu machen, ist ohne Zweifel eine der Ursachen, denen er es verdankt, dass er unter den Thieren die erste Stelle einnimmt. Ebenso wenig, wenn auch weniger in die Augen fallend, ist es zu bezweifeln, dass der Mensch seine geistige Entwickelung in einem nicht geringen Grade dem Gebrauch seiner Hände verdankt. Indem er verschiedene Gegenstände in die Hand nahm, dieselben in verschiedene Stellungen brachte und neben einander setzte, wurde er auf die einfachsten Arten des Vergleichens und Messens hingelenkt, welche die ersten Elemente des exacten Wissens oder der Wissenschaft bilden.

Von äusseren Merkmalen ist es besonders der Besitz des Haarkleides, wodurch sich die Affen vom Menschen unterscheiden. Beim Menschen bildet, wie bei niederen Thieren, das Haupthaar eine wirksame Schutzdecke für den Kopf. Der Bartwuchs zeigt bei manchen Rassen, z. B. bei den Europäern und bei den Eingeborenen Australiens eine starke Entwickelung. Die haarigen Körperstellen eines Europäers, sonst ohne praktische Bedeutung, gewinnen ein besonderes Interesse für den Naturforscher, der sie als die Ueberbleibsel aus einer längst vergangenen Zeit betrachtet, als die Vorfahren des Menschen eine starke Haarbedeckung besassen, die jetzt durch eine künstliche, der Jahreszeit und dem Klima angepasste Körperbedeckung entbehrlich geworden ist. Interessant ist die Beobachtung, dass bei manchen Menschen Gesicht und Körper mit langem zottigem Haar bedeckt ist. Eine solche Bedeckung des Gesichts verbirgt das Mienenspiel, jenes ausdrucksvolle Abbild der Gemüthsstimmung. Die höhere Organisation des Menschen spricht sich deutlich in seinen geschmeidigen und veränderlichen Gesichtszügen aus, durch deren Bewegungen und Falten Freud und Leid, Hass und Liebe ihren symbolischen Ausdruck finden. Wie roh und ungeschickt sind bei den Affen die entsprechenden Veränderungen des Gesichts-

ausdrucks, wie z. B. das Zurückziehen der Mundwinkel
und das Runzeln des unteren Augenlides, was das Lächeln
eines Affen ausmacht, oder das Heben und Senken der
Augenbrauen und der Stirn eines Babuin, was den Ausdruck des Zornes bildet. Wenn ein Bewohner eines anderen Planeten auf die Erde käme und sich aus seinen
Beobachtungen ein Urtheil bildete, so würde er aus der
Verschiedenheit des Menschengesichts und der Affenfratze
sicherlich ein richtiges Bild von der Verschiedenheit des
inneren Wesens beider Geschöpfe erhalten.

Da das Gehirn das Organ des Geistes ist, so haben
die Anatomen die Unterschiede zu ermitteln gesucht,
welche die Gehirne der intelligenteren und der weniger
intelligenten Thiere zeigen. In der natürlichen Ordnung
der Primaten, welche den Menschen, die Affen und die
Halbaffen umfasst, lässt die Reihe der Gehirne eine bemerkenswerthe Entwickelung von niederen zu höheren
Formen erkennen. Die Halbaffen besitzen ein kleines
und verhältnissmässig glattes Gehirn, während das Gehirn
des anthropoiden Affen eine auffallende Aehnlichkeit mit
dem Gehirn des Menschen zeigt. Ein Halbaffe hat auch
in der That sehr wenig Verstand im Vergleich mit einem
klugen und gelehrigen Schimpanse oder Orang-Utan.
Der Verstand des Menschen überragt aber den der höchsten Affen in einem solchen Grade, dass die Aehnlichkeit
der Gehirne auffallend erscheint. In Fig. 7 sind die Gehirne des Menschen und des Schimpanse abgebildet. Auf
der linken Seite sind die Windungen der Oberfläche zu
sehen, auf der rechten Seite dagegen das Innere, welches
durch Entfernung des oberen Theils freigelegt ist. Um
den Bau beider Gehirne bequemer vergleichen zu können, sind dieselben in gleicher Grösse abgebildet, während in Wirklichkeit das Gehirn des Schimpanse viel klei-

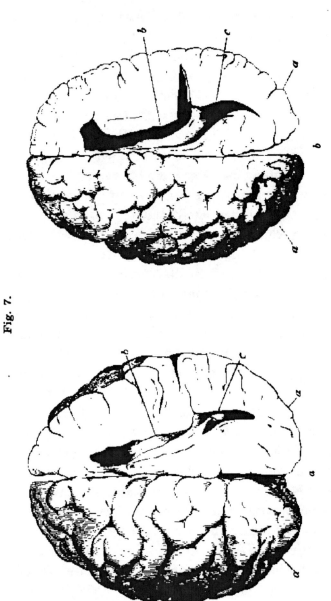

Fig. 7.

Gehirn des Schimpanse (*a*) und des Menschen (*b*), von oben gesehen. Durch Entfernung des oberen Theils der rechten Hemisphäre ist das Innere freigelegt (nach Huxley).

ner ist, als das Gehirn des Menschen. Ein grosser
Unterschied zwischen dem Gehirn des Menschen und dem
Gehirn der anthropoiden Affen besteht darin, dass das
erstere bedeutend grösser ist, als das letztere. Das
erstere wiegt ungefähr 1,5, das letztere nur 0,5 kg. Sodann zeigt das Affengehirn, wie aus der Figur ersichtlich
ist, weniger und einfachere Windungen, als das Menschengehirn, obgleich die allgemeine Anordnung der Windungen in beiden Gehirnen dieselbe ist. Nun hängt aber
die geistige Befähigung sowohl von der Grösse, als auch
von der Complexität des Gehirns ab. Die Gehirnhemi-
sphären bestehen im Innern aus der sogenannten weissen
Gehirnsubstanz mit ihren zahllosen Fasern, welche zur
Fortleitung von Nervenströmen dienen, während die
Oberflächenschicht von der sogenannten grauen Substanz
gebildet wird. Dieselbe enthält die Gehirnzellen, von
denen die Fasern ausgehen und welche Centren bilden,
durch welche die Combinationen, deren wir uns als Gedanken bewusst sind, erzeugt werden. Da nun die graue
Rindenschicht die Oberfläche des Gehirns gleichmässig
auf den Windungen und in den Furchen überzieht, so ist
es einleuchtend, dass der Mensch durch die erhöhte
Complexität der Windungen sowie die grössere Masse
des Gehirns mit einem viel umfangreicheren und complicirteren Denkapparat ausgerüstet ist, als die im System
ihm am nächsten stehenden Thiere.

Nachdem wir einige der wichtigsten Unterschiede
in dem Körperbau des Menschen und der niederen Thiere
hervorgehoben haben, können wir die noch schwierigere
Frage aufwerfen, bis zu welchem Grade die Geistesthätigkeit der Thiere mit unserer eigenen Geistesthätigkeit übereinstimmt. Diese Frage lässt sich zwar nicht in
erschöpfender Weise beantworten, doch giebt es gewisse

wohl bestätigte Thatsachen, die uns ein Urtheil zu bilden gestatten. Zunächst ist es klar, dass die einfachen
Vorgänge der Sinneswahrnehmung, des Willens und
der Bewegung beim Menschen durch denselben körperlichen Mechanismus ausgeführt werden, wie bei anderen
höheren Wirbelthieren. Die Sinnesorgane beider sind
so ähnlich gebaut, dass der Anatom anstatt eines menschlichen Auges ein Ochsenauge benutzen kann, um zu zeigen, wie das Bild der äusseren Gegenstände durch die
Linse auf die Netzhaut geworfen wird, in welcher sich
die Endfasern des nach dem Gehirn führenden Sehnerven
verzweigen. Natürlich zeigen das Gefühl, das Gesicht
und andere Sinne in den einzelnen Ordnungen der
Thiere ihre besonderen Eigenthümlichkeiten. So sind
die Augen des Adlers befähigt, kleine Gegenstände auf
viel bedeutendere Entfernungen genau zu sehen, als die
Augen des Menschen; die Augen des Pferdes haben eine
solche Stellung im Kopf, dass sie nicht, wie unsere Augen,
auf denselben Punkt gerichtet werden können, so dass
das Pferd auf der Netzhaut beider Augen zwei verschiedene Bilder seiner Umgebung erhält. Durch solche Verschiedenheiten erleidet jedoch die Uebereinstimmung im
allgemeinen Bau der Sinnesorgane keinen Abbruch. Was
sodann das Nervensystem betrifft, so zeigt dasselbe beim
Menschen und bei den Thieren in seinem Bau denselben
allgemeinen Plan. Gehirn und Rückenmark bilden das
Centralorgan, welchem die sensorischen Nerven die Botschaften der Sinnesorgane zuführen und von welchem
durch die motorischen Nerven die Ströme entsendet
werden, welche Muskelcontraction und Bewegung bewirken. Die unwillkürlichen Bewegungen der Thiere stimmen mit den unserigen vollkommen überein. Ein
schlafender Hund zieht sein Bein zurück, wenn es be-

rührt wird, genau so wie es auch sein Herr thun würde, und im wachen Zustande blinzelt der eine wie der andere mit den Augen, wenn mit der Hand auf dieselben plötzlich zugefahren wird. Auch in den willkürlichen Bewegungen, die mit Bewusstsein und Absicht ausgeführt werden, ist das Benehmen der Thiere bis zu einem gewissen Grade dem Benehmen des Menschen vergleichbar. In einem zoologischen Garten bietet sich wohl zuweilen Gelegenheit zu beobachten, wie eine Handvoll Nüsse zwischen den Affen hinter dem Gitter und den Kindern vor demselben zur Theilung gelangt. Es ist interessant, darauf zu achten, wie beide genau dieselbe Reihe von Bewegungen ausführen, wie sie aufmerksam werden, herankommen, sich drängen, zugreifen, knacken, kauen, schlingen und die Hand nach mehr ausstrecken. In allen diesen Bewegungen zeigen die Affen die geistige Aehnlichkeit mit dem Menschen, welche ihre körperliche Aehnlichkeit erwarten lässt. Nun wissen wir aber, dass in dem Geist der Kinder, während sie sich um die Nüsse reissen, noch etwas mehr vor sich geht, als dass der blosse Gesichts- und Gefühlseindruck der Nuss wahrgenommen wird und der Wille erzeugt wird, dieselbe zu ergreifen und zu essen. Zwischen der Sinnesempfindung und der Bewegung schaltet sich das Denken ein. Um es einfach zu beschreiben, der Knabe kennt eine Nuss von Ansehen, wünscht den angenehmen Geschmack früher gegessener Nüsse zu erneuern und streckt seine Hände aus, um die Nuss zu ergreifen, aufzuknacken und zu essen. Hier vollziehen sich aber complicirte Geistesvorgänge. Eine Nuss von Ansehen kennen oder eine Vorstellung von einer Nuss haben, bedeutet, dass im Geiste Erinnerungen an eine Anzahl früherer Empfindungen vereinigt sind, welche durch die Erfahrung so innig mit einander verschmolzen sind, dass durch eine bestimmte Form und Farbe, ein bestimmtes Gefühl und Gewicht die Erwartung eines bestimmten Geschmackes erregt wird. Was in dem Geist des Knaben vorgeht, können wir, wenn auch durchaus nicht klar, nach dem beurtheilen, was uns durch unsere eigenen Gedanken und die Mittheilungen Anderer bekannt ist. . Was in dem Geist des Affen vor sich geht, können wir nur aus seinen Bewegungen schliessen, diese haben aber mit den Bewegungen des Menschen eine Aehnlichkeit, für die es keine einfachere Erklärung giebt, als die Annahme, dass das Affengehirn in derselben Weise, wenn auch weniger klar und vollkommen, thätig ist, wie das Menschengehirn. Die Vorstellung, welche ein Thier von einem Gegenstande hat, scheint dasselbe zu sein, was unsere eigene Vorstellung ist, nämlich eine zu einem Ganzen vereinigte Gruppe von Erinnerungen an frühere Empfindungen. Dies ist um so wahrscheinlicher, als ein Thier, wie es scheint, wenn sich ihm ein Theil der Empfindungen bietet, ebenso wie wir selbst, den Schluss zieht, dass auch die übrigen vorhanden sein müssen. So springt ein Hund auf einen mit Schaum bedeckten Wassergraben, indem er ihn für einen trockenen Weg hält, oder wenn ihm ein ungeniessbarer Gegenstand, der das Ansehen von Brod hat, gezeigt wird, so kommt er herbei, entfernt sich aber, sobald er merkt, dass Geruch und Geschmack nicht diejenigen sind, deren Vorstellungen durch den Anblick erregt wurden.

Ebenso wird Jeder, der auf das Betragen der Thiere achtet, bemerken, dass sich in demselben Fähigkeiten offenbaren, die mit den unserigen mehr oder weniger übereinstimmen. Alle höheren Thiere geben unzweideutige Zeichen von Vergnügen und Schmerz, ja in unserem Umgang mit denselben gehen wir stillschweigend

von der Voraussetzung aus, dass sie auch complicirtere
Gefühle, wie Furcht, Zorn, Abneigung, selbst Neugierde,
Eifersucht und Rachsucht kennen. Einige dieser Empfindungen offenbaren sich in körperlichen Symptomen,
welche ganz menschlich sind, wie Jeder zugeben wird,
der die zitternden Glieder und das klopfende Herz eines
erschreckten jungen Hundes beobachtet hat oder der das
Werk Darwin's über die Gemüthsbewegungen der Thiere
kennt und sich der Abbildung des Schimpanse erinnert,
welchem die Frucht abgenommen ist und der seiner
üblen Laune durch eine Miene Ausdruck verleiht, die
entschieden an den Gesichtsausdruck eines schmollenden
Kindes erinnert.   Auch zeigen die Thiere einen wohl
ausgeprägten Willen, der, wie beim Menschen, nicht bloss
ein Wunsch ist, sondern das Resultat der Abwägung von
Wünschen, so dass zwei Menschen, die einen Hund nach
verschiedenen Richtungen locken oder beide demselben
Knochen anbieten, die Willensthätigkeit desselben in
einer Weise verwirren können, die an Buridan's Esel erinnert, der zwischen zwei Heubündeln Hungers stirbt.
Was das Gedächtnissvermögen der Thiere betrifft, so
bietet sich Gelegenheit genug, die Dauer und die Genauigkeit desselben zu beobachten.   In manchen Fällen lässt
sich die Erinnerung der Thiere einfach dadurch erklären,
dass die Vorstellungen desselben durch die Gewohnheit
associirt werden, wie wenn z. B. ein Pferd den Weg seines
früheren Besitzers verräth, indem es an jedem Wirthshaus Halt macht.   Dies beweist weiter nichts, als dass
das bekannte Haus in dem Thiere die Erinnerung an das
Ausruhen erweckt, in Folge dessen es stehen bleibt.
Wenn wir dagegen einen träumenden Hund beobachten,
so gewinnen wir den Eindruck, dass, wie in unseren
eigenen Träumen, ganze Reihen von Vorstellungen, die

in seinem Gedächtniss schlummern, vor seinem Bewusstsein vorüberziehen. Ein Gedächtniss, in welchem eine solche Wiederbelebung der Vergangenheit möglich ist, bildet eine Quelle der Erfahrung, aus welcher das Verständniss der Gegenwart und die Vorherbestimmung der Zukunft geschöpft werden kann. Die Erinnerung an das, was gewesen ist, zu einem Mittel der Controle für das zu machen, was sein wird, ist die grosse intellectuelle Fähigkeit des Menschen, und in einfacheren und minder entwickelten Formen zeigt sich dieselbe auch bei Thieren. Es mag hier nur eine der zahlreichen Thiergeschichten angeführt werden, in denen sich eine auf Erfahrung gestützte Erwartung und Absicht erkennen lässt. Ein gewisser Herr Cops hatte einen jungen Orang-Utan. Eines Tags gab er demselben die Hälfte einer Orange, legte die andere Hälfte auf einen hohen Schrank, so dass sie der Affe nicht sehen konnte, und legte sich selbst auf das Sopha. Da indessen die Bewegungen des Affen seine Aufmerksamkeit erregten, gab er sich nur den Anschein, als ob er schliefe. Das Thier kam vorsichtig herbei, überzeugte sich, dass sein Herr schlief, kletterte auf den Schrank, verzehrte den Rest der Orange, verbarg sorgfältig die Schale, untersuchte nochmals seinen schlafenden Herrn, kehrte dann auf sein Lager zurück und legte sich nieder. Ein solches Benehmen ist nur durch die Annahme eines Gedankenganges zu erklären, welcher ein unserer Vernunft entsprechendes Element enthält.

Eine richtige Gegenüberstellung der unterscheidenden Merkmale von Mensch und Thier bietet mehr Schwierigkeiten, als eine Zusammenstellung der übereinstimmenden. Ein deutlicher Beweis für die höhere intellectuelle Entwickelung des Menschen besteht darin, dass er vom Instinct in geringerem Grade abhängt, als die Thiere, welche zu einer bestimmten Jahreszeit wandern oder Nester nach einem bestimmten, ihrer Art eigenthümlichen Muster bauen. Der Mensch hat einige Instincte, die mit denen der Thiere vollkommen übereinstimmen. Hierher gehören z. B. die Bewegungen, welche ein Kind ausführt, um eine Gefahr abzuwenden, ohne dass es diese Bewegungen gelernt hat, sowie die Elternliebe, welche die Nachkommenschaft während des hülflosen Zustandes der ersten Lebensperiode beschützt. Wäre der Mensch aber von einem unwiderstehlichen Trieb beseelt, vor Eintritt des Winters nach Süden zu wandern oder in einer ganz bestimmten Weise aus zusammengefügten Zweigen ein Obdach zu erbauen, so würde das für sein Geschlecht eine geringere Wohlthat sein, als die intellectuelle und bewusste Anpassung seiner Handlungen an das Klima, den Nahrungserwerb, die Vertheidigung vor Feinden und eine Menge anderer Umstände, die von Gegend zu Gegend und von Jahr zu Jahr wechseln. Wenn die entfernten Vorfahren des Menschen Instincte hatten, die wie beim Biber durch die Structur des Gehirns bedingt werden, so sind dieselben schon lange weggefallen und haben einer freieren und höheren Vernunft Platz gemacht. Die Fähigkeit des Menschen, sich der Welt, in welcher er lebt, anzupassen, ja dieselbe zu beherrschen, verdankt er zum grossen Theil dem Umstande, dass er sich neue Kenntnisse zu verschaffen vermag. Es darf indessen nicht übersehen werden, dass in geringerem Grade auch die Thiere diese Fähigkeit besitzen. Es bietet sich oft Gelegenheit, die interessante Beobachtung zu machen, wie gewisse Thiere durch Erfahrung lernen. Wenn z. B. durch eine Gegend die ersten Telegraphendrähte gezogen werden, so ist es eine gewöhnliche Erscheinung, dass in der ersten Zeit die Reb-

hühner gegen die Drähte fliegen und sich tödtlich verletzen. Nach Verlauf von zwei Jahren haben sie dagegen
gelernt, die Drähte im Flug zu vermeiden. Ebenso hat
man oft in Nordamerika die Beobachtung gemacht, dass
die schlauen Marder die Pelzjäger überlisten und selbst
aus Fallen ganz neuer Construction den Köder zu bekommen wissen, ohne dass sie von der Falle ergriffen
werden. Die Fähigkeit, durch Nachahmung zu lernen,
ist bei den Affen in einer Weise entwickelt, die an den
Menschen erinnert. Der anthropoide Affe Mafuka, welchen vor nicht langer Zeit der zoologische Garten zu
Dresden besass, sah, wie die Thüre seines Käfigs geöffnet
wurde und that dasselbe alsbald selbst, ja er stahl den
Schlüssel und verbarg ihn unter seinem Arm, um ihn
später zu benutzen. Nachdem er einem Zimmermann bei
der Arbeit zugesehen hatte, nahm er den Bohrer und
bohrte mit demselben Löcher in das Tischchen, auf welches ihm sein Futter gestellt wurde. Bei seinen Mahlzeiten
füllte er sich selbst die Tasse aus der Kanne und hörte,
was noch bemerkenswerther ist, im richtigen Augenblicke
auf, bevor die Tasse überlief. Fast menschlich zu nennen war das Benehmen des Affen, welches er bei seinem
Tode zeigte. Als der Director des Gartens, welchem er
sehr zugethan war, kam, schlang er seine Arme um dessen Hals, küsste ihn dreimal, legte sich dann auf sein
Lager, reichte seinem Herrn die Hand und starb. Man
muss annehmen, dass solche hochbegabte Geschöpfe auch
im wilden Zustande lernen, da doch viel geringer begabte
Thiere allem Anschein nach ihre Jungen unterrichten,
die Vögel im Singen, die Wölfe im Jagen. Allerdings ist
es sehr schwierig, die Grenze zu bestimmen, wo das
instinctive Lernen aufhört und das bewusste anfängt.

Die Philosophen haben zwischen dem thierischen

Tylor, Anthropologie. 5

und dem menschlichen Verstand eine scharfe Grenzlinie
zu ziehen versucht. Der berühmteste dieser Versuche ist
derjenige, welchen Locke in seinem bekannten Werk
über den menschlichen Verstand macht, indem er als
wesentlichen Unterschied des menschlichen und des
thierischen Verstandes den Umstand bezeichnet, dass die
Thiere zwar Vorstellungen besitzen, aber nicht die Fähigkeit, abstracte oder allgemeine Vorstellungen zu bilden.
Nun ist es allerdings richtig, dass wir mit allgemeinen
Vorstellungen, wie fest und flüssig, Quantität und Qualität,
Pflanze und Thier, Muth und Feigheit, zu operiren gelernt
haben, und dass wir nicht den geringsten Grund zu der
Annahme haben, dass von Hunden oder Affen ähnliche
Abstractionen gebildet werden. Allein wenn sich auch
die Fähigkeit des Abstrahirens und Verallgemeinerns bis
auf die Höhe philosophischer Speculationen erhebt, so
darf nicht vergessen werden, dass dieselbe mit einfachen
Verstandesacten anfängt, deren wohl auch die Thiere
fähig sein können. Abstrahiren heisst das Gemeinsame
verschiedener Gedanken erkennen und das Unterschei-
dende derselben vernachlässigen. Eine allgemeine Vorstellung wird daher dadurch erhalten, dass die besonderen Einzelheiten nicht allzu genau beachtet werden.
Die einfachsten dieser allgemeinen Vorstellungen sind
diejenigen, bei deren Bildung nur ein Sinn thätig ist,
wie z. B. bei der von Locke als Beispiel gewählten Vorstellung des Weiss als übereinstimmenden Merkmals des
Kalks, des Schnees und der Milch. Aber auch bei Thieren
ist, soweit wir es aus ihren Handlungen beurtheilen können, zuweilen nur ein Sinn bei der Bildung einer Vorstellung thätig, z. B. wenn ein Stier durch irgend einen
rothen Gegenstand gereizt wird. Ebenso ist es sehr interessant, Thiere zu beobachten, die ein neues Object mit

ihren Erinnerungen oder Vorstellungen früherer Objecte vergleichen, in denselben das, was ihnen bereits bekannt ist, erkennen und erwarten, dass es sich wie andere Objecte derselben Art verhalten werde. Katzen oder Affen brauchen nicht im Gebrauch einer neuen Decke oder eines neuen Kissens angewiesen zu werden, wenn es mit dem alten, an dessen Stelle es gelegt worden ist, übereinstimmt, und der „Regimentshund" erkennt jeden Träger der betreffenden Uniform als seinen Herrn an, einerlei ob er denselben schon früher gesehen hat, oder nicht. So ist in dem einfachen Denken der Thiere die höhere Abstraction und Verallgemeinerung des Menschen bereits angedeutet. Lesen wir in dem Werke Locke's einige Zeilen weiter, so erfahren wir, woraus er den Schluss zieht, dass die Thiere nicht die Fähigkeit besitzen, allgemeine Vorstellungen zu bilden. Der Mangel dieser Fähigkeit hat seinen Grund darin, dass die Thiere keine Worte oder andere allgemeine Zeichen besitzen. Der Mangel der Sprache ist ein Punkt, der an und für sich hervorgehoben zu werden verdient und auch nicht solche Schwierigkeiten bietet, wie die Frage, ob die Thiere abstracte Vorstellungen besitzen. Das Sprachvermögen bildet allerdings das beste Mittel zu einer scharfen Unterscheidung der Geistesthätigkeit des Menschen und der Thiere. Andere haben es als einen wesentlichen Unterschied von Thieren und Menschen betrachtet, dass die ersteren Bewusstsein, aber kein Selbstbewusstsein besitzen, während der Mensch allein Selbstbewusstsein besitzt, d. h. nicht nur fühlt und denkt, sondern sich auch seines Fühlens und Denkens bewusst ist. Diese letztere Art der Unterscheidung ist indessen weniger befriedigend, als die erstere. Der Mensch besitzt allerdings Selbstbewusstsein, welches sich dadurch äussert, dass er von sich selbst wie von anderen Personen sprechen kann, dagegen fehlt uns für die Behauptung, dass die Thiere kein Bewusstsein ihrer selbst besitzen, jeder Beweis. Durch den Besitz der Sprache dagegen unterscheidet sich der Mensch vom Thier auf das Bestimmteste. Nur mit Hülfe der Sprache ist der Mensch im Stande gewesen, die hohen abstracten Vorstellungen, mit denen wir so leicht umgehen, zu bilden und zu bezeichnen. Wie hätte er ohne die Sprache Resultate des combinirten und vergleichenden Denkens erreichen können, wie z. B. die Begriffe von Moment, Mehrheit, Rechtschaffenheit? Nichts bezeichnet die grosse Kluft zwischen uns und den Thieren besser, als der Unterschied zwischen unserer vollkommenen Sprache und der schwachen Andeutung derselben in den Lockrufen der Thiere. Den höchsten anthropoiden Affen fehlt nicht nur die Sprache, sondern auch die Gehirnorganisation, welche sie zur Erlernung der allereinfachsten Rudimente derselben befähigen könnte. Die Fähigkeit des Menschen, ein Wort oder selbst eine Geberde als Symbol eines Gedankens und als ein Mittel zur Mittheilung desselben zu gebrauchen, ist einer der Hauptpunkte, die uns zeigen, wie er sich über die niederen Thiergattungen erhebt und seinen eigenen Weg in das Gebiet höherer intellectueller Regionen einschlägt.

Bei der Vergleichung des Menschen mit den Thieren muss natürlich der am tiefsten stehende Mensch, der Wilde, als Muster dienen. Aber dieser Wilde ist im Besitz menschlicher Vernunft und menschlicher Sprache, und wenn er sich auch nicht selbst zur Civilisation emporgeschwungen hat, so ist sein Gehirn doch befähigt, mehr oder weniger diejenige Bildung aufzunehmen, welche ihn in einen civilisirten Menschen verwandelt. Wie sich der Mensch aus dem Zustande der Wildheit in den Zustand

der Civilisation emporgearbeitet hat, ist eine Frage, die
wir mit einiger Aussicht auf Erfolg zu beantworten unternehmen können, was auch in den letzten Abschnitten
des vorliegenden Werkes geschehen ist. Weniger Aussicht auf Erfolg würde dagegen der Versuch haben, die
geistige Kluft zwischen dem niedersten Menschen und
dem höchsten Affen zu überbrücken. Wir sind allerdings
durch Thatsachen zu der Behauptung berechtigt, dass
die geistige Thätigkeit der Thiere bis zu einer gewissen
Grenze mit unserer eigenen übereinstimmt. Ueber diese
Grenze hinaus eröffnet sich aber dem menschlichen Geiste
ein weites Gebiet des Denkens und Fühlens, welches dem
thierischen Geiste allem Anscheine nach verschlossen
ist. Betrachten wir den Lebenslauf des Menschen von
der Geburt bis zum Tode, so sehen wir, dass derselbe so
zu sagen auf Functionen beruht, welche er mit niederen
Geschöpfen gemein hat. Mit Instinct begabt und befähigt,
durch Erfahrung zu lernen, von Lust bewegt und von
Schmerz getrieben, muss der Mensch, ebenso wie das
Thier, sein Leben durch Nahrung und Schlaf unterhalten,
muss er sich der Gefahr durch die Flucht entziehen oder
ihr im Kampf entgegentreten, muss er sein Geschlecht
fortpflanzen und die nächste Generation beschützen und
erziehen. Auf diesem Unterbau erhebt sich das wunderbare Gebäude der menschlichen Sprache, Wissenschaft,
Kunst und gesellschaftlichen Ordnung.

Die Menschenrassen.

Rassenunterschiede. Körpergrösse und Grössenverhältnisse. Schädel. Gesichtszüge. Farbe. Haar. Constitution. Temperament. Rassentypen.
Erhaltung, Mischung und Veränderlichkeit des Typus. Uebersicht
über die Menschenrassen.

Bereits im ersten Capitel wurde der auffallenden
Verschiedenheit der einzelnen Menschenrassen gedacht,
wie uns dieselbe bei der Vergleichung eines afrikanischen
Negers, eines indischen Kuli und eines Chinesen entgegentritt. Selbst verschiedene europäische Völker zeigen, wie
uns die Vergleichung eines Dänen mit einem Genuesen
lehrte, bedeutende Unterschiede. Wir wollen jetzt eine
etwas eingehendere Vergleichung der verschiedenen Rassen
vornehmen, jedoch die Bemerkung vorausschicken, dass
eine solche Vergleichung ohne Berücksichtigung geeigneter
anatomischer Merkmale nur eine oberflächliche und unvollkommene sein kann. Rassenunterschiede finden sich
in der Körpergrösse und den Grössenverhältnissen der
Glieder, in der Bildung des Schädels und Gehirns, in den
Gesichtszügen, der Haut, den Augen, dem Haar, in der
Eigenthümlichkeit der Constitution sowie in der geistigen
und sittlichen Beanlagung ausgesprochen.

Bei der Vergleichung der Körpergrösse verschiedener
Rassen müssen natürlich die grössten und kleinsten Individuen ausgeschlossen und Menschen von gewöhnlicher
oder mittlerer Körpergrösse als Repräsentanten der ganzen Rasse ausgewählt werden. Sehr deutlich tritt der
Unterschied in der Körpergrösse in solchen Gegenden hervor, in denen ein grosses und ein kleines Volk zusammen-
treffen, wie z. B. in Australien, wo dem englischen Colonisten von 172,7 cm Leibeshöhe die chinesischen Arbeiter
von nur 162,5 cm Höhe gegenüberstehen. Noch bedeutender ist der Unterschied in der Körpergrösse der
Schweden und Lappen, indem die erstere 170,2, die
letztere nur etwa 152,4 cm beträgt. Zu den grössten
Menschen gehören die Patagonier, welche den Europäern,
welche sie zuerst in ihren Pelzmänteln die Felsengestade
entlang schreiten sahen, wie ein Volk von Riesen vor-
kamen; ja man behauptete, die Leute Magelhaens'
hätten dem ersten Patagonier, welchen sie trafen, mit
dem Kopfe kaum bis an den Leib gereicht. Neuere Reisende haben allerdings durch Messungen festgestellt, dass
sie oft eine Grösse von 193 cm erreichen, während ihre
mittlere Körpergrösse von 180,3 cm die mittlere Grösse
der Engländer um 7,6 cm übersteigt. Die kleinsten Menschen sind die Buschmänner und verwandte Stämme
Südafrikas, deren mittlere Körpergrösse nur 137,2 cm
beträgt. Zur Vergleichung der grössten und der kleinsten
Menschenrasse sind in Fig. 8 (a. f. S.) ein Patagonier und
ein Buschmann neben einander gestellt. Der letztere
reicht mit dem Kopfe dem ersteren nur bis an die Brust.
Die Leibeshöhe der kleinsten Menschenrasse ist also nur
drei Viertel von der Leibeshöhe der grössten, was vielleicht Denjenigen überrascht, welcher in solchen Messungen nicht bewandert ist. Doch ist dieser Unterschied

geringfügig im Vergleich mit den Grössenunterschieden zwischen verschiedenen Rassen anderer Thiere, z. B. zwischen einem Wachtelhündchen und einem Bullenbeisser,

Fig. 8.

Patagonier und Buschmann.

oder einem Shetland-Pony und einem Lastpferde. Bei allen Menschenrassen ist die Grösse des Weibes im Allgemeinen um etwa ein Sechzehntel geringer, als die des Mannes. So ist in England die mittlere Grösse der Männer 172,7, die der Frauen 162,4 cm.

Nicht nur durch die Körpergrösse unterscheiden sich die verschiedenen Menschenrassen, sondern auch durch die Grössenverhältnisse des Körpers. Man darf indessen nicht wirkliche Rassenmerkmale mit körperlichen Eigenthümlichkeiten verwechseln, welche durch die Gewohnheit oder die Lebensweise des Einzelnen verursacht werden, wie z. B. die krummen Beine von Reitknechten und die noch stärker gekrümmten Beine der Indianer von britisch Columbien, welche dieselben dem Umstande verdanken, dass sie beständig mit eingezogenen Beinen in ihren Canoes sitzen. Der Brustumfang eines Menschen hängt in nicht geringem Grade von der Lebensweise desselben ab, ebenso die Länge der Arme und Beine, welche selbst bei Soldaten und Seeleuten ein und derselben Nation geringe Unterschiede erkennen lassen. Es giebt aber gewisse Unterschiede, welche ererbt sind und ein wesentliches Rassenmerkmal bilden. Der afrikanische Neger zeichnet sich durch lange, der Aymaraindianer Perus durch kurze Arme und Beine aus. Angenommen, das Skelett eines Engländers von gewöhnlichem Wuchse sollte so umgeformt werden, dass es die Grössenverhältnisse eines Negers oder eines Aymaraindianers annimmt, so müsste im ersten Falle der Arm um 5, und das Bein um 2,5 cm verlängert, im zweiten Falle dagegen der Arm um 2,5 und das Bein um 1,25 cm verkürzt werden. Sehr deutlich sind die verschiedenen Grössenverhältnisse der Gliedmaassen in den in Fig. 5 abgebildeten Skeletten zu erkennen. In aufrechter Stellung reicht der Gibbon mit dem Mittelfinger bis an den Fuss, der Orang bis an die Knöchel, der Schimpanse bis an das Knie, der Mensch dagegen nur bis in die Mitte des Oberschenkels. In diesem Punkte zeigen auch, wie es scheint, die Menschenrassen Unterschiede, welche nicht bloss zufällig sind. Negersoldaten bringen in militärischer Haltung die Spitze des Mittelfingers dem Knie 2,5 bis 5 cm näher als weisse Soldaten, einzelne erreichen sogar die Kniescheibe. Solche Unterschiede sind indessen weniger bemerkenswerth, als

die allgemeine Uebereinstimmung in den Körperverhält-
nissen eines Musters körperlicher Kraft und Schönheit,
welcher Rasse dasselbe auch angehören mag. Selbst be-
rufene Kenner dieser Verhältnisse haben die feineren
Merkmale des Rassentypus übersehen und überall dasselbe
Ideal körperlicher Schönheit zu erkennen geglaubt. Als
der amerikanische Maler Benjamin West nach Rom
kam und den Apollo von Belvedere erblickte, rief er aus:
„Es ist ein junger Mohawkkrieger!" Ebenso hat man in
der Körperform wohlgestalteter Zulus Aehnlichkeit mit
der Apollostatue zu erkennen geglaubt. Wenn man aber
sorgfältig ausgewählte Photographien von Kaffern mit
einem classischen Modell, wie die Apollostatue, vergleicht,
so zeigt es sich, dass der Rumpf des Afrikaners der ein-
wärts gebogenen Lenden und der hervorspringenden
Hüften entbehrt, was zwei in die Augen fallende Eigenthümlichkeiten des classischen Modells sind, in welchem
unsere Maler das Ideal männlicher Schönheit erblicken.
Diese Art der Vergleichung kann viel zur Unterscheidung
der Normaltypen verschiedener Rassen beitragen. Allein
auch hier ist zu bemerken, dass diese Verschiedenheiten im
Körperbau der Menschenrassen nur unbedeutend sind im
Vergleich mit den Abweichungen im Bau verschiedener
Rassen niederer Thiere.

Eine der ersten Fragen, die sich uns bei Vergleichung verschiedener Menschenrassen bietet, ist die, ob
der grossen Verschiedenheit in der geistigen Entwickelung
auch eine Verschiedenheit in der Ausbildung des Gehirns
entspricht. Allerdings zeigen sich in der Beschaffenheit
und namentlich auch in der Grösse der Gehirne verschiedener Menschenrassen bedeutende Verschiedenheiten.
Die gewöhnlichste Methode, die Grösse des Gehirns zu
bestimmen, besteht darin, dass man den Rauminhalt des

Schädels ermittelt, indem man ihn mit Schrot oder Samen-
körnern (Hirse) anfüllt. Nach Professor Flower ist der
durchschnittliche Schädelinhalt bei Australiern 79, bei
Afrikanern 85 und bei Europäern 91 Cubikzoll (ungefähr
1290, 1390 und 1490 ccm). Auch ist nach der Ansicht
hervorragender Anatomen das Gehirn des Europäers in
seinen Windungen etwas complicirter, als das Gehirn
eines Negers oder eines Hottentotten. Wenn auch diese

Fig. 9.

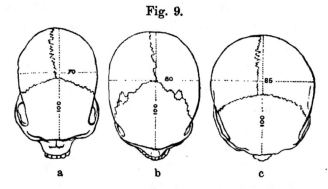

a   b   c

Scheitelansichten von Schädeln. a, Neger, Index 70, dolichocephal; b, Europäer, Index 80, mesocephal; c, Samojede, Index 85, brachycephal.

Beobachtungen noch ziemlich unvollkommen sind, so
genügen sie doch, um einen gewissen Zusammenhang
zwischen einem höher entwickelten System von Nerven-
zellen und Nervenfasern einerseits und einer höheren
geistigen Entwickelung andererseits erkennen zu lassen.
    Eins der besten Mittel zur Unterscheidung der
Rassen bildet die Form des Schädels selbst, die sowohl
für das Gehirn, als auch für den äusseren Gesichtsausdruck
von grosser Bedeutung ist. Der schmale Schädel eines
Negers (Fig. 9, a) ist mit dem breiten Schädel eines Samojeden (Fig. 9, c) gar nicht zu verwechseln. Ein
schmaler Schädel mit gerade aufsteigenden Seitenwänden,
mit dachförmigem Scheitel, vorstehenden Kiefern und

aussergewöhnlich stark vorspringendem Oberrande der
Augenhöhle (Fig. 10, *d*) ist mit Sicherheit als Schädel

Fig. 10.

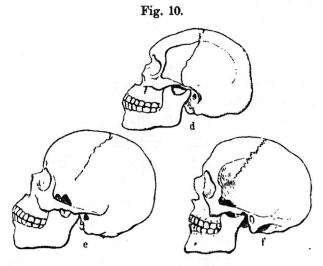

Seitenansichten von Schädeln. *d*, Australier, prognath; *e*, Afrikaner, prognath; *f*, Europäer, orthognath.

australischer Abkunft zu erkennen. Einige der auffallendsten Unterschiede, welche man bei der Vergleichung
verschiedener Schädel bemerkt, sind die folgenden.

Betrachtet man verschiedene Schädel von oben, so
bemerkt man leicht, dass das Verhältniss des Längs-
durchmessers zum Querdurchmesser ein schwankendes
ist. Setzt man den Längsdurchmesser gleich 100, so
nennt man die entsprechende Länge des Querdurchmessers
den Breitenindex. Derselbe ist bei einem Neger (Fig. 9, *a*)
ungefähr 70, bei einem Europäer (*b*) 80 und bei einem
Samojeden (*c*) 85. Nach der verschiedenen Form unterscheidet man die Schädel, beziehungsweise die Völker
selbst nach ihrer Schädelform als Langschädel oder
Dolichocephalen, Mittelschädel oder Mesocepha-
len und Breitschädel oder Brachycephalen. Ein

Schädelmodell aus einer elastischen Masse, z. B. Gutta-
Percha, welches die Dimensionen der mittleren Form
besitzt, würde man durch einen Druck in der Richtung
des Querdurchmessers in die Form eines Negerschädels,
und durch einen Druck in der Richtung des Längsdurch-
messers in die Form eines Tatarenschädels bringen können. Manche Schädel haben, wie aus Fig. 9 hervorgeht,
annähernd eine elliptische Form, indem der grösste Querdurchmesser ziemlich in der Mitte liegt, andere dagegen
haben eine ovale Form, indem der grösste Querdurchmesser ziemlich weit hinter der Mitte liegt. Bei manchen Schädeln, wie *a*, sieht man die Jochbogen, welche
den Schädel mit den Gesichtsknochen verbinden, von oben
sehr deutlich, während dieselben bei anderen, wie *b* und
c, durch den vorspringenden Schädel fast ganz verdeckt
werden. Auch in dem Umriss des Schädels, den er von
vorn und von hinten gesehen zeigt, wird das Verhältniss
von Breite und Höhe in ähnlicher Weise wie der Breitenindex bestimmt. Betrachtet man sodann verschiedene
Schädel von der Seite in derjenigen Stellung, in welcher
in Fig. 10 die Schädel eines Australiers (*d*), eines Negers
(*e*) und eines Engländers (*f*) abgebildet sind, so bemerkt
man, dass sich die beiden niederen Rassen von der höheren ganz bedeutend durch den Gesichtswinkel unterscheiden. Die Schädel des Australiers und des Afrikaners
haben viel stärker hervortretende Kiefer, als der Schädel
des Europäers. Die ersteren nennt man schiefzähnig oder
prognath, den letzteren geradzähnig oder orthognath.
Zugleich tritt beim Australier und Afrikaner zum Nach-
theil der Stirnlappen des Gehirns die Stirn mehr zurück,
als beim Europäer. So erhält das Profil derselben durch
das Zurücktreten der oberen und das Vortreten der
unteren Theile etwas Affenartiges, wodurch es sich von

dem fast senkrechten Gesicht eines Europäers unterscheidet.

Ohne die Einzelheiten der Schädelmessung genauer
zu verfolgen, wollen wir einen Blick auf einige hervortretende Eigenthümlichkeiten des lebenden Gesichts
werfen. Bis zu einem gewissen Grade folgen die Gesichtszüge der Form des unterliegenden Schädels. So ist z. B.
der Gegensatz zwischen dem prognathen Negerschädel

Fig. 11.

a   b

a, Suahelineger; *b*, Perser.

und dem orthognathen Schädel der weissen Rasse in
den in Fig. 11 gegebenen Porträts eines Suahelinegers
und eines Persers deutlich zu erkennen. Unter den in
Fig. 12 zusammengestellten Frauenporträts lässt das Gesicht des Barolongmädchens (*b*) am deutlichsten den
schmalen Schädel, das tatarische und das nordamerikanische Gesicht (*d*, *f*) deutlich den breiten Schädel erkennen. Ebenso zeigt das erstere die convexe afrikanische Stirn,
während die beiden anderen sowie das Hottentottengesicht
(*c*) die stark hervortretenden Backenknochen zeigen.

Frauenporträts. *a*, Negerin (Westafrika); *b*, Barolongnegerin (Südafrika); *c*, Hottentottenweib; *d*, Giljakenweib (Nordasien); *e*, Japanesin; *f*, Colorado-indianerin (Nordamerika); *g*, Engländerin.

Das tatarische und das japanesische Gesicht (*d, e*) lassen
die der mongolischen Rasse eigenthümliche schiefe Stellung der Augen erkennen. Der Ausdruck des menschlichen Gesichts beruht in hohem Grade auf der Bildung
der weicheren Theile, der Nase, der Lippen, der Backen,
des Kinns u. s. w., welche oft ausgezeichnete Mittel zur
Unterscheidung der Rassen abgeben. Der Contrast zwischen der Adlernase des Persers und der flachen Nase
des Negers (Fig. 11, 13) ist noch nicht der stärkste, welcher sich anführen liesse. Europäische Reisende, welche

Fig. 13.

Afrikanischer Neger.

im Mittelalter die Tatarei besuchten, behaupteten in
ihrer Beschreibung der plattnasigen Bewohner dieses
Landes, dieselben hätten überhaupt keine hervortretende
Nase, sondern die Athemlöcher mündeten an der betreffenden Stelle ohne irgend eine Erhöhung. Indem wir

unsere Nasenspitze etwas nach oben drücken, können
wir einigermaassen die Stellung der Nasenlöcher bei
anderen Rassen, namentlich den Negern, nachahmen.
Unsere schmalen Lippen sind auffallend verschieden von
den dicken aufgeworfenen Lippen eines Negers, wie sie
Fig. 13 deutlich erkennen lässt. Die Figur ist ein Porträt
von Jacob Wainwright, dem treuen Diener Living-
stone's. Das Vorstehen der Lippen eines Negers können wir nicht durch einfaches Vorstrecken der Lippen
nachahmen, sondern nur dadurch, dass wir den Rand
der Lippen mit den Fingern nach oben und unten
drücken, damit mehr von den inneren Lippen sichtbar
wird. Den Ausdruck des menschlichen Gesichts, in welchem sich Intelligenz und Gefühl in sichtbaren Zeichen
ausspricht, zu verstehen und zu beschreiben, erfordert die
Geschicklichkeit eines Künstlers. Der blosse Umriss der
Gesichtszüge in einer bestimmten unveränderlichen Haltung, wie er durch eine Photographie wiedergegeben wird,
zeigt feine Züge, die wir durch lange Uebung zu würdigen lernen, die sich dagegen einer Beschreibung oder
Messung entziehen. Um Gelegenheit zur Vergleichung
der Gesichtsbildung verschiedener Menschenrassen zu
geben, sind in Fig. 12 die Porträts von einigen jungen
weiblichen Personen zusammengestellt, die bei ihrer
eigenen Rasse mindestens als mässig schön gelten
würden. Abgesehen von Haar und Gesichtsfarbe, findet
man in der Form der Gesichtszüge noch Merkmale genug,
durch welche sich die einzelnen Gesichter von einander
unterscheiden.

Ein sehr wichtiges Rassenmerkmal bildet die Färbung der Haut. Die dunkle Färbung eines Negers hat
ihren Sitz nicht in der innersten Hautschicht oder der
Unterhaut (Lederhaut). Diese zeigt vielmehr bei allen

Tylor, Anthropologie. 6

Rassen dieselbe Beschaffenheit. Wo sich der Sitz der
Farbe befindet, ergiebt sich aus Fig. 14, welche einen
stark vergrösserten Durchschnitt durch die Haut eines

Fig. 14.

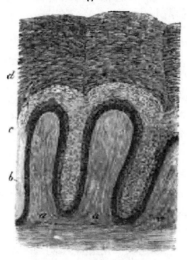

Durchschnitt durch die Haut eines Negers, stark vergrössert (nach
Kölliker). a, Unterhaut (Lederhaut, *cutis*); b, c, Schleimschicht; d,
Oberhaut (*epidermis*).

Negers vorstellt. In dieser Figur ist a die eigentliche
Haut oder Unterhaut mit ihren Wärzchen oder Papillen.
Diese ist von der Schleimschicht bedeckt, deren innere
Zellen (b) durch kleine schwarze oder braune Pigment-
körnchen dunkel gefärbt sind. Diese dunkle Farbe wird
nach der äusseren Oberfläche der Schleimschicht (c) hin
allmälig bräunlich oder gelblich, und selbst die äussere
Oberhaut (d) ist schwach gefärbt. Der Neger ist nicht
schwarz, sondern tiefbraun, und selbst diese dunkle Färbung besitzt er nicht sofort mit Beginn seines Lebens,
denn das neugeborene Negerkind ist röthlichbraun, wird
alsbald schiefergrau und dann allmälig dunkelbraun.
Auch erstreckt sich die dunkelste Färbung nicht gleich-

mässig über die gesammte Oberfläche des Körpers, sondern die Fusssohlen und die innere Seite der Hände sind heller braun. Als der Anthropologe Blumenbach einst den Schauspieler Kemble den Othello spielen sah, drückte er sein Bedauern aus, dass für ihn die ganze Illusion vernichtet sei, sobald der Schauspieler seine mit schwarzen Handschuhen bekleideten Hände öffnete. Bei den braunen Rassen, z. B. den Eingeborenen Amerikas, ist die Haut weniger stark gefärbt, als bei den Afrikanern, auch besitzen dieselben die vollkommen ausgebildete Hautfärbung bereits bei der Geburt. Die durch die Sonne bewirkte vorübergehende Bräunung der Haut, sowie die Sonnenflecken bei Weissen, zeigen dasselbe Verhalten, wie die braune Hautfarbe dunkler Menschenrassen. Bei Europäern zeigen auch manche Hautstellen, die nicht der Sonne ausgesetzt sind, eine dunklere Farbe, z. B. die Brustwarzen, und in gewissen, von den Medicinern als Melanismus bezeichneten krankhaften Zuständen erscheinen auf der Haut dunkle Flecken, welche die grösste Aehnlichkeit mit der Negerhaut besitzen. Zwischen den Hautfarben der verschiedenen Menschenrassen existiren indessen keine scharfen Grenzen, sondern dieselben sind durch allmälige Uebergänge verbunden. Auch kommt es bei den verschiedenen gefärbten Menschenrassen zuweilen vor, dass einzelnen Individuen die färbende Substanz der Haut vollständig fehlt. Einen besonders eigenthümlichen Eindruck machen diese sogenannten Albinos bei Angehörigen der Negerrasse, da man sich die afrikanischen Gesichtszüge kaum ohne schwarze Hautfarbe vorzustellen vermag.

In der Hautfarbe unterscheiden sich von den Negern am stärksten die weissen Völker des nördlichen Europas, deren vollkommenste Typen in Skandinavien, Nord-

deutschland und England angetroffen werden. Bei diesen
hellen oder blonden Völkern verdankt die durchscheinende Haut ihre röthliche Farbe dem Durchschimmern
der feinen Blutgefässe. Bei den Völkern des südlichen
Europas, z. B. den Italienern und Spaniern, wird dieses
Roth durch die dunklere Hautfarbe zum grössten Theil
verdeckt, und bei anderen Völkern von noch dunklerer
Hautfarbe ist es gar nicht mehr zu bemerken. Daher
zeigt sich auch das Erröthen, welches durch das Eintreten
des rothen, warmen Blutes in die feinen Blutgefässe der
Haut bewirkt wird, bei Völkern von verschiedener Hautfarbe in sehr verschiedenem Grade. Am stärksten tritt
diese Erscheinung bei den Albinos hervor, sehr deutlich
ist sie bei Völkern von heller Gesichtsfarbe, wie z. B. den
Dänen, weniger deutlich bei den brünetten südeuropäischen Völkern, z. B. den Spaniern. Bei einem dunkelbraunen Peruaner und einem noch dunkleren Afrikaner
ist die durch das Eintreten des Blutes in die Gefässe
der Haut etwas verstärkte Intensität der Farbe kaum zu
bemerken. Ebenso wird das Zurücktreten des Blutes von
der Oberfläche, welches sich bei heller Hautfarbe durch
Erbleichen bemerklich macht, durch dunklere Hautfarben
verdeckt.

Die Hautfarbe wurde seit den ältesten Zeiten als das
vorzüglichste Rassenmerkmal angesehen. Die alten ägyptischen Maler bedienten sich zur Darstellung der verschiedenen Rassen ganz bestimmter Farben, wie noch
heute aus den erhaltenen Gemälden ersichtlich ist. Diese
Farben machen indessen durchaus keinen Anspruch auf
Naturtreue, wie aus dem Umstande hervorgeht, dass die
Gesichter ägyptischer Männer dunkelziegelroth, die der
Frauen dagegen mit übertriebener Andeutung ihrer
helleren Gesichtsfarbe blassgelb gemalt wurden. In dieser

herkömmlichen Manier unterschieden die Aegypter in ihren Gemälden die vier Menschenrassen, welche ihnen bekannt waren, nämlich die Aegypter selbst, die Bewohner Palästinas, die Libyer und die Aethiopier durch eine rothbraune, gelbbraune, gelbweisse und kohlschwarze Gesichtsfarbe. In der Weltgeschichte ist die Farbe häufig das Merkmal gewesen, durch welches Völker, die sich für die höhere Rasse hielten, die niederen Rassen bezeichneten. Das Sanskritwort für Kaste ist *varna* und bedeutet „Farbe"; hieraus geht hervor, auf welche Weise die Unterscheidung höherer und niederer Kasten entstanden ist. Indien war vor dem Eindringen der arischen Rasse von dunkelfarbigen Völkern bewohnt, und der Unterschied zwischen Eroberern und Unterworfenen zeigt sich noch bei ihren heutigen Nachkommen in dem Gegensatz zwischen der hellen Gesichtsfarbe der höheren und der dunklen Gesichtsfarbe der niederen Kasten. Auch heutzutage hat die Farbe ihre Bedeutung als Zeichen einer höheren Culturstufe noch nicht eingebüsst. Auch für den Engländer ist heute die weisse Hautfarbe noch das Kastenmerkmal, welches ihn von den gelben, braunen und schwarzen Eingeborenen anderer Weltgegenden unterscheidet.

Die Reihe der Farben, welche als Hautfarben der verschiedenen Menschenrassen beobachtet werden, fängt mit dem helleren und dem dunkleren Weiss der nordeuropäischen und südeuropäischen Völker an und geht durch das Braungelb der Malayen und das reine Braun der amerikanischen Völker in das Tiefbraun der Australier und das Schwarzbraun der Neger über. Bis in die neueste Zeit wurden diese Rassenfarben mit zu wenig Sorgfalt beschrieben und in einer ebenso conventionellen Weise benannt, als sie von den Aegyptern in ihren Gemälden

dargestellt wurden. Jetzt werden dieselben dagegen mit
Hülfe der Broca'schen Farbenscala gewissenhafter regi-
strirt.

Die Ausdünstung der menschlichen Haut ist bei verschiedenen Rassen von einem verschiedenen Geruch begleitet. Am auffallendsten ist der ranzige Geruch, durch
welchen sich der afrikanische Neger selbst aus einiger
Entfernung bemerklich macht. Der Geruch der braunen
Völker Amerikas ist ein anderer, und dieser ist wieder
von dem Geruch der weissen Völker verschieden. Diese
Eigenthümlichkeit, welche nicht nur eine verschiedenartige
Absonderung der Haut andeutet, sondern welche auch
mit der Ansteckungsfähigkeit gewissen Fieberkrankheiten
gegenüber in Zusammenhang zu stehen scheint, bildet
ein nicht ganz unwesentliches Rassenmerkmal.

Derjenige Körpertheil, welcher bei verschiedenen
Individuen die grösste Verschiedenheit in der Färbung
zeigt, ist die Regenbogenhaut des Auges. Dies ist um
so bemerkenswerther, als die benachbarten Theile des
Auges fast gar keine Abänderung in der Farbe zeigen.
Nur die harte Haut (*Sclerotica*), welche bei Europäern
eine weisse Farbe besitzt, das sogenannte Weisse des
Auges bildet, nimmt bei den dunkelsten Rassen, z. B. den
afrikanischen Negern, eine etwas gelbliche Färbung an.
Bei normalen Augen aller Rassen erscheint die Pupille,
d. h. die Oeffnung in der Mitte der Regenbogenhaut, vollkommen schwarz, weil die vor der Regenbogenhaut liegende Hornhaut vollkommen durchsichtig, der Hintergrund des Auges dagegen durch eine der Aderhaut auf-
liegende Pigmentschicht dunkel gefärbt ist. Die Iris oder
Regenbogenhaut selbst dagegen zeigt die verschiedensten
Färbungen. Auch in der Augenfärbung bieten die Albinos
ein besonderes Interesse. Die rothe Färbung ihrer Augen

(wie bei weissen Kaninchen) hat ihren Grund in dem
Mangel der erwähnten Pigmentschicht. Infolge dieses
Mangels sind die rothen Blutgefässe des Augenhinter-
grundes durch die Pupille und die Iris hindurch sichtbar.
Dieser Mangel der schützenden Pigmentschicht erklärt
auch die Lichtempfindlichkeit der Albinos, die ihnen den
Namen Kakerlaken, welche bekanntlich ebenfalls sehr
lichtscheu sind, zugezogen hat. Broca stellt in seiner
Farbenscala zur Bezeichnung der Farbe der Iris Nüancen
von Orange, Grün, Blau und Violettgrau zusammen. Man
braucht indessen nur ein Auge genau zu betrachten, um
sich von der Unmöglichkeit zu überzeugen, die mannigfaltigen Farben desselben genau anzugeben. Um die
passendste Bezeichnung für die Farbe eines Auges zu
finden, muss man dasselbe aus einer solchen Entfernung
betrachten, dass die Iris gleichförmig gefärbt erscheint.
Augen, welche man gewöhnlich schwarz nennt, haben
keineswegs eine wirklich schwarze, sondern eine dunkelbraune oder dunkelviolette Iris. Diese sogenannten schwarzen Augen kommen bei weitem am häufigsten vor, nicht
nur bei den braunschwarzen, braunen und gelben Menschenrassen, sondern auch vorwiegend bei den dunkleren
Varietäten der weissen Rasse, z. B. den Griechen und
Spaniern. Es existirt, wie bereits von Aristoteles ausgesprochen wurde, ein gewisser Zusammenhang zwischen
der Farbe der Haut, der Augen und der Haare. Bei
Menschen mit dunkler Haut und dunklem Haar herrschen
dunkle Augen vor, während bei Menschen mit heller Gesichtsfarbe und blondem Haar auch die Iris in der Regel
eine helle, namentlich blaue Farbe zeigt. Ein blonder
Engländer mit schwarzen Augen und ein Vollblutneger
mit blassblauen Augen würde als eine aussergewöhnliche
Erscheinung auffallen. Allein auch hier werden Aus-

nahmen von der allgemeinen Regel beobachtet. In manchen Gegenden Grossbritanniens findet man schwarzes Haar und dunkelblaue oder graue Augen, was nach Dr. Barnard Davis und Dr. Beddoe auf eine Beimischung keltischen Blutes zurückzuführen ist.

Bereits im Alterthum erkannte man in der Farbe und der Form der Haare ein gutes Mittel zur Unterscheidung der Rassen. So bezeichnet Strabo die Aethiopier als schwarze Menschen mit wolligem Haar, und Tacitus beschreibt die germanischen Krieger seiner Zeit als Männer mit glänzenden blauen Augen und blondem Haar. Die verbreitetste Farbe der Haare ist schwarz oder ein dunkles Braun, welches vom Schwarz wenig verschieden ist. Diese Haarfarbe besitzen nicht nur die dunkelhäutigen Völker, wie die Afrikaner und Amerikaner, sondern auch die gelben Chinesen und die dunkelweissen Völker, wie die Hindus und die Juden. In den schwarzen Haaren ist das schwarze Pigment in einer solchen Menge vorhanden, dass es jedes andere, rothe oder gelbe Pigment, welches gleichzeitig in dem Haar vorhanden sein kann, verdeckt. Bei den hellweissen Völkern Nordeuropas herrscht dagegen flachsfarbiges oder kastanienbraunes Haar vor. Es ist also ein gewisser Zusammenhang zwischen hellem Haar und heller Hautfarbe, sowie zwischen dunklem Haar und dunkler Hautfarbe nicht zu verkennen. Dagegen ist es nicht möglich, für die Zwischenfarben eine bestimmte Regel aufzustellen, denn rothbraunes oder kastanienbraunes Haar, welches bei Völkern mit heller Hautfarbe sehr verbreitet ist, kommt auch bei dunkleren Rassen vor, und dunkelbraunes Haar zeigt eine noch weitere Verbreitung. Unsere eigene, sehr gemischte Nation zeigt alle Abstufungen von flachsfarbig und goldgelb bis rabenschwarz. Was sodann die Form

des Haares betrifft, so sind an den weiblichen Porträts
in Fig. 12 die bekannten Unterschiede zu erkennen, indem
die afrikanischen Köpfe auf der linken Seite der Figur
wolliges und gekräuseltes Haar zeigen, während die
asiatischen und amerikanischen Köpfe straffes Haar besitzen. Zwischen diesen beiden Extremen steht das wal-
lende und das lockige oder geringelte Haar, welches lange
Spiralwindungen bildet. Das englische Haar der Figur
gehört der letzteren Art an. Betrachtet man Querschnitte
einzelner Haare unter dem Mikroskop, so bemerkt man
die in Fig. 15 abgebildeten verschiedenen Formen. Das

Fig. 15.

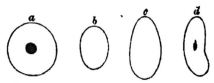

Querschnitte von Haaren, stark vergrössert (nach Pruner). a, Japanese;
b, Deutscher; c, afrikanischer Neger; d, Papuane.

straffe Haar des Mongolen (a) besitzt einen fast kreis-
förmigen, das lockige Haar des Europäers einen ovalen
oder elliptischen Querschnitt, das wollige Haar des Afrikaners (c) ist noch stärker abgeplattet und das gekräuselte Haar des Papuanen (d) endlich zeigt in noch auf-
fallenderem Grade eine flache, bandförmige Gestalt. Die
Krümmung des lockigen und des wolligen Haares wird
durch einseitiges Wachsen desselben bewirkt. Nicht nur
die Farbe und die Form, sondern auch die Menge des
Haares zeigt bei den verschiedenen Rassen bedeutende
Abweichungen. So ist z. B. bei den Buschmännern das
Haupthaar spärlicher, als bei Europäern, während es
bei den Kräheindianern die Regel war, dass das rauhe,
schwarze Haar nach hinten bis auf den Boden herabhing.

Die Behaarung anderer Körpertheile als der Kopfhaut
ist bei manchen Rassen schwach, bei anderen stark. So
sind z. B. die Ainos, die Eingeborenen von Jesso, sehr
stark behaart, während die Japanesen verhältnissmässig
wenig behaart sind. Der Unterschied ist so auffallend,
dass sich bei den Japanesen die Sage gebildet hat, die
Ainomütter hätten in alten Zeiten junge Bären gesäugt
und diese hätten sich nach und nach in Menschen verwandelt.

Es ist eine bekannte Thatsache, dass manche
Rassen ein bestimmtes Klima vertragen können, andere
dagegen nicht. Engländer werden durch längeren Aufent-
halt in den heissen Ebenen Indiens schwach und kränk-
lich, und namentlich sind die Kinder dem schädlichen
Einfluss des indischen Klimas ausgesetzt und müssen,
wenn sie nicht dem Siechthum und dem Tode preisgegeben
werden sollen, in ein kühleres Klima gebracht werden.
Auch ist es bekannt, dass verschiedene Rassen gewissen
Krankheiten in sehr ungleichem Grade ausgesetzt sind.
Während in den Aequatorialgegenden Afrikas und in
Westindien das Sumpffieber und das gelbe Fieber für den
neu ankommenden Europäer so verhängnissvoll sind,
bleiben die Neger und selbst die Mulatten von denselben
fast ganz verschont. Auf der anderen Seite betrachten
wir die Masern als eine ziemlich harmlose Krankheit. Um
so mehr erregt es unser Erstaunen, dass dieselben auf
den Fidschiinseln, wo sie eingeschleppt und vermuthlich
durch verkehrte Behandlung verschlimmert wurden, Tausende von Menschen dahinrafften. Völker, welche in ein
neues Klima kommen, müssen sich natürlich den veränderten Lebensbedingungen anpassen. In der verdünnten
Luft der hohen Anden ist eine viel stärkere Athmung
erforderlich, als in der dichteren Luft tiefer gelegener

Gegenden, und thatsächlich besitzen die Bewohner jener Gegenden eine ausserordentlich stark entwickelte Brust und Lunge. Die Rassen sind zwar fähig, sich nach und nach zu acclimatisiren, allein sie dürfen das Klima, an welches sie gewöhnt sind, nicht allzu schnell mit einem anderen vertauschen. Bei dieser Anpassung an ein bestimmtes Klima spielt die Hautfarbe eine wichtige Rolle, sie macht den Neger für die Tropen, den Weissen für die gemässigte Zone tauglich. Doch ändert sich keineswegs immer die Farbe mit dem Klima. In Amerika z. B. ist die braune Rasse gleichmässig über warme und kalte Gegenden ausgebreitet. Tauglichkeit für ein bestimmtes Klima, jedenfalls eine Lebensfrage für eine Rasse, muss als eins der wichtigsten Rassenmerkmale angesehen werden.

Sehr auffallend unterscheiden sich die verschiedenen Rassen durch ihr Temperament. Es ist, wie es scheint, nicht einer Verschiedenheit der Lebensbedingungen zuzuschreiben, dass in Brasilien der eingeborene Indianer finster und mürrisch, der afrikanische Neger dagegen lebhaft und fröhlich ist. Ebenso wenig können wir die Verschiedenheit des melancholischen russischen Bauern und des lebhaften Italieners ausschliesslich durch das Klima, die Lebensweise und die politischen Verhältnisse erklären. Sowohl das Temperament, als die geistige Fähigkeit scheint dem Menschen angeboren zu sein. Die Geschichte lehrt uns; dass manche Völker in der Civilisation fortgeschritten sind, während andere stillgestanden haben oder zurückgegangen sind. Zur Erklärung dieser Thatsache müssen wir annehmen, dass Völker, wie die Amerikaner und die Afrikaner einerseits, und die Völker der alten Welt, welche jene überwältigten, andererseits, sich durch ihre intellectuellen und moralischen Fähigkeiten unterscheiden. Der Grad, bis zu welchem

sich Kinder einer niederen Rasse eine civilisirte Bildung
anzueignen vermögen, bildet einen guten Maassstab für
die Beurtheilung der geistigen Befähigung der betreffenden
Rasse. Nach den Erfahrungen europäischer Lehrer, die
Kinder niederer Rassen unterrichtet haben, lernen dieselben bis ungefähr zu ihrem zwölften Jahre ebenso gut,
wie die Kinder europäischer Abstammung, dann aber
bleiben sie hinter diesen zurück. Dies steht mit dem
Resultat der anatomischen Forschung in Einklang, dass
das Gehirn bei Australiern und Afrikanern auf einer
tieferen Stufe der Entwickelung steht, als bei Europäern.
Ebenso steht es in Einklang mit dem, was uns die Geschichte der Civilisation lehrt, dass nämlich Wilde und
Barbaren bis zu einem gewissen Grade das sind, was
unsere Vorfahren gewesen sind und was unsere Bauern
noch sind, dass aber von diesem gemeinsamen Niveau
aus der höhere Intellect der fortschreitenden Rassen die
Völker auf eine höhere Culturstufe emporgehoben hat.
Wenn auch der Weisse jetzt die Welt beherrscht, so
darf er nicht vergessen, dass die fortschreitende Entwickelung der geistigen Fähigkeiten keineswegs das Monopol seiner Rasse gewesen ist. Beim Beginn der historischen Zeit waren die am weitesten vorgeschrittenen
Culturvölker die braunen Aegypter und die Babylonier,
deren Sprache nicht mit der Sprache weisser Völker
zusammenhängt, und die Chinesen, die durch ihr Haar
und ihre Hautfarbe ihre Zugehörigkeit zur tatarischen
Völkerfamilie bekunden, besassen vor mehr als viertausend
Jahren ihre eigene Civilisation und eigene Literatur.
Nicht begründet, sondern nur weitergeführt wurde die
Culturbewegung durch die dunkelweissen Völker, die
Assyrier, Phönicier, Perser, Griechen und Römer, und
zuletzt griff die hellweisse Rasse, insofern sie die Haupt-

masse der Bevölkerung Englands, Deutschlands und Frankreichs bildet, kräftig in den Entwickelungsgang der Civilisation ein.

Nach dieser Betrachtung der wichtigsten Merkmale, durch welche sich die verschiedenen Rassen unterscheiden, wird es zweckmässig sein, auf den Begriff der Rasse etwas näher einzugehen. Einzelne Porträts von Männern und Frauen können nur ganz allgemein das Volk repräsentiren, welchem sie angehören, da die einzelnen Glieder desselben nicht vollkommen übereinstimmen. Ein Rassenporträt muss den allgemeinen Charakter der ganzen Rasse zum Ausdruck bringen. Europäische Reisende haben oft die Beobachtung gemacht, dass ihnen beim ersten Anblick einer fremden, von der eigenen sehr verschiedenen Rasse, z. B. der Chinesen oder mexikanischen Indianer, alle Individuen derselben vollkommen ähnlich zu sein schienen. Erst nach tagelanger sorgfältiger Beobachtung bemerkt ein Europäer unter solchen Umständen die individuellen Eigenthümlichkeiten, während zunächst seine Aufmerksamkeit nur durch die allgemeinen typischen Merkmale der fremden Rasse in Anspruch genommen wird. Gerade dieser allgemeine Typus ist es, den der Anthropologe skizziren und beschreiben will, und zu diesem Zweck wählt er sich diejenigen Porträts von Männern und Frauen aus, welche ihm die geeignetsten zu sein scheinen. Der allgemeine Typus eines Volkes lässt sich selbst durch Messung feststellen. Um den Leser in den Stand zu setzen, sich eine Vorstellung davon zu machen, in welcher Weise dieses Problem gelöst wird, wollen wir annehmen, wir wollten eine Beschreibung des schottischen Volkes geben und es handelte sich zunächst darum, die durchschnittliche Grösse desselben zu bestimmen. Manche Schotten sind so klein wie die Lappländer,

andere so gross wie die Patagonier. · Diese kleinsten und
grössten Individuen gehören zwar der fraglichen Rasse
an, repräsentiren aber keineswegs die gewöhnliche Form
derselben. Angenommen nun, die gesammte Bevölkerung
werde gemessen und nach der Grösse geordnet gruppen-
weise in einer Reihe aufgestellt, so würde die grösste von
allen Gruppen diejenige sein, deren Körpergrösse 173 cm
beträgt. Die Gruppen, in denen die Individuen von 163
und 183 cm Leibeshöhe zusammengestellt wären, würden
schon bedeutend kleiner sein, und so würden die Gruppen
nach beiden Seiten hin immer kleiner und kleiner werden und die ganze Reihe würde vielleicht an dem einen
Ende mit einem oder zwei Riesen, am anderen Ende mit
einem oder zwei Zwergen aufhören. In Fig. 16 ist dies
Verhältniss in der Weise graphisch dargestellt, dass jedes

Fig. 16.

Zwerge.   Menschen von mittl.   Riesen.
            Grösse. 173 cm.

Bevölkerung nach der Körpergrösse geordnet (Galton's Methode).

Individuum durch einen Punkt dargestellt ist. Diejenigen
Punkte, welche die Menschen von mittlerer Körpergrösse
vorstellen, sind zu einer dichten Masse zusammengedrängt.
Nach der Methode von Quetelet construirt man eine
Curve (Fig. 17), deren Abscissen die Körpergrösse und
deren Ordinaten die Anzahl der Individuen von der entsprechenden Körpergrösse bezeichnen. Auf diese Weise
entsteht eine Curve, welche von einem gewissen Punkte,
welcher der mittleren Körpergrösse entspricht (in der
Figur 173 cm) nach beiden Seiten hin sehr steil gegen
die Abscissenaxe abfällt. Die Bedeutung der Fig. 17 ist

die, dass von 2600 Menschen 160 die mittlere Grösse von 173 cm, dagegen ungefähr nur 150 eine Grösse von 170 oder 176 cm besitzen, dass nur noch 50 eine Grösse von 163 oder 183 cm besitzen, u. s. w., dass endlich kaum 10 Personen angetroffen werden, welche die geringe Grösse von 153 oder die bedeutende Grösse von 193 cm besitzen.

Fig. 17.

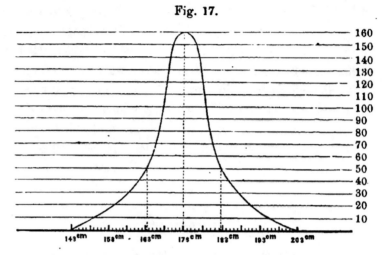

Bevölkerung nach der Körpergrösse geordnet (Quetelet's Methode).

So erscheint also eine Rasse als eine Gruppe von Menschen, welche regelmässige Schwankungen zeigt, die sich jedoch im Allgemeinen nicht weit von einem mittleren Typus entfernen. In ähnlicher Weise lassen sich andere Rassenmerkmale ermitteln, und so kommt man z. B. zu dem Resultat, dass der Engländer einen durchschnittlichen Brustumfang von 91,5 cm und ein durchschnittliches Körpergewicht von 65 kg besitzt. Ebenso ist es möglich, die vorherrschende Hautfarbe eines Volkes zu bestimmen. Die Beobachtungen von Reisenden, die sich in der Regel nur auf eine geringe Anzahl von Individuen erstrecken können, werden daher trotzdem brauchbare

Resultate liefern, wenn als Repräsentanten einer Rasse die der Zahl nach vorherrschenden Individuen gewählt werden.

Am grössten ist die Aehnlichkeit zwischen den einzelnen Gliedern uncivilisirter Völker, die durch zahlreiche Generationen hindurch zusammen gelebt und sich nicht mit anderen Rassen vermischt haben. Bei der grossen Uebereinstimmung der Nahrung und der Lebensweise fehlen bei solchen Völkern die Einflüsse, welche eine verschiedenartige Entwickelung des Körperbaues bewirken könnten. Bei einem solchen Volke kann daher fast jeder Einzelne als Repräsentant der Rasse gelten. So wird man in Fig. 18, einer Nachbildung einer photographisch aufgenommenen Caribengruppe, leicht die grosse Aehnlichkeit der einzelnen Personen bemerken. Es ist durchaus nicht immer so leicht, den Typus eines ganzen Volkes durch ein einzelnes Bild zum Ausdruck zu bringen. Man braucht nur an die verschiedenen Gesichter zu denken, welche man in einer Versammlung von Engländern oder Deutschen beobachten kann, um eine Vorstellung davon zu gewinnen, mit welchen Schwierigkeiten dasselbe verbunden sein kann. Wir wollen zunächst einen möglichst einfachen Fall dieser Abweichungen innerhalb der Rasse betrachten, indem wir eine gleichförmige und scharf ausgeprägte Rasse ins Auge fassen und die Einflüsse verfolgen, denen sie im Laufe der Zeit ausgesetzt sein kann.

Wo ein Volk im eigenen Lande in ziemlich gleichmässiger Weise und ohne Berührung mit anderen Völkern lebt, da scheint kein Grund zu einer Veränderung des Typus vorhanden zu sein. Die ägyptischen Denkmäler zeigen uns gute Beispiele von dieser Unveränderlichkeit der Rasse. In Fig. 19 (S. 98) ist der Kopf des Königs

Ramses, wie er uns durch eine etwa 3000 Jahre alte
Statue überliefert ist, mit dem Kopfe eines heutigen

Fig. 18.

Cariben.

Aegypters zusammengestellt, und es ist auffallend, welche ausserordentliche Aehnlichkeit beide zeigen. In der That werden die alten Aegypter, welche die Pyramiden bauten

Fig. 19.

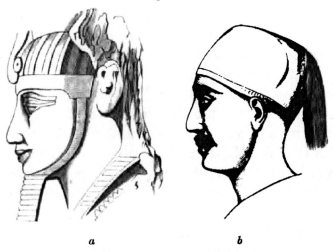

a b

a, Kopf des Königs Ramses II.; b, Moderner Aegypter, Sohn eines Scheikh (nach Hartmann).

und deren mühevolles Leben in den Wandgemälden der Königsgräber dargestellt ist, heute fast unverändert von den Fellahs repräsentirt, welche unter neuen Steuererhebern die alte Arbeit verrichten. Auch die Aethiopier der ältesten ägyptischen Basreliefs finden wir in den heutigen weissen Nilstämmen wieder, und in den Gesichtern der phönicischen und israelitischen Gefangenen erkennen wir das bekannte jüdische Profil unserer Tage. Hier haben wir also den Beweis, dass eine Rasse ihren Charakter dreissig Jahrhunderte oder hundert Generationen hindurch erhalten kann. Diese Unveränderlichkeit des Typus kann sich auch erhalten, wenn sich die Rasse aus ihrer ursprünglichen Heimath weit entfernt, wie die nach

Amerika gebrachten Neger oder die über alle Welttheile
zerstreuten Juden. Wo aber der Typus eines Volkes
deutliche Veränderungen wahrnehmen lässt, da müssen
wir die Ursachen dieser Veränderungen in Zwischen-
heirathen mit Fremden oder in veränderten Lebensver-
hältnissen oder in beiden zugleich suchen.

Eins der bekanntesten und ausgezeichnetsten Bei-
spiele von Zwischenheirath oder Rassenkreuzung ist die
Kreuzung zwischen Weissen und Negern. Die aus dieser
Kreuzung hervorgehenden Mischlinge sind die Mulatten
(spanisch mulato, von mulo, Maulesel). Die Hautfarbe
und das Haar der Mulatten stehen in der Mitte zwischen
Farbe und Haar der Eltern, und weitere Zwischenstufen
in der Farbe treten bei den Kindern von Weissen und
Mulatten, den sogenannten Quarteronen, auf, u. s. w. Die
Nachkommen von Neger und Mulatte, die sogenannten
Zambos nähern sich wieder mehr dem vollen Negertypus.
So bilden alle Mischlinge einen Uebergang zwischen den
beiden Rassen, denen die Eltern angehören, zeigen aber
mehr oder weniger das Bestreben, einen der beiden elterlichen Typen vorwiegend zum Ausdruck zu bringen. Dies
ist z. B. deutlich in Fig. 20 zu erkennen, welche eine
malayische Mutter mit vier halbblütigen Töchtern darstellt, deren Vater ein Spanier war; alle vier zeigen deutlich die Spuren gemischter Abstammung, aber bei einigen
ist der europäische, bei den anderen der malayische
Typus vorherrschend. Auch in der Beschaffenheit des
Haares zeigt sich die Wirkung der Rassenkreuzung. So
bildet z. B. das lockige Haar eines Mulatten eine Mittel-
form zwischen dem schlichten Haar des Europäers und
dem wolligen Haar des Afrikaners. Auffallend durch
ihren eigenthümlichen Haarwuchs sind die Cafusos, welche
aus der Kreuzung zwischen Eingeborenen Brasiliens und

7*

eingeführten Negersklaven hervorgegangen sind. Ihr Haar besteht, wie Figur 21 zeigt, aus einer lockig gekräuselten Masse, die in Form einer natürlichen

Fig. 20.

Malayische Mutter mit halbblütigen Töchtern.

Perrücke vom Kopfe absteht. Die Erscheinung erklärt sich dadurch, dass das lange steife Haar des eingeborenen Amerikaners bis zu einem gewissen Grade die Kräuselung des Negerhaares angenommen hat. Auch in der Körperconstitution besitzen die gemischten Rassen die Eigenthümlichkeiten beider elterlichen Rassen. So verdankt der Mulatte seiner Negerabstammung seine Widerstandsfähigkeit gegen das tropische Klima und das gelbe Fieber.

Mischrassen bilden sich überall, wo zwei Rassen

dieselbe Gegend bewohnen, ja im Lauf der letzten Jahrhunderte ist, wie bekannt, ein grosser Bruchtheil der
Bevölkerung der Erde durch Rassenkreuzung entstanden.

Fig. 21.

Cafusoweib.

In grösstem Umfange hat die Bildung von Mischrassen
in Amerika stattgefunden, wo seit der spanischen Eroberung Mexiko und andere Districte durch die Mestizen, die Abkömmlinge der Spanier und der eingeborenen Amerikaner, bevölkert worden sind, während die
Einführung von Negersklaven in Westindien die Mulat-
tenbevölkerung hervorgerufen hat. Solche Rassen-
kreuzungen erklären die endlosen Abstufungen zwischen
den verschiedenen Völkern und machen es unmöglich,
jede kleine Menschengruppe von zweifelhafter Stellung
einer bestimmten Rasse zuzuweisen. Der in Fig. 22 (a. f. S.)
abgebildete Wasserträger von Kairo mag als Beispiel
dienen, wie schwer es zuweilen zu entscheiden ist, zu
welcher Rasse man einen Menschen rechnen soll. Dieser
Mensch spricht arabisch und ist Muhamedaner, allein

er ist kein eigentlicher Araber, ebenso wenig ein echter
Aegypter, sondern das Kind eines Landes, in welchem

Fig. 22.

Wasserträger von Kairo.

sich seit Jahrhunderten Nubier, Kopten, Syrier, Beduinen
und zahlreiche andere Völker mit einander vermischt
haben, so dass derselbe drei Viertel der Bevölkerung der
Erde zu seinen Ahnen zählen kann. Unter den Eingeborenen Indiens finden sich Typen, die sich nach Hautfarbe und Gesichtsbildung keiner bestimmten Rasse ein-
reihen lassen. Dies ist nicht zu verwundern, wenn man
bedenkt, dass mehrere ganz verschiedene Menschenrassen

zur Bevölkerung des Landes beigetragen haben, nämlich die dunkelbraunen Eingeborenen oder die Gebirgs- stämme, die gelben Mongolen, welche die Grenze von Tibet her überschritten haben, und die alten Arier oder Indo-Europäer, welche von Nordwesten her eingedrungen sind. Diese und noch andere Völker haben durch jahr- hundertelange Kreuzung zahllose Mischrassen erzeugt. Ebenso findet die ausserordentliche Verschiedenheit der Farbe des Haars und der Haut bei Europäern ihre Er- klärung in der Kreuzung zwischen den hellen nord- europäischen und den dunklen südeuropäischen Völker- schaften. Der Annahme, dass das Menschengeschlecht ursprünglich in einige wenige Hauptrassen zerfallen sei, steht daher das Vorhandensein zahlreicher, durch Ueber- gänge verbundener Varietäten nicht entgegen, vielmehr findet das letztere durch die jahrhundertelange Ver- mischung der Rassen eine hinreichende Erklärung.

Da nun der übereinstimmende Charakter einer Rasse ohne Zweifel seinen Grund in der gemeinsamen Abstam- mung hat, so verbinden wir mit der Bezeichnung Rasse stets die Vorstellung, dass die Angehörigen derselben ihre gemeinsame Natur von gemeinsamen Vorfahren er- erbt haben. Nun wissen wir aber aus Erfahrung, dass eine Thierart oder Thierrasse, die ihren Typus von Gene- ration zu Generation vererbt, auch einer gewissen Ab- änderung fähig ist. Einem geschickten Thierzüchter ist es möglich, durch sorgfältige Auswahl und Paarung von Thieren, die sich in einer bestimmten Weise von anderen unterscheiden, innerhalb weniger Jahre eine besondere Rasse von Rindern oder Schafen zu erzeugen. Solche neue Rassen von Thieren bilden sich auch ohne directes Eingreifen des Menschen unter neuen klimatischen Ein- flüssen und veränderten Nahrungsverhältnissen, wie uns die Shetland-Ponys sowie die Mustangs der mexikanischen Ebenen beweisen, welche von Pferden abstammen, die von den Spaniern nach Amerika gebracht wurden. Es liegt daher die Annahme sehr nahe, dass auch die Menschenrassen als Abarten zu betrachten sind, die sich aus einer gemeinsamen Stammart entwickelt haben. Zur Begründung dieser Annahme lässt sich anführen, dass nicht nur die körperlichen und geistigen Varietäten des Menschengeschlechts in einander übergehen, sondern dass selbst die unähnlichsten Rassen sich in jeder Richtung kreuzen und gemischte Unterrassen erzeugen können, welche, sich selbst überlassen, ihre eigene Art fortpflanzen. Anhänger der polygenistischen Theorie, welche die selbstständige Entstehung verschiedener getrennter Rassen annimmt, haben in Abrede gestellt, dass Rassen, wie die Engländer und die Eingeborenen Australiens fruchtbare Bastarde erzeugen. Jé mehr sich indessen der Kreis unserer Erfahrungen erweitert, desto wahrscheinlicher wird es, dass alle Rassen fruchtbare Mischlinge erzeugen können, wodurch der Beweis geliefert wird, dass alle Varietäten des Menschengeschlechts in zoologischem Sinne nur eine einzige Species bilden. Während also die Arteinheit des Menschengeschlechts als erwiesen angesehen werden kann, sind unsere Kenntnisse der Art und Weise sowie der Ursachen der Rassenänderung noch sehr unvollkommen. Die grossen Rassen, die schwarze, braune, gelbe und weisse, treten bereits fertig entwickelt in die historische Zeit ein und ihre Entstehung ist durch das Dunkel der vorhistorischen Zeit verhüllt. Im Laufe der historischen Zeit haben unseres Wissens bei keinem Volk Veränderungen von solchem Umfange stattgefunden, dass wir dieselben als Bildung einer neuen Rasse bezeichnen könnten. Man hat nicht

mit Unrecht die Ansicht geltend gemacht, dass unsere
Vorfahren bei ihren Wanderungen in höherem Grade
dem Einfluss eines Klimas ausgesetzt gewesen sein müssen, als wir, weil sie sich weniger durch Obdach, durch
Feuer und durch Ansammlung von Nahrungsvorräthen
von diesem Einfluss unabhängig zu machen verstanden.
Selbst heute lässt sich, wie es scheint, eine Art Rassenänderung unter dem Einfluss neuer Lebensbedingungen
beobachten. So geht aus Dr. Beddoe's Messungen hervor, dass das Leben in den Industriestädten Englands
eine Bevölkerung erzeugt hat, die 2,5 bis 5 cm kleiner
ist, als ihre Vorfahren, welche aus den Dörfern in die
Städte übersiedelten. Die Stämme der Schlangenindianer,
welche sich vor ihren Feinden in die Felsengebirge
zurückgezogen haben und daselbst in kümmerlicher Weise
ihr Dasein fristen, unterscheiden sich merklich durch
geringere Körpergrösse und niedrigere Gesichter von
ihren besser genährten Verwandten, welche in den fruchtbaren Ebenen wohnen. Man versichert, die reinen Neger
in den Vereinigten Staaten hätten im Lauf weniger Generationen eine Veränderung erfahren, indem ihre Gesichtsfarbe ein wenig heller geworden wäre und auch ihre
Gesichtszüge sich etwas verändert hätten; die reinen
Weissen in derselben Gegend hätten dagegen ihre rosige
Gesichtsfarbe eingebüsst, dunkleres und strafferes Haar,
stärker vortretende Backenknochen und einen stärkeren
Unterkiefer bekommen. Dies sind vielleicht die am besten
beglaubigten Fälle einer Rassenveränderung. Es ist
sehr schwierig, solche Veränderungen zu beobachten, da
dieselben stets durch die stärkeren Veränderungen verdeckt werden, welche durch die Vermischung der verschiedenen Völkerschaften hervorgerufen werden. Wenn
Jemand aus einer Vergleichung der alten griechischen

Sculpturen und der heutigen Griechen den Schluss ziehen wollte, dass sich der Typus des Volkes seit dem Zeitalter des Perikles geändert hat, so würde demselben zu entgegnen sein, dass sich die Ueberbleibsel des alten Stammes längst mit anderen Völkern innig vermischt haben. Aus den angeführten Beispielen wird zur Genüge hervorgehen, wie schwierig es ist, den Ursprung und die Entwickelung der Menschenrassen mit Sicherheit zu verfolgen. Doch haben wir zugleich einen festen Boden, auf welchem wir uns bewegen können, in der Thatsache, dass die Menschenrassen nicht regellos über die Oberfläche der Erde zerstreut sind, sondern dass offenbar bestimmte Rassen bestimmten Gegenden angehören, dass allem Anschein nach jede Rasse unter dem Einfluss des Klimas und der Bodenbeschaffenheit derjenigen Gegend entstanden ist, in welcher sie zur vollen Entwickelung kam und von wo sie sich über andere Gegenden ausbreitete, in denen sie Veränderungen erfuhr und sich mit anderen Rassen vermischte. Die folgende kurze Skizze mag eine Vorstellung davon geben, in welcher Weise sich die Ausbreitung und Vermischung der grossen Rassen vollzogen haben kann. Diese Skizze stützt sich auf die Ansichten hervorragender Anthropologen, z. B. Huxley's und Flower's. Wenn dieselben auch nicht als bewiesen angesehen werden können, so ist es doch wünschenswerth, dass wir unsere Vorstellungen klären und fixiren, indem wir eine Erklärung für die Thatsache suchen, dass die verschiedenen Völker nicht regellos über die Erde zerstreut sind, sondern dass sich in der Verbreitung derselben eine gewisse Regelmässigkeit erkennen lässt, wenn wir auch nicht im Stande sind, dieselbe in allen Einzelheiten zu verfolgen.

Dass wirklich ein gewisser Zusammenhang zwischen

der Hautfarbe und dem Klima vorhanden ist, wird durch
die geographische Verbreitung der sogenannten schwarzen Völker sehr wahrscheinlich gemacht. Die Alten erklärten die schwarze Farbe der Aethiopier einfach dadurch, dass sie sagten, die Sonne habe dieselben schwarz
gebrannt. Wenn sich auch die modernen Anthropologen
nicht mit einer so einfachen Beantwortung dieser Frage
begnügen, so lehrt uns doch eine ethnographische Karte
auf den ersten Blick, dass die dunkelsten Rassen in einem
tropischen Klima angetroffen werden. Das Gebiet, welches von schwarzen Menschenrassen bewohnt wird, erstreckt sich durch die heissen und fruchtbaren Aequatorialgegenden, von Guinea an der Westküste Afrikas
bis zu derjenigen grossen Insel des indischen Archipels,
welche wegen ihrer negerartigen Bevölkerung den Namen
Neu-Guinea erhalten hat. Vielleicht wurden in einer
früheren geologischen Periode diese jetzt getrennten
Länder durch einen äquatorialen Continent verbunden,
welcher sich von Afrika bis weit nach Osten erstreckte
und welchem von Sclater der Name Lemuria beigelegt
wurde. Die Aufmerksamkeit der Anthropologen richtete
sich namentlich auf eine Inselgruppe im Meerbusen von
Bengalen, die Andamanen, die vielleicht früher einen
Theil dieses Continents bildeten und auf denen man eine
spärliche Bevölkerung von rohen und kindlichen Wilden
antraf. Diese sogenannten Mincopi (Fig. 23 a. f. S.) besitzen eine geringe Körpergrösse (die Männer unter
150 cm), schwarze Hautfarbe und gekräuseltes Haar von
sehr flachem Querschnitt. Sie haben die Gewohnheit,
sich den Kopf glatt zu rasiren, weshalb sich der Leser
das Haar in der Figur hinzudenken muss. Während sie
in diesen Punkten mit den afrikanischen Negern übereinstimmen, unterscheiden sie sich von denselben da-

durch, dass sie nicht schmale, sondern breite runde
Schädel, weniger volle Lippen, eine weniger breite Nase
und weniger vorstehende Kiefer besitzen, als jene.   Man

Fig. 23.

Andamaneninsulaner.

hat in den Andamaneninsulanern die Ueberbleibsel eines
sehr alten Menschenstammes, vielleicht die besten Repräsentanten des ursprünglichen Negertypus, zu erkennen
geglaubt, der sich während seiner Ausbreitung über seinen weiten Verbreitungsbezirk in verschiedenen Punkten
verändert hat.   Die afrikanische Negerrasse mit ihrem
schmalen Schädel, den vorstehenden Kiefern, der schwarz-
braunen Haut, dem wolligen Haar, der platten Nase, den

vollen aufgeworfenen Lippen ist bereits im Vorhergehenden beschrieben worden. Der Typus dieser Rasse ist vielleicht bei denjenigen Völkern, die in der Nähe des Aequators, z. B. in Guinea wohnen, am vollständigsten ausgeprägt, allein er ist weit über den afrikanischen Continent ausgebreitet und vermischt sich an den Grenzen seines Gebiets mit heller gefärbten Stämmen, z. B. den Berbern im Norden und den Arabern im Osten. Weiter südlich, im Gebiet der Congovölker und der Kaffern ist die Hautfarbe und Gesichtsbildung der Neger weniger vollkommen ausgeprägt, gleichsam als ob dieselbe durch Einwanderung in ein neues Klima eine Veränderung erfahren hätte. In dieser Hinsicht sind die Hottentotten und Buschmänner Südafrikas (Fig. 8 und 12 c) sehr bemerkenswerth, indem sie die schmale Schädelform, das gekräuselte Haar und die Gesichtsbildung des Negertypus zeigen, aber eine viel hellere, bräunlichgelbe Hautfarbe besitzen. Die Ursache dieser helleren Farbe kann schwerlich in einer Kreuzung des Negertypus mit einer helleren Rasse gesucht werden, da nicht einzusehen ist, welches diese Rasse gewesen sein sollte. Wenn aber der Buschmann nur eine besondere Abart der Negerrasse ist, so illustrirt er in ausgezeichneter Weise die Veränderlichkeit einer Rasse unter dem Einfluss neuer Bedingungen. Wenden wir uns jetzt wieder nach Südasien. Hier finden sich auf der Halbinsel Malakka und auf den Philippinen spärliche waldbewohnende Stämme, die sogenannten Negritos, die offenbar mit den Andamaneninsulanern verwandt sind. Sie scheinen einer Rasse anzugehören, die einst über diesen Theil der Erde weit verbreitet war und deren Ueberreste durch neu ankommende stärkere Rassen in die Gebirge gedrängt wurden. Zu diesen Stämmen gehören z. B. die Aëta auf der Insel

Luzon (Fig. 24). Endlich gehören hierher die weitverbreiteten Varietäten der östlichen Negerrasse auf der

Fig. 24.

Aëta (Negrito), Philippinen.

Inselgruppe, die man mit dem Namen Melanesien (schwarze Inseln) bezeichnet und die sich von Neu-Guinea bis zu den Fidschiinseln erstreckt. Die Bewohner verschiedener Inseln, welche zur Mission des Bischofs Patteson gehören (Fig. 25), zeigen grosse Aehnlichkeit mit den afrikanischen Negern, von denen sie sich jedoch durch einige wesentliche Merkmale unterscheiden. Ihre Augenbrauen sind erhabener, die Nase tritt stärker hervor und besitzt sogar die Form der Adlernase. Die Melanesier Neu-Guineas und der benachbarten Inseln heissen wegen

ihres wolligen Haares, welches häufig den Kopf in Form
einer riesigen Haarkrone umgiebt, Papuanen (malayisch
papuwah = kraushaarig). Die grosse Verschiedenheit

Fig. 25.

Melanesier.

der Hautfarbe bei Melanesiern, welche von schwarzbraun bis chocoladenbraun schwankt, beweist, dass hier
häufige Kreuzungen mit helleren Völkerschaften stattgefunden haben. Sehr deutlich sind die Wirkungen dieser Kreuzung auf den Fidschiinseln zu bemerken, wo die
vorherrschende melanesische Rasse stark mit der helleren polynesischen Rasse vermischt ist, was sich namentlich auch in der Sprache und Civilisation dieser Inseln
bemerklich macht. Auch die Tasmanier endlich gehörten
zu den östlichen Negern.

Australien, dieser Inselcontinent, dessen Pflanzen
und Thiere andere sind, als die asiatischen, und die den
Eindruck machen, als ob sie Ueberbleibsel aus einer
längst vergangenen Entwickelungsperiode der Erde seien,
wird von einer Bevölkerung umherschweifender Wilden
bewohnt, welche von der schwarzen Rasse Neu-Guineas
im Norden und Tasmaniens im Süden wesentlich verschieden ist.   Die Australier, von chocoladenbrauner
Hautfarbe, können als ein besonderer Typus der braunen
Menschenrassen betrachtet werden.   Ihr Schädel ist, wie
der Negerschädel, schmal und prognath, unterscheidet
sich aber von demselben durch einige besondere Eigenthümlichkeiten, welche bereits im Vorhergehenden
(S. 75) erwähnt worden sind. Der Schädel des Australiers
hat überhaupt eine so eigenthümliche Form, dass er leicht
von den Schädeln aller anderen Rassen zu unterscheiden
ist. Die starken Augenbrauen, die breite, platte Nase,
die vollen Lippen und das lockige, aber nicht wollige
schwarze Haar wird man in den Figuren 26, 27 und 28
leicht bemerken. Die nächsten braunen Rassen finden
wir auf dem asiatischen Continent, in Indien. Dort finden wir in den Gebirgsstämmen den Typus der alten Bewohner Süd- und Centralindiens, welche hier vor dem
Eindringen der arischen Hindu einheimisch waren. Die
reinste Form derselben bilden die in den Dschungeln
umherschweifenden Stämme. Die Hauptmasse derselben,
welche sich mehr mit den Hindu vermischt hat, bildet
die grossen Dravidavölker des Südens, wie z. B. die Tamil
und die Telugu. Der in Fig. 29 (a. S. 115) abgebildete
Dravida gehört dem reineren Typus aus den Travancore-
wäldern an. Weiter westlich hat man eine braune Rasse
in Afrika in den nubischen Stämmen und etwas weniger
deutlich in den Berbern von Algier und Tunis zu erken-

nen geglaubt. In diesem Falle müssen auch die alten
Aegypter zu dieser Rasse gerechnet werden, die aller-

Fig. 27.

Südaustralierin.

Fig. 26.

Südaustralier.

dings mit Asiaten, die seit der ältesten Zeit von der
syrischen Grenze her mit ihnen in Berührung kamen,
vermischt sind. Die Profilbilder, welche uns die alten

Tylor, Anthropologie.   8

Aegypter hinterlassen haben, müssen wir uns röthlichbraun gefärbt denken, um ein Bild von der Rasse zu er-

Fig. 28.

Australische Frauen.

halten.   Niemand empfand es deutlicher, als die alten
Bewohner von Theben, dass die Hauptrassenunterschiede

in der Hautfarbe und der Gesichtsbildung liegen, da sie
sich gerade in dieser Hinsicht am auffallendsten von den

Fig. 29.

Dravida (nach Freyer).

Aethiopiern einerseits und den Assyriern und Israeliten
andererseits unterschieden.

Die besten Repräsentanten des mongolischen Typus
finden wir in den ausgedehnten Steppen des nördlichen
Asiens. Sie besitzen eine braungelbe Hautfarbe, schwarzes, langes, straffes Haupthaar, dagegen wenig Leibhaar.
Ihre breiten Schädel sind durch vorspringende Backenknochen und vorstehende Aussenwand der Augenhöhle
gekennzeichnet. Diese Schädelform, sowie die wenig hervortretenden Augenbrauen, die schiefe Stellung der Augen

8*

und die stumpfe Nase ist in Fig. 30 und 31, sowie in
Fig. 12 *d*, zu erkennen. Die mongolische Rasse hat ein

Fig. 30.

Kalmüke (nach Goldsmid).

ungeheures Verbreitungsgebiet. Die grossen Völker Süd-
asiens, wie die Chinesen und Japanesen, sind an ihrer
Hautfarbe und an ihren Gesichtszügen leicht als Glieder
dieser Rasse zu erkennen. Die Figuren 32 (a. S. 118),
33 (a. S. 119) und 34 (a. S. 120) stellen Vertreter dieser
Rasse aus Siam, Cochinchina und Korea dar. In manchen Gegenden ihres grossen Verbreitungsbezirks verliert

die mongolische Rasse in Folge der Verschiedenheit des
Klimas und der Lebensweise, sowie in Folge der Ver-

Fig. 31.

Goldi (Amur).

mischung mit anderen Völkern mehr und mehr ihre
charakteristischen Eigenthümlichkeiten. So ist z. B. bei
den Chinesen und Japanesen die Breite des Schädels
geringer, als bei den nördlicheren mongolischen Stämmen. Die Nachkommen der Tatarenhorden, welche seit
den ältesten Zeiten in Europa eindrangen, haben oft,
wie z. B. die Ungarn und die Finnen, in ihrer Sprache
deutlichere Spuren ihrer asiatischen Herkunft erhalten,
als in der Gesichtsbildung und der Hautfarbe. Doch
haben die Finnen, Fig. 35 und Fig. 36 (a. S. 121) ihre
Rassenmerkmale nicht verloren, durch welche sie sich

von den Schweden, unter denen sie wohnen, unterscheiden, und die Lappen gleichen in mancher Hinsicht

Fig. 32.

Siamesische Schauspielerinnen.

ihren sibirischen Verwandten, welche wie sie mit dem
Renthier in den arktischen Regionen umherziehen.

Bedeutendere Schwierigkeiten bietet das Studium
der Rassen, welche die ausgedehnten Inselgruppen des
indischen und stillen Oceans bevölkern. Auf der Halbinsel Malakka, im äussersten Südosten Asiens, erscheinen
die ersten Glieder der malayischen Rasse, die, wie es

scheint, einen entfernten Zweig der mongolischen Rasse
bildet. Sie erstreckt sich über Sumatra, Java und an-

Fig. 33.

Cochinchinesen.

dere Inseln des indischen Archipels. Fig. 37 und
Fig. 38 (a. S. 122) sind Portraits von civilisirteren
Malayen, während Fig. 39 (a. S. 123) die Dajaken Borneo's, weniger civilisirte und vielleicht weniger vermischte
Glieder der Rasse darstellt. Von dem malayischen Archipel erstreckt sich in den stillen Ocean zuerst Mikro-
nesien, dann Polynesien bis an die Osterinsel im Osten
und Neuseeland im Süden. Die Mikronesier und Polynesier lassen in Sprache und Körperbau einen Zusammenhang mit den Malayen erkennen, allein sie sind keine
eigentlichen Malayen, und man findet unter ihnen hohe
Gesichter mit schmaler Nase und kleinem Mund, die an
europäische Gesichter erinnern, wie z. B. bei dem in
Fig. 40 (a. S. 124) abgebildeten Mikronesier, welcher als

Repräsentant dieser Rasse dienen mag. Noch weniger
Aehnlichkeit mit den reinen Malayen haben die Maori,

Fig. 34.

Koreaner.

die Bewohner Neuseelands, indem sie lockigeres Haar
und stärker hervortretende Nasen, zuweilen sogar Adler-
nasen besitzen. Wahrscheinlich hat eine den Malayen
sehr nahestehende asiatische Rasse sich über die Südseeinseln ausgebreitet und durch Vermischung mit den
dunklen Melanesiern ihren Typus verändert, so dass jetzt
die Bevölkerungen verschiedener Inselgruppen oft sehr

von einander abweichen. Diese Rasse von Seefahrern
fand selbst ihren Weg nach Madagascar, wo sich ihre

Fig. 36.

Finne (Frau).

Fig. 35.

Finne.

Nachkommen mit einer aus Afrika stammenden Bevölkerung vermischten.

Wenden wir uns jetzt nach dem amerikanischen
Doppelcontinent, so finden wir hier wesentlich andere
Verhältnisse, als in der alten Welt. Wenn Jemand die
Erde von Novaja-Semlja bis zum Cap der guten Hoff-

nung oder bis Vandiemensland durchwanderte, so würde
er in den verschiedenen Klimaten die verschiedenartig-

Fig. 38.

Malayen.

Fig. 37.

Malayen.

sten Menschen finden, weisse, gelbe, braune und schwarze.
Hätte dagegen Columbus Amerika von den arktischen
bis zu den antarktischen Regionen durchforscht, so würde

Fig. 39.

Dajaken.

er keineswegs eine ähnliche Verschiedenheit der Einwohner beobachtet haben.   Alle Eingeborenen Amerikas

Fig. 40.

Kingsmillinsulaner.

bilden eine einzige Rasse.   Sie unterscheiden sich zwar
nicht unerheblich durch Körpergrösse, Schädelform und
Hautfarbe, doch sind diese Unterschiede nicht so bedeutend, dass durch sie die Unterscheidung besonderer

Rassen gerechtfertigt erschiene. Die Urbevölkerung
Amerikas macht nicht den Eindruck, als ob sich in einzelnen Gegenden besondere Rassen entwickelt hätten,
sondern als ob das Land von Wanderstämmen einer fertig gebildeten Rasse bevölkert worden wäre, die nur
nöthig hatte, sich über die tropischen und gemässigten
Gegenden auszubreiten und sich in denselben zu acclimatisiren, ähnlich wie sich seit der Zeit des Columbus
die europäischen Pferde und in geringerem Grade die
Europäer selbst in dem Lande ausgebreitet und accli-
matisirt haben. Die meisten Anthropologen betrachten
die Eingeborenen Amerikas als Abkömmlinge der mongolischen Rasse Ostasiens, welche fähig ist, sich den verschiedensten Klimaten zu accommodiren und welche in
der Form des Schädels, der hellbraunen Hautfarbe, dem
schwarzen, straffen Haar und den schwarzen Augen eine
nicht unbedeutende Aehnlichkeit mit den amerikanischen
Völkerstämmen zeigen. Eine der stattlichsten Formen
der nordamerikanischen Jägerstämme sind die in
Fig. 41 (a. f. S.) und Fig. 42 (a. S. 127) abgebildeten
Coloradoindianer. Als Beispiel der uncultivirteren und
schwerfälligen Waldbewohner Brasiliens mögen die in
Fig. 43 (a. S. 128) abgebildeten Cauixanaindianer dienen.
Da die amerikanischen und die asiatischen Völker allem
Anschein nach von einem und demselben Urvolk abstammen, so bietet sich die Frage, auf welche Weise die Asiaten
in die neue Welt eingedrungen sind. Es ist wahrscheinlich, dass der Mensch dort, wie auch in der alten Welt,
bereits in einer früheren geologischen Periode erschienen
ist, so dass die Verwandtschaft der Mongolen und der
amerikanischen Indianer in eine Zeit zurückreicht, als
beide Welttheile noch nicht durch einen Ocean getrennt
waren. Allerdings weisen auch gewisse Thatsachen auf

einen späteren Zusammenhang beider Continente hin.
So erscheinen z. B. die kleinen Eskimos mit ihrem schmalen, dachförmigen Schädel als ein Zweig des japanesi-

Fig. 41.

Coloradoindianer (Nordamerika).

schen Stammes. Auch sprechen manche Züge in den
Kunstfertigkeiten und Vorstellungen der verhältniss-

mässig hoch civilisirten Mexikaner und Peruaner für einen Zusammenhang mit asiatischen Völkern.

Fig. 42.

Coloradoindianerin.

Endlich haben wir noch der weissen Rasse zu gedenken, deren Völker im Lauf der Geschichte mehr und

mehr in intellectueller, moralischer und politischer Hinsicht eine herrschende Stellung auf der Erde eingenom-

Fig. 43.

Cauixanaindianer (Südamerika).

men haben. Allein auch die weisse Rasse zeigt ebenso
wenig, wie die übrigen, eine vollkommene Gleichartig-

keit, sondern zerfällt in eine Anzahl verschiedener Völker. Dieselben lassen sich bequem in zwei grosse Gruppen, die Hellweissen und die Dunkelweissen (xanthochroi, melanochroi) eintheilen. Die alten dunkelweissen Völker, die Assyrier, Phönicier, Perser, Griechen und Römer kennen wir aus Abbildungen, welche sich bis auf unsere Zeit erhalten haben. Vergleichen wir mit diesen die modernen dunkelweissen Völker, wie z. B. die Andalusier, die Welschen oder Briten, die Kaukasusvölker, so erkennen wir, dass die Aehnlichkeit, welche sich durch sämmtliche Völker der Rasse hindurchzieht, sich nur in ziemlich allgemeinen Merkmalen geltend macht. Sie besitzen sämmtlich eine dunkle, bräunlichweisse Haut, schwarze oder tiefbraune Augen und schwarzes, meist welliges oder lockiges Haar. Die Form des Schädels ist sehr schwankend, doch selten auffallend breit oder schmal, das Profil ist aufrecht, die Nase gerade oder von der Form der Adlernase, die Lippen weniger voll, als bei anderen Rassen. Als Vertreter der beiden Hauptgruppen dieser Rasse mögen die in Fig. 44 und 45 (a. f. S.) abgebildeten Georgier und Schweden dienen. Die letzteren, welche den helleren Typus repräsentiren, besitzen eine durchscheinende Haut, flachsfarbiges Haar und blaue Augen, Merkmale, die auch in England und im nördlichen Deutschland häufig zu beobachten sind. Als älteste Urkunde über das Auftreten der hellweissen Rasse können wir die ägyptischen Abbildungen betrachten, in denen Eingeborene Nordafrikas von gelblichweisser Hautfarbe dargestellt werden. Diese hellen Libyer, von denen noch jetzt Ueberreste vorhanden sind, sowie die hellen rothhaarigen Syrier, die uns als ein Typus unter den Juden bekannt sind, waren vielleicht mit den hellen Völkern verwandt, die im nördlichen Europa bereits in jener Zeit ansässig waren,

Tylor, Anthropologie. 9

aus welcher die Berichte der Alten über die barbarischen
Bewohner dieser Gegend, die Gothen und die Bewohner

Fig. 44.

Georgier.

von Thule, stammen. Aus der Vermischung der dunklen
und hellen Varietät, die seit den ältesten Zeiten stattgefunden hat, sind zahlreiche braunhaarige Völker von
mittlerer Gesichtsfarbe entsprungen. Wo wir dagegen
die ursprüngliche Heimath der hellen und der dunklen
Rasse zu suchen haben, ist schwer zu entscheiden. Die
Sprache leistet uns gute Dienste in der Verfolgung der
Urgeschichte der weissen Völker, dagegen giebt sie uns
keine Anhaltspunkte zur Unterscheidung der helleren und
der der dunkleren Varietät dieser Völkergruppe. Beide
Arten lebten zusammen durch dieselbe Sprache vereinigt,

wie noch jetzt die hellen Hannoveraner und die dunkleren
Oesterreicher dieselbe Sprache reden. Unter den kelti-

Fig. 45.

Schweden.

schen Völkern erinnern uns die schottischen Hochländer
oft an die grossen rothhaarigen Gallier, von denen die
Geschichte erzählt, während an anderen Stellen wieder
kleinere und dunklere Keltenstämme, wie die heutigen
Welschen und Briten, wohnten. Huxley ist der Ansicht,
dass die Hellweissen der ursprüngliche Stamm waren und
dass die Dunkelweissen aus der Kreuzung der Hellweissen mit den südlichen braunen Völkern hervorgegangen sind. Allerdings scheinen in denjenigen Gegenden,
wo die weisse und die braune Rasse auf einander stossen,
vielfache Kreuzungen zwischen beiden stattgefunden zu
haben. Die Mauren in Nordafrika und viele von den-

9*

jenigen Stämmen, die fälschlich Araber genannt werden,
sind wahrscheinlich solche Mischvölker. Ebenso sind in
Indien Millionen von Menschen, welche Hindusprachen
reden, durch ihre dunkle Farbe als Mischlinge zwischen
den arischen Eroberern und den dunkleren Eingeborenen
des Landes zu erkennen. Ein lehrreiches Beispiel der
Rassenmischung bilden die Zigeuner, ein Wandervolk,
welches erst vor wenigen Jahrhunderten aus Indien kam
und sich über Europa zerstreute. Das in Fig. 46 abge-

Fig. 46.

Zigeunerweib.

bildete Zigeunerweib aus der Wallachei bildet einen guten Repräsentanten dieser letzten Ankömmlinge aus dem

Osten, deren gebrochener Hindudialect ihre Abstammung von unseren arischen Vorfahren beweist, während ihre braune Hautfarbe auf eine Kreuzung mit einer dunkleren Menschenrasse hinweist.

Der Versuch, die Völker der Erde auf einige Hauptrassen und deren Combinationen zurückzuführen, ist trotz mancher Schwierigkeiten und Unzuverlässigkeiten nicht ohne Nutzen. Dagegen sind wir bei dem gegenwärtigen Zustande unserer Kenntnisse nicht im Stande, die Entstehung dieser grossen Hauptrassen zu erklären und die ursprünglichen Wohnstätten derselben zu ermitteln. Wenn das Auftreten des Menschen in eine geologische Periode fiel, in welcher die Vertheilung von Land und Wasser, sowie die Vertheilung der Klimate auf der Erde eine andere war, als die gegenwärtige, so gab es damals ausserhalb der jetzigen Tropenzone Regionen, deren Wärme und üppige Vegetation dem Menschen die Civilisation ziemlich entbehrlich machten, und aus denen vermuthlich wiederholt Völkerwogen in die kühleren Gegenden vordrangen. Vielleicht haben wir in der weissen Rasse diejenige zu erblicken, welche zuletzt in den gemässigten Gegenden entstanden ist, da sie am wenigsten grosse Hitze ertragen oder ohne die Errungenschaften der Civilisation leben kann, während sie andererseits am besten zur Herrschaft über die Erde befähigt ist.

Viertes Capitel.

Die Sprache.

Zeichen- und Geberdesprache. Natursprache. Thierstimmen. Laute der
Erregung und Nachahmung. Veränderung des Klanges und der Be-
deutung. Kindersprache. Articulirte Sprache; ihr Verhältniss zur
Natursprache. Ursprung der Sprache.

Die Menschen können durch verschiedene Mittel mit
einander verkehren, durch Geberden, durch Schreien,
durch gesprochene Worte, durch gezeichnete Bilder und
durch geschriebene Zeichen oder Buchstaben. Dies sind
Zeichen verschiedener Art, und um ihr Wesen näher
kennen zu lernen, wollen wir mit der Betrachtung der
einfachsten und natürlichsten Zeichen beginnen.

Wenn zwei Personen aus irgend einem Grunde sich
nicht mit Worten unterhalten können, so verständigen
sie sich durch stumme Geberden oder Pantomimen. Jeder
Leser dieser Zeilen ist von Jugend an im Stande gewesen, in mehr oder weniger geschickter Weise eine solche
Unterhaltung zu führen. Stellen wir uns einen einfachen
Fall vor. Ein Knabe öffnet die Stubenthür, sein Bruder,
welcher im Zimmer sitzt, winkt ihm, kein Geräusch zu
machen, weil sein Vater schläft. Der Knabe verlangt
jetzt durch Zeichen von seinem Bruder einen Schlüssel.

Dieser giebt ihm zu verstehen, dass sich derselbe in seiner Rocktasche draussen im Vorzimmer befinde, und fordert ihn durch eine bezeichnende Geberde auf, sich zu entfernen und die Thüre geräuschlos hinter sich zu schliessen. Dies ist die Zeichensprache, deren Gebrauch uns allen bekannt ist. Um eine Vorstellung davon zu gewinnen, zu einem wie vollkommenen Mittel der Verständigung dieselbe ausgebildet werden kann, muss man den Gebrauch derselben bei Taubstummen beobachten, welche in so hohem Grade auf dieselbe angewiesen sind. Wie sehr die Geberden geeignet sind, gesprochene Worte zu ersetzen, mag aus der folgenden Beschreibung der Zeichen hervorgehen, deren sich einst ein Taubstummer in Gegenwart des Verfassers bediente, um etwas von einem Kinde zu erzählen. Zunächst bewegte er die Hand in einer Höhe von ungefähr einem Meter über dem Boden in einer Weise, wie wir die Grösse eines Kindes angeben, um damit anzudeuten, dass es sich um ein Kind handelte. Dann band er ein Paar eingebildeter Hutbänder unter seinem Kinn zusammen (sein gewöhnliches Zeichen für eine Frau), um dadurch auszudrücken, dass das Kind ein Mädchen war. Dann wurde in ähnlicher Weise die Mutter des Kindes eingeführt. Sie winkt dem Kinde und giebt ihm zwei Pence, was der Erzähler durch eine Bewegung andeutet, als ob er mit der einen Hand zwei Münzen in die andere Hand legte. Wäre ein Zweifel gewesen, ob Kupfer- oder Silbermünzen gemeint seien, so würden die ersteren durch Hinweis auf einen Gegenstand von brauner Farbe oder auch durch Andeutung der geringschätzigen Art angedeutet worden sein, mit der man wohl Kupfermünzen im Gegensatz zu den werthvolleren Silbermünzen behandelt. Ausserdem giebt die Mutter dem Kinde eine Flasche. Um dies auszudrücken,

wird zunächst die Form der Flasche mit den Zeigefingern
in der Luft gezeichnet und sodann die Bewegung des
Ueberreichens nachgeahmt. Dann wird durch die unver-
kennbare Bewegung, mit der man einen Syruplöffel umwendet, angedeutet, dass das Kind Syrup kaufen sollte.
Ein Wink mit der Hand und die Nachahmung der Geh-
bewegung mit zwei Fingern gab dann zu verstehen, dass
das Kind fortgeschickt wurde. Durch Niederdrücken
einer eingebildeten Thürklinke werden wir in den Laden
eingeführt und durch entsprechende Handbewegungen
wird uns der Ladentisch und hinter demselben eine Person angedeutet. Die Bewegung, als ob sich einer den
Kinnbart streiche, sowie die weitere Bewegung, als ob
sich einer eine Schürze umgürtete, bezeichnen uns die
Person als eine männliche und als Ladeninhaber. Das
Kind giebt ihm die Flasche, überreicht ihm das Geld und
giebt durch eine Bewegung des Zeigefingers, als ob es
Syrup in die Höhe zöge, zu verstehen, was es wünscht.
Dann sehen wir, wie die Flasche in eine auf- und nieder-
schwankende Wage gesetzt, wie die grosse Syrupflasche
von einem Regal herabgenommen und die kleine Flasche
gefüllt und der letzte herabtriefende Syrupfaden durch
eine geeignete Bewegung abgerissen wird; der Kaufmann
wirft die beiden Geldstücke in die Ladenkasse und das
Kind macht sich mit der Flasche auf den Weg. Der
taubstumme Erzähler gab durch weitere Pantomimen zu
verstehen, wie das Kind einen Tropfen Syrup am Rand
der Flasche bemerkte, denselben mit dem Finger abstrich
und in den Mund führte, wie es in Versuchung kam, mehr
zu naschen, wie es von seiner Mutter ertappt wurde u. s. w.

Diese Geberdensprache ist für das Verständniss der
Sprache im Allgemeinen so lehrreich, dass eine etwas
eingehendere Betrachtung derselben zweckmässig er-

scheint. Es werden in derselben zwei verschiedene Arten von Zeichen gebraucht. Durch die erste Art wird auf wirklich gegenwärtige Dinge hingewiesen. Will z. B. der Taubstumme das Wort „Hand" oder das Wort „Schuh" ausdrücken, so berührt er seine eigene Hand oder seinen eigenen Schuh. Wo ein sprechender Mensch „ich", „du", „er" sagt, deutet der Taubstumme einfach auf sich selbst oder auf andere Personen. Zur Bezeichnung von „roth" oder „blau" deutet er auf das Innere seiner Lippen oder auf den Himmel. Durch die zweite Art von Zeichen werden Vorstellungen durch Nachahmung ausgedrückt. So kann z. B. die Bewegung des Trinkens „Wasser", „trinken" oder „durstig" bezeichnen. Das Auflegen des Backens auf die Hand bedeutet „Schlaf" oder „Schlafenszeit". Ein bezeichnender Ruck mit der rechten Hand bedeutet entweder „Peitsche" oder „Kutscher" oder „fahren". Ein Streichholz wird durch die Bewegung des Anstreichens eines solchen bezeichnet, eine Kerze durch Emporhalten des Zeigefingers und scheinbares Ausblasen der Kerzenflamme. Auch die Symptome der Stimmung, in welcher sich Jemand befindet, werden durch die Geberdensprache ausgedrückt und dienen zur Bezeichnung der entsprechenden Stimmungen und Empfindungen bei Anderen. So bedeutet eine schüttelnde Bewegung des Körpers „kalt", Lächeln ist der Ausdruck für „Freude", „Billigung", „Güte"; eine finstere Miene für „Verdruss", „Missbilligung", „Schlechtigkeit". Es könnte scheinen, dass die Verschiedenheit in der Bedeutung eines und desselben Zeichens zu Missverständnissen führen müsste, dieselben werden indessen dadurch vermieden, dass mehrere Zeichen angewendet werden, wo ein einziges nicht ausreicht. Wenn z. B. „eine Feder" ausgedrückt werden soll, so genügt es nicht, die Bewegung des

Schreibens nachzuahmen, da diese auch als „schreiben"
und als „Brief" gedeutet werden könnte. Wenn aber
Einer diese Bewegung durch scheinbares Auswischen und
Emporhalten der Feder beschliesst, so wird hierdurch
klar, dass die Feder selbst gemeint ist.

Alle im Vorhergehenden beschriebenen Zeichen besitzen eine selbständige Bedeutung, die leicht zu erkennen ist. Aus solchen Zeichen besteht die Zeichensprache
zum grössten Theil. Wo aber Taubstumme zusammen
leben, da kommen andere Zeichen bei ihnen in Gebrauch,
die für denjenigen, der die Entstehung derselben nicht
kennt, unverständlich sind. So bezeichnen sie sich unter
einander durch Zeichen, welche Spottnamen vorstellen,
z. B. den Sohn eines Schneiders durch die Bewegung des
Nähens. Solche Zeichen können sehr weit hergeholt
sein. In der Berliner Taubstummenanstalt bezeichnet z. B.
die Bewegung des Kopfabschlagens einen Franzosen. Es
ergab sich, dass die Veranlassung zu diesem Zeichen ein
Abschnitt des Lesebuchs gewesen war, in welchem der
Tod Ludwigs XVI. erzählt wurde. Die Kinder benutzten
die Andeutung der Todesart desselben als ein Zeichen
für die ganze Nation.

Nicht nur Taubstumme, sondern auch Menschen, die
sprechen können, bedienen sich der Geberdensprache,
wenn jeder von ihnen eine andere Sprache spricht und
die des anderen nicht versteht. Die Zeichensprachen,
durch welche sich in den amerikanischen Prairien Weisse
und Indianer oder auch Indianer verschiedener Stämme
verständigen, bilden so zu sagen verschiedene Dialecte
der Geberdensprache. „Wasser" wird z. B. durch eine
Bewegung der Hand ausgedrückt, welche das Schöpfen
und Trinken des Wassers nachahmt, „Hirsch" dadurch,
dass man die Daumen beider Hände auf die Stirn setzt

und die Finger ausspreizt. Die einzelnen Völker bedienen sich sehr verschiedenartiger Zeichen, allein diese Art
des Gedankenausdruckes ist überall eine so natürliche,
dass eine Verständigung leicht erreicht wird. Lappländer, welche in unseren grossen Städten zur Schau gestellt
wurden, haben sich in ihrer Einsamkeit getröstet, wenn
sie mit taubstummen Kindern zusammentrafen, mit denen
sie sich zu ihrer grossen Freude in der universellen Zeichensprache unterhalten konnten. Zeichen, welche in
dieser Weise verständlich sein sollen, müssen natürlich
eine selbständige, leicht zu errathende Bedeutung haben.
Aber auch unter diesen giebt es solche, die dem Nicht-
eingeweihten als künstliche erscheinen, weil sie aus früheren Zeiten stammen und ihr Ursprung nicht mehr ohne
Weiteres zu erkennen ist. So besteht das bei nordamerikanischen Indianern gebräuchliche Zeichen für „Hund"
darin, dass man die beiden ersten Finger der Hand fort-
zieht, als ob zwei Pfähle auf dem Boden fortgeschleift
würden. Dieses scheinbar sinnlose Zeichen stammt aus
einer Zeit, als die Indianer noch wenig Pferde besassen
und ihre Zeltpfähle durch Hunde von einem Orte zu einem
anderen ziehen liessen. Obgleich jetzt nicht mehr Hunde
zu diesem Zwecke benutzt werden, hat sich dennoch das
Zeichen für diese Thiere erhalten.

Die Zeichensprache stimmt keineswegs mit unserer
Wortsprache in der Weise überein, dass es für jedes Wort
ein entsprechendes Zeichen gäbe. Ein Grund davon liegt
darin, dass die Zeichensprache zu wenig im Stande ist,
abstracte Vorstellungen auszudrücken. Der Taubstumme
kann wohl verschiedene Arten der Thätigkeit, z. B. das Erbauen einer Mauer oder das Ausschneiden eines Kleidungsstückes durch Zeichen ausdrücken, dagegen ist er nicht
im Stande, das abstracte Wort „machen" durch eine Ge-

berde zu versinnlichen. Selbst „in" und „aus" muss durch die etwas umständliche Andeutung des Hinein-legens oder Herausnehmens des fraglichen Gegenstandes angedeutet werden. Wenn wir einen Satz mit der Art und Weise vergleichen, wie ein Taubstummer denselben ausdrückt, so überzeugen wir uns sofort, dass viele Worte, die wir aussprechen, keine entsprechenden Zeichen be-sitzen. So lässt sich z. B. der Satz „der Hut, welchen ich auf den Tisch legte, ist schwarz", auch durch Geber-den ausdrücken, dabei werden aber nur Zeichen für die-jenigen Worte, welche wir sachliche Worte nennen könn-ten, wie z. B. „Hut", „legen", „schwarz", zur Anwendung kommen. Dagegen besitzt die Zeichensprache keine Zeichen für Worte wie „der", „welcher", „ist", die wir im Gegensatz zu den anderen als grammatische Worte bezeichnen könnten. Ebenso wenig kennt die Geberden-sprache die grammatische Unterscheidung von Substan-tivum, Adjectivum und Verbum. Hier kann die Hinwei-sung auf einen Grasplatz „Gras" oder „grün" bedeuten, die Bewegung des Händewärmens „warm" oder „sich wärmen" oder „Feuerstelle". Ebenso werden in der Ge-berdensprache auch die verschiedenen Flexionsformen eines Wortes, z. B. „gehen" und „geht", „ihn" und „ihm" nicht durch besondere Zeichen unterschieden, es sei denn, dass der Taubstumme unter Anleitung des Lehrers diese verschiedenen Formen durch künstliche Zeichen zu unter-scheiden gelernt hat. Bei einer Unterhaltung vermittelst der Zeichensprache wird in dem Geist des Zuschauers ein Bild erzeugt, indem zuerst das, wovon etwas erzählt werden soll, angedeutet und dann durch Hinzufügung weiterer Zeichen das Bild vollendet wird. Wenn die Zeichen nicht in der geeigneten Reihenfolge ausgeführt werden, so wird dem Zuschauer das Errathen der Bedeu-

tung erschwert. Wenn man z. B. in einem taubstummen
Kinde die Vorstellung einer grünen Büchse hervorrufen
will, so muss zuerst das Zeichen für „Büchse" gemacht,
und dann durch Hinweisen auf einen grünen Gegenstand,
etwa einen Grasplatz, angedeutet werden, dass die Büchse
grün ist. Die richtige Wortfolge in der Geberdensprache
ist daher „Büchse grün", und wenn die Reihenfolge der
Worte umgekehrt würde, wie sie der Wortsprache entsprechen würde, so würde der Zuschauer im Zweifel bleiben, welcher Zusammenhang zwischen dem Gras und der
Büchse gemeint sei. Die Reihenfolge der Worte in dem
Satze „Katzen tödten Mäuse" stimmt nicht mit der Reihenfolge der Zeichen eines Taubstummen überein. Dieser
würde zuerst die kleine laufende Maus, dann die Katze
mit ihrem weichen Fell und den Schnurrborsten andeuten und zuletzt nachahmen, wie die Katze die Maus ergreift, gleichsam als die Wortstellung wäre „Maus Katze
tödtet".

Diese kurze Schilderung der Geberdensprache wird
genügen, um dem Leser zu zeigen, in welcher einfachen
und zweckmässigen Weise der Mensch seine Gedanken
durch sichtbare Zeichen ausdrücken kann. Wir gehen
jetzt zur Betrachtung einer anderen Art von Zeichen
über, nämlich den Lauten der menschlichen Stimme.
Stimmlaute können in ganz ähnlicher Weise wie die Geberden zum Ausdruck von Gefühlen und Gedanken dienen, nur dass dieselben nicht, wie diese, gesehen, sondern
gehört werden.

Eine Art solcher Laute bilden die Töne oder Schreie,
welche unter dem Eindruck einer starken Gemüthserregung ausgestossen werden. Der Schmerz äussert sich
beim Menschen sowohl durch Stöhnen, als auch durch
Verzerren des Gesichts, die Freude sowohl durch Jauch-

zen, als durch Springen. Das laute Lachen macht sich
ebenso sehr im Klang der Stimme, als im Ausdruck des
Gesichts geltend. Derartige Laute sind Geberden, die
mit der Stimme ausgeführt werden, Lautgeberden, und
zu dieser Classe gehört die Mehrzahl der sogenannten
Interjectionen. Durch solche Laute können selbst die
complicirtesten Empfindungen der Sympathie, des Mit-
leids oder des Aergers mit bewundernswürdiger Bestimmtheit ausgedrückt werden. Wenn Jemand eine lachende,
spöttische oder mürrische Miene annimmt und dabei
spricht, so wird man bemerken, wie die Stimme einen dem
Gesichtsausdruck entsprechenden Klang annimmt. Der
einer bestimmten Stimmung entsprechende Gesichtsausdruck übt eine unmittelbare Wirkung auf die Stimme,
namentlich den musikalischen Klang der Vocale aus. So
werden die Töne zu Zeichen von wirklich empfundenen
oder nachgeahmten Gemüthserregungen. Dass diese Art
des Ausdrucks wirklich musikalisch ist, geht daraus hervor, dass sie durch musikalische Instrumente, z. B. die
Violine, nachgeahmt werden kann, deren Töne sowohl
Schmerz, als Freude auszudrücken vermögen. Die menschliche Stimme gebraucht noch andere Mittel des Ausdrucks,
welche einen musikalischen Charakter besitzen, z. B. den
Contrast zwischen laut und leise, schnell und langsam,
heftig und sanft, sowie die Veränderung der Höhe, indem
sie sich bald in höheren, bald in tieferen Tönen bewegt.
Ein Redner kann durch geschickte Anwendung dieser
verschiedenen Mittel in seinen Zuhörern die verschiedensten Stimmungen erzeugen, Spannung und Ueberraschung,
Heiterkeit und Freude, Begeisterung und Ruhe. Die Erzeugung dieser verschiedenen Stimmungen durch den
Klang der Stimme ist sogar unabhängig von der Bedeutung der Worte, indem dieselbe auch durch die entspre-

chende Betonung inhaltsloser Silben bewirkt werden kann.
So sind z. B. die Worte in der italienischen Oper in England für den grössten Theil des Publicums inhaltslose
Silben, trotzdem erfüllen sie vollkommen ihren Zweck als
Mittel des musikalischen Ausdrucks von Gemüthsstim-
mungen. Diese Art des Ausdrucks wird von allen Menschen, welche Sprache sie auch reden, verstanden. Auch
die wildesten und die fremdländischsten Völker verstehen es ebenso gut wie wir, den Interjectionen wie ah!
oh! den Ausdruck der Ueberraschung, des Schmerzes,
der Bitte, der Drohung oder der Verachtung beizulegen.

Eine andere Gruppe von Tönen, die als Mittel des
Ausdrucks dienen, sind imitativer Natur. Wie ein taubstummes Kind die Katze bezeichnet, indem es nachahmt,
wie sie sich das Gesicht putzt, so bezeichnet sie ein sprechendes Kind, indem es ihr miau nachahmt. Zur Bezeichnung einer Uhr wird ein taubstummes Kind das
Schwingen des Pendels, ein sprechendes das tick-tack
des schwingenden Pendels nachahmen. Hier sind die
Töne wieder Geberden, die mit der Stimme ausgeführt
werden oder Lautgeberden. Auf diese Weise können
zahllose Gegenstände und Handlungen durch Nachahmung
der ihnen eigenthümlichen Geräusche bezeichnet werden.
Nicht nur Kinder ergötzen sich mit der Nachahmung solcher Klänge, sondern wir machen auch in der gewöhnlichen Sprache von derselben Anwendung, wenn wir z. B.
von dem coo (Girren) einer Taube, dem hee-haw (i-a)
eines Esels, dem ding-dong (bimbam, klingklang)
einer Glocke, dem rat-rat eines Thürklopfers sprechen.
Es braucht kaum ausdrücklich bemerkt zu werden, dass
solche Ausdrücke von allen Völkern verstanden werden.

Die Bewegungsgeberden und die Lautgeberden bilden
zusammen das, was man die Natursprache nennen könnte.

Diese Natursprache existirt wirklich und ist da von prak-
tischer Bedeutung, wo ein europäischer Reisender sich
mit Angehörigen von Völkerstämmen, deren Sprache er
nicht versteht, verständigen will. In einem solchen Fall
muss er seine Gedanken durch möglichst bezeichnende
Geberden ausdrücken, und diese durch Töne und imitative Geräusche unterstützen. Auf diese Weise wird
die Absicht, Gedanken zum Ausdruck zu bringen, vollständiger erreicht, als durch blosse Pantomimen. Diese
Art der Sprache ist allen Menschen verständlich, da sie
so unmittelbar dem menschlichen Geist entspringt, dass
sie jedenfalls seit den ältesten Zeiten und unter den pri-
mitivsten Verhältnissen im Gebrauch gewesen ist.

Hier bietet sich eine sehr interessante Frage, über
welche ein Jeder eigene Beobachtungen anstellen kann.
Wie weit sind die Mittheilungen, welche sich die Thiere
unter einander durch Bewegungen und Laute machen,
dieser natürlichen Sprache des Menschen zu vergleichen?
Wer das Treiben der Säugethiere und Vögel beobachtet,
überzeugt sich, dass viele ihrer Bewegungen und Töne
nicht den Zweck haben, sich gegenseitig Mittheilungen zu
machen, sondern dass dieselben nur Symptome des eigenen Geisteszustandes bilden, wie zum Beispiel, wenn ein
Lamm auf der Wiese umherspringt, wenn ein feuriges
Pferd im Stalle mit den Füssen stampft oder wenn ein
Thier vor Schmerz schreit. Thiere machen solche Bewegungen und äussern derartige Laute, auch wenn sie
ganz allein sind, ebenso wie ein Mensch, welcher sich
allein in seinem Zimmer befindet, vor Zorn die Faust ballt,
vor Schmerz stöhnt, oder laut lacht. Geberden oder Töne
nehmen mehr den Charakter von wirklichen Zeichen an,
wenn sie dazu bestimmt sind, von anderen Thieren wahrgenommen zu werden. Die Thiere machen ebenso wie

der Mensch durch Geberden und Töne Mittheilungen, die von anderen Thieren verstanden werden, wenn z. B. Pferde sich durch sanftes Beissen zum Reiben auffordern, oder wenn Kaninchen heftig mit den Füssen stampfen und andere Kaninchen antworten, oder endlich, wenn sich Vögel und Säugethiere, namentlich Männchen und Weibchen zur Paarungszeit, gegenseitig anlocken. Die Geberden und Stimmen der Thiere sind unter verschiedenen Umständen so bestimmt, dass wir die Bedeutung derselben fast mit Sicherheit erkennen. Die menschliche Sprache erfüllt ihren Zweck nicht besser, als das Glucken der Henne, durch welches sie die Küchlein anlockt, oder das Zorngebrüll und Kopfschütteln des Stiers, durch welches er einen Hund verscheucht. Allein kein Beobachter ist im Stande, auch nur das zu ermitteln, was in dem Geist eines Hundes vor sich geht, der nach einem Stück Fleisch in die Höhe springt oder der bellt, damit ihm die Thüre geöffnet werde. Es ist schwer zu entscheiden, ob der Hund in seinem Geist das Springen und das Erhalten der Nahrung, das Bellen und das Oeffnen der Thüre nur associirt, oder ob er, wie wir, eine Vorstellung davon hat, was er thut und warum er es thut. Mag das eine oder das andere der Fall sein, jedenfalls gehen Säugethiere und Vögel in der natürlichen Sprache soweit, dass sie Geberden und Stimmlaute als Zeichen hervorbringen und verstehen. Doch scheint die geistige Fähigkeit eines Hundes nicht weiter zu gehen, als dass ihn ein gut nachgeahmtes *miau* anregt, nach einer anwesenden Katze zu suchen, während ein Kind alsbald versteht, dass seine Wärterin durch Nachahmung der Katzenstimme etwas von einer Katze sagen will, die nicht nothwendiger Weise anwesend zu sein braucht. Ein Kind kann es verstehen, dass ein Ton als Zeichen eines Gedankens oder einer Vorstellung

Tylor, Anthropologie. 10

gebraucht werden kann, eine Fähigkeit, deren Vorhandensein selbst beim klügsten Hund, Elephant oder Affen nicht nachgewiesen ist. Die Thiere theilen daher mit dem Menschen die Anfänge der Natursprache, allein sie beschränken sich eben auf diese Anfänge, während der menschliche Geist sich mit Leichtigkeit auf eine höhere Stufe emporschwingt.

Die natürliche Geberden- und Lautsprache wird jedch nicht nur da gebraucht, wo eine vollkommenere Sprache nicht zu Gebote steht, sondern auch in gewöhnlichen Sprachen kommen Fragmente derselben vor. Alle Völker, gleichviel welche Sprache sie sprechen, behalten den Gebrauch bezeichnender Geberden, Interjectionen und Nachahmungen, welche der Natursprache angehören, bei. Mütter und Ammen bedienen sich derselben, wenn sie die Kinder denken und sprechen lehren. Diese Ammensprache ist zu bekannt, als dass es nöthig wäre, Beispiele derselben anzuführen. In der Unterhaltung Erwachsener finden diese Naturlaute weniger Anwendung, obwohl der Sinn derselben, wie aus den folgenden Beispielen hervorgehen wird, äusserst bezeichnend und leicht zu erkennen ist.

Von den Geberden, welche bei den verschiedensten Völkern in Gebrauch sind, müssen sich viele von den ältesten Zeiten her von Generation zu Generation vererbt haben, wie z. B. wenn ein Redner drohend die Hand erhebt, oder einen eingebildeten Widersacher von sich stösst, oder auf den Himmel deutet, oder seine Freunde und Feinde an den Fingern aufzählt. Was die Laute betrifft, welche eine Gemüthsstimmung bezeichnen, so besitzt jede Sprache eine grosse Menge derselben. Als Beispiel mögen einige der in den Grammatiken aufgezählten Interjectionen angeführt werden:

Englisch: *ah! oh! ugh! foh! ha! ha! tut!* (t-t) *sh!*
Sanskrit: *aho!* (Ueberraschung), *âha!* (Tadel), *um!* (Aerger).
Malaiisch: *eh!* (Triumph), *weh!* (Mitleid), *chih!* (Widerwille).
Galla: *o! wayo!* (Trauer), *mê!* (Bitte).
Australisch: *näh* (Ueberraschung), *puh!* (Verachtung).

Nachahmende Worte finden sich in den Sprachen aller Völker, alter und moderner, wilder und civilisirter, und jedes Kind wird erkennen, dass die folgenden Thiere und Instrumente durch passende Laute bezeichnet sind:

Esel = *eō* (ägyptisch).
Krähe = *kâka* (Sanskrit).
Katze = *mau* (chinesisch).
Nachtigall = *bulbul* (persisch).
Wiedehopf = *upupa* (lateinisch).
Klapperschlange = *shi-shi-gwa* (Algonkinen).
Fliege = *bumberu* (australisch).

———————

Trommel = *dundu* (Sanskrit).
Flöte = *ulule* (Galla).
Pfeife = *pipit* (malaiisch).
Glocke = *kwa-lal-kwa-lal* (Yakama).
Blasrohr = *pub* (Quiché).
Kanone = *pung* (Botokuden).

In den Volksdialecten werden derartige Worte fortwährend neu gebildet, wie z. B. der englische *pop*, Ingwerbier, das deutsche *gaggele*, ein Hühnerei, nach dem Gackern des Huhns, welches ein Ei gelegt hat, so genannt, das französische „*maître fifi*", eine Bezeichnung für Gasssenkehrer (gewissermaassen „Meister *Pfui-pfui*"). In ähnlicher Weise werden auch gewisse Thätigkeiten durch passende Laute bezeichnet. So bedeutet in der Sprache der Tecuna in Brasilien das Wort *haitschu* niesen (Zeitwort), im Wallischen *tis* das Niesen (Substantiv). In der Tschinuksprache hat der bezeichnende Laut *humm* die Bedeutung stinken, und das *kish-kish* des Viehtreibers wird zu einem Zeitwort, welches soviel bedeutet,

10*

als das Vieh antreiben. Es ist sogar möglich einen ganzen Satz zu finden, der nur aus nachahmenden Worten
zusammengesetzt ist. „Der Schmied bläst die Bälge"
(wörtlich) heisst z. B. in der Sprache der Galla in Abessinien *tumtum bufa bufti.* Da solche Worte unmittelbar
der Natur entlehnt sind, so lässt sich erwarten, dass zuweilen in ganz verschiedenen Sprachen nahezu dieselben
Laute zur Bezeichnung desselben Begriffs dienen. So
hat z. B. die Ibosprache in Westafrika für Hahn das
Wort *okoko*, welches sofort an das englische cock (französisch *coq*) und an das deutsche Wort Gockel erinnert.
Die englischen Worte *pat* (schlagen, patschen) und *bang*
(schlagen) gehören, wie es scheint, ebenfalls zu den Worten, welche einen Ton nachahmen, da sich in anderen
Sprachen ganz ähnliche Worte finden. So bezeichnet z. B.
im Japanesischen *pata-pata* den Laut des Klappens oder
Klatschens, und in der Sprache der Yorubaneger bedeutet
gbang schlagen.

Wer einmal dieser Classe von Wörtern seine Aufmerksamkeit zugewandt hat, wird dieselben in jeder neuen
Sprache, deren Kenntniss er sich aneignet, ohne Mühe
entdecken. Nicht so ohne Weiteres ist der Zusammenhang zwischen dem Laut und der Bedeutung desselben
zu erkennen, wenn dem Laut durch Metapher, d. h. durch
Uebertragung ein neuer, von dem ursprünglichen abwei-
chender Sinn beigelegt worden ist. Es giebt jedoch Beispiele
genug, in denen sich diese Veränderung der Bedeutung
leicht verfolgen lässt. In der Sprache der Tschinuk an
der Westküste Amerikas heisst ein Wirthshaus „*Hihi*-
haus" (Lachhaus), indem bei dem Volke, welches diese
eigenthümliche Sprache spricht, das imitative Wort *hihi*
nicht nur Gelächter, sondern auch die das Lachen er-
regende Unterhaltung bedeutet. *Hihi*-haus ist also gleich-

bedeutend mit Unterhaltungshaus. Einen Schmeichler durch ein imitatives Wort zu bezeichnen, dürfte schwierig erscheinen, allein die Basuto in Südafrika besitzen thatsächlich ein solches Wort, nämlich *ntsi-ntsi*, welches eine Fliege (die sogenannte Tsetsefliege) bedeutet und das Summen derselben nachahmt. Das Wort dient in übertragener Bedeutung zur Bezeichnung eines Schmeichlers, welcher gewissermaassen den Menschen wie jene Stechfliege umschwirrt. Ganz ähnliche Beispiele finden wir in den Sprachen civilisirter Völker. Im Englischen bezeichnet z. B. das imitative Wort *puff* im eigentlichen Sinne blasen, in übertragenem Sinne prahlen, ähnlich wie im Deutschen das Wort aufgeblasen, in übertragenem Sinne die Bedeutung hochmüthig hat. Aendert sich die Orthographie und die Aussprache solcher Worte, so lässt sich der Ursprung derselben nur aus älteren Formen erkennen, durch welche uns der ursprüngliche Klang derselben überliefert ist. Wenn wir z. B. das englische *woe* (das Weh, der Kummer) bis zu dem angelsächsischen *wá* verfolgen, so erkennen wir, dass es, ähnlich wie das deutsche *weh*, ein wirklicher Klagelaut war, der zu einem Substantivum mit der Bedeutung Kummer oder Schmerz geworden ist. So würde z. B. ein Engländer aus der gegenwärtigen Aussprache und Bedeutung des Wortes *pipe* schwerlich den Ursprung desselben errathen. Vergleicht man dasselbe jedoch mit dem lateinischen *pipa*, französisch *pipe*, welches ähnlich wie das englische Wort *peep*, pfeifen, ausgesprochen wird und eine Art Rohrpfeife, auf welcher die Schäfer spielten, bedeutet, so erkennt man, wie gerade der Ton der musikalischen Pfeife zur Bezeichnung aller Arten von Röhren, sei es ein Pfeifenrohr oder eine Wasserröhre, geworden ist. Solche Worte wandern wie die Indianer auf der Kriegsfährte, indem

sie ihre Fussspuren hinter sich verwischen. Zahlreiche
Worte mögen ursprünglich durch Nachahmung von Tönen entstanden sein, allein sie haben auf ihrer Wanderung keine Spuren hinterlassen, aus denen sich die
ursprüngliche Bedeutung derselben erkennen liesse.

Ausser den genannten giebt es aber noch andere
Mittel, um einem Laut einen bestimmten Sinn beizulegen.
Zur Andeutung einer Veränderung in der Bedeutung
eines Wortes genügt es, eine Veränderung der Aussprache
vorzunehmen. In der Wolofsprache in Westafrika bedeutet *dagou* gehen, *dágou* stolz einherschreiten; *dagana* bedeutet demüthig bitten, *dagána* dagegen verlangen. In der
Mpongwesprache kann die Bedeutung eines Wortes durch
Veränderung der Aussprache in das Gegentheil verwandelt
werden, z. B. „mi *tonda*", ich liebe, aber „mi *tonda*", ich
liebe nicht. Auch in anderen Sprachen lassen sich durch
Veränderung der Aussprache gewisser Worte ähnliche
Resultate erzielen. Ein lehrreiches Beispiel klarer sym-
bolischer Bezeichnung durch den Laut bildet ein von
Guyton de Morveau in die chemische Nomenclatur
eingeführtes Wort. Unter seinen Benennungen der
chemischen Verbindungen hatte er bereits das nach dem
Muster des lateinischen *sulphuratus* gebildete Wort *sulfate* zur Bezeichnung einer Schwefelverbindung. Als er
nun später ein Wort brauchte, um eine nach anderen
Gewichtsverhältnissen zusammengesetzte Schwefelverbindung zu bezeichnen, bildete er einfach aus dem Wort
sulfate durch Veränderung eines Vocals das Wort *sulfite*.
Er hatte vielleicht keine Ahnung davon, dass er einen
Kunstgriff anwandte, der sich in den Sprachen mancher
uncultivirter Völker wiederfindet. So dient z. B. in der
Sprache der Mandschu die Verschiedenheit des Lautes
zur Bezeichnung der verschiedenen Geschlechter, *chacha*

bedeutet Männchen, *cheche* Weibchen, *ama* Vater, *eme*
Mutter. So werden häufig Entfernungen durch Verände-
rung· des Vocals bezeichnet; in der Sprache der Malegassen bedeutet z. B. *ao* in einiger Entfernung, *eo* noch
näher, *io* in unmittelbarer Nähe. In dieser Weise lassen
sich leicht Gruppen persönlicher Fürwörter bilden, wie z. B.
in der Tumalsprache *ngi* ich, *ngo* du, *ngu* er. Ein
anderer bekannter Vorgang ist die Reduplication oder
Verdoppelung, welche zu verschiedenen Zwecken dient.
Sie bezeichnet eine Wiederholung oder Verstärkung der
Bedeutung, wie z. B. in den polynesischen *aka* lachen,
akaaka viel lachen, *loa* lang, *lololoa* sehr lang. Unsere
Worte *haw-haw* (herzlich lachen) und *bonbon* sind ähnliche Bildungen. Auch die Mehrzahl wird in manchen
Sprachen durch Reduplication · gebildet, z. B. malaiisch
orang Mann, *orang-orang* Männer, japanesisch *fito* Mann,
·*fito-bito* Männer. Bekannt ist die Anwendung der Reduplication in der Flexion der Zeitwörter, z. B. dem griechischen *didōmi* und *tetypha*, dem lateinischen *momordi*.

Diese geschickten, aber verständlichen Kunstgriffe,
durch welche der Laut dem Sinn angepasst wird, zeigen,
wie leicht das Gebiet der reinen Nachahmung überschritten wird. Die Sprache bildet einen Zweig der grossen
Kunst der Zeichenbildung und Zeichenauswahl, und ihre
Thätigkeit besteht darin, für jeden Gedanken ein pas-
sendes Zeichen oder Symbol zu finden. Wo in dieser
Weise ein Laut ausgewählt wurde, war ohne Zweifel irgend
ein Grund für die Wahl maassgebend. Hieraus folgt
jedoch nicht, dass jede Sprache zur Bezeichnung desselben Begriffs denselben Laut wählen musste. Dies zeigt
sich deutlich bei derjenigen Classe von Worten, welche
der Kindersprache angehören, aus welcher z. B. auch das
englische Wort *baby* (Kind) stammt. Diese Worte wer-

den überall aus den wenigen Silben gebildet, welche die Kinder zuerst aussprechen und die in einer fast willkürlichen Weise zur Bezeichnung der ersten Vorstellungen von Vater, Mutter, Spiel, Schlaf u. s. w. gewählt werden. So gebrauchen die Chilenen im Gegensatz zu unserem Sprachgebrauch das Wort *papa* für Mutter, und die Georgier *mama* für Vater, während das Wort *dada* in verschiedenen Sprachen Vater, Vetter, Amme, *tata* Vater, Sohn, lebewohl bedeutet. Solche Kinderwörter finden oft ihren Weg in die Sprache der Erwachsenen und eine geringe Veränderung giebt ihnen das Ansehen gewöhnlicher Wörter. Den englischen Wörtern *pope* und *abbot* merkt man es ebenso wenig wie den entsprechenden deutschen Wörtern Papst und Abt an, dass sie aus Kinderwörtern entstanden sind, was sich aber sofort deutlich zeigt, wenn man sie bis auf das lateinische *papa* und das syrische *abba*, beides Vater bedeutend, zurückverfolgt.

Diese Worte der Kindersprache erheben sich bereits über die natürliche Geberden- und Lautsprache. Grössere Schwierigkeiten bieten sich, wenn wir dem Ursprung der Worte der „articulirten Sprache" nachforschen. Wenn wir irgend eine Sprache genauer untersuchen, so finden wir, dass die meisten Worte derselben keineswegs den Zusammenhang zwischen dem Klang und der Bedeutung so deutlich erkennen lassen, wie die Worte der Natursprache. In der Kindersprache heisst die Taschenuhr *tick-tick*, in der Sprache der Erwachsenen *watch*. Das erste Wort lässt den Zusammenhang zwischen dem Klang und der Bedeutung sehr leicht erkennen, nicht dagegen das zweite. Es ist bekannt, dass die Uhr im Englischen den Namen *watch* deshalb hat, weil sie uns einem Wächter (*watch-man*) vergleichbar die Stunden anzeigt. Das Wort *watch*,

wachen, können wir zwar bis zu der angelsächsischen
Form *waecan* verfolgen, die sich von *wacun* (gothisch
vagjan), bewegen, ableitet. Wie aber die Silbe *wac* zu
dieser besonderen Bedeutung gekommen ist, hat bis jetzt
noch kein Sprachforscher zu erklären vermocht. Ein
Kind nennt, um noch ein zweites Beispiel anzuführen,
eine Locomotive sehr bezeichnend *puff-puff*. In der
Sprache der Erwachsenen dient zur Bezeichnung derselben das Wort *engine*, welches von dem lateinischen Wort
ingenium abstammt. Dieses bedeutet wörtlich etwas An-
geborenes, daher angeborene Geschicklichkeit oder Talent,
dann eine Anstrengung des Talentes, eine Erfindung
und endlich eine Maschine. Gehen wir weiter zurück
und zergliedern das lateinische Wort, so ergiebt sich,
dass die Silben *in* und *gen* die Bedeutung „in" und
„Geburt", „Entstehung" besitzen. Allein hier lässt uns
die Etymologie wieder im Stich, da Niemand den Grund
kennt, warum gerade diese Silben für diese Begriffe gewählt worden sind. So ist bei mindestens neun Zehnteln
der Worte einer Sprache der Zusammenhang zwischen
dem Laut und der Bedeutung in Dunkel gehüllt. Es ist
durchaus kein Grund einzusehen, warum nicht *go* (gehen),
die Vorstellung des Kommens und *come* (kommen), die
Vorstellung des Gehens ausdrücken könnte. Ebenso
wenig können wir den Grund dafür angeben, warum im
Hebräischen *chay* lebendig und *méth* todt, oder warum in
der Maorisprache *pai* gut und *kino* schlecht bedeutet.
Nach der Ansicht einiger Sprachforscher bilden die bereits
erwähnten Laute der Gemüthserregung und der Nachahmung die einzige Quelle der Sprache, und die meisten
Worte zeigen jetzt keine Spuren ihres Ursprungs mehr,
weil sie dieselben durch die vielen Veränderungen der
Aussprache und Bedeutung, welche sie im Laufe der Zeit

erfahren haben, verloren haben und zu blossen Symbolen geworden sind, deren Bedeutung die Kinder von ihren Lehrern lernen müssen. Diese Annahme kann indessen nicht als eine vollständige Erklärung der Entstehung der Sprache gelten. Im Vorhergehenden sind ausser der Gemüthserregung und der Nachahmung noch andere Umstände angeführt worden, welche bei der Auswahl eines Klanges für eine bestimmte Vorstellung maassgebend gewesen sind, und wer weiss, welche anderen Einflüsse noch bei diesem Vorgang mitgewirkt haben mögen? Das Einzige, was wir über den Ursprung der Sprache behaupten dürfen, ist, dass wahrscheinlich jeder Laut, der zur Bezeichnung einer bestimmten Vorstellung gewählt wurde, in irgend einer Beziehung zu dieser Vorstellung stand, die ihn besonders geeignet erscheinen liess.

Trotzdem ist das Wenige, was wir über die Art der Entstehung neuer Worte wissen, für das Studium der menschlichen Natur von der grössten Wichtigkeit. Es beweist uns, dass wir den Ursprung der Sprache nicht in irgend einer verloren gegangenen Fähigkeit des Menschen, sondern in einer Art der Geistesthätigkeit zu suchen haben, deren wir heute noch fähig sind und die sich nicht über das geistige Niveau der Kinder und der Wilden erhebt. Die Entstehung der Sprache ist nicht ein Ereigniss, welches vor langer Zeit einmal eingetreten ist und dann vollständig aufgehört hat. Im Gegentheil, der Mensch besitzt noch jetzt die Fähigkeit, durch Wahl geeigneter Laute neue Worte zu bilden, und macht, wenn er eines neuen Wortes bedarf, von dieser Fähigkeit Gebrauch. Allerdings bietet sich selten Veranlassung zur Bildung neuer Worte, weil eine jede Sprache ihren Wortvorrath besitzt, der in den meisten Fällen zur Bezeichnung neuer Gedanken ausreicht.

Fünftes Capitel.

Die Sprache (Fortsetzung).

Articulirte Sprache. Erweiterung der Bedeutung. Abstracte Worte. Sachliche und grammatische Worte. Redetheile. Sätze. Analytische Sprache. Wortcombinationen. Synthetische Sprache. Affixe. Lautänderung. Wurzeln. Syntax. Rection und Congruenz. Geschlecht. Entwickelung der Sprache.

Die menschliche Sprache, welche aus verschiedenen mit einander verbundenen Lauten zusammengesetzt ist, nennen wir articulirt oder gegliedert, um sie von den unarticulirten oder ungegliederten Tönen, welche die Thiere hervorbringen, zu unterscheiden. Eine Unterhaltung durch Geberden und Töne, die, wie im letzten Capitel gezeigt wurde, eine allen Menschen gemeinsame Natursprache bildet, steht in der Mitte zwischen den Verständigungslauten der Thiere und der vollständig ausgebildeten menschlichen Sprache. Jedes Volk, so klein und so uncivilisirt es auch sein mag, besitzt eine articulirte Sprache, die in einem ganzen System von Worten und Bedeutungen zum Ausdruck kommt, welches dem Redner als eine Art Katalog des Inhaltes der ihn umgebenden Welt dient. Der Redner findet in diesem Katalog jeden Gegenstand seines Gedankenkreises und ist durch denselben in den Stand gesetzt, seine Gedan-

ken über denselben auszudrücken. Ein wie complicirter
und sinnreicher Apparat eine Sprache sein kann, zeigt
uns die Grammatik der griechischen und lateinischen
Sprache zur Genüge. Je tiefer wir aber in den Bau solcher Sprachen eindringen, desto mehr gewinnen wir die
Ueberzeugung, dass sie sich aus früheren und einfacheren
Sprachen entwickelt haben. Es ist hier nicht unsere
Aufgabe, die Gesetze des Sprachbaues in systematischer
Weise darzulegen. Es soll nur hervorgehoben werden,
dass viele von den Processen, die bei der Entwickelung
der Sprachen mitgewirkt haben, noch jetzt in Thätigkeit
sind, und dass die Grammatik nicht aus einer gewissen
Summe willkürlich aufgestellter Regeln besteht, sondern
dass sie aus dem Bestreben hervorgegangen ist, für die
Gedanken einen möglichst leichten, erschöpfenden und
richtigen Ausdruck zu finden. Die meisten im Folgenden angeführten Beispiele sind der englischen Sprache
entlehnt, und zwar nicht nur, um möglichst bekannte
Worte als Beispiele zu benutzen, sondern weil sich die
englische Sprache vielleicht von allen existirenden Sprachen am besten dazu eignet, die Entwickelung der
Sprache im Allgemeinen verständlich zu machen. Während sich die Worte derselben zum grossen Theil bis in
ein hohes Alter verfolgen lassen, hat der Bau derselben
im Laufe der Entwickelung bedeutende Veränderungen
erfahren, und während sie in ihrem gegenwärtigen Zustand einerseits Ueberreste alter Bildungen bewahrt, befindet sie sich andererseits in der ungezwungensten
Weiterentwickelung.

Während im Lauf der Zeiten das Wissen des Menschen ausgedehnter und seine Civilisation complicirter
wurde, musste auch seine Sprache eine entsprechende
Weiterbildung erfahren. Während für seine früheren

einfachen Lebensverhältnisse verhältnissmässig wenige
und einfache Ausdrücke genügt hatten, mussten jetzt für
die neuen Begriffe, Werkzeuge, Künste, Geschäfte und
Beziehungen einer höher organisirten Gesellschaft neue
Worte gebildet werden. Solche neue Worte werden aber
durch Veränderung und Combination bereits vorhandener
Worte gebildet. Irgend eine Aehnlichkeit, die man zwischen einem alten und einem neuen Begriff auffand, gab
die Veranlassung, den alten Namen mit veränderter Bedeutung auf den neuen Begriff zu übertragen. Im Englischen (ebenso wie in anderen Sprachen) finden sich
zahlreiche Spuren dieser Art von Wortbildung und Wort-
veränderung. Um einige naheliegende Beispiele anzuführen, mag nur an die Worte *barrack* (Caserne eigentlich Hütte), *regiment, soldiers* (Soldaten, Söldner), *infantry*
(Infantrie, wörtlich junge Leute, welche zu Fuss kämpften), *company* (Compagnie, wörtlich Brotgenossen), *captain*
(Hauptmann) *lieutenant* (Stellvertreter) erinnert werden.
Die Uhr hat im Englischen den Namen *clock* aus einer
Zeit bewahrt, als noch die Stunden von einem Wächter
durch Anschlagen an eine Glocke verkündigt wurden.
Die Gewichte *(weights)* der Uhr haben ihren Namen von
den Gewichten der Wage entlehnt, *pendulum* (Pendel)
bedeutet einen hängenden Gegenstand. Die Worte *face,
hands, scala*, wörtlich Gesicht, Hände, Leiter, dienen im
Englischen in übertragenem Sinn zur Bezeichnung von
Zifferblatt, Zeiger und Maassstab (Theilung). Diese Beispiele, deren Zahl sich leicht vermehren liesse, zeigen deutlich, wie die Sprache Mittel findet, für neue Begriffe durch
Anwendung alter Worte die erforderlichen Bezeichnungen zu finden. Dass auch in den Sprachen weniger civilisirter Völker in ähnlicher Weise alte Worte zur Bezeichnung neuer Begriffe benutzt werden, mag aus folgenden

Beispielen ersehen werden. Die Azteken nannten ein Boot ein „Wasserhaus" (*acalli*) und daher das Rauchfass, in welchem sie Kopal als Weihrauch verbrannten, ein „kleines Kopalboot" (*copalacaltontli*). Als die Bewohner der Vancouverinsel sahen, wie ein Schraubendampfer in Bewegung gesetzt wurde, nannten sie denselben *yetseh-yetsokleh* (engl. *kick-kicker*, d. h. einer, der mit den Füssen nach hinten tritt). Die Hidatsas am Missouri benutzten bis vor Kurzem steinerne Pfeile und Aexte. Als sie in neuerer Zeit mit Eisen und Kupfer bekannt wurden, bildeten sie für diese Metalle die Namen *uetsasipisa* und *uetsahisisi*, d. h. „Stein schwarz" und „Stein roth". Als das Pferd durch die Europäer zu Völkern gebracht wurde, welche dasselbe zuvor nie gesehen hatten, musste für dasselbe ein Name gebildet werden, und so nannten es die Tahitier „menschentragendes Schwein", und die Siouxindianer „Zauberhund".

Um zu verstehen, in welcher Weise Worte zur Bezeichnung von noch abstracteren Vorstellungen dienen können, ist es zweckmässig, sich des Contrastes zwischen der Geberdensprache und dem gesprochenen Englisch zu erinnern. Die Taubstummensprache entbehrt, wie wir gesehen haben, unsere Fähigkeit, allgemeine und abstracte Vorstellungen auszudrücken. Die Taubstummen sind indessen nicht etwa durchaus unfähig, solche Vorstellungen zu besitzen, sondern sie bedienen sich gewisser Zeichen zum Ausdruck allgemeiner Begriffe, wenn sie irgend eine Eigenschaft oder Bewegung als Kennzeichen einer ganzen Classe von Gegenständen benutzen können. So wird durch die Nachahmung der Flugbewegung mit den Armen jeder beliebige Vogel oder der Vogel im Allgemeinen, durch die Andeutung des Gehens auf vier Füssen das vierfüssige Thier im Allgemeinen bezeichnet. Die Bewe-

gung des Ausgiessens einer Flüssigkeit aus einem Gefäss
dient zum Ausdruck des Begriffs der Flüssigkeit im Allgemeinen. In ähnlicher Weise besitzen vermuthlich die
Taubstummen, ebenso wie wir, Vorstellungen von Farbe,
Länge, Breite und Dicke, wenn auch vielleicht diese Vorstellungen bei ihnen nicht so deutlich sind, als bei uns.
Allein während das Zeichen der Taubstummensprache
uns stets an den Gegenstand, welchen es andeutet, denken lässt, kann das gesprochene Wort seine Bedeutung
ändern und ohne Rücksicht auf einen bestimmten Gegenstand dem Gedankengang anpassen. Wenn wir die Worte
von diesem Gesichtspunkt aus betrachten, so erkennen
wir, wie Vorstellungen, die so einfach sind wie die durch
die Zeichensprache der amerikanischen Wilden ausge-
drückten, zur Bezeichnung der verwickeltsten juristischen,
mathematischen oder philosophischen Begriffe dienen
können. Die Worte sind für uns, wie Lord Bacon sagt,
Marken für Begriffe geworden. Die Worte setzen uns in
den Stand, mit abstracten Ideen umzugehen, die durch
Vergleichung einer Anzahl von Gedanken gewonnen wurden, wobei nur auf das diesen Gedanken Gemeinsame
geachtet wurde. Der Leser gebraucht ohne Zweifel leicht
und richtig die Worte *sort, kind, cause, to make, be, do,
suffer* (Gattung, Art, Ursache, machen, sein, thun, leiden).
Nur durch eingehende sprachwissenschaftliche und philosophische Studien lässt sich die eigentliche Bedeutung
dieser Worte ermitteln. Für einen Engländer, der nur
seine eigene Sprache kennt, sind diese Worte allerdings
so zu sagen Marken, welche aufs Gerathewohl zur Bezeichnung von Gedanken gewählt sind. Er hat durch
Uebung gelernt, wie und wo er sie anwenden soll und ist
sich in den seltensten Fällen der äusserst abstracten
Natur derselben bewusst. Die historische Entwickelung

dieser Worte lässt sich nicht genau verfolgen, doch wissen wir soviel, dass sie von leichter verständlichen Worten abstammen. Wie in der Bantusprache (Afrika) *tando* „weben" die allgemeine Bedeutung „machen" angenommen hat, und im Hebräischen das Wort *bârâ* „schneiden" oder „hauen" für das Erschaffen von Himmel und Erde gebraucht wird, so mag auch die ursprüngliche Bedeutung des Wortes *make* (machen), „anpassen" oder „verbinden" gewesen sein. Das englische Wort *sort* (Sorte, Gattung) stammt von dem lateinischen *sors* „Loos" ab, und die ursprüngliche Bedeutung des Wortes *kind* (Art) war Verwandtschaft oder Abstammung; *suffer* bedeutet tragen (eine Bürde) und to *be* mag ursprünglich wachsen bedeutet haben. In der Metaphysik ist die Rede von der Apprehension der Ideen; diese jetzt abstrusen Worte bedeuteten ursprünglich „Ergreifen von Ansichten". Die Etymologie lehrt uns, in welcher Weise Worte, die ursprünglich einfache und leichte Gedanken ausdrückten, dazu benutzt wurden, um verwickelte und abstruse Gedanken auszudrücken. Dies ist der Weg, auf welchem der menschliche Geist von der Unwissenheit zum Wissen fortgeschritten ist.

Was sodann die Anwendung der „grammatischen" Worte betrifft, welche dazu dienen, die „sachlichen" Worte zu verbinden und die gegenseitigen Beziehungen derselben auszudrücken, so ist auch hier eine Vergleichung der gesprochenen Sprache mit der Geberdensprache äusserst lehrreich. Wenn ein Taubstummer durch Geberden ausdrücken will „Johann ist gekommen, er hat das Geschirr des Pferdes gebracht und es auf eine Bank gelegt", so kann er dieses sehr wohl, aber er drückt nur die sachlichen Theile des Satzes, „Johann, Geschirr, Pferd, bringen, Bank, legen", durch Geberden aus. Die

Artikel „das" und „eine", die Präposition „auf", die Conjunction „und", das Hilfszeitwort „ist" und die Fürwörter
„er" und „es" dagegen sind grammatische Symbole, für
die der Taubstumme keine Zeichen in seiner Natursprache hat und deren Bedeutung er erst begreift,
wenn er lesen lernt. Wenn indessen der Taubstumme
gezwungen ist, in seiner Erzählung sehr genau zu sein,
so kann er uns nichtsdestoweniger eine gute Vorstellung davon geben, wie wir Sprechenden zu dem Gebrauch
der grammatischen Worte gekommen sind. Wenn er
auch nicht zu verstehen geben kann, dass er „eine" Bank
meint, so kann er doch dadurch, dass er einen Finger in
die Höhe hebt, andeuten, dass er „e i n e" Bank meint; er
hat kein Zeichen für „das" Pferd, doch kann er durch
Zeichen „dieses" Pferd ausdrücken. Anstatt, wie wir, zu
sagen „des Pferdes" (*of* the horse), deutet er an, dass er
das Geschirr v o n dem Pferde (*off* the horse) wegnimmt.
Nun lehrt uns aber die Etymologie, dass im Englischen
(ebenso wie im Deutschen und in anderen Sprachen) die
grammatischen Worte genau in dieser Weise aus sachlichen Worten entstanden sind; *an* und *a* (einer) war
ursprünglich das Zahlwort „*one*" (eins, schottisch ane);
the (der) gehört zu derselben Familie von Worten, wie
that (jener) und *there* (dort); *of* und *off* haben einen gemeinsamen Ursprung; die Conjunction *and* (und) lässt sich
bis zu der mehr sachlichen Bedeutung von „weiter" oder
„ferner" zurückverfolgen; das Zeitwort *have* ist, genau
wie im Deutschen das Wort haben in „ich habe gesehen"
zu einem Hilfszeitwort herabgesunken, doch bewahrt
es seine alte vollere Bedeutung „halten" oder „ergreifen" in Redensarten wie „I *have* him" (ich habe ihn)!
Wenn ein Engländer sagt „he *stands* corrected" (er s t e h t
berichtigt), so soll damit keineswegs gesagt sein, dass

er auf den Beinen steht, sondern das Wort *stand* ist hier zu einem blossen Hilfszeitwort geworden, wie das deutsche „stehen" in Redensarten wie „es steht geschrieben" und dergleichen. Es ist interessant, darauf zu achten, wie die Fürwörter aus mehr sachlichen Worten entstanden sind. Wie der Taubstumme einfach mit dem Finger deutet, um „ich" oder „du" auszudrücken, so sind auch das grönländische *uvanga*, ich, und *ivdlit*, du, von *uv*, hier, und *iv*, dort, abgeleitet. In einer ganz anderen Weise werden die persönlichen Fürwörter in der malayischen Sprache bezeichnet, wo *âmba*, Sclave, in der Bedeutung „ich", und *tuwan*, Herr, in der Bedeutung „du" gebraucht wird. In welcher Weise dieser Gebrauch entstanden ist, zeigt uns deutlich das Hebräische in den biblischen Redensarten wie „dein Diener sagt", „mein Herr weiss". Hier sind die Worte „dein Diener", „mein Herr" auf dem Wege, persönliche Fürwörter zu werden, was sie im Malayischen wirklich geworden sind. Weder im Englischen, noch in irgend einer anderen Sprache lässt sich eine scharfe Grenze zwischen sachlichen und grammatischen Worten ziehen, da die ersteren so allmälig in die letzteren übergehen, dass ein und dasselbe Wort sowohl in dem einen, als auch in dem anderen Sinne gebraucht werden kann. Wenn also auch der Unterschied kein scharfer ist, so ist derselbe immerhin ein sehr wesentlicher. Wenn Jemand den Versuch machen wollte, eine Geschichte mit Vermeidung aller grammatischen Worte zu erzählen, so würde er sich sehr bald davon überzeugen, dass dieselben einen sehr wesentlichen und unentbehrlichen Bestandtheil der articulirten Sprache, gewissermaassen die Gelenke bilden, in denen sich diese bewegt.

Die Sprachwissenschaft geht aber in ihrer Erklärung,

wie sich der verwickelte grammatische Bau einer Sprache aus einfacheren Anfängen entwickelte, noch weiter. Die Unterscheidung verschiedener „Redetheile", deren hohe Entwickelung uns aus der griechischen und lateinischen Sprache bekannt ist, leistet vorzügliche Dienste, um die Beziehungen zwischen den einzelnen Theilen eines Satzes auszudrücken. Unbedingt nothwendig ist indessen die Unterscheidung verschiedener Redetheile nicht und wahrscheinlich existirte dieselbe in den frühesten Formen der Sprache nicht. Es wurde bereits erwähnt, dass in der Geberdensprache nicht einmal der Unterschied zwischen Hauptwort und Zeitwort vorhanden ist. Im classischen Chinesisch bedeutet *thwan* rund, Kugel, rund machen, im Kreise herum sitzen u. s. w.; *ngan* bedeutet ruhig (als Adjectiv und als Adverb), beruhigen, ruhig sein u. s. w. Die englische Sprache hat die alten Flexionen in einem solchen Grade abgeworfen, dass der Unterschied zwischen den einzelnen Redetheilen fast ebenso verwischt ist wie im Chinesischen. Ein und dasselbe Wort kann als Substantiv, Adjectiv oder Zeitwort gebraucht werden, wie z. B. in „the people's *quiet, a quiet* peoble, to *quiet* the peoble" (die R u h e des Volkes, ein r u h i g e s Volk, das Volk b e r u h i g e n), und ohne Scrupel kann ein Zeitwort als Hauptwort gebraucht werden, wie in „a workmen's *strike*" (ein Arbeiterstrike), oder ein Hauptwort als Zeitwort, z. B: „to *horse* a coach" (einen Wagen mit Pferden bespannen). Wie sich die Bildung neuer Redetheile vollzieht, können wir am Chinesischen beobachten, wo Präpositionen durch Hauptwörter oder Zeitwörter ausgedrückt werden. So wird „kuo *chung*", d. h. „Reich Mitte" in der Bedeutung „in dem Reich" gebraucht, und „sha jin i thing", d. h. „tödten Mensch *brauchen* Stock" in der Bedeutung „einen Menschen *mit* einem Stock tödten". Ebenso

11*

können wir in der afrikanischen Mandingosprache beobachten, wie aus den Substantiven *kang*, Nacken, und *konó*,
Bauch, Präpositionen gebildet werden, indem die Worte
„Tisch *Nacken*" und „Haus *Bauch*" in der Bedeutung
von „auf dem Tisch" und „in dem Haus" gebraucht
werden.

Um weiter zu beobachten, wie die Sprache durch
Verbindung vorhandener und durch Bildung neuer Worte
wächst, müssen wir die einzelnen Worte nicht ausserhalb
des Zusammenhanges, sondern in ihren Verbindungen betrachten, in denen sie beim Sprechen wirklich vorkommen.
Die Sprache besteht aus Sätzen, und ein Satz aus Worten, deren jedes ein bestimmter Laut mit einer bestimmten Bedeutung ist. Die einfachsten Sätze bietet uns eine
Sprache wie die chinesische, in welcher ein Satz in lauter
einsilbige Worte zerlegt werden kann. So bedeutet z. B.
kou chi shi jin sse (Hund, Schwein, essen, Mensch, Nahrung), dass Hunde und Schweine die Nahrung des Menschen fressen. Diejenigen Sprachen, welche sich in so
vollkommener Weise in einzelne Theile zerlegen lassen,
nennt man analytische oder isolirende. In den meisten
Sprachen der Welt dagegen, welche synthetisch oder
zusammensetzend sind, stehen die Worte nicht so isolirt
neben einander, sondern dieselben schliessen sich enger
an einander an. Um eine Vorstellung von dieser Wort-
verbindung zu gewinnen, betrachte man einen englischen
Satz etwas genauer, als man es gewöhnlich zu thun pflegt.
Zwischen den gesprochenen Worten existiren keine Zwischenräume, wie zwischen den geschriebenen, sondern die
Silben werden in gleichmässiger Folge ohne Rücksicht
auf die Wortgrenzen gesprochen. Das einzelne Wort
wird nicht durch eine für das Ohr wahrnehmbare Isolirung,
sondern nur durch einen Ton oder Nachdruck, den es

besitzt, bezeichnet. Von Zeit zu Zeit kommt es nun vor, dass gewisse Worte vollkommen mit einander verschmelzen. Wie sich diese Verschmelzung nach und nach vollzieht, sehen wir an der Verschiedenheit der Schreibweise, die bei manchen Worten in Gebrauch ist, z. B. *hard ware, hard-ware, hardware* (Eisenwaare), *steam ship, steam-ship, steamship* (Dampfschiff). In solchen Zusammensetzungen hat eins der beiden Worte seinen Ton verloren und das zusammengesetzte Wort hat nur noch e i n e n Ton. Diese Beispiele zeigen uns, wie zwei Worte zu einem einzigen verschmelzen. Der nächste Schritt besteht darin, dass der eine der beiden Theile eines solchen zusammengesetzten Wortes in der Aussprache verschluckt wird, wie die Endworte in *waterman, wrongful.* Endlich können die beiden Worte in der Aussprache dermaassen verschmelzen, dass keiner der beiden Bestandtheile mehr zu erkennen ist, wie in *boatswain* und *coxswain* (Bootsmann, Nachenführer), in denen die Schrift noch die beiden Bestandtheile *swain* (junger Mann, Bursche) und *boat* (Boot) oder *cock*-boat (Nachen) erkennen lässt, die aber in der Aussprache zu *bōsun, coxun* zusammengeschrumpft sind. Diese Art der Wortbildung ist eins der gewöhnlichsten Mittel, welches zu allen Zeiten angewandt worden ist, um möglichst bequeme Bezeichnungen zu erhalten, und wo es auf die Bedeutung der einzelnen Theile weniger ankam, wurden die so gebildeten Worte in der Aussprache noch weiter zusammengezogen. Wo nicht eine allzu starke Verschmelzung stattgefunden hat, lassen sich die ursprünglichen Bestandtheile der Worte noch unterscheiden, wie z. B. *fourteen* und *night* in *fortnigt, unus* und *decem* in *undecim,* französisch *onze, jus* und *dico* in *judex,* englisch *judge.*

Auch aus weniger bekannten Sprachen mögen einige

Beispiele von Wortzusammensetzungen angeführt werden. So heisst der Pfeil malayisch *anak-panah*, d. h. „Kind-Bogen", und der Ausdruck für einmüthig lautet in der Sprache der Eingeborenen Australiens *gurdugynyul*, d. h. „Herz-eins-kommen". Wie solche Worte verkürzt werden, zeigt uns z. B. das Wort für Schwester in der Mandingosprache. Dasselbe lautet *mbadingmuso* und ist aus *mi bado dingo muso*, d. h. „mein-Mutter-Kind-weiblich" zusammengezogen. Die Eingeborenen der Vancouverinsel nannten einen gewissen langbärtigen Engländer *Yakpus*. Dieser Name scheint aus dem Wort *yakhpekuk-selkous*, d. h. „lang-Gesicht-Haar-Mann" durch Zusammenziehung entstanden zu sein. Wer die Entstehungsgeschichte dieses Wortes nicht kennt, ist sicherlich nicht im Stande, die Bedeutung desselben zu errathen. In ähnlicher Weise mögen aber Tausende von Worten durch Verkürzung in die Form gekommen sein, in welcher wir sie kennen. Wenn nun die ursprüngliche Form des Wortes in einer Weise verwischt ist, wie in dem vorliegenden Beispiel, so haben wir nicht die geringste Aussicht, ohne Kenntniss der Geschichte des Wortes seine ursprüngliche Form und Bedeutung zu ergründen. Durch diesen Contractionsprocess können nicht nur zusammengesetzte Worte eine einfachere Form annehmen, sondern sogar ganze Sätze so zu sagen zu einem einzigen Wort zusammenschrumpfen. Hier erreicht das synthetische oder zusammensetzende Princip seinen Höhepunkt. Als Gegensatz zu dem angeführten analytischen chinesischen Satz kann ein Satz einer afrikanischen Sprache dazu dienen, um zu zeigen, bis zu welchem Grade die Sonderung der einzelnen Worte verloren gehen kann. Wenn ein Greboneger ausdrücken will, dass er sehr zornig ist, so sagt er in seiner bildlichen Ausdrucksweise: „es hat sich ein Knochen in meiner Brust aufgerichtet". Die einzelnen Worte, welche dieses ausdrücken, lauten *e ya mu kra wudi*, dieselben werden aber derart zusammengedrängt hervorgestossen, dass sie wie *yamukroure* lauten. Man kann sich denken, dass unter Umständen, wo eine solche Zusammenziehung möglich ist, sich die Sprache eines barbarischen Volkes im Laufe weniger Generationen bis zur Unkenntlichkeit verändern kann. Ja wer darauf achtet, in welchem Grade im Englischen die Worte beim Sprechen zusammenfliessen, wird die Ueberzeugung gewinnen, dass sich diese Sprache ebenso schnell wie eine barbarische Sprache verändern würde, wenn nicht durch die Schule und die Presse die Worte in ihrer fixirten und getrennten Form erhalten würden.

Aus den wenigen Beispielen wird man erkennen, dass diese Bildung neuer Worte durch Zusammenziehung mehrerer vorhandener Worte keineswegs nur eine Quelle der Verwirrung, sondern eins der kräftigsten Mittel für den Aufbau einer Sprache bildet. Eins der Hauptresultate der modernen Sprachforschung besteht in der Entdeckung, dass die grammatische Flexion zum Theil aus solchen Wortverbindungen hervorgegangen ist. Auf den ersten Blick macht es den Eindruck einer seltsamen Willkürlichkeit, dass die lateinische Sprache die verschiedenen Formen durch eine Anzahl bedeutungsloser Endungen bildet, wie z. B. *ago, agis, agit, agere, agens, actum, actor, actio, activus, active* u. s. w. Dieser Eindruck der Willkürlichkeit verschwindet indessen bis zu einem gewissen Grade mit der Wahrnehmung, dass in den modernen Sprachen sich aus der Verschmelzung der Worte etwas ganz Aehnliches entwickelt. So war z. B. *hood* in *womanhood*, *priesthood*, welches jetzt eine blosse grammatische Endung ist, im Altenglischen ein selbständiges Wort, *hád*, mit der Bedeutung Classe, Stand; die Endung *ly* war einst das Wort *like*, wie sich im angelsächsischen *cwên-lic* (*queen-like*, königin-ähnlich) modern englisch *queenly*, zeigt. In der Schreibweise Chaucer's sieht man, wie das Fürwort *thou* (du) zu einer Verbalendung herabgesunken war:

> „He pokyd Johan, and seyde, Slepist*ow*
> Herdist*ow* ever slik a sang er now?"

Im Englischen heisst das Futurum von to give (geben) „I will give", in der Umgangssprache „I'll give" ausgesprochen. Was hier die Aussprache vereinigt, wird durch die Schrift getrennt. Im Französischen ist das Futurum *donnerai, donneras* das Zeitwort *donner* mit dem Hilfszeitwort *ai, as* in Schrift und Sprache vereinigt, so dass „je donnerai" wörtlich bedeutet „ich habe zu geben". Der Plural *donnerons, donnerez*, lässt sich nicht mehr in ähnlicher Weise zerlegen, da hier die Reste des Hilfszeitwortes zu blossen Endungen, *ons, ez*, geworden sind. Höchst wahrscheinlich sind viele Endungen der griechischen und lateinischen Sprache in ähnlicher Weise aus selbständigen Worten entstanden, die mit anderen verbunden wurden und dann zusammenschrumpften. Allerdings lässt sich nicht behaupten, dass alle Endungen in dieser Weise entstanden sind. Im vorhergehenden Capitel wurde gezeigt, wie es der Mensch versteht, für einen Gedanken, den er ausdrücken will, eine wenn auch zuweilen etwas weit hergeholte Bezeichnung zu finden. So hatte z. B. im Deutschen die Vorsilbe *ge*, welche zur Bildung des Particips der Vergangenheit dient, wie es scheint, ursprünglich die Bedeutung „mit" oder „zusammen", welche sie noch jetzt in dem Wort *Gespiele* besitzt. Allein in Folge einer eigenthümlichen Veränderung ihres Zweckes wurde sie zum Mittel der Participialbildung, wie in *gespielt*. In ähnlicher Weise wurde sie im Angelsächsischen gebraucht, z. B. *clypian*, rufen, nennen, *geclypod*, gerufen, was sich noch in der Form *yclept* (genannt) bis heute erhalten hat. Dieser Umstand, dass gewisse Laute für Zwecke benutzt werden, für die sie ursprünglich nicht bestimmt waren, verdient von den Sprachforschern wohl beachtet zu werden. So dient z. B. im Englischen die Veränderung des Vocals in *foot*, *feet*, in *find*, *found* zur Bezeichnung verschiedener Declinations- und Conjugationsformen. Die historische Entwickelung der Sprache lehrt uns aber, dass die Veränderung des Vocals ursprünglich keineswegs diesem Zwecke diente. In der angelsächsischen Declination war der Vocal nicht das Zeichen des Numerus, indem der Singular *fôt*, *fôtes*, *fêt*, der Plural *fêt*, *fôta*, *fôtum* lautete. Ebenso wenig war der Vocal ein Zeichen des Tempus der Zeitwörter, indem das Perfectum von *findan*, finden, im Singular *ic fand* (ich fand) und Plural *we fundon* (wir fanden) verschiedene Vocale hatte. Erst später, als die wirkliche Ursache, welche die Veränderung der Vocale bewirkt hatte, in Vergessenheit gerathen war, wurde der Vocal zum Unterscheidungszeichen von Einzahl und Mehrzahl, von Gegenwart und Vergangenheit.

Es ist die Aufgabe der grammatischen Forschung, bei der Untersuchung einer Sprache alle zusammengesetzten Worte soweit als möglich in Theile zu zerlegen. Die griechische und lateinische Grammatik lehrt uns, wie ein Wort durch Abstreifen der Flexionssilben zu analysiren ist, um zu dem sachlichen Theil oder der Wurzel desselben zu gelangen, die gewöhnlich ein einfacher Laut ist, welcher einen einfachen Begriff bezeichnet. Am leichtesten sind die Wurzeln in solchen Sprachen zu erkennen, in denen sie, wie im Englischen, als

selbständige Worte auftreten können. Selbst in Sprachen,
in denen sie selten ohne Flexionssilben auftreten, können
sie isolirt zur Bezeichnung des Imperativs gebraucht
werden, z. B. lateinisch *dic*! sage, türkisch *sev*! liebe.
In vielen Sprachen dagegen sind die Wurzeln imaginäre
Formen, die sich nur dadurch auffinden lassen, dass man
eine Gruppe von Worten vergleicht und den allen gemeinsamen Theil ausscheidet. So geht aus dem lateinischen *gnosco*, *gnotus* u. s. w. hervor, dass eine Wurzel
gno mit der Bedeutung „kennen" existiren muss. Im
Griechischen finden wir in *gignōskō*, *gnōsis*, *gnōme* u. s. w.
dieselbe Wurzel *gno* mit derselben Bedeutung. Im Sanskrit finden wir einen ähnlichen Laut, *jnâ*, als Wurzel-
form für den Begriff „kennen". Ziehen wir die sämmtlichen arischen oder indogermanischen Sprachen zum
Vergleich heran, so kommen wir zu dem Schluss, dass
einst ein Wort etwa wie *gna* existirt haben muss, welches
die Bedeutung „kennen" hatte, und welches wir nicht
nur im Sanskrit, im Griechischen und Lateinischen wiederfinden, sondern auch in anderen Gliedern der Sprachfamilie, z. B. im Russischen als *znat*, im Englischen als
know. Andere indogermanische Wurzeln, die der Leser
sofort in bekannten Sprachen wiedererkennen wird,
sind z. B. *sta*, stehen, *sad*, sitzen, *ga*, gehen, *i*, gehen, *ma*,
messen, *da*, geben, *vid*, sehen, *rag*, ordnen, *mar*, sterben.
Diese einfachen Laute scheinen bereits in jenen Zeiten
ihre feste Bedeutung gehabt zu haben, als die Vorfahren
der arischen Völker mit ihren Herden in den Hochlän-
dern Centralasiens umherzogen. Es bedarf kaum der
Bemerkung, dass es für das Studium der Anthropologie
von der grössten Wichtigkeit ist, die ältesten bekannten
Wurzelworte der verschiedenen Sprachfamilien zu ermitteln. Zugleich muss aber bemerkt werden, dass wir

selbst in den ältesten solcher Wurzelgruppen selten die wirkliche Urform der Wurzeln entdecken. Einige derselben mögen allerdings unmittelbar der Natursprache entlehnt worden sein, wie z. B. *ru*, brüllen. Allein bei den meisten Wurzeln, welcher Sprache der Welt sie auch angehören, ist es, wie bei den oben angeführten Beispielen, unmöglich, den Zusammenhang zwischen dem Laut und der Bedeutung zu entdecken. Wo dieses aber nicht möglich ist, dürfen wir die Wurzeln nicht als wirkliche Urformen betrachten, da dieselben möglicherweise bedeutende Veränderungen erfahren haben können, bevor sie die uns überlieferte Form annahmen. Die englische Sprache bietet sehr lehrreiche Beispiele, wie leicht man in dieser Beziehung zu falschen Schlüssen kommen könnte. Angenommen Jemand, der nur Englisch versteht, wollte den Versuch machen, die Wurzeln dieser Sprache zu ermitteln. Ihm würde offenbar das Wort *roll* (rollen) als ein ursprüngliches Sprachelement erscheinen, welches das Geräusch eines rollenden Gegenstandes nachahmt. Allein jeder Philologe würde ihn belehren, dass das englische Wort *roll* eine verhältnissmässig moderne Form ist, welche eine lange Reihe früherer Entwickelungsstufen durchlaufen hat. Sie stammt vom französischen *rolle*, *roller*, jetzt *rôle*, *rouler* ab. Diese Worte selbst stammen vom lateinischen *rotulus*, dem Diminutiv von *rota*, Rad, ab. Selbst dieses Wort ist ein Abkömmling eines noch älteren Wortes, dessen Bedeutung „Läufer" oder „Geher" ist. Eine noch abenteuerlichere Geschichte hat das englische Wort *check* (anhalten, hemmen). Dasselbe besitzt jetzt alle Formen eines Zeitworts, *checking*, *checked* u. s. w., neben Formen wie ein *check*, Anweisung auf Jemanden, der *check*-string, die Schnur zum Anhalten des Kutschers, und *check*-valve, das Ventil zum Sperren eines Wasserrohres. Das Wort *check* macht durch die Einfachheit des Klanges und der Bedeutung vollkommen den Eindruck eines Wurzelwortes. Allein es ist nichts anderes, als das persische Wort *Schah*, welches König bedeutet und mit dem Schachspiel als Bezeichnung für die Herausforderung des Königs nach Europa kam. In Folge einer eigenthümlichen Metapher erhielt das Wort die allgemeine Bedeutung, irgend Jemanden oder irgend etwas herausfordern oder anhalten. Wahrscheinlich haben sich in allen Sprachen, selbst in den einsilbigen, wie das Chinesische, in vorhistorischer Zeit zahlreiche Wurzelworte in ähnlicher Weise, wie diese englischen Worte, von ihrer ursprünglichen Bedeutung entfernt. So sind die Wurzeln, aus denen eine Sprache hervorwächst, oft aus noch früheren Keimen entsprungen, die sich auf heimischem Boden entwickelten oder aus fremden Sprachen übernommen waren, und wenn auch unsere heutigen Worte in der Regel alten Wurzeln entstammen, so ist doch die Fähigkeit der Bildung neuer Wurzeln noch nicht erloschen.

Nächst der Wortbildung haben wir unsere Aufmerksamkeit den Mitteln zuzuwenden, durch welche die gegenseitigen Beziehungen der Worte eines Satzes ausgedrückt werden. Dies geschieht durch die sogenannte Syntax, die Congruenz und die Rection. Selbst die Geberdensprache besitzt eine deutlich ausgeprägte Syntax, obgleich sie der grammatischen Formen entbehrt. Die Zeichen der Taubstummensprache müssen in einer bestimmten Ordnung auf einander folgen, wenn sie die beabsichtigte Bedeutung ausdrücken und nicht unverständlich werden sollen. In solchen Sprachen, die, wie das Chinesische, keine Flexion besitzen, bildet die Syntax den Haupttheil der Grammatik. So bedeutet im Chinesischen *li ping* scharfe Waffen, *ping li* Waffen (sind) scharf, *chi kuo* regie-

ren das Reich, aber *kuo chi* das Reich wird regiert. Dies
erscheint uns ganz natürlich, da auch im Englischen der
Sinn eines Satzes wesentlich von der Reihenfolge der
Worte abhängt, wie z. B. in *rank of families* (Rang von
Familien) und *families of rang* (Familien von Rang), *men kill
lions* (Menschen tödten Löwen) und *lions kill men* (Löwen
tödten Menschen). Im Lateinischen dagegen herrscht
eine solche Freiheit der Wortstellung, dass ein latei-
nischer Satz in den meisten Fällen erst durch eine vollständige Veränderung der Wortstellung für einen Engländer verständlich wird. Namentlich in lateinischen
Versen ist oft so wenig Syntax, als ob die Worte ohne
Rücksicht auf den Sinn nur zur Erzeugung des Metrums
zusammengestellt wären. Der Zusammenhang der Wörter muss aus den grammatischen Flexionen ersehen
werden, wie z. B. in „vile potabis modicis Sabinum cantharis", wo die Flexionssilben die Zusammengehörigkeit von
vile und Sabinum, von modicis und cantharis erkennen
lassen. Im Englischen muss aber deshalb eine strengere
Wortstellung beobachtet werden, weil in dieser Sprache
so viele Flexionssilben verschwunden sind. Wo der Sinn
der Sätze von der Wortfolge oder der Syntax abhängt,
da muss dieselbe beobachtet werden, wobei jedoch nicht
vergessen werden darf, dass diese Wortfolge in verschiedenen Sprachen eine verschiedene ist. So ist in dem zusammengesetzten malayischen Wort *orang-utan,* der
Waldmensch, die Wortstellung vom englischen *(forest-
man)* und deutschen Sprachgebrauch abweichend, indem
der erste Theil des Wortes Mensch und der zweite Wald
bedeutet.

Jeder Kenner der griechischen und lateinischen
Sprache weiss, wie durch die Rection und die Congruenz der
Zusammenhang der Worte eines Satzes angedeutet wird.

Allein selbst diese Sprachen haben sich so sehr von ihrem
ursprünglichen Zustande entfernt, dass der Lernende oft
über die wahre Ursache der einzelnen Constructionen im
Unklaren bleibt. Es ist nützlich, sich mit den Sprachen
minder civilisirter Völker bekannt zu machen, in denen
wir frühere und einfachere Entwickelungsstufen der Rection und der Congruenz kennen lernen. Die grammatische
Construction muss vor allen Dingen mit Sicherheit erkennen lassen, welches von zwei Substantiven Subject
und welches Object ist. Diese Unterscheidung kann
durch die Hinzufügung einer Partikel bewirkt werden,
wie z. B. in der Sprache der Algonkinen (Indianer), in
welcher dem Substantivum und dem Zeitwort die Silbe
un angehängt wird, was sich im Deutschen etwa durch
ein angehängtes *ihn (sie, es)* wiedergeben liesse:

Ogimau	ogi	nissaun	mukw*un*.
Häuptling	er that	tödten-*ihn*	Bär-*ihn*.
Mukwah	ogi	nissaun	ogimau*n*.
Bär	er that	tödten-*ihn*	Häuptling-*ihn*.

Dies giebt uns eine Vorstellung von der Art und
Weise, wie die grammatische Rection zur Unterscheidung
der Satztheile in Gebrauch gekommen ist. Zugleich sehen
wir aus diesem Beispiel, wie in verschiedenen Sprachen
die Uebereinstimmung der Satztheile verschieden ist, indem hier das Zeitwort mit dem Object übereinstimmt,
während dasselbe bei uns mit dem Subject übereinstimmt.
Deutlicher und vollständiger, als im Lateinischen, tritt
die Uebereinstimmung in der Hottentottensprache hervor,
in welcher ein Satz etwa so gebildet sein könnte: „Jene
Frau-sie unseres Stammes-sie reich seiend-sie in einem
anderen Dorf wohnend-sie, das Vieh wir loben von-ihr,
sie schenkt uns zwei Kälber von-sich." (Wo im Deutschen theils sie, theils ihr und sich gesetzt werden muss,
steht in der Hottentottensprache immer dasselbe Wort.)

Hier lässt das Pronomen, welches sich durch den ganzen
Satz hindurchzieht, keinen Zweifel darüber, dass es die
Frau ist, welche in einem anderen Dorfe wohnt, deren
Vieh gelobt wird, und welche zwei Kälber schenkt. Die
griechischen und lateinischen Endungen, welche die
Uebereinstimmung des Substantivs und Adjectivs mit
ihrem Zeitwort ausdrücken, sind Reste von Affixen, deren
Bedeutung vielleicht einst ebenso deutlich war, wie in
der Hottentottensprache. In einer anderen Weise wird
die Zusammengehörigkeit der Worte in der Sprache der
Zulu ausgedrückt. Dieselbe theilt die Dinge in Classen
und führt die eine Classe bezeichnende Silbe durch den
ganzen Satz hindurch, um die zu derselben gehörenden
Worte zu verbinden. So bedeutet „u-*bu*-kosi *b*-etu o-*bu*-
kulu *bu* - ya - bonakala si-*bu*-tanda: unser grosses Königt-
thum erscheint, wir lieben es. Hier wird die Silbe *bu*,
das Zeichen der Classe, zu welcher Königthum gehört,
bei jedem zu der Classe gehörigen Wort wiederholt.
Um anschaulich zu machen, wie durch diese Silbe der
Satz zusammengehalten wird, übersetzt Dr. Bleek denselben mit Wiederholung der Silbe *dom* des Wortes king-
dom (Königthum), der im Deutschen eine Wiederholung
der Silbe thum entsprechen würde: „Das Königt*hum*,
unser *thum*, welches *thum* ist das grosse *thum*, das *thum*
erscheint, wir lieben das *thum*.“ Dies ist zwar ein plum-
pes Mittel, allein es erfüllt seinen Zweck, einen Gedanken in einer Weise auszudrücken, dass ein Missverständniss ausgeschlossen ist. So bedient sich der Zulu
zur Bezeichnung von Singular und Plural verschiedener
Classensilben, die durch den ganzen Satz wiederholt werden. Auf diese Weise wird die Uebereinstimmung im
Numerus deutlicher hervorgehoben, als es im Griechischen
oder Lateinischen möglich ist. Das Geschlecht der Worte

dagegen wird in der Zulusprache nicht durch Classensilben unterschieden. Es ist nicht leicht zu erklären, was
in anderen, z. B. den indogermanischen und den semitischen Sprachen die Veranlassung gegeben hat, die Dinge
und Begriffe in einer oft so wenig rationellen Weise nach
dem Geschlecht zu unterscheiden. Man beachte z. B. das
Geschlecht der folgenden lateinischen Wörter: *pes* (masc.),
manus (fem.), *brachium* (neut.); *amor* (masc.), *virtus* (fem.),
delictum (neut.). Auch im Deutschen hat das Geschlecht
der Worte oft gar keinen Sinn, z. B. *der* Hund, *die* Ratte,
das Thier, *die* Pflanze. Im Angelsächsischen war *wif*
(englisch *wife*) Neutrum, *wif-man* (engl. *woman*) dagegen
Masculinum. Die moderne englische Sprache hat sich
von dem veralteten System des grammatischen Geschlechts
befreit, was anderen Sprachen zur Nachahmung empfohlen werden kann. Man darf indessen nicht vergessen,
dass in einer Sprache Manches im Laufe der Entwickelung absurd geworden ist, was ursprünglich einen vernünftigen Sinn hatte. Ohne Zweifel ist das Geschlechts-
system der classischen Sprachen ein Ueberrest einer
älteren und consequenteren Unterscheidungsweise. Es
giebt gewisse Sprachen, welche uns zeigen, dass das
grammatische Genus (das Geschlecht, die Art, Classe)
durchaus nichts mit dem Geschlecht im eigentlichen
Sinne (männliches, weibliches G.) zu schaffen hat. So
werden in den Sprachen der nordamerikanischen Algonkinen und der indischen Dravidavölker die Dinge nicht
als männliche und weibliche, sondern als lebende und
leblose, vernünftige und vernunftlose unterschieden und
demgemäss der höheren Classe der belebten oder der
niederen Classe der leblosen zugewiesen. Die Art, wie
in der Zulusprache die Uebereinstimmung durch regelmässige Wiederholung des Classenzeichens ausgedrückt

wird, kann uns eine Vorstellung davon geben, wie in den
indogermanischen Sprachen die Zeichen der Zahl und
des Geschlechts die Rolle übernommen haben, die Zusammengehörigkeit eines Substantivums mit einem bestimmten Adjectivum und einem bestimmten Zeitwort
auszudrücken. Allein selbst im Sanskrit, im Griechischen,
Lateinischen und Gothischen erreicht diese Uebereinstimmung bei Weitem nicht den Grad der Ausführlich-
keit und Deutlichkeit, wie in den afrikanischen Sprachen,
während sie in den europäischen Sprachen, namentlich
der englischen, fast ganz verschwunden ist, vermuthlich
deshalb, weil sie für eine höher entwickelte Intelligenz
überflüssig geworden war.

Die in diesem Capitel angeführten Thatsachen werden dem Leser eine Vorstellung davon gegeben haben,
in welcher Weise sich die menschliche Sprache entwickelt hat und noch entwickelt. Jedem, der Sprachen
wie Griechisch und Arabisch oder selbst barbarische
Sprachen wie die der Zulu oder der Eskimo studirt, werden dieselben als äusserst künstliche Systeme erscheinen.
Wäre irgend eine dieser Sprachen bei einem Volke
plötzlich in ihrer vollen Ausbildung aufgetreten, so
wäre dies allerdings ein mysteriöses und im höchsten
Grade unerklärliches Ereigniss gewesen. Wer aber seine
Studien am anderen Ende beginnt und die einzelnen
Schritte verfolgt, durch welche sich die Wortbildung und
Wortzusammensetzung, die Declination und Conjugation,
die Congruenz und Syntax aus den einfachsten und rohesten Anfängen entwickelt haben, der gewinnt die Ueberzeugung, dass die Entwickelung der Sprache sich in einer
natürlichen, zweckmässigen und verständlichen Weise
vollzogen hat. Es wurde in diesem Capitel gezeigt, dass
der Mensch noch jetzt die Fähigkeit besitzt, zur Bezeich-

nung neuer Begriffe neue Laute in Gebrauch zu nehmen,
und es mag noch hinzugefügt werden, dass er auch die
Fähigkeit besitzt, diese Laute zu vollkommen articulirter
Sprache zu verarbeiten. Jedes Volk würde daher im
Stande sein, sich selbständig eine neue Sprache zu bilden,
wenn es nicht eine fertige Sprache von den Vorfahren
ererbt hätte.

Sechstes Capitel.

Sprache und Rasse.

Annahme und Verlust der Sprache. Familie der arischen, semitischen Sprachen. Nordafrikanische Sprachen. Tatarische, südostasiatische malayo-polynesische Sprachfamilie. Dravidasprachen. Afrikanische und amerikanische Sprachen.

Im Folgenden wird uns zunächst die Frage beschäftigen, was wir aus den Sprachen über die Geschichte der Völker, welche sie sprechen, und der Rassen, zu denen diese Völker gehören, lernen können.

In früheren Abschnitten haben wir das Menschengeschlecht nach der Schädelform, der Hautfarbe und anderen körperlichen Merkmalen in Rassen eingetheilt, ohne die Sprache als Rassenmerkmal zu benutzen. Thatsächlich bildet auch die Sprache kein sicheres Zeichen der Abstammung. Ja in vielen Fällen würde uns die Sprache zu falschen Schlüssen verleiten, z. B. bei Personen, die chinesische oder afrikanische Gesichtszüge besitzen, aber englisch sprechen, da sie nicht in ihrem Vaterlande, sondern unter Engländern aufgewachsen sind. Es ist allgemein bekannt, wie durch Heirathen von Personen verschiedener Nationalität die eine Muttersprache verloren geht, wie daher Personen mit französischen oder

12*

deutschen Eigennamen trotz ihrer Abstammung der
Sprache nach Engländer sein können. So können nicht
nur einzelne Individuen, sondern ganze Völkerstämme
ihre eigene Sprache gegen die eines anderen Volkes vertauschen. Die Neger, welche als Sklaven in Amerika
eingeführt wurden, gehörten verschiedenen Stämmen an
und hatten daher keine gemeinsame Sprache, durch welche
sie unter einander hätten verkehren können. Sie bedienten sich daher der Sprache ihrer weissen Herren, um
sich zu verständigen, und so sehen wir heute in Amerika
eine schwarze, wollhaarige Bevölkerung, welche gebrochene
englische, französische und spanische Dialecte spricht.
Die keltische Sprache der alten Briten ist vor noch nicht
langer Zeit in Cornwall erloschen, und auch in Wales
wird sich dieselbe voraussichtlich nicht mehr lange erhalten. Einerlei aber, ob die keltische Sprache gesprochen wird oder nicht, das keltische Blut bleibt in der
gemischten Bevölkerung von Cornwall, und es würde
durchaus verkehrt sein, die modernen Bewohner von Cornwall deshalb der englischen Rasse zuzuzählen, weil sie
englisch sprechen. Es wäre daher sehr voreilig, wenn
man die Sprache eines Volkes ohne Weiteres als ein
sicheres Rassenmerkmal ansehen wollte. Trotzdem existirt natürlich ein sehr enger Zusammenhang zwischen
Sprache und Rasse. Die Sprache eines Menschen ist
nicht ein Merkmal seiner Abstammung, sondern ein Merkmal seiner Erziehung. Allerdings werden in den meisten
Fällen die Kinder von ihren Eltern erzogen und daher
erben sie von diesen nicht nur die Gesichtszüge, sondern
auch die Sprache. So lange die durch gemeinsame Abstammung und Sprache verbundenen Individuen zusammenleben, so lange bleibt ihre Sprache ein gemeinsames
Rassenmerkmal. Und wenn auch von Zeit zu Zeit

Wanderung und Vermischung mit anderen Völkern, Eroberung und Sklaverei in die Geschichte eines Volkes eingreifen, so dass sich in der eigenen Sprache nicht die Geschichte der Abstammung vollständig ausspricht, so kommt in ihr doch ein Theil, und zwar ein sehr wichtiger Theil derselben zum Ausdruck. So ist in Cornwall die englische Sprache ein lebendiges Zeugniss dafür, dass sich die Engländer in dieser Gegend ansiedelten, allein sie meldet uns nichts über die Rasse, welche vor ihnen im Lande ansässig war und mit welcher sie sich vermischten. Die Sprache eines Volkes belehrt uns über die Rasse desselben, wie der Zuname eines Menschen über die Familie desselben. Auch dieser erzählt uns nicht die ganze Geschichte derselben, aber doch einen grossen Theil derselben.

Wir wollen zunächst untersuchen, was wir aus der Sprache eines Volkes über die frühere Geschichte desselben lernen können. Bei Untersuchungen über den Zusammenhang verschiedener Sprachen muss die grösste Vorsicht beobachtet werden. Es hat wenig Nutzen, zwei Sprachen nach der bei älteren Philologen allzu beliebten Methode zu vergleichen, für die ein halbes Dutzend ähnlicher Worte genügt, um beide Sprachen ohne Weiteres als Abkömmlinge einer gemeinsamen Stammsprache zu betrachten. Heute wissen wir, dass es zahlreiche ähnliche Worte in verschiedenen Sprachen giebt, die für den Zusammenhang derselben gar nichts beweisen. Die Aehnlichkeit kann ein reiner Zufall sein, wie wenn auf den Gesellschaftsinseln das Wort *tiputa* dieselbe Bedeutung hat, wie das englische Wort *tippet* (Mantel, Kragen). Worte dürfen nur dann als verwandt betrachtet werden, wenn eine wirkliche Uebereinstimmung der Bedeutung und des Lautes vorhanden ist. Andernfalls können aller-

dings, wie es wirklich geschehen ist, Worte wie das polynesische *tabu*, heilig, und *tabut*, der arabische Name für
Bundeslade, in Zusammenhang gebracht werden.   Auch
Worte, die eine Nachahmung von Naturlauten bilden,
beweisen selbstverständlich nichts für die Verwandtschaft
verschiedener Sprachen. Wenn z. B. die Hindu und die
Vancouverinsulaner die Krähe übereinstimmend *kaka*
nennen, so ist dieser Name nichts anderes, als eine
Nachahmung der Stimme dieses Vogels.   Von grosser
Wichtigkeit ist es, sich bei solchen Vergleichungen zu
überzeugen, dass die betreffenden Worte wirklich dem
alten Wortschatze der betreffenden Sprache angehören.   Früher würde es als ein hinreichender Beweis
der gemeinsamen Abstammung der türkischen, arabischen und persischen Sprache angesehen worden sein,
dass im Türkischen die Bezeichnung für Mensch, *adam*,
mit dem Namen des ersten Menschen im Arabischen
übereinstimmt, und dass der Name für Vater (*pader*)
mit dem entsprechenden persischen Worte gleichlautend
ist. Die drei genannten Sprachen bilden allerdings Zweige
eines und desselben Sprachstammes, allein wenn sich der
Beweis für diese Verwandtschaft nicht auf andere Thatsachen stützen könnte, so würde er leicht anzufechten
sein, da die barbarische türkische Sprache zahlreiche
Worte aus den cultivirteren Sprachen der Araber und
Perser übernommen hat und die Worte *adam* und *pader*
gerade zu diesen Fremdworten gehören.   Solche aus anderen Sprachen entlehnte Worte sind allerdings ein
werthvolles Beweismittel, allein das, was sie beweisen, ist
nicht der gemeinsame Ursprung mehrerer Sprachen, sondern der Verkehr zwischen den betreffenden Völkern. Sie
verrathen uns oft das Land, aus welchem ein neues Product oder ein neues Werkzeug bezogen wurde, oder aus

welchem eine neue Idee oder eine neue Einrichtung eingeführt wurde. So lieferte uns die italienische Sprache
die Worte *opera*, *sonata*, *chiaroscuro*, die spanische *gallina*
und *mulatto*, die hebräische *sabbath* und *jubilee*. Von den
Arabern haben wir *zero* und *magazine*, Mexiko gab uns
die Worte *chocolate* und *tomato*, Haiti *hammock* und *hurri-
cane*, Peru *guano* und *quinine*, und selbst die Sprachen
der Südsee sind in unserem Wortschatze durch *taboo* und
tatoo vertreten.

Wenn zwei Sprachen eine gemeinsame Abstammung
besitzen, so begnügt sich der Sprachforscher nicht damit,
dies durch einige gleichlautende Worte nachzuweisen. Er
erwartet vielmehr, dass sich die Worte der Stammsprache
in den Tochtersprachen verändert, und zwar oft in verschiedenen Sprachen nach verschiedenen Gesetzen verändert haben. So weiss er, dass nach dem sogenannten
Grimm'schen Gesetz die englischen Worte *ten*, *tame* im
Deutschen mit einem anderen Anfangslaut als *zehn*, *zahm*,
im Lateinischen in der Form *decem*, *domare* wiederzu-
finden sind. Mit derselben Regelmässigkeit wird der Laut
k mancher polynesischer Sprachen in anderen zu *t*; so
heisst der Mensch auf den Sandwichinseln *kanaka*, auf
Neuseeland *tangata*. Wenn zwei Sprachen mit einander
verwandt sind, so müssen sie, abgesehen von dem Gleich-
klange mancher Worte, in den Wurzeln und in der Zusammensetzung eine Uebereinstimmung zeigen, die weder
als ein Spiel des Zufalls betrachtet, noch durch Entleh-
nung erklärt werden kann. Im ersten Capitel wurden
Proben einiger Sprachen gegeben, um zu zeigen, wie dieselben, während sie sich in verschiedener Richtung von
der Stammsprache entfernen, dennoch ihre Verwandtschaft
deutlich erkennen lassen. Es wird zweckmässig sein,
wenn sich der Leser diese Proben ins Gedächtniss zurück-

ruft, bevor er zu der folgenden Uebersicht über die Sprachfamilien übergeht.

Die Sprachen der weissen Menschenrasse gehören
hauptsächlich zu zwei grossen Familien, der arischen und
der semitischen. Die arische oder indoeuropäische Familie
umfasst einen Theil der süd- und westasiatischen und fast
sämmtliche europäische Sprachen. Die Ursprache, von
welcher alle diese Sprachen abstammen, kann als das
Ur-Arische bezeichnet werden. Wie die Wurzeln dieser
alten Sprache beschaffen waren und wie sie zu Worten
verbunden wurden, davon kann uns das Griechische und
das Lateinische, besser noch das Sanskrit eine Vorstellung geben, da in dieser Sprache die Wurzeln und
Flexionssilben in einem vollkommeneren und regelmässi-
geren Zustande erhalten sind. Um zu zeigen, wie sich
Worte unserer bekannten europäischen Sprachen im
Sanskrit erkennen lassen, mag hier eine Zeile aus der
ersten Hymne der Weda angeführt werden, in welcher
die Betenden Agni, das göttliche Feuer bitten, dass es uns
zugänglich sein möge, wie ein Vater einem Sohne, und
dass es für unser Glück nah sein möge:

Sa nah pitâ-iva sûnave Agne su-upâyanah bhava: sachasva
nah svastaye.

Hier lassen sich mehr oder weniger deutlich Worte erkennen, die mit griechischen, lateinischen, englischen und
anderen Worten, z. B. *nos*, *pater*, *son*, *ignis*, *up*, *be*, *sequi*,
cuesto, zusammenhängen. Das Arische ist zwar eine verlorene Sprache, allein die Philologen suchen dasselbe aus
den ältesten und vollkommensten Abkömmlingen desselben, dem Sanskrit, dem Altpersischen, Griechischen, Lateinischen, Altrussischen, Gothischen, Altirischen u. s. w.
zu reconstruiren. Wenn einst eine ur-arische Sprache
existirte, so muss auch ein Volk existirt haben, welches

sie sprach und dessen Nachkommen sie auf spätere Zeiten
übertrugen. Es ist schwierig, sich ein bestimmtes Bild
von dem körperlichen Aussehen der alten Arier zu
machen, da sie sich im Laufe ihrer Wanderungen und Eroberungen so sehr mit anderen Rassen vermischt haben,
dass jetzt die Völker von den Isländern bis zu den Hindu,
die durch das Band der arischen Sprache zusammengehalten werden, die verschiedenartigsten Varietäten weisser
Menschen umfassen. Die ursprüngliche Heimath der Arier
vermuthet man im Innern Asiens, etwa im gegenwärtigen
Turkestan, in der Gegend des Oxus und Jaxartes, da hier
für ein nomadisirendes Hirtenvolk der Weg einerseits
nach Persien und andererseits nach Indien offen liegt.
Da sich in den heiligen Schriften der Inder und Perser
die arabische Sprache weniger verändert erhalten hat,
als sonst irgendwo, so kann das Land, aus welchem die
Arier kamen, nicht sehr weit von Persien und Indien entfernt gewesen sein. Jedoch ist es vielleicht auch weiter
östlich in Centralasien oder weiter westlich in den russischen Ebenen zu suchen. In diesem Heimathlande
lebten die Arier in barbarischen, aber nicht wilden Horden, den Boden bebauend und ihre Herden weidend,
der Bearbeitung der Metalle kundig und in manchen
Kunstfertigkeiten erfahren, ein kriegerisches Volk, das
in Streitwagen kämpfte, ein Volk, das zu regieren und
zu gehorchen, Gesetze zu machen und sich denselben unterzuordnen verstand, ein religiöses Volk, das
die Sonne, den Himmel, das Feuer und das Wasser
verehrte und an die Fortdauer der göttlichen Geister
ihrer Vorfahren glaubte. Ihre Sprache, ihre Gesetze und
ihre Religion bewahrend, breiteten sie sich auf verschiedenen, von ihrer Heimath strahlenförmig auslaufenden
Wegen über Südwestasien und ganz Europa aus. In den

Ländern, in welche sie eindrangen, trafen sie auf die
Dravida, die Tataren und jedenfalls auf manche andere,
einst weit verbreitete Stämme, wie die Basken, deren
Sprache sich bis heute in den Pyrenäen erhalten hat.
Wo die alten Sprachen verschwunden sind, können wir
die Spuren der früheren Einwohner nur in den Gräbern
derselben, sowie in den Gesichtszügen der heutigen Völker
erkennen, in denen vielleicht oft mehr die Gesichtszüge
der ursprünglichen Bewohner, als die der arischen Ein-
dringlinge erhalten sind. Die ersten arischen Horden,
welche ihre Wanderung nach Westen antraten, sind vielleicht die Vorfahren der keltischen Völker, deren Sprache
die stärkste Veränderung erfahren hat und die am weitesten nach Westen vorgedrungen sind, gleichsam als ob
sie von den nachfolgenden teutonisch - skandinavischen
Stämmen fortgedrängt worden wären. Die Vorfahren der
griechisch - italischen Völker wanderten westwärts, bis
sie das Mittelmeer erreichten, und zuletzt kamen die
slavischen Völker, welche jetzt den Osten Europas bewohnen. So können wir über den ältesten Zustand der
arischen Völker Vieles aus ihren Sprachen und ihrer
jetzigen Verbreitung lernen. Sie erschienen nicht in
den ältesten historischen Zeiten auf der Weltbühne,
sondern nachdem bereits lange Zeit die Aegypter und
Babylonier die Hauptrolle gespielt hatten. Die Arier
gewannen im Laufe eines Jahrtausend v. Chr. die Oberhand, als in Indien die Buddhareligion entstand, die
jetzt von allen Religionen die meisten Anhänger zählt,
als die Meder und Perser sich zu einer herrschenden
Stellung emporschwangen, als Cyrus mit seinem Erobe-
rungsheere erschien, als die Griechen die Kunst, Wissenschaft und Philosophie zu wunderbarer Blüthe entfalteten
und die Römer durch ihre Heeresorganisation und ihr

Rechtssystem ihre Weltherrschaft begründeten. In späteren Zeiten wurden die teutonischen Völker Beförderer der Cultur, der sie bei ihrem ersten Auftreten feindlich entgegengetreten waren. In der modernen Welt haben die arischen Völker die Laufbahn der Eroberung und der Vereinigung mit anderen Völkern, die sie in vorhistorischer Zeit begannen, wieder aufgenommen. Ausserhalb der den Alten bekannten Welt werden arische Sprachen jetzt auf fernen Continenten und Inseln gesprochen, auf denen europäische Ansiedler entweder die früheren Bewohner unterworfen oder vertrieben, oder sich mit denselben vermischt haben, wie in Mexico und Peru.

Als Beispiel der nächsten Sprachfamilie, der semitischen, mag das Hebräische dienen. Einem Jeden, der sich ernstlich mit der Sprachwissenschaft beschäftigt, ist es zu empfehlen, wenigstens so viel Hebräisch zu lernen, dass er einige Capitel der Genesis zu verstehen vermag, um so eine Vorstellung von dem Bau einer semitischen Sprache zu bekommen. Der grösste Theil der hebräischen Sprache wird aus einer sehr beschränkten Anzahl von Wurzeln, die gewöhnlich aus drei Consonanten bestehen, durch Abänderung der inneren Vocale und Veränderung der Affixe in einer so regelmässigen Weise gebildet, dass die hebräischen Wörterbücher nach Wurzeln geordnet werden. So werden von der Wurzel *m-l-ch* Verbal- und Nominalformen abgeleitet, die den Begriff „regieren" ausdrücken, z. B. *mâlach*, er regierte, *mâlchû*, sie regierten, *yimloch*, er soll regieren, *timloch*, du sollst regieren, *melech*, König (bekannt in dem Namen *Melchi-zedek*, König der Gerechtigkeit), *melâchim*, Könige, *malchenû*, unser König, *malchâh*, Königin, *mamlâchâh*, Königreich, u. s. w. Die wichtigsten Sprachen der semitischen Familie sind das Assyrische, Hebräische und Phönicische, das Syrische,

Arabische und Aethiopische; das Assyrische der Inschriften von Niniveh und das Arabische der Beduinen
der Wüste sind unter diesen Sprachen diejenigen, welche
die gemeinsame Stammsprache am besten repräsentiren.
Die Völker semitischer Zunge gehören grösstentheils zu
der dunkelweissen Rasse, deren gemeinsamer Typus jetzt
am deutlichsten in dem jüdischen Gesichte mit seiner
Adlernase, seinen vollen Lippen und seinem schwarzen,
lockigem Haar zum Ausdrucke kommt. Die Gesichtszüge
allein würden jedoch nicht genügen, um die Juden, die
Assyrier und die Araber unter den dunkelweissen Völkern zu unterscheiden. Hier zeigt sich der Werth der
Sprache, indem sie beweist, dass eine Gruppe von Völkern durch gemeinsame Abstammung von einem Volke
zusammengehalten wird, welches die verlorene Stammsprache des Arabischen und Hebräischen sprach und welches beim Beginne der historischen Zeit in Südwestasien
wohnte, von wo es seine Wanderstämme aussandte, deren
Nachkommen eine wichtige Rolle in der Weltgeschichte
zu spielen berufen waren. Die erobernden Assyrier übernahmen die chaldäische Civilisation und bildeten dieselbe
weiter fort. Die Phönicier wurden das grosse Handelsvolk
der alten Welt, das durch seine Niederlassungen an der
Mittelmeerküste und seine Verbindungen mit dem fernen
Osten nicht nur einen grossartigen Waarenaustausch ver-
mittelte, sondern auch der geistigen Cultur in neuen
Gegenden Eingang verschaffte. Unter ihren Händen wurde
die schwerfällige Hieroglyphenschrift zum Alphabet umgestaltet. Die Israeliten erreichten zwar nie eine weltliche Macht wie die Phönicier, allein sie machten ihre
Eroberungen in der Welt der Religion, und während die
in den assyrischen und phönicischen Tempeln verehrten
Gottheiten verschwanden, ging die Verehrung Jehovahs

in das Christenthum über und breitete sich über den ganzen Erdkreis aus. Die kriegerischen Araberstämme endlich machten ihre Eroberungszüge unter dem Banner des Propheten und gründeten den Islam, der im Mittelalter eine civilisatorische Macht bildete und noch jetzt, in den Tagen des Verfalles, von der Westküste Afrikas bis zu den Inseln des fernen Ostens einen bedeutenden Einfluss ausübt.

Die Sprache der alten Aegypter kann zwar nicht als Glied der semitischen Familie mit dem Hebräischen auf gleiche Stufe gestellt werden, doch zeigen beide Sprachen wichtige Berührungspunkte. Es ist indessen zweifelhaft, ob die Uebereinstimmung durch den langjährigen Verkehr beider Völker in Aegypten herbeigeführt worden ist, oder ob sie in einem älteren und tieferen Zusammenhang ihren Grund hat. Aehnliche Analogien zeigen auch die nordafrikanischen Berbersprachen. Auf diese schwierigen Fragen können wir hier jedoch nicht näher eingehen. Man hat, wenn auch mit wenig Erfolg, nachzuweisen versucht, dass die indogermanischen und die semitischen Sprachen selbst von einer gemeinsamen Ursprache abstammen. Wenn dies wirklich der Fall ist, so sind die Spuren der gemeinsamen Abstammung im Laufe der Zeit so sehr verschwunden, dass sie durch Vergleichung beider Sprachen nicht nachzuweisen sind. Manche Sprachforscher vereinigen die indogermanischen und die semitischen Sprachen zu der Gruppe der flectirenden Sprachen. Der gemeinsame Charakter derselben besteht darin, dass sie ihre Wurzeln und Flexionssilben in einem solchen Grade verschmelzen und die Wurzeln selbst dermaassen verändern können, dass es zuweilen schwer ist, zu erkennen, wo die Wurzel aufhört und wo die Endung anfängt. Die flectirenden Sprachen besitzen ohne Zweifel

eine in hohem Grade ausgebildete Wortbildungsfähigkeit,
welche den Sprachen wie Griechisch und Arabisch ihre
poetische Fülle und philosophische Schärfe verleiht. Allein
es existirt keineswegs ein scharfer Unterschied zwischen dem Bau der flectirenden und der agglutinirenden
Sprache anderer Völker, z. B. der Tataren. Wenn sich auch
die indogermanischen und die semitischen Sprachen bis
zu einer gemeinsamen Familie zurückverfolgen liessen, so
würde damit doch nicht bewiesen sein, dass die gesammte
weisse Rasse eine gemeinsame Ursprache besessen hätte,
da die Sprache der Georgier im Kaukasus, der Basken
in den Pyrenäen und mehrere andere weder unter sich,
noch mit einer der beiden grossen Familien in Zusammenhang stehen.

In Mittel- und Nordasien bewohnen die Steppen, sowie die Sümpfe und Wälder des rauhen Nordens wandernde Jagd- und Hirtenstämme, die den gedrungenen
Körperbau der tatarischen oder mongolischen Rasse
zeigen und deren Sprachen, wie das Mandschuische und
das Mongolische, alle derselben Familie angehören. Das
Hauptgebiet dieser tatarischen oder turanischen Sprachen
liegt zwar in Asien, erstreckt sich indessen auch über
einen Theil Europas. Rohe tatarische Horden über-
schwemmten einst den Norden Europas, gedrängt durch
die nachfolgenden arischen Völker. Jetzt sprechen nur
noch einige stark vermischte Ueberreste derselben, die
Esthen, Finnen und Lappen, tatarische Sprachen. In
späteren Zeiten fielen Heere tatarischer Rasse, die Hunnen
und Türken, in Europa ein und unterwarfen die arischen
Völker. Die ungarische und türkische Sprache sind die
übriggebliebenen Spuren der letzten Wogen dieser In-
vasion aus Centralasien. Die ersten geschichtlich bekannt
gewordenen Tatarenhorden waren Barbaren, wie noch

jetzt manche Stämme derselben, während die Haupt-
stämme derselben Buddhisten, Muhamedaner oder Chri-
sten geworden sind und die Civilisation der betreffenden
Religionen angenommen haben. Die tatarischen Sprachen
gehören zu der Familie der agglutinirenden („anleimen-
den") Sprachen. In denselben beginnt das Wort mit der
Wurzel, die den Begriff ausdrückt, und dieser werden die
den Sinn begrenzenden Suffixe angehängt. So bildet im
Türkischen die Wurzel *sev*, lieben, *sevishdirilmediler*, sie
waren nicht zu bewegen, sich einander zu lieben. In
einigen Sprachen dieser Klasse herrscht ein eigenthümliches Gesetz der Vocalharmonie, nach welchem das
Suffix seinen Vocal dem der Wurzel anpasst, gleichsam
um dem Hörer die Zugehörigkeit zur Wurzel anzudeuten.
So heisst im Ungarischen *ház*, Haus, *házam*, mein Haus,
szék, Stuhl, *székem*, mein Stuhl.

Die dichte Bevölkerung Südostasiens, welche die
Birmanen, die Siamesen und namentlich die Chinesen
umfasst, zeigt in der Gesichtsbildung und der Hautfarbe
grosse Aehnlichkeit mit der tatarischen oder mongolischen
Rasse, der allgemeine Charakter ihrer Sprache dagegen
ist ein anderer. Die chinesische Sprache besteht aus einsilbigen Wurzeln, deren jede ein Wort mit eigener sach-
licher oder grammatischer Bedeutung bildet. Andere
benachbarte Sprachen besitzen ebenfalls nur einsilbige
Wurzeln, und da durch diesen Umstand die Zahl der
Worte eine sehr beschränkte ist, so wird die Höhe des
Tones, mit dem dieselben ausgesprochen werden, zur
Veränderung der Bedeutung benutzt. Im Siamesischen
bedeutet z. B. die Silbe *ha*, je nach der Tonhöhe, mit der
sie ausgesprochen wird, entweder Pest, oder fünf, oder
suchen. So wird der Ton, der im Englischen zum Ausdrucke der Gemüthserregung und zur Unterscheidung

von Frage und Antwort dient, im fernen Osten zur Bildung wirklich verschiedener Worte benutzt, ein Beispiel von der Mannigfaltigkeit der Mittel, deren sich die Sprache zur Erreichung ihrer Zwecke bedient. Es ist jedenfalls kein Zufall, dass diese Völker, deren Sprachen aus einsilbigen Worten bestehen, benachbarte Gegenden bewohnen, vielmehr stützt dieser Umstand die Annahme gemeinsamer Abstammung und verleiht dieser ganzen Gruppe von Sprachen den Charakter einer Familie. Man hat diese einsilbigen Sprachen oft benutzt, um sich eine Vorstellung davon zu machen, wie einfach der Bau der Ursprache des Menschen gewesen sein mag. Uebrigens besitzen das Chinesische und das Siamesische trotz ihrer Einfachheit keineswegs den Charakter von Ursprachen. Die an die Kindersprache erinnernde Einfachheit der chinesischen Sprache ist durchaus nichts Ursprüngliches, sondern dieselbe hat sich vermuthlich aus einem älteren complicirteren Bau entwickelt. Der Vorgang ist vielleicht derselbe, der sich im Englischen in dem Verkürzen langer Worte und dem Abwerfen früherer Flexionssilben geltend macht. Der Einfachheit der chinesischen Grammatik entspricht durchaus nicht eine ähnliche Einfachheit des Denkens und der Lebensweise. Die Chinesen hatten, ebenso wie die Aegypter und die Babylonier, eine hohe Stufe der Civilisation erreicht, als sich die Phönicier und Griechen noch nicht über den Zustand der Barbarei erhoben hatten. Es ist bis jetzt noch nicht klar, zu welcher Rasse die alten Babylonier gehörten, allein die akkadische Sprache, welche sie redeten, zeigt Eigenthümlichkeiten, welche auf einen Zusammenhang mit den tatarischen oder mongolischen Sprachen hinweisen.

Es wurde bereits früher hervorgehoben, dass die Malayen, Mikronesier, Polynesier und Malegassen, eine gemischte Völkergruppe, zum Theil mongolischer Rasse, in ihrem weiten Oceangebiete durch das Band einer gemeinsamen Sprachfamilie, der malayo-polynesischen, vereinigt sind. Die Stammsprache dieser Familie mag eine asiatische gewesen sein, da in der malayischen Region die Grammatik complicirter ist. Hier finden sich Worte wie *tasik*, Meer, und *langit*, Himmel. Auf Neuseeland und Hawaii dagegen sind diese Worte zu *tai* und *lai* geworden, gleichsam als ob die Sprache um so mehr zusammenschrumpfte und an Formenreichthum einbüsste, je weiter sich die Rasse von ihrer Heimath entfernte und zu der barbarischen Lebensweise der Inselbewohner herabsank.

In Indien haben sich die Sprachen derjenigen Stämme erhalten, welche das Land bewohnten, bevor die Einwanderung der Arier die Hindubevölkerung erzeugte. Namentlich im Süden sprechen ganze Völker, obwohl sie an der Civilisation der Hindu theilgenommen haben, die sogenannten Drawidasprachen, wie Tamil, Telugu und Canaresisch. Dass dieses Element der indischen Bevölkerung durchaus nicht unbedeutend ist, geht daraus hervor, dass sich diese nicht arischen Sprachen über den grössten Theil des grossen Dreiecks südlich vom Nerbudda ausbreiten, abgesehen von Ueberresten in nördlichen Gegenden. Doch werden auch arische Dialecte von manchen gemischten Stämmen gesprochen, die wahrscheinlich wenig arisches Blut besitzen. In den Wäldern Ceylons wohnt das einzige Volk der Erde, welches sich im Zustande der Wildheit befindet und eine arische Sprache spricht. Es sind dies die Vedda (d. h. Jäger), scheue, wilde Menschen, welche Hütten aus Zweigen bauen, vom Ertrage der Jagd und von wildem Honig leben. Sie sprechen ein gebrochenes Singhalesisch und sind, wie es scheint, Mischlinge einer Urbevölkerung und verkommener Singhalesen.

Unter den Sprachen der schwarzen Rassen nimmt die der östlichen Neger oder Melanesier eine besondere Stellung ein. Aber auch die Sprachen der afrikanischen Neger gehören nicht sämmtlich zu einer Familie, sondern einige derselben, z. B. die Mandingosprache, gehören nicht zu der grossen central- und südafrikanischen Familie der Bantusprachen. Bantu ist der Name einiger Stämme, die sich selbst einfach „Männer" (ba-ntu) nennen. Eine der Haupteigenthümlichkeiten der Bantusprachen besteht darin, dass sie im Gegensatze zu den tatarischen Sprachen die sinnbegrenzenden Silben dem Stamme vorsetzen. Von mganga, der Zauberer, heisst der Plural waganga. Basuto, der bekannte Name eines Kaffernstammes, ist ein Plural. Ein einzelner Eingeborener heisst mosuto, sein Land lesuto, seine Sprache sesuto. Wesentlich verschieden von dieser Gruppe ist die südafrikanische Sprachfamilie, welcher die Sprachen der Hottentotten und Buschmänner angehören. Eine besondere Eigenthümlichkeit derselben bilden die Schnalzlaute, welche als Consonanten dienen. Was endlich Amerika betrifft, so zerfallen die Sprachen der Eingeborenen in eine ganze Anzahl von Familien. Einzelne derselben sind uns durch einzelne Worte bekannt, die in unsere Sprache übergegangen sind, z. B. die Sprache der Eskimo durch das Wort kayak, ein Boot, nach dessen Modell unsere Sportboote geformt sind, die Sprache der Algonkinen, die sich zur Zeit der ersten Colonisten von Neuengland bis Virginien ausbreiteten, durch die Worte mocassin und tomahawk. Aus der Sprache der mexicanischen Azteken stammen die Worte ocelot und cacao, aus der Sprache der Tupi-Cariben in Westindien und Brasilien die Worte toucan und jaguar, aus der Sprache der Quichua oder Peruaner endlich das Wort inca.

Ausser den im Vorhergehenden aufgezählten Haupt-
familien giebt es noch viele andere, von denen manche
nur aus wenigen oder auch nur aus einem einzigen Dia-
lect bestehen. Unter diesen Sprachen giebt es vielleicht
fünfzig bis hundert, deren Verwandtschaft mit anderen
Sprachen nicht mit Sicherheit nachgewiesen ist. Allerdings wird sich vielleicht bei genauerer Untersuchung
herausstellen, dass manche Sprachen, deren verwandt-
schaftliche Beziehungen wir jetzt nicht kennen, Glieder
e i n e r Familie sind, dagegen ist wenig Aussicht vorhanden, dass es gelingen werde, die Abstammung aller
Familien von einer einzigen Ursprache nachzuweisen. Die
Frage, ob nur eine oder ob mehrere Ursprachen existirt
haben, hat viel zur Belebung der wissenschaftlichen
Sprachvergleichung beigetragen. Beide Theorien behaupten, den gegenwärtigen Zustand der Sprache erklärt zu
haben. Der Ansicht, dass alle Sprachen von einer einzigen Ursprache abstammen, steht allerdings die Annahme
nicht im Wege, dass sich die einzelnen Sprachen im Laufe
ihrer Entwickelung so sehr von der Ursprache entfernt
haben, dass der Zusammenhang nicht mehr zu erkennen
ist. Ebenso gut lässt sich aber der gegenwärtige Zustand
der Sprache durch die Annahme mehrerer Ursprachen
erklären. Wenn aber, was sehr wahrscheinlich ist, der
Process der Sprachbildung lange Zeiträume in Anspruch
genommen und selbst jetzt noch nicht vollständig aufgehört hat, so hat der Versuch, eine Ursprache aufzufinden,
keine Aussicht auf Erfolg. Bei dem gegenwärtigen Zustande der Sprachwissenschaft ist es das beste, von den
bekannten Sprachen auf die ausgestorbenen Sprachen,
von denen sie abstammen, zurückzugehen. Dieses Studium
führt, wie wir gesehen haben, sowohl in der Geschichte
der Sprachen selbst, als auch in der Geschichte der Völ-

13*

ker, die sie sprechen, zu ausgezeichneten Resultaten. Es
giebt uns Aufschlüsse über die Abstammung der Bewohner der Südseeinseln und über die Stammesverwandt-
schaft der alten Briten mit den Engländern und Dänen,
die später in das Land derselben eindrangen. So ausgezeichnete Dienste uns aber auch die Sprache in der Völ-
kergeschichte leistet, so dürfen wir doch nicht von ihr
erwarten, dass sie uns bis zum Ursprunge einer ganzen
Rasse zurückführt. Nicht alle Neger sprechen Sprachen
einer Familie, ebenso wenig alle gelben, alle braunen
und alle weissen Menschen. Bei der Erforschung des
früheren Lebens der Völker führt uns die Sprache oft
weiter zurück, als die historische Ueberlieferung, doch
reicht sie, wie es scheint, nirgends bis an den Ursprung
der grossen Menschenrassen, noch weniger bis an den
gemeinsamen Ursprung des Menschengeschlechtes zurück.

Die Schrift.

Bilderschrift. Lautbilder. Chinesische Schrift. Keilschrift. Aegyptische Schrift. Alphabetische Schrift. Druck.

Wir, die wir von Kindheit an lesen und schreiben gelernt haben, vergegenwärtigen uns kaum, welche grosse Rolle diese doppelte Kunst im civilisirten Leben spielt. Erst wenn wir beobachten, welchen Eindruck diese Kunst auf den Barbaren macht, der keine Ahnung von der Existenz derselben hat, gewinnen wir eine Vorstellung von der Bedeutung derselben. John Williams, der Missionar der Südseeinseln, erzählt, er habe eines Tages, als er mit Zimmerarbeiten beschäftigt gewesen sei, sein Winkelmaass vergessen. Er schrieb daher mit Kohle einige Worte auf einen Holzspan und liess denselben durch einen Eingeborenen seiner Frau bringen. Dieser war im höchsten Grade erstaunt, dass der Holzspan ohne Worte reden konnte. Er trug denselben noch lange an einem Bande um seinen Hals und erzählte seinen erstaunten Landsleuten das Wunder, welches er ihn hatte verrichten sehen. Ein Eingeborener Südafrikas, welcher einen Brief zu besorgen hatte und sich unterwegs aufhielt, bevor er

seinen Auftrag ausgeführt hatte, verbarg den Brief unter
einem Steine, damit derselbe nicht verrathen sollte, was
er getrieben habe. Und doch waren die ersten Schritte
in der Erfindung der Schreibkunst, wenn auch vielleicht
nicht leicht zu machen, doch jedenfalls, wenn sie einmal
gemacht waren, leicht zu verstehen. Gerade die uncivilisirten Völker waren es, die durch Erfindung der Bilderschrift den ersten Schritt thaten. Hätte der Missionar
nur eine Skizze seines L-förmigen Winkelmaasses auf
den Holzspan gezeichnet, so würde dasselbe nichts desto
weniger seinen Dienst gethan haben, und dem Eingeborenen würde dies als etwas ganz Selbstverständliches
erschienen sein. Von dieser primitiven Stufe aus lässt
sich die ganze Entwickelungsgeschichte der Schreibkunst
verfolgen.

In Fig. 47 ist eine Probe der Bilderschrift gegeben,
deren sich die Jägerstämme Nordamerika's bedienen. Sie
berichtet über eine Expedition über den Oberen See,

Fig. 47.

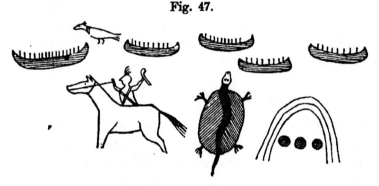

Bilderschrift an einem Felsen in der Nähe des Oberen Sees (nach
Schoolcraft).

welche unter Führung eines Häuptlings stattfand, der zu
Pferde sitzend, mit seinem magischen Trommelstabe in
der Hand, dargestellt ist. Es waren im Ganzen einund-

fünfzig Mann in fünf Canoes. Das erste derselben wurde
von dem Gehülfen des Häuptlings geführt, dessen Name,
Kishkemunazee, d. h. Königsfischer, durch das Bild dieses
Vogels angedeutet ist. Die Erreichung des jenseitigen
Ufers scheint durch die Landschildkröte, das bekannte
Symbol des festen Landes, ausgedrückt zu sein, während
durch die drei Sonnen am Himmelsgewölbe angedeutet
werden soll, dass die Ueberfahrt drei Tage in Anspruch
nahm. Die meisten dieser Zeichen, kindlich in ihrer Einfachheit, bestehen in Abbildungen der Gegenstände selbst,
von denen etwas ausgesagt werden soll. Einige derselben
bezeichnen etwas mehr, als eine blosse Nachahmung.
Wenn z. B. die Schildkröte zur Bezeichnung von Land
gebraucht wird, so ist dies keine blosse bildliche Darstellung des fraglichen Gegenstandes mehr, sondern die
Schildkröte ist zu einem Symbol geworden. Und wenn
das Bild des Vogels nicht einen wirklichen Königsfischer,
sondern einen Menschen dieses Namens bedeuten soll, so
ist hiermit der erste Schritt zur phonetischen oder Lautschreibung gemacht, die ein Bild zur Bezeichnung eines
Lautes oder eines gesprochenen Wortes setzt. Worin die
nächste Annäherung an die Schrift bestanden haben mag,
können wir aus dem Kinderspiele der „Rebus", d. h. dem
Schreiben der Worte, durch Dinge lernen. Was in dieser
Form jetzt zum Kinderspiele geworden ist, war einst, wie
in manchen anderen Fällen, eine ernste Beschäftigung
der Erwachsenen. Wenn Jemand das Wort Wassermann
durch das Bild eines Wasserkruges und eines Mannes
ausdrückt, so ist diese bildliche Darstellung des Wortes
wenig von der Art und Weise verschieden, in welcher
die nordamerikanischen Indianer den Namen Königsfischer ausdrückten. Dagegen ist es etwas wesentlich
Anderes, wenn in einem Rebus etwa das Wort Cantor

durch das Bild einer Kanne und eines Thors ausgedrückt
wird. Hier dient das Bild nicht mehr als Zeichen für
einen Gegenstand, sondern nur als Zeichen für einen
Laut. Dies ist wirkliche, wenn auch sehr rohe phonetische Schrift, die uns eine Vorstellung davon geben
kann, in welcher Weise die Erfindung der wirklichen
Schrift zu Stande gekommen ist. Diese Erfindung ist, wie
es scheint, mehr als einmal, und zwar auf verschiedenem
Wege gemacht worden. Die alten Mexicaner waren bereits vor der Ankunft der Spanier soweit gekommen, dass
sie die Namen von Personen und Orten nach Art der
Rebus durch Bilder ausdrückten. Selbst als sie zum
Christenthume bekehrt wurden, benutzten sie noch ihre
Bilderschrift, um die lateinischen Worte ihrer neuen Religion auszudrücken. So diente (Fig. 48) das Bild einer

Fig. 48.

Pater noster in mexicanischer Bilderschrift (nach A u b i n).

Fahne *(pan)*, eines Steines *(te)* und einer Cactusfeige *(noch)*,
deren Namen zusammen ausgesprochen *pa-te-noch-te*
lauteten, zur Bezeichnung der Worte *pater noster.* Für
die Sprache der Mexicaner, die kein r hatte, wurde so
der Klang dieser Worte einigermaassen genau wiedergegeben. In ähnlicher Weise endete das Vaterunser mit dem
Zeichen für Wasser *(a)* und Aloë *(me)* zur Bezeichnung
des Wortes *amen.*

Dies führt uns zu einem wichtigeren Schriftsysteme.
Wer die gewöhnlichen chinesischen Schriftzüge auf Vasen
und Theekisten betrachtet, wird schwerlich auf den Gedanken kommen, dass dieselben aus Bildern von Gegen-

ständen hervorgegangen sind. Allein es sind uns glück-
licher Weise ältere chinesische Schriftzeichen erhalten,
aus denen (Fig. 49) hervorgeht, dass sie ursprünglich be-

Fig. 49.

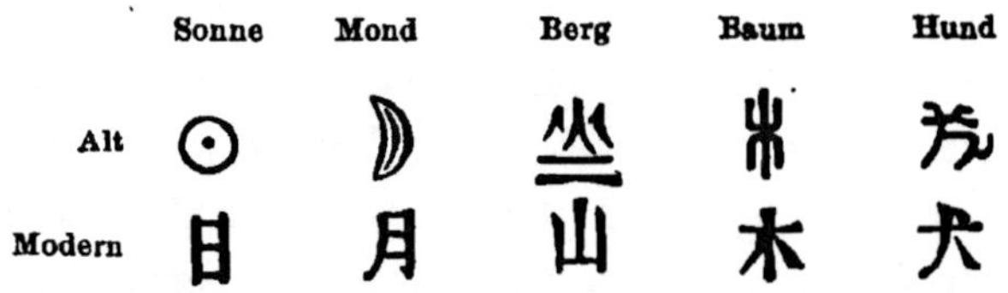

	Sonne	Mond	Berg	Baum	Hund
Alt	⊙	𝔇	屾	朿	犮
Modern	日	月	山	木	犬

Aeltere chinesische Schriftzeichen und spätere cursive Form derselben.
(nach Endlicher).

stimmt geformte Skizzen von Gegenständen waren, die
durch wenige Pinselstriche angedeutet wurden und die
nach und nach in die jetzt gebräuchlichen, anscheinend
bedeutungslosen cursiven Formen übergingen.

Die Chinesen blieben aber nicht dabei stehen, nur
solche Bilder von Gegenständen anzuwenden, die nur eine
geringe Annäherung an die eigentliche Schrift bilden
würden. Die Erfinder der gegenwärtigen chinesischen
Schreibweise bedurften eines Mittels zur Darstellung von
gesprochenen Lauten, allein hier bot ihnen der Umstand
Schwierigkeiten, dass ihre Sprache aus einsilbigen Worten
bestand, deren jedes mehrere verschiedene Bedeutungen
besitzt. Diese Schwierigkeit überwanden sie in höchst
sinnreicher Weise durch Anwendung zusammengesetzter
Zeichen, von denen der eine Theil den Laut, der andere
die Bedeutung ausdrückt. Um uns dies an einem Beispiele deutlich zu machen, wollen wir uns vorstellen, das
Bild einer Büchse *(box)* sei dazu bestimmt, den Laut *box*
auszudrücken. Da aber das Wort *box* nicht nur eine
Büchse, Kiste u. dergl., sondern auch Buxbaum und Ohr-
feige *(box on the ear)* bedeuten kann, so müsste durch
Hinzuziehung eines besonderen Zeichens ausgedrückt

werden, welche Bedeutung dem Worte in jedem einzelnen
Falle beigelegt werden soll, was etwa durch das Bild
eines Schlüssels, eines Blattes und einer Hand geschehen
könnte. Dies wäre allerdings eine für unsere Begriffe
sehr unbeholfene Bezeichnungsweise, trotzdem hätte sie
einen grossen Vorzug vor der blossen Bilderschrift, da
durch sie zugleich der Laut und die Bedeutung ausgedrückt würde. So besitzt im Chinesischen der Laut
tschou verschiedene Bedeutungen, Schiff, Flaum, flackernd,
Wasserbecken, Geschwätzigkeit. Deshalb wird dem Zeichen für den Laut *tschou*, welches für sich allein Schiff
bedeutet (Fig. 50), ein zweites Zeichen hinzugefügt, wenn

Fig. 50.

| Schiff | Flaum | flackernd | Wasserbecken | Geschwätzigkeit |

舟　　䏶　　焅　　洲　　詶

Zusammengesetzte chinesische Schriftzeichen.

es eine der anderen Bedeutungen besitzen soll. Das erste
dieser Nebenzeichen stellt ein paar Federn vor (*tschou* =
Flaum), das zweite ist das Zeichen für Feuer *(tschou* =
flackernd). Das dritte und vierte Zeichen, beziehungsweise
für Wasser und für Sprache, verleihen dem Laut *tschou*
die Bedeutung Wasserbecken und Geschwätzigkeit. Dieses
einzige Beispiel erklärt zwar keineswegs das ganze Geheimniss der chinesischen Schrift, allein es lässt wenigstens die Anwendung der chinesischen Lautzeichen und
Schlüssel oder Determinativzeichen erkennen. Man wird
sich vorstellen können, welche ungeheure Masse von Zeichen und Zeichencombinationen ein Chinese beherrschen
muss, um seine eigene Sprache schreiben zu können. Die
Ausbildung dieser Schrift war eine grossartige Leistung
des erfinderischen Geistes der alten Chinesen, und ihre

modernen Nachkommen bezeugen ihre Achtung vor derselben, indem sie es verschmähen, dieselbe zu verbessern.
Doch ist es nicht ausschliesslich die Hochachtung vor
dem Althergebrachten, welche die Chinesen abhält, die
phonetische Schreibweise einzuführen. Auch Zweckmäs-
sigkeitsrücksichten lassen es gerathen erscheinen, das alte
Schriftsystem unverändert beizubehalten, da andernfalls
leicht eine Verwirrung der verschiedenen Bedeutungen
eines Lautes herbeigeführt würde, die sie durch ihre
jetzigen Schriftzeichen leicht unterscheiden. Die Japanesen
dagegen, deren Sprache sich für eine phonetische Schreibweise mehr eignete, als das Chinesische, bildeten sich
wirklich aus chinesischen Schriftzeichen ein phonetisches
System. Sie wählten sich eine gewisse Anzahl derselben
aus und formten sie zu Lautzeichen um, so dass ein Zeichen *i*, ein anderes *ro*, ein drittes *fa* bedeutete u. s. w.
Eine Gruppe von 47 solcher Zeichen (*irofa* genannt)
bildet die Grundlage der japanischen Lautschreibung.

Was sodann die Keilschrift betrifft, die uns durch
die aus Niniveh stammenden menschenköpfigen Stierge-
stalten und die platten Backsteine, aus denen die Bibliothek Sanherib's bestand, erhalten ist, so machen die zu
Gruppen oder Reihen zusammengestellten keil- öder
pfeilförmigen Zeichen durchaus nicht den Eindruck einer
Bilderschrift. Trotzdem ist es wahrscheinlich, dass sie
sich aus einer eigentlichen Bilderschrift entwickelt haben.
So wurde z. B. die Sonne in roher Weise durch vier
kreisförmig angeordnete Striche dargestellt. Manche Zei-
chengruppen einer Inschrift dienen zur unmittelbaren
Bezeichnung von Gegenständen, wie Mann, Frau, Fluss,
Haus, während andere phonetisch gelesen werden und
Silben bedeuten. Die Erfinder dieses alten Schriftsystems
scheinen der akkadischen Völkergruppe, der die Begrün-

dung der alten babylonischen Civilisation zugeschrieben
wird, angehört zu haben. In späteren Zeiten lernten die
Assyrier und Perser ihre Sprachen in Keilschriftzeichen
schreiben und durch solche Inschriften sind uns die ältesten Nachrichten über sie erhalten. Die Keilschrift war
jedoch äusserst beschwerlich und wurde später durch das
Alphabet verdrängt. Um die Erfindung des Alphabets zu
verstehen, müssen wir bis auf ein Schriftsystem zurückgehen, welches wahrscheinlich noch älter ist, als die babylonische Keilschrift, nämlich die ägyptischen Hieroglyphen.

Die ältesten bekannten hieroglyphischen Inschriften
Aegyptens gehören einer Periode an, die ungefähr bis
zum Jahre 3000 v. Chr. zurückreicht. Selbst zu dieser Zeit
war die Hieroglyphenschrift bereits soweit ausgebildet,
dass jedes beliebige Wort phonetisch ausgedrückt werden
konnte. Allein obgleich die Aegypter so in den Besitz
einer Lautschrift gekommen waren, combinirten sie dieselbe doch mit Zeichen, die offenbar Ueberreste einer
früheren Bilderschrift sind. So kann ein Ochse, ein Stern,
ein Paar Sandalen einfach durch das Bild des betreffenden Objectes bezeichnet werden. Selbst da, wo Lautzeichen zum Schreiben der Worte dienten, wurden denselben sogenannte Determinativzeichen, d. h. Bilder
hinzugefügt, welche den Zweck hatten, die Bedeutung
des geschriebenen Wortes zu bestätigen oder zu erklären.

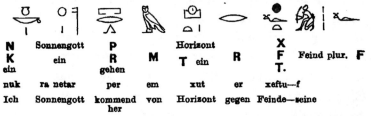

N	Sonnengott	P		Horizont		X		
K	ein	R	M	T ein	R	F	Feind plur.	F
ein		gehen				T.		
nuk	ra netar	per	em	xut	er	xeftu—f		
Ich	Sonnengott	kommend her	von	Horizont	gegen	Feinde—seine		

Ein Satz aus Renouf's *Egyptian Grammar* mag dies
erläutern. Die Bedeutung desselben ist: „Ich (bin) der

Sonnengott, kommend her von dem Horizont gegen seine
Feinde." Die Bilder von Thieren und Dingen sind hier
zum Theil Buchstaben, welche in der angegebenen Weise
zu lesen sind. Andere dagegen sind wirkliche Bilder,
welche das bezeichnen sollen, was sie wirklich vorstellen.
Die Sonne wird durch das Bild derselben mit dem unter-
gesetzten Zeichen der Einzahl ausgedrückt. Das neben-
stehende Zeichen einer Streitaxt ist das Zeichen der
Göttlichkeit. Später kommt nochmals das Bild der Sonne
mit dem Zeichen für Horizont verbunden. Einige Figuren
sind Determinativzeichen, welche zur Erklärung der Worte
dienen. So sind mit dem Worte, welches gehen bedeutet,
zur näheren Erklärung ein Paar Beine verbunden, und
auf das Wort Feind folgt das Bild eines Feindes. Die drei
Striche, welche demselben beigesetzt sind, bilden das
Zeichen der Mehrzahl. Die Aegypter hatten, wie es
scheint, ursprünglich, wie die wilden Stämme Amerikas,
eine reine Bilderschrift, und obgleich sie später einige
Figuren als phonetische Zeichen oder Buchstaben benutzten, konnten sie sich doch nicht ganz von der Bilderschrift losmachen, sondern brauchten dieselbe zugleich
mit der Lautschrift. Es ist leicht zu erkennen, wie die
Bilder zu Lautzeichen wurden. In der Figur bemerkt
man an zwei Stellen ein Zeichen, welches den Buchstaben
r bedeutet. Das Zeichen stellt ursprünglich einen Mund
vor und dient häufig zur Bezeichnung von Mund. Da nun
das ägyptische Wort für Mund *ro* lautet, so wurde das
Zeichen für Mund nach und nach zum Zeichen für die
Silbe *ro* in jeder beliebigen anderen Bedeutung und zum
Zeichen für den Buchstaben *r*. Dies ist es ungefähr, was
wir aus einem einzelnen hieroglyphischen Satze über die
Geschichte der Schreibkunst lernen können.

Diese mit äusserster Sorgfalt gezeichneten hieroglyphischen Bilder, welche zur Aufzeichnung wichtiger religiöser und staatlicher Urkunden dienten, blieben bis zur Zeit der griechischen Dynastie und selbst bis zur Zeit der römischen Herrschaft in Aegypten in Gebrauch. Nachdem Jahrhunderte lang das Geheimniss der Entzifferung der Hieroglyphen verloren gegangen war, waren es unter anderen die Namen Ptolemaeus und Cleopatra, welche von Dr. Thomas Young zuerst identificirt wurden. Da aber die sorgfältige Ausführung der hieroglyphischen Zeichen für gewöhnliche Aufzeichnungen auf Papyrus zu mühsam war, so wurde seit den ältesten Zeiten für diese Zwecke eine sehr vereinfachte Form der Hieroglyphen angewandt. Auf diese Weise entstanden die sogenannten hieratischen Schriftzeichen, von denen einige in Fig. 51 mit den entsprechenden hieroglyphischen Originalen zusammengestellt sind. Allein trotz des Gebrauches dieser Schriftzeichen gelang es den Aegyptern nicht, sich durch Einschränkung der Masse überflüssiger phonetischer Zeichen und durch Abwerfen der unnütz gewordenen Determinativzeichen von den Fesseln der alten Bilderschrift zu befreien. Diese wichtige Vereinfachung verdankt die Schrift einem anderen Volke.

Tacitus sagt an einer Stelle seiner Annalen, wo er die Entstehung der Buchstaben beschreibt, die Aegypter hätten zuerst Gedanken durch Thierbilder ausgedrückt und seien daher als die Erfinder der Buchstaben zu betrachten. Die phönicischen Schiffer hätten dieselben dann nach Griechenland gebracht und den Ruhm geerntet, das, was sie nur entlehnt hatten, selbst erfunden zu haben. Diese Darstellung mag im Wesentlichen richtig sein, allein sie vergisst, dem praktischen Sinne der Phönicier Rechnung zu tragen, welche als Fremde nicht an die religiösen Traditionen der Aegypter gebunden waren.

Ohne Zweifel bemerkten die Phönicier (oder ein anderes
semitisches Volk), als sie die ägyptischen Hieroglyphen
kennen lernten, dass die Bilder eine unnütze Zugabe zu
der Lautschrift bildeten, und dass sie nur eine geringere
Anzahl von Zeichen bedurften, um ihre Worte zu schreiben. Auf diese Weise wurde das älteste sogenannte phönicische Alphabet erfunden. Einige Buchstaben desselben
sind einfache Copien der ägyptischen Schriftzeichen, wie
aus Fig. 51 hervorgeht, in welcher (nach De Rougé)
einige hieroglyphische Zeichen mit den zugehörigen
hieratischen Cursivformen und den entsprechenden phönicischen Buchstaben, sowie mit ähnlichen Buchstaben
anderer bekannten Alphabete zusammengestellt sind.

Fig. 51.

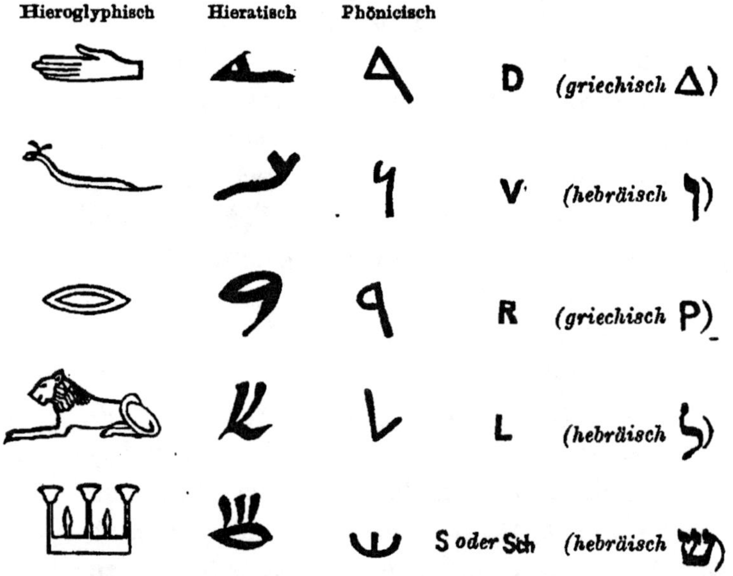

Hieroglyphisch   Hieratisch   Phönicisch

Hieroglyphische und hieratische Zeichen, verglichen mit phönicischen und
anderen Buchstaben späterer Alphabete (nach De Rougé).

Wahrscheinlich um das zehnte Jahrhundert v. Chr.
wurde das ursprüngliche Alphabet gebildet, dessen sich

die Moabiter, Phönicier, Israeliten und andere Völker der semitischen Familie zum Schreiben ihrer Sprachen bedienten. Ein interessanter Beweis, dass das Alphabet unter diesen semitischen Völkern entstanden ist, hat sich bis in unsere Zeit in dem Namen desselben erhalten. Jeder Buchstabe wurde nämlich durch ein Wort, welches mit ihm anfängt, bezeichnet. So ist im Hebräischen *aleph* (Ochse) der Name für *a*, *beth* (Haus) für *b*, *gimel* (Kameel), für *g* u. s. w. Unsere angelsächsischen Vorfahren hatten eine ähnliche Reihe von Namen für ihre Runenzeichen, deren sie sich in alten Zeiten bedienten, indem sie das *b* *beorc* (Birke), das *m man* (Mann), das *th thorn* (Dorn) nannten. Dass die Phönicier das Alphabet zuerst hatten, und die Griechen die Kunst des Schreibens von ihnen lernten, wird durch den Umstand bewiesen, dass die Griechen mit den Buchstaben auch die phönicischen Namen derselben übernahmen. Dieselben waren den genannten hebräischen Namen ähnlich und nahmen im Griechischen die bekannten Formen *alpha, beta, gamma* etc. an. So ist das Wort Alphabet ein Zeuge dafür, dass unsere Buchstaben, die wir durch Vermittelung der Griechen und Römer erhielten, einst von den Phöniciern gebildet und benannt wurden. Eine eingehende Vergleichung der verschiedenen Alphabete führt zu dem Resultate, dass nicht nur die griechischen und lateinischen sowie andere Buchstaben, deren Verwandtschaft leicht zu erkennen ist, wie z. B. die gothischen und slavischen, sondern auch andere, die auf den ersten Blick kaum eine Aehnlichkeit mit jenen erkennen lassen, wie die nordischen Runen und die Sanskritzeichen, sämmtlich Abkömmlinge desselben Uralphabets sind. So schreibt der Brahmane seine Weda, der Muhamedaner seinen Koran, der Jude sein altes und der Christ sein neues Testament in Zeichen, deren Urbilder die Wände der alten ägyptischen Tempel zieren.

Die Schrift hat aber so bedeutende Veränderungen durchgemacht, dass dieselben oft schwer zu verfolgen sind. Wenn Jemand einem Chinesen ein mit moderner englischer Handschrift flüchtig hingeworfenes Schriftstück zeigte, so würde es nicht leicht sein, ihn zu überzeugen, dass die Schriftzeichen, in denen es abgefasst ist, von den alten phönicischen Buchstaben abstammen. Wenn wir den Zusammenhang erkennen wollen, so müssen wir von der gewöhnlichen Cursivschrift auf die kalligraphisch ausgeführte Schrift, von den kleinen Buchstaben auf die grossen lateinischen Initialen zurückgehen, u. s. w. Der Leser wird einen solchen Versuch sehr lehrreich finden. Auch ist es zu empfehlen, die altmodische englische Schrift, wie sie uns z. B. in den Kirchenbüchern des 16. Jahrhunderts aufbewahrt ist, mit unserer heutigen Schrift zu vergleichen, um von der grossen Veränderung eine Vorstellung zu bekommen, die sich seit jener Zeit vollzogen hat. Wir Engländer lernten eine einfache und praktische Handschrift von den italienischen Schreibmeistern, die uns die „römische Hand" lehrten, welche Malvolio erkennt (Shakespeare: „Was ihr wollt," IV, 4). Nicht nur aus Bequemlichkeitsrücksichten, sondern auch zum Zwecke der Verzierung wurden manche Veränderungen der Buchstaben vorgenommen. So entstanden im Mittelalter jene phantastischen, sogenannten gothischen Buchstaben, welche noch heute für ornamentale Zwecke Anwendung finden. Da diese Form der Schrift zu der Zeit Mode war, als der Buchdruck in Europa aufkam, so wurden anfangs die englischen Bücher, wie noch jetzt viele deutsche, in dieser Schriftart gedruckt. Man braucht aber nur eine Seite eines so gedruckten

Tylor, Anthropologie. 14

deutschen Buches zu lesen, um sich zu überzeugen, wie
zweckmässig es war, diese Buchstaben mit ihren zwecklos
gekrümmten Linien aufzugeben und zu den scharf ausgeprägten lateinischen Buchstaben zurückzukehren.

Abgesehen von diesen allgemeinen Veränderungen
des Alphabets erfuhren auch einzelne Buchstaben von
Zeit zu Zeit Veränderungen. Das ursprüngliche phönicische Alphabet war, wie das hebräische, schwach in
Vocalen. Wer sich mit Hebräisch beschäftigt hat, weiss,
welche Schwierigkeiten es dem Anfänger macht, dasselbe
ohne die Vocalpunkte zu lesen, die ein mehr modernes
Hülfsmittel für Denjenigen sind, dem die Aussprache der
Worte noch nicht hinreichend bekannt ist. Das phönicische Alphabet war für die griechische und lateinische
Sprache nicht ausreichend, sondern es mussten, um es
für diese Sprachen geeignet zu machen, einige Buchstaben
umgeformt und andere hinzugefügt werden. Ebenso haben
andere Völker durch Hinzufügen, Weglassen und Um-
formen einzelner Buchstaben das phönicische Alphabet
ihren Bedürfnissen angepasst. So entstanden Buchstaben,
die im ursprünglichen Alphabet nicht vorhanden waren,
wie zum Beispiel das griechische Ω und das englische
W, deren Bedeutung durch die Namen Omega, d. h.
grosses O und *double*-U, d. h. Doppel-U, ausgedrückt
wird. Das Digamma oder F kam im Griechischen ausser
Gebrauch, und die beiden angelsächsischen th-Zeichen,
ᚦ und ᚹ, sind im modernen Englisch verschwunden.
H und X sind Beispiele von Buchstaben, die im Griechischen eine andere Bedeutung hatten, als in unseren
modernen Sprachen. Indem so die verschiedenen Völker
das Alphabet ihrer Sprache anpassten, brauchte das eine
weniger, das andere mehr Zeichen, um den Klang der
Worte einigermaassen genau durch die Schrift auszu-

drücken. Die Italiener benutzen nur 22, die Russen dagegen 36 Buchstaben. Im Englischen werden 26 Buchstaben gebraucht, aber in einer so unsystematischen Weise, dass zahllose Widersprüche zwischen der Orthographie und der Aussprache existiren. Eine Ursache dieses Zustandes war das Bestreben, zwei verschiedene Orthographien, die englische und die französische, neben einander bestehen zu lassen, indem z. B. *g* sowohl zum Schreiben des englischen Wortes *get*, als auch zum Schreiben des französischen Wortes *gentle* benutzt wird. Eine zweite Ursache war das Bestreben, alte Laute in der Schrift beizubehalten, obgleich sie in der Aussprache verschwunden waren. So sind z. B. in den Worten *throuGH*, *casTle*, *sCene* die jetzt stummen Buchstaben Reste von Lauten, die im Angelsächsischen *thurH*, im Lateinischen *casTellum*, im Griechischen *sKene* wirklich gehört wurden. Es ist dies um so auffallender, da in der Orthographie mancher englischer Worte wirklich nur das, was gesprochen wird, ausgedrückt ist. So ist in *tail* der Guttural des angelsächsischen *taêgel* abgeworfen, und in *palsy* sind die in der Aussprache verschwundenen Silben des französischen *paralysie* auch in der Schrift ausgefallen. Am sonderbarsten sind diejenigen Fälle verkehrter Orthographie, in denen der Laut und die Etymologie zugleich falsch bezeichnet sind, wie z. B. in *island*, *rhyme*, *scythe*, die früher richtiger *iland*, *rime*, *sithe* geschrieben wurden. Die Zeit, welche ein Kind braucht, um die Mängel der jetzigen Orthographie zu überwinden, wird im Durchschnitt auf ein Jahr veranschlagt.

Die Erfindung der Schrift war es, durch welche sich das Menschengeschlecht aus dem Zustande der Barbarei zur Civilisation emporschwang. Um eine Vorstellung von den Folgen dieser Erfindung zu bekommen, müssen wir

den Zustand der Völker betrachten, welche die Kunst
des Schreibens noch nicht kennen, die in ihren Traditionen und Lebensregeln auf ihr Gedächtniss angewiesen
und nicht im Stande sind, Ereignisse aufzuzeichnen und
neue Beobachtungen für den Gebrauch künftiger Generationen aufzuspeichern. Wir sind daher ohne Zweifel
berechtigt, die Grenze zwischen barbarischen und civilisirten Völkern da zu ziehen, wo die Kunst des Schreibens
beginnt, da sie der Geschichte, dem Gesetze und der
Wissenschaft Dauer verleiht. Die Kenntnisse des Menschen sind in so hohem Grade von der Schrift abhängig,
dass, wenn wir Jemanden einen Gelehrten nennen, stillschweigend voraussetzen, dass derselbe zahlreiche Bücher
gelesen hat, da sie die Hauptquelle der Kenntnisse eines
Gelehrten bilden. Bereits im Alterthume gab es besondere
Schreiber oder Copisten, deren Beschäftigung darin bestand, werthvolle Werke zu vervielfältigen. In Alexandria
oder Rom konnte man beim Bibliopolen oder Buch-
händler ein Manuscript von Demosthenes oder Livius
käuflich erwerben, und in späteren Zeiten bildete die Vervielfältigung prachtvoll ausgestatteter religiöser Bücher
eine gewöhnliche Beschäftigung der Mönche. Allein die
Manuscripte waren theuer und daher nur Wenigen zugänglich. So würde es vermuthlich geblieben sein, wenn
nicht eine neue Kunst der Vervielfältigung von Schrift-
stücken erfunden worden wäre.

Es war dies ein sehr einfacher und seit den ältesten
Zeiten durchaus nicht unbekannter Process. Der Inder,
Aegypter und Babylonier, der das Siegel seines Ringes
schwärzte und einen Abdruck desselben erzeugte, übte
die Kunst des Druckens in ihrer allereinfachsten Form
aus. Doch verstand es im Alterthume Niemand, die
scheinbar so nahe liegende Weiterentwickelung dieser

Kunst anzuregen. Wahrscheinlich sind die Chinesen die
ersten gewesen, welche eine ganze Seite Schriftzeichen
auf eine Holztafel einschnitten und diese zur Herstellung
von Abdrücken benutzten. Die Chinesen kannten dieses
Verfahren wahrscheinlich bereits im 6. Jahrhundert, jedenfalls druckten sie im 10. Jahrhundert Bücher. Die chinesische Schrift mit ihren ausserordentlich mannigfaltigen
Zeichen eignet sich wenig zum Druck mit beweglichen
Lettern, allein auch dieses Verfahren war den Chinesen
bekannt, indem sie sich im 11. Jahrhundert gesonderter,
aus Terracotta verfertigter Typen bedienten. Muhame-
danische Schriftsteller des 14. Jahrhunderts beschrieben
das chinesische Druckverfahren, und wahrscheinlich fand
durch sie diese Kunst ihren Weg nach Europa, wo nicht
viel später die nach chinesischer Art ausgeführten sogenannten Tafeldrucke erschienen, denen alsbald mit beweglichen Lettern gedruckte Bücher nachfolgten. Von
den Alterthumsforschern ist vielfach die Frage erörtert
worden, wem die Ehre gebührt, als Erfinder der Buchdruckerkunst bezeichnet zu werden. So gross aber auch
die Verdienste sind, die sich Gutenberg, Fust und Andere
um die Ausbildung dieser Kunst erworben haben, so bestanden dieselben doch nur in der Verbesserung der
praktischen Anwendung einer chinesischen Erfindung.
Seit der Zeit dieser Männer sind in der Herstellung der
Typen, in der Fabrikation des Papiers, in der Verbesserung der Pressen grosse Fortschritte gemacht worden,
allein die Idee ist dieselbe geblieben. Dies ist in wenigen
Worten die Geschichte der Buchdruckerkunst, der vielleicht mehr als irgend einem anderen Einflusse die grosse
Verschiedenheit der modernen Zustände von denen des
Mittelalters zuzuschreiben ist.

So bilden die erste Stufe in der Entwickelung der

Schrift die rohen Bilder der Jägervölker. Eine höhere
Entwickelungsstufe bildet die ägyptische Bilderschrift, in
welcher das Bild ein Zeichen für den Klang des Namens
desselben ist. Dann wurde das Bild zu einem blossen
Lautzeichen, und der Zusammenhang zwischen dem Bilde
und dem Laute verschwand dergestalt, dass das Zeichen
für einen Laut zuletzt vollkommen willkürlich gewählt
zu sein schien. Einen seltsamen Contrast gegen diese er-
starrte Schrift bildet die moderne Erfindung des Phono-
graphen. Hier erzeugen die gegen eine schwingende Platte
gesprochenen Worte Eindrücke in einen Stanniolstreifen,
und diese Eindrücke ermöglichen es uns, später die Platte
wieder in dieselben Schwingungen zu versetzen und durch
diese die ursprünglichen Laute wieder hervorzurufen. Wenn
wir hier die Töne vernehmen, die von dem Stanniolstreifen ausgehen, so erscheint uns die Vorstellung des
Südseeinsulaners von dem redenden Holzspane durchaus
nicht unvernünftig.

Achtes Capitel.

Werkzeuge und Waffen.

Entwickelung von Werkzeugen. Keule, Hammer. Steinblatt, Axt. Säbel, Messer. Lanze, Dolch, Schwert. Zimmermannswerkzeuge. Wurfgeschoss, Schleuder. Bogen und Pfeil. Blasrohr, Feuergewehr. Wagen. Handmühle. Bohrer, Drehbank, Schraube. Wassermühle, Windmühle.

Die Mittel, deren sich der Mensch zu seiner Vertheidigung und Erhaltung sowie zur Beherrschung der ihn umgebenden Welt bedient, sind in so hohem Grade von dem Gebrauche von Werkzeugen abhängig, dass die Entwickelung der Werkzeuge und Waffen aus den ältesten und rohesten Formen unsere volle Aufmerksamkeit verdient.

Man hat zuweilen den Menschen, um ihn von allen anderen Geschöpfen zu unterscheiden, als das Thier bezeichnet, welches Werkzeuge gebraucht. Diese Unterscheidung ist im Allgemeinen zutreffend, indem sie den Menschen mit seinem Speer und seiner Axt dem Ochsen gegenüberstellt, der das Horn als Waffe benutzt, oder dem Biber, dem die Zähne als Werkzeug dienen. Allein auch die Affen, die durch den Besitz von Händen uns am nächsten stehen, besitzen bis zu einem gewissen Grade die Fähigkeit, Werkzeuge zu gebrauchen. Die Orang-

Utans benutzen, ohne es vom Menschen gelernt zu haben, Wurfgeschosse, wenn sie von den Zibethbäumen herab die Vorübergehenden mit den stacheligen Früchten dieser Bäume bombardiren. Die wilden Schimpansen sollen Nüsse mit Steinen aufschlagen, wie die Affen unserer zoologischen Gärten, die unter Anleitung ihrer Wärter in dieser Weise Steine und auch andere Werkzeuge zu benutzen lernen.

Die einfachsten Werkzeuge sind diejenigen, welche die Natur im fertigen Zustande liefert oder die nur einer geringen Vervollkommnung bedürfen, wie Steine, die zum Schleudern oder Hämmern, scharfe Steinsplitter, die zum Schneiden oder Schaben, Aeste, die als Keulen oder Speere, Dornen oder Zähne, die zum Durchbohren anderer Gegenstände benutzt werden. Solche Werkzeuge finden wir natürlich am häufigsten bei Wilden, doch kommen sie gelegentlich auch bei civilisirten Völkern zur Anwendung, wenn wir z. B. den ersten besten Stock ergreifen, um eine Ratte oder eine Schlange zu tödten, oder wenn in Südfrankreich Frauen die Mandeln mit einem glatten Kieselsteine schälen, ähnlich wie es die Affen in einem zoologischen Garten machen. Die vollkommeneren Werkzeuge, deren sich der Mensch bedient, sind oft nur Verbesserungen irgend eines Naturgegenstandes, allein der Mensch besitzt die Fähigkeit, die Werkzeuge einem bestimmten Zwecke anzupassen, die das Thier nicht besitzt. Es ist daher nicht so sehr der Gebrauch, als vielmehr die Verfertigung von Werkzeugen, die den Menschen vom Thiere unterscheidet. Wenn wir die verschiedenen Arten von Werkzeugen betrachten, so gewinnen wir die Ueberzeugung, dass nicht etwa sofort die vollendete Form derselben erfunden wurde, sondern dass sie sich nach und nach aus rohen Anfängen heraus entwickelten.

Ebenso wurde oft ein Werkzeug, welches anfangs mehreren Zwecken zugleich diente, später in verschiedener Weise abgeändert, um es für die einzelnen Arbeiten, die es zu leisten bestimmt war, tauglich zu machen, und so entwickelten sich aus ihm mehrere verschiedene Werkzeuge. Wenn ein Zulu den Stab, der als Schaft für sein Assegai dienen soll, mit derselben Eisenspitze glättet, welche nachher auf dem Stabe befestigt werden soll, so erscheint uns dies Verfahren sehr unzweckmässig, da nach unserer Ansicht ein Werkzeug, welches dazu bestimmt ist, als Lanzenspitze zu dienen, nicht diejenige Form besitzt, die es zum Schneiden und Schaben tauglich macht. Die Zange, deren sich ein Zahnarzt zum Ausziehen der Zähne bedient, ist ebenso gut eine Zange, wie diejenige, welche der Grobschmied bei seinen Arbeiten braucht, aber sie ist eine besondere Form der Zange, die einem besonderen Zwecke angepasst ist. In einer historischen Erörterung der Entwickelung der Werkzeuge lassen sich daher die Handwerksgeräthe nicht wohl von den Waffen der Jäger und Krieger trennen, da sich in manchen Fällen beide aus einer und derselben Form entwickelt haben.

Eine der einfachsten Waffen ist ein dicker Stock oder Knüppel, der, wenn er schwerer oder knotig wird, in die Keule übergeht. Manche Wilde hatten ihr Wohlgefallen an plumpen, knorrigen Keulen, während andere ihre Mussestunden dazu verwandten, zierlich geglättete und geschnitzte Keulen anzufertigen. Die Keule erhielt sich aus den Zeiten der Wildheit und Barbarei bis in das Mittelalter, wo sich die Krieger derselben bedienten, um den Helm des Gegners zu zerschmettern. Obschon sie vorzugsweise als Waffe diente, findet sie doch zuweilen auch in friedlichen Künsten Anwendung. So benutzen die polynesischen Frauen eine gerippte Keule zum Strecken eines aus Baumrinde verfertigten Tuches. Es ist interessant, wie sich diese kunstloseste aller Waffen, nachdem sie aufgehört hat, Kriegswerkzeug zu sein, bei civilisirten Völkern bis auf den heutigen Tag als Symbol der Macht erhalten hat. Während der Sitzungen des englischen Parlamentes und der Royal Society wird sie als Symbol der königlichen Autorität auf den Tisch gelegt. Während die Keule im Allgemeinen als Waffe diente, fand der Hammer vorzugsweise als Handwerks- geräth Anwendung. Ursprünglich diente ein glatter, schwerer Kieselstein, der in der Hand gehalten wurde, als Hammer. Mit einem solchen schmieden die Eingebo- renen Afrikas noch heute das Eisen, wobei ein zweiter Stein als Amboss dient. Einen grossen Fortschritt be- zeichnet die Befestigung des Hammers an einem Stiele. Diese Verbesserung des Hammers wurde bereits in sehr alten Zeiten vorgenommen, wie die durchbohrten stei- nernen Hammerköpfe (Fig. 54, *i*), welche man aufge- funden hat, beweisen. Wenn auch der Steinhammer längst durch den eisernen Hammer verdrängt worden ist, so hat doch der erstere seine Spur in dem Namen Ham- mer selbst hinterlassen, der von dem altskandinavischen Worte *hamarr* abstammt, welches sowohl Fels als Ham- mer bedeutet.

Von den Schlagwerkzeugen kommen wir zu denen, die zum Hacken und Schneiden dienen. Gespitzte und geschärfte Instrumente aus Stein bilden die wichtigsten Ueberreste aus den ältesten Zeiten, aus denen wir Kunde von der Anwesenheit des Menschen auf der Erde be- sitzen. Bereits in der Mammuthperiode begnügte er sich nicht mit zufälligen Feuersteinsplittern, sondern verstand es, zweischneidige Blätter von einem Steine abzuschlagen.

Auf dieser Kunst des Steinschlagens beruht die Anfertigung von Steinwerkzeugen. Diese Kunst des Steinschlagens wird auch heute noch ausgeübt, wenn auch zu einem anderen Zwecke und mit vollkommeneren Werkzeugen. Fig. 52 stellt einen Feuersteinkern nebst einer Anzahl von Steinblättern dar, die an die Stellen, an denen sie

Fig. 52.

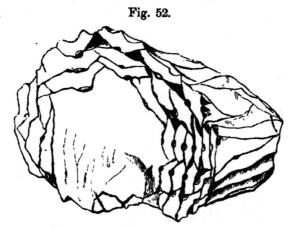

Feuersteinkern mit abgeschlagenen Steinblättern (Evans).

abgeschlagen wurden, wieder angelegt sind. Man erkennt deutlich die von den einzelnen Schlägen hinterlassenen Spuren. Die von den Menschen der Steinzeit verfertigten Steinblätter sind zuweilen dreikantig (Fig. 53, *b*, a. f. S.). Doch war seit den ältesten Zeiten auch die bequemere platte Form (Fig. 53, *a*, *c*) in Gebrauch. Der in Fig. 54, *f* (a. f. S.) abgebildete Steinkern nebst dem von ihm abgeschlagenen Steinblatt *e* zeigt, wie demselben durch Behauen eine passende Form gegeben wurde, damit das abzuschlagende Steinblatt die gewünschte Form erhielt. Die schönsten Steinblätter sind diejenigen, welche nicht abgeschlagen, sondern durch ein Werkzeug aus Holz oder Horn von dem Kerne durch Druck abgetrennt wurden. Das in Fig. 53, *c* abgebildete zierliche dänische Steinblatt ist ohne Zweifel in dieser Weise hergestellt worden, ebenso die scharfen Obsidianblätter, deren sich die Eingeborenen

Fig. 53.

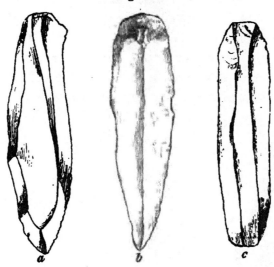

a Paläolithisches; *b* modernes australisches; *c* altes dänisches Steinblatt.

Fig. 54.

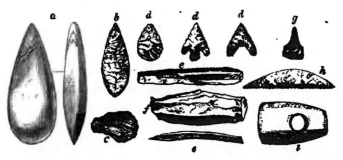

Werkzeuge aus der jüngeren Steinzeit. *a* Steincelt oder Axt; *b* Lanzen-spitze aus Feuerstein; *c* Schaber; *d* Pfeilspitzen; *e* Feuersteinmesser; *f* Kern, von welchem die Feuersteinblätter abgeschlagen wurden; *g* Feuer-steinahle; *h* Feuersteinsäge; *l* Steinhammerkopf.

Mexicos zur Zeit der Ankunft der Spanier zum Rasiren bedienten. Ein Steinblatt kann in der Form, die es durch das Abschlagen erhält, als Messer oder Lanzenspitze

(Fig. 58, *a*) benutzt werden. Durch weitere Bearbeitung kann es zu einem Schaber, einer Pfeilspitze oder einer Ahle (Fig. 54, *g*) umgeformt werden.

Die ältesten bekannten Völker haben in den Sandablagerungen der quaternären oder Mammuthperiode nicht nur Steinblätter von der in Fig. 53, *a* abgebildeten Form, sondern auch die bereits im ersten Capitel erwähnten Steingeräthe, deren Abbildung in Fig. 55 wiederholt ist, hinterlassen. Sie besitzen einen ringsum zugeschärften

Fig. 55.

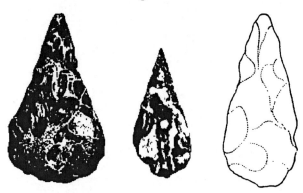

Feuersteinäxte aus der älteren Steinzeit.

Rand und mögen mit dem spitzen Ende als Pike, mit dem breiten als Axt gedient haben. Es ist ungewiss, ob sie auch in einer Handhabe befestigt wurden, dagegen hat man Exemplare gefunden, bei denen nur das eine Ende zu einer Spitze zugehauen, das andere dagegen abgerundet ist, die also offenbar an dem stumpfen Ende mit der Hand gehalten wurden. Nichts deutet darauf hin, dass die Menschen der alten Driftperiode je ein Steinwerkzeug durch Schleifen geschärft hätten. Ihre Steinwerkzeuge stehen daher auf einer viel tieferen Stufe, als die zierlich geformten und am Rande scharf zuge-

schliffenen Celte der späteren Steinzeit (Fig. 54, *a* und
56, *a*). Das Wort Celt, mit welchem man die verschiedenen meisselförmigen Werkzeuge alter Völker bezeichnet,
stammt von dem lateinischen Worte *celtis*, Meissel, ab,
welches sich nur an einer einzigen Stelle der Vulgata,
nämlich in den Worten „celte sculpantur in silice"
(Hiob 19, 24) findet. Man glaubt indessen, das Wort sei
nur in Folge eines Schreibfehlers aus *certe* (sicher) entstanden. Es mag ausdrücklich hervorgehoben werden,
dass das Wort mit dem Volksnamen Celten oder Kelten
nicht in Zusammenhang steht. Ein Steincelt bedarf nur
eines Stieles, um in eine Axt verwandelt zu werden. Die
Waldindianer Brasiliens nehmen einfach einen abge-
schliffenen Kieselstein von geeigneter Form, schleifen das
eine Ende scharf zu und binden ihn in einen Zweig
(Fig. 56, *b*). Eine andere sehr einfache Art, einen Celt mit
einem Griffe zu versehen, bestand darin, dass man denselben

Fig. 56.

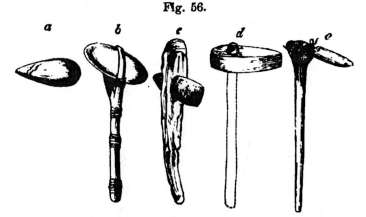

Steinäxte. *a* polirter Steincelt (England); *b* geschliffener Kieselstein, in
einem Zweige befestigt (Brasilien); *c* Celt in einer Keule befestigt (Irland);
d durchbohrte Steinaxt (England); *e* steinerne Queraxt (Polynesien).

in eine Keule steckte. Fig. 56, *c* zeigt eine solche Axt, die
in einem Torfmoore Irlands ausgegraben wurde. Die

vollkommenste Methode bestand darin, dass man in das Steinblatt (*d*) ein Loch bohrte, welches zur Aufnahme des Stieles diente. Wenn das Steinblatt so befestigt ist, dass die Schneide rechtwinklig zum Stiele steht, so wird das Werkzeug zur Queraxt. Fig. 56, *e* zeigt ein derartiges Werkzeug, wie es die canoebauenden Polynesier brauchen.

Als die Metalle in Gebrauch kamen, wurden die Steinwerkzeuge in Kupfer, Bronze oder Eisen nachgebildet, und wenn die Formen derselben auch zierlicher und sonst dem neuen Materiale entsprechend verbessert wurden, so führt eine Vergleichung der Steinwerkzeuge mit den Metallwerkzeugen doch zu dem Schlusse, dass die ersteren so zu sagen die Vorfahren der letzteren waren. Die Anwendung der Metalle führte indessen auch zu neuen und zweckmässigeren Formen, für die Stein kein geeignetes Material war. Man wird eine Vorstellung von diesen wichtigen Veränderungen bekommen, wenn man die in Fig. 57 abgebildeten metallenen Schneide-

Fig. 57.

a Aegyptische Streitaxt; *b* ägyptischer Pallasch; *c* asiatischer Säbel; *d* europäisches Messer; *e* römisches Hackmesser; *f* indisches Hakenmesser.

werkzeuge aufmerksam betrachtet. Das erste in dieser Figur abgebildete Werkzeug (*a*) ist eine ägyptische Streit-

axt, die in ihrer Form nicht sehr verschieden von der
Steinaxt ist. Der ebenfalls ägyptische Bronzepallasch *b*
dagegen ist eine Art Axtblatt, dessen Griff nicht am Rücken,
sondern an einer Verlängerung desselben nach unten ange-
bracht ist. Einer Steinaxt hätte man diese zweckmässige
Form nicht geben können, da dieselbe beim ersten
Streiche an der Verlängerung abgebrochen sein würde.
Dagegen ist für eine Metallaxt diese Form sehr passend.
Es ist sehr leicht möglich, dass es solche umgeformte
Aexte waren, aus denen sich einige der wichtigsten Classen
von Waffen und Werkzeugen entwickelten, in denen eine
hinten breite und vorn geschärfte Klinge auf einem
Stiele aufgesetzt ist. Zu diesen Hau- und Schneidewerk-
zeugen gehören die verschiedenen Formen des Säbels (*c*),
alle unsere gewöhnlichen Messer, die in der Figur durch
das europäische Messer *d* und das römische Hackmesser
vertreten sind. Hiermit ist die Entwickelung aber noch
nicht zu Ende. Eine andere Form ist diejenige, zu welcher unsere Hakenmesser gehören, die wie das indische
Messer *f* der Figur eine concave Schneide besitzen. Diese
Form führt uns weiter zu der noch stärker gekrümmten
Form der Sichel und der Sense, welche in der Figur
nicht abgebildet sind. Es ist nicht unwahrscheinlich, dass
alle diese Formen ursprünglich zugleich zu kriegerischen
und friedlichen Zwecken dienten und sich alle aus der
ältesten Form der Metallaxt ebenso entwickelten, wie
diese aus der noch älteren Form der Steinaxt.

Aus den alten steinernen Lanzenspitzen entwickelte
sich allmälig eine andere Gruppe von Waffen, von denen
einige in Fig. 58 abgebildet sind. Die Lanze von den
Admiralitätsinseln, *a*, deren Spitze ein breites Obsidian-
blatt ist, wird, wenn der Schaft verkürzt wird, zum Dolche.
In der That ist es oft schwer zu entscheiden, ob Feuer-

steinblätter von der in Fig. 58, *b* abgebildeten Form als
Lanzenspitzen oder als Dolche gedient haben. Wegen der
Zerbrechlichkeit des Steins konnte man den Steinblättern

Fig. 58.

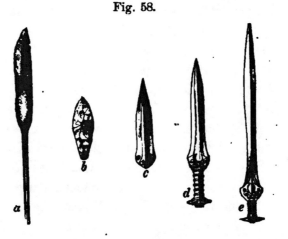

a Steinerne Lanzenspitze (Admiralitätsinseln); *b* steinerne Lanzenspitze oder
Dolchblatt (England); *c* bronzene Lanzenspitze (Dänemark); *d* Bronzedolch;
e Bronzeschwert.

nur eine geringe Länge geben. Als dagegen Metalle in Gebrauch kamen, konnte man die Blätter lang, spitz und scharf
machen, und so entwickelte sich der zweischneidige Dolch.
In altägyptischen Gemälden finden wir Krieger abgebildet,
die mit Lanzen und Dolchen bewaffnet sind, deren Blätter
eine grosse Aehnlichkeit in der Form besitzen, so dass
der Dolch als eine breite mit einem Hefte versehene Lanzenspitze bezeichnet werden kann. Aus dem Metalldolche
entwickelte sich, wie es scheint, durch weitere Verlängerung das zweischneidige Schwert, eine Waffe, die sich aus
Stein nicht herstellen liess. Die in Fig. 58 zusammengestellten Abbildungen dieser drei Waffen (*c*, *d*, *e*) lassen
erkennen, wie sich aus der Lanzenspitze der Dolch und
aus diesem das zweischneidige Schwert entwickelt haben
mag. Ein gerades zweischneidiges Schwert kann aller-

Tylor, Anthropologie.   15

dings sowohl zum Hauen, als auch zum Stossen dienen. Vergleicht man aber den einschneidigen Säbel mit dem zweischneidigen Breitschwerte oder dem Stossdegen, so wird man trotz der Aehnlichkeit des Griffes, des Schutzkorbes und der Scheide die Ueberzeugung gewinnen, dass zwischen beiden ein wesentlicher Unterschied existirt, indem der Säbel eine ungeformte Axt, der Degen dagegen eine ungeformte Lanze ist. Die Form der Lanze, zu welcher unter anderen modernen Abarten auch das Bajonnet gehört, hat vorzugsweise zu kriegerischen Zwecken Anwendung gefunden. Doch giebt es auch Friedenswerkzeuge, an denen die Form der Lanze zu erkennen ist, wie z. B. an afrikanischen zweischneidigen Messern, sowie an dem chirurgischen Instrumente, welches bis auf den heutigen Tag den Namen der Lanze (Lanzette) beibehalten hat.

Andere Werkzeuge waren die als Bohrer benutzten Dornen, Knochensplitter und zugespitzten Feuersteinblätter (Fig. 54, *g*). Ein zufällig aufgefundenes ausgezacktes Feuersteinblatt gab vielleicht die Veranlassung zur künstlichen Herstellung der Säge (Fig. 54, *h*). So besassen die Menschen der Steinzeit bereits rohere Formen der wichtigsten Werkzeuge, welche später in der Metallzeit weiter vervollkommnet wurden. Es ist interessant, die in Wilkinson's „Ancient Egyptians" abgebildeten aus Bronze verfertigten Zimmermannswerkzeuge zu betrachten. Die Queraxt, die Säge, die Meissel u. s. w. erinnern in ihrer Form noch an die älteren Steinwerkzeuge. Andererseits zeigen diese ägyptischen und in noch höherem Grade die altgriechischen und altrömischen Zimmermannswerkzeuge eine bemerkenswerthe Aehnlichkeit mit den heute gebräuchlichen Werkzeugen. Die alten Zimmerleute standen in einer Hinsicht auf einer wesentlich tieferen Stufe, als die heutigen. Sie kannten zwar

die Anwendung von Nägeln, dagegen war ihnen die
Schraube und die auf der Wirkung derselben beruhenden
Formen des Bohrers unbekannt. Bei den alten Culturvölkern Aegyptens und Assyriens hatte das Handwerk
bereits eine Vollkommenheit erreicht, welche Tausende
von Jahren fortschreitender Entwickelung voraussetzt.
Wir können noch heute in Museen die Arbeit ihrer
Tischler, ihrer Steinmetzen und ihrer Goldschmiede betrachten, die uns eine wunderbare Geschicklichkeit und
Vollendung vor Augen führt, die oft die modernen Arbeiten in den Schatten stellt. Diese Resultate können
allerdings von den alten Handwerkern nur durch einen
riesigen Aufwand von Arbeit erzielt worden sein. Der
Gebrauch des Stahles und andere Verbesserungen der
Werkzeuge bieten dem modernen Arbeiter grosse Vortheile und, was noch mehr ins Gewicht fällt, die moderne
Welt hat die alte durch den Gebrauch der Maschinen
überflügelt, worauf wir nach einer kurzen Betrachtung
der einfacheren Werkzeuge noch ausführlicher zurückkommen werden.

Die Keule, um wieder auf die Waffen zurückzukom-
men, dient dem Jäger und dem Krieger als Wurfgeschoss.
So erlegt z. B. ein Zulu durch den Wurf seiner Keule
aus einer erstaunlichen Entfernung eine Antilope, und
die Türken benutzten noch bis in die neueste Zeit die
Keule als Wurfgeschoss im Kampfe. Wo die Keule nicht
mehr zu kriegerischen Zwecken dient, spielt sie noch in
gewissen Vergnügungen eine Rolle. So dient sie in manchen Gegenden als Werkzeug der Vogelfänger, welches
unter dem Namen *squoyle* bekannt ist. Bei verschiedenen
Völkern war eine platte dünne Keule, die den Krümmun-
gen des Zweiges, aus denen sie geschnitten wurde, entsprechend gebogen war, wegen der zerstörenden Kraft

ihres wirbelnden Fluges ein sehr beliebtes Werkzeug.
So finden wir in alten ägyptischen Gemälden Vogelsteller
abgebildet, die ihren flachen gekrümmten Wurfstock
mitten in einen Flug wilder Enten schleudern. Auch bei
den Australiern werden hölzerne Keulen in der gewöhnlichen Weise als Wurfgeschosse benutzt. Namentlich aber
schleudern dieselben mit bewundernswerther Geschicklichkeit ein eigenthümliches, leicht gekrümmtes plattes
Wurfgeschoss aus Holz, den sogenannten Bumerang
(„Komm - zurück"), der, in die Luft geschleudert, sich im
Fluge umwendet und zu dem Ausgangspunkte der Wurf-
bahn zurückkehrt. Ebenso gehörten zu den ältesten
Waffen Steine, die mit der Hand geschleudert wurden.
Ein einfaches Werkzeug, welches gewissermaassen den
Arm verlängert und daher die Kraft der Bewegung stei-
gert, ist die Schleuder. Der Umstand, dass sie selbst bei
den uncultivirtesten Völkern allgemein bekannt ist,
spricht für das hohe Alter derselben. Die roheste Form
der Lanze, d. h. ein zugespitzter Stock, ist bei allen wilden Völkern bekannt, und die Spitze wird oft im Feuer
gehärtet. Die schwereren Arten der Lanze, seien es einfache Stöcke oder kunstvoller zugespitzte Waffen, dienen
zum Stossen, die leichteren zum Werfen, während die
von mittlerer Grösse zu beiden Zwecken benutzt werden.
Um zu verhindern, dass die Spitze der Lanze aus der
Wunde herausfalle, wurde dieselbe mit Widerhaken versehen. Ein anderer bei Jagd- und Fischervölkern vielfach
benutzter Kunstgriff besteht darin, dass die Spitze nur
lose mit dem Schafte verbunden wird. Ein ziemlich
langes Seil, durch welches dieselbe befestigt ist, wickelt
sich ab, während die Spitze in der Wunde stecken bleibt
und der Schaft zur Erde fällt. Das getroffene Thier kann
daher den Schaft nicht zerbrechen, sondern schleift den-

selben auf der Erde fort. Ein getroffener Fisch wird in dieser Weise festgehalten und durch das schwimmende Holz markirt. Lanzenwerfer, die wie eine Schleuder wirken, ermöglichen es, die Lanze bedeutend weiter zu schleudern, als es mit blosser Hand möglich ist. Zur Zeit Cook's schleuderten die Neucaledonier ihre Lanzen mit Hülfe eines Seiles, welches mit einer Schlinge für den Finger versehen war, und die römischen Soldaten bedienten sich zu demselben Zwecke eines Riemens, der in der Mitte des Wurfspeeres befestigt wurde. Allgemein verbreitet bei wilden und barbarischen Völkern waren hölzerne Lanzenwerfer, die an dem einen Ende mit einem Pflock oder einem Einschnitte versehen waren, gegen welchen der Wurfspeer angelehnt wurde. Fig. 59 zeigt einen derartigen Lanzenwerfer aus Australien. Derselbe

Fig. 59.

Australische Lanze mit Lanzenwerfer (nach Brough Smith).

ist offenbar ein weniger vollkommenes Werkzeug, als der Bogen, der bei diesen Wilden nicht bekannt war. Mit der Vervollkommnung der Waffen kam der Lanzenwerfer, wie es scheint, ausser Gebrauch. Er findet sich wenigstens bei keinem Volke, welches eine höhere Culturstufe einnimmt, als die alten Mexicaner, und selbst diese hatten ihn, wie es scheint, nur aus ceremoniellen Rücksichten aus alter Zeit beibehalten, ohne ihn wirklich in ernstem Kampfe zu benutzen. Bogen und Pfeil sind, wie General Pitt Rivers vermuthet, höchst wahrscheinlich aus einer einfacheren Vorrichtung hervorgegangen, welche darin bestand, dass im Walde ein Wurfspiess an einem

elastischen Zweige befestigt und dieser so zurückgebogen
und befestigt wurde, dass er in Folge des Vorübergehens
eines Thieres zurückschnellen und den Spiess gegen das
Thier schleudern musste. Jedenfalls war der Bogen längst
vor der historischen Zeit in Gebrauch. Der Pfeil ist eine
verkleinerte Form des Wurfspeeres, und die alten steinernen Pfeilspitzen, die man in den meisten Gegenden
findet (Fig. 45, *d*), beweisen, dass Pfeil und Bogen in der
Steinzeit, wenn auch vielleicht noch nicht in der Driftperiode, bekannt waren. Die Kunst, den Pfeil mit Federn
zu versehen, ist seit den ältesten historischen Zeiten bekannt. Wie weit dieselbe in die vorhistorische Zeit hin-
aufreicht, weiss man nicht. Die einfachste Form des
gewöhnlichen Bogens ist diejenige, welche noch heute in
dem Sport des Bogenschiessens benutzt wird und die aus
einem einzigen Stücke zähen Holzes besteht. In Fig. 60, *a*
ist ein Bogen der südamerikanischen Waldvölker im un-
gespannten Zustande abgebildet. Der sogenannte tatarische
oder scythische Bogen ist aus mehreren Holz- oder Horn-
stücken zusammengesetzt, die durch Leim und Sehnen
mit einander verbunden sind. Er ist kürzer als der gewöhnliche Bogen und erhält seine Kraft dadurch, dass
er in der Weise gespannt wird, dass die Aussenseite ein-
wärts gebogen wird. Die concave Seite des alten scythischen Bogens *b* würde im gespannten Zustande die convexe sein. Bogen dieser Art finden sich hauptsächlich in
nördlichen Gegenden, in denen Mangel an zähem Holze
ist, welches geeignet wäre, Bogen von der gewöhnlichen
Form zu verfertigen. Der Bogen war bis in das Mittelalter in Gebrauch, und noch im Jahre 1814 konnte man
kosakische Reiter, die mit Bogen und Pfeil bewaffnet
waren, durch die Strassen von Paris reiten sehen. Ein
weiterer Schritt in der Entwickelung des Bogens bestand

darin, dass man denselben an einem Stocke befestigte, so
dass man bequem zielen und durch Berührung eines

Fig. 60.

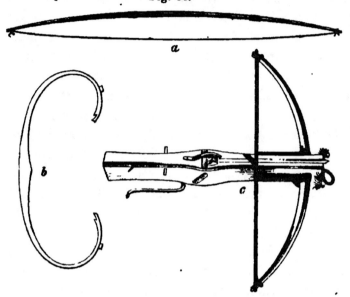

a Südamerikanischer Bogen (ungespannt); *b* tatarischer oder scythischer
Bogen; *c* europäische Armbrust.

Drückers die Sehne loslassen konnte. So entstand die
Armbrust, die, wie es scheint, im Orient erfunden wurde
und um das sechste Jahrhundert im römischen Europa
bekannt war. In der Figur stellt *c* die im 16. Jahrhundert als Kriegswaffe benützte Form der Armbrust vor.
Dieselbe ist mit einer Winde versehen, welche zum An-
ziehen des Bogens dient. Noch heute benutzt man in
Italien die Armbrust, um mit Bolzen oder Kugeln Vögel
zu schiessen.

Um den nächsten grossen Fortschritt in der Entwickelung der Wurfwaffen zu verstehen, ist es nothwendig,
einen Rückblick auf die Lebensweise der Wilden zu werfen. Die Erfindung des Blasrohrs, durch welches z. B. die

südamerikanischen Waldindianer (Fig. 43) ihre kleinen
vergifteten Pfeile entsenden, sowie der ähnlichen Waffe
der Malayen, welche sie Sumpitan nennen, mag in Gegenden, in denen grosse Rohrarten wachsen, leicht gewesen
sein. Das Blasrohr, welches sich bei uns bis auf den heutigen Tag als Knabenspielzeug erhalten hat, diente dazu,
um mit einfachen Pfeilen oder Kugeln Vögel zu erlegen.
Sobald aber das Schiesspulver in Gebrauch kam, wurde
das Blasrohr zu einer Waffe von gewaltiger Wirkung
umgeformt. Jetzt trat an die Stelle des Schilfrohres ein
eisernes Rohr und an die Stelle des in das Rohr geblasenen Luftstosses als bewegende Kraft die Explosion des
Pulvers, durch welche das Geschoss aus dem Rohre her-
ausgeschleudert wurde. Bei den mittelalterlichen Feuerwaffen wurde das Pulver am Zündloche durch eine
glühende Kohle oder eine brennende Lunte entzündet,
wie es noch bis in die neueste Zeit bei den Kanonen
üblich war. Bei den Handfeuerwaffen wurde das Lunten-
schloss später durch das Radschloss ersetzt, und dieses
führte dann weiter zum Feuersteinschlosse. Es ist interessant, das letztere mit der Armbrust zu vergleichen. Der
durch den Drücker losgelassene gespannte Bogen, dessen
Kraft das Geschoss fortschleudert, ist bei dem Feuerge-
wehre in eine Feder und einen Drücker umgewandelt, der
nur das Feuer schlägt, welches das Pulver entzündet,
während dieses erst die Kugel in Bewegung setzt. In den
modernen Formen der Feuerwaffen ist der Drücker und
die Feder noch vorhanden. Die Verbesserung liegt in der
Anwendung des Knallsilbers im Zündhütchen, welches
durch das Aufschlagen des Hahnes entzündet wird. Die
Führung des Geschosses durch Rinnen im Lauf bezweckt
dasselbe, was in alten Zeiten durch eine geringe Drehung
der Speerspitze oder die Federung des Pfeiles erreicht

wurde, nämlich eine grössere Stetigkeit im Fluge des Geschosses. Das moderne conische Geschoss entfernt sich
in seiner Gestalt von dem kugelförmigen Geschosse und
nähert sich wieder der ursprünglichen Form des Bolzens
oder des Pfeiles. Bei den Hinterladern endlich wird das
Geschoss wieder in derselben Weise in den Lauf eingeführt, wie der Pfeil oder der Bolzen in das Blasrohr, die
kunstlose Waffe wilder Völker.

Es ist erstaunlich, welchen Scharfsinn der Mensch in
der Kunst, seinen Mitmenschen zu vernichten, an den
Tag gelegt hat. Ueberblicken wir die verschiedenen
Waffen vom Steine, der mit der Hand geschleudert wird,
bis zur gezogenen Kanone, so tritt uns in der Entwickelungsgeschichte derselben einer der grossen Culturfort-
schritte deutlich entgegen. Es ist dies der grosse Fortschritt von dem einfachen Werkzeuge, wie die Keule oder
das Messer, welches den Menschen in den Stand setzt,
kräftiger zu schlagen oder zu schneiden, als es die Hände
oder die Zähne gestatten, bis zu der Maschine, die, mit
der erforderlichen Kraft versehen, nur vom Menschen
aufgestellt und gerichtet zu werden braucht, um ihre
Arbeit zu leisten. Oft erzeugt der Mensch die Kraft selbst,
und die Maschine vertheilt dieselbe nur in einer zweckmässigen Weise, wenn z. B. der Töpfer mit seinen Füssen
die Töpferscheibe dreht, während er mit den Händen den
rotirenden Thon formt. Die höchste Classe von Maschinen
sind diejenigen, welche durch die von der Natur aufge-
speicherten Kräfte getrieben werden, wie die Sägemühle,
bei der das fliessende Wasser die eigentliche Arbeit verrichtet, während der Mensch nur das Holz zu beschaffen
und den Gang der Maschine zu leiten hat.

Es ist zwecklos, Vermuthungen darüber anzustellen,
wann der Mensch die sogenannten einfachen Maschinen

oder mechanischen Potenzen kennen lernte, wann er zuerst die Beobachtung machte, dass Steine oder Blöcke, die zu schwer waren, um mit der Hand gehoben zu werden, sich mit einem starken Stocke heben und fortbewegen oder auf einigen runden Holzstücken fortrollen liessen, oder dass sie sich einen langen, schwach geneigten Abhang leichter hinaufschieben liessen, als eine kurze steile Erhöhung. Die Erfindung des Hebels, der Rolle und der schiefen Ebene fällt weit zurück in die vorhistorische Zeit. Die alten Aegypter benutzten Keile, um die riesigen Steinblöcke, die sie bei ihren Bauten verwendeten, zu spalten, und es ist auffallend, dass die Rolle, die ihnen doch bekannt war, niemals im Takelwerk ihrer Schiffe (Fig. 71) beobachtet wird. In den assyrischen Sculpturen findet sich ein Ziehbrunnen mit einer Rolle, ebenso ein riesiger geflügelter Stier, der mit Hebeln emporgehoben und auf einem Schlitten mit untergelegten Rollen fortgezogen wird.

Der Räderwagen, eine der wichtigsten Maschinen, die der Mensch je eingeführt hat, muss bereits in vorhistorischer Zeit erfunden worden sein. Bis zu welcher Geschicklichkeit es die Völker des Alterthums in der Construction der Wagen bereits gebracht hatten, sehen wir an den ägyptischen Streitwagen mit ihren zierlich gearbeiteten Speichenrädern, die an der Axe, um welche sie sich drehen, durch vorgesteckte Nägel festgehalten werden. Auch der Wagen selbst, die Deichsel und die Pferdegeschirre verrathen eine grosse Geschicklichkeit. Wenn wir der Erfindung des Räderwagens nachzuforschen versuchen, bieten uns die kunstvollen Erzeugnisse der ägyptischen und römischen Wagenbauer wenig Nutzen. Indessen finden wir auch, wie es so oft der Fall ist, unvollkommene Constructionen, die den Eindruck machen,

als ob sie einer früheren Stufe in der Entwickelung des
Wagens angehörten. Das römische Plaustrum, ein vorzugsweise landwirthschaftlichen Zwecken dienender Wagen,
hatte in seiner einfachsten Form als Räder zwei hölzerne
Rollen von fast einem Fuss Durchmesser, die aus einem
Baumstamme geschnitten waren und sich nicht um die
Axe drehten, sondern fest mit derselben verbunden
waren. Die Axe wurde durch hölzerne Vorstösse oder
durch Ringe an der Unterseite des Wagens festgehalten,
in denen sie sich sammt den mit ihr verbundenen Rädern
drehte. Interessant ist es, dass man unter ganz anderen
Verhältnissen bei der Construction von Eisenbahnrädern
zu dieser ursprünglichen Construction zurückgekehrt ist.
In Fig. 61 erkennt man das viereckige Ende der Axe,
durch welches dieselbe mit dem Rade fest verbunden ist.

Fig. 61.

Römischer Ochsenwagen von der Säule des Antoninus.

In manchen Gegenden, wie z. B. in Portugal, sind noch
derartige Wagen in Gebrauch, und man hat wohl nicht
mit Unrecht behauptet, dass uns dieselben ziemlich sicher
erkennen lassen, in welcher Weise sich der Wagen vermuthlich entwickelt hat. Die Anwendung von Rollen zur
Fortbewegung von Steinblöcken oder anderen schweren

Gegenständen ist sehr alt. Denken wir uns nun, eine solche aus einem Baumstamme verfertigte Rolle sei in der Weise verbessert worden, dass man dem mittleren Theil eine geringere Dicke gab, so entstand aus derselben ein Räderpaar mit einer Axe aus einem Stücke. Denken wir uns weiter dieses durch die Axe verbundene Räderpaar unter das denkbar einfachste Gerüst gesetzt, so haben wir die einfachste Form des Wagens. Wenn der Wagen auf diese Weise entstanden ist, so wurden später die Räder für sich besonders angefertigt und mit der viereckigen Axe verbunden. Zuletzt wurden dann die Räder, um sie möglich leicht und für weichen Boden brauchbar zu machen, so eingerichtet, dass sie sich um eine feste Axe bewegten.

Eine andere sehr alte Maschine ist die Mühle. Die wildesten Völkerstämme hatten ein sehr einfaches und leicht zu beschaffendes Werkzeug, welches dazu diente, Holzkohle oder Ocker, womit sie sich bemalten, zu pulverisiren, oder Samen, die als Nahrung dienten, zu zerquetschen. Das ganze Werkzeug besteht aus einem rundlichen Steine, der in der Hand gehalten wurde, und einem grösseren ausgehöhlten Steine, der als Unterlage diente. Wir benutzen heute noch dasselbe Werkzeug in der vervollkommneteren Form des Mörsers. Der Mörser kann aber, wie Jedem bekannt ist, in einer zweifachen Art benutzt werden, indem der zu zerkleinernde Stoff entweder zerschlagen oder zerrieben wird. Als der Mensch anfing, Ackerbau zu treiben und als in Folge dessen das Getreide den Haupttheil seiner Nahrung bildete, als die Frauen die schwere Arbeit des Mahlens besorgen mussten, kamen Mahlsteine in Gebrauch, die nicht mehr zum Stossen, sondern nur noch zum Reiben dienten. In Fig. 62 ist ein kunstloser, in Anglesey ausgegrabener Kornquetscher abgebildet. Der Reibstein besitzt an den Seiten Vertiefungen für die Hand des

Fig. 62.

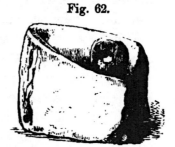

Kornquetscher aus Anglesey (nach W. O. Stanley).

Reibers, der ihn auf der Unterlage hin- und herbewegte. Sehr zierlich sind die aus Lava gearbeiteten Kornquetscher, deren sich die mexicanischen Frauen zur Bereitung des Maismehles bedienten. Am besten wird aber das Getreide durch einen Stein gemahlen, der sich auf einem anderen dreht. Zwei über einander liegende Steine, von denen der eine rotirt, bilden aber den Haupttheil einer Mühle. Die in früheren Zeiten gebräuchliche Handmühle bestand in ihrer einfachsten Form aus zwei flachen Mühlsteinen, von denen der obere vermittelst eines Griffes gedreht wurde, während das Getreide durch eine Oeffnung in der Mitte desselben hineingeworfen wurde und am Rande als Mehl herauskam. Solche Handmühlen haben sich bis in die neueste Zeit erhalten. So waren noch im vorigen Jahrhundert auf den Hebriden Handmühlen von der in Fig. 63 (a. f. S.) abgebildeten Form in Gebrauch. Die lange Stange, welche oben an einem Aste befestigt ist, endet in einem Loche in dem oberen Steine, und unter dem ruhenden Steine ist ein Tuch zum Auffangen des Mehles ausgebreitet. Die Handmühle ist noch jetzt im nördlichen Schottland und auf den Inseln in Gebrauch. Wer die Einrichtung einer modernen Mühle betrachtet, wird bemerken, dass jetzt die schön geformten und mit Rinnen versehenen Mühlsteine sehr schwer sind, dass der

Fig. 63.

Handmühle von den Hebriden (nach Pennant).

obere durch eine Axe, die von unten kommt und durch Dampf- oder Wasserkraft getrieben wird, in schnelle Rotation versetzt wird. Ungeachtet dieser mechanischen Verbesserungen ist der wesentliche Theil der Mühle, die beiden Steine, noch derselbe, wie bei der Handmühle.

Eine andere Gruppe von Werkzeugen und Maschinen, deren Wirkung auf einer drehenden Bewegung beruht, beginnt mit dem Bohrer. Die einfachste Art, den als Bohrer dienenden Stab mit der Hand zu drehen, ist aus Fig. 72 ersichtlich. Wilde Völker verstehen es, in dieser einfachen Weise vermittelst eines Stabes unter Anwendung von scharfem Sand und Wasser harte Steine zu durchbohren. Dieses Werkzeug wurde für beide Zwecke,

denen es diente, nämlich zum Feuermachen und zum
Bohren von Löchern, dadurch verbessert, dass um den
Stab ein Riemen oder Seil gewunden wurde, durch dessen
Hin- und Herbewegung der Bohrer in Rotation versetzt
wurde. Homer beschreibt (Odyssee IX, 384), wie die
alten Schiffsbauer diese Methode anwandten, um das
Schiffsbauholz zu durchbohren. Die Bewegung des Bohrers mit Bogen und Sehne, die von einer einzigen Person
ausgeführt werden konnte, war bereits den alten Aegyptern bekannt. Der vollkommnere Schraubenbohrer dagegen ist neueren Ursprungs. Die Drehbank hat sich
wahrscheinlich aus dem Bohrer entwickelt, obgleich die
modernen Formen derselben diesen Zusammenhang nicht
mehr erkennen lassen. Wir erkennen denselben aber,
wenn wir uns der alten einfachen Drehscheibe erinnern,
mit welcher der Dreher die hölzernen Schüsseln und
Stuhlbeine formte, indem er dieselben durch ein aufge-
wundenes Seil in Drehung versetzte. Diese Drehscheibe
wurde durch die Fussdrehbank verdrängt, während diese
wieder durch die Einführung der Dampfkraft übertroffen
wurde.

So lässt sich die Entwickelung mancher Instrumente
und Maschinen soweit verfolgen, bis die Spuren derselben
in dem Dunkel der vorhistorischen Zeiten verschwinden.
Andere Werkzeuge wurden dagegen erst in historischer
Zeit erfunden, doch ist es nur in seltenen Fällen möglich,
den Urheber einer alten Erfindung zu ermitteln. So ist
Niemand im Stande, über die Zeit sowie über die Art
und Weise der Erfindung der Schraube irgend etwas
Sicheres anzugeben. Sie war den alten griechischen
Mathematikern bekannt, und die Leinen- und Oelschrau-
benpressen des Alterthumes zeigen in ihrer Construction
die grösste Aehnlichkeit mit modernen Pressen. Wäh-

rend der Periode der alten Cultur erscheinen die Anfänge jener ungeheuren Umwälzung, welche jetzt das
moderne Leben dadurch umgestaltet, dass sie die Naturkräfte zur Arbeitsleistung ausbeutet. Diese grosse Umwälzung scheint vorzugsweise durch Vorrichtungen angeregt
worden zu sein, welche dazu bestimmt waren, die schwere
Arbeit der Bewässerung der Felder für den Menschen zu
besorgen. Eine einfache Vorrichtung dieser Art ist der
Ziehbrunnen des Nilthales. Eine auf Pfosten ruhende, als
Hebel bewegliche Stange trägt an dem einen Ende den
zum Schöpfen des Wassers dienenden Eimer, an dem anderen ein Gegengewicht. Uebrigens brauchen wir nicht
nach Aegypten zu reisen, um einen solchen Brunnen zu
sehen. Derselbe wird auch bei uns in Backsteingruben
benutzt. Wo es sich um Bewässerung der Felder handelte,
war es eine Verbesserung, das Wasser durch ein Rad zu
heben, welches durch einen Trupp Sclaven bewegt wurde
und an dessen Rand Eimer oder irdene Gefässe angebracht waren, welche aus dem Wasser gefüllt empor-
stiegen und oben ihren Inhalt in einen Trog ausgossen.
Wurde aber ein solches Rad so aufgestellt, dass es in ein
fliessendes Wasser tauchte, so wurde es durch das Wasser
selbst in Bewegung gesetzt, und so entstand die in der
alten Literatur so oft erwähnte Noria oder Bewässerungs-
mühle, die bis auf den heutigen Tag sowohl im Orient
als auch in Europa noch in Gebrauch ist. In dieser oder
einer ähnlichen Weise wurde das Wasserrad zu einer
Kraftquelle, die zur Leistung anderer Arbeit, namentlich
auch zum Mahlen von Getreide benutzt wurde. Ein
griechisches Epigramm sagt: „Stellt eure Arbeit ein, ihr
Mädchen, die ihr an den Mühlen arbeitet, schlaft und
lasset die Vögel bei wiederkehrender Morgendämmerung
singen, denn Demeter hat den Wassernymphen befohlen,

eure Arbeit zu thun; gehorsam ihrem Rufe werfen sie sich auf das Rad und drehen die Axe und die schwere Mühle." Die Kornmühle der Alten mit ihren vom Wasserrade in Bewegung gesetzten Kammrädern mag mit den noch heute bei uns gebräuchlichen Wassermühlen grosse Aehnlichkeit gehabt haben. Eine solche Vorrichtung wurde anfangs zum Mahlen von Korn, später aber auch zu anderen Zwecken benutzt. Es war ein grosser Fortschritt in der Civilisation, als die Wassermühlen und die mit ihnen verwandten Windmühlen als Kraftquellen in Gebrauch kamen und zur Ausführung von Arbeiten aller Art benutzt wurden, von der schwersten Arbeit in europäischen Fabriken bis zu der Bewegung der tibetanischen Gebetmühlen, die unaufhörlich die buddhistischen Gebete wiederholen. Im Laufe unseres Jahrhunderts hat sich die civilisirte Welt in der Anwendung der Steinkohlen zur Erzeugung von Wasserdampf eine ungeheure Kraftquelle erschlossen. Diese Kraftquelle wird bereits in einem solchen Umfange ausgebeutet, dass man bereits ernstlich die Frage erörtert, welche Kraft einmal benutzt werden soll, wenn die Steinkohlenlager erschöpft sind, die des fliessenden Wassers oder die der Sonnenhitze. So strebt der moderne Culturmensch dahin, die Thätigkeit des Arbeiters früherer Zeiten mehr und mehr zu der höheren Thätigkeit der Leitung und Beaufsichtigung der Naturkräfte umzugestalten.

Neuntes Capitel.

Nahrungserwerb und Kriegskunst.

Wilde Nahrung. Jagd. Fallenstellen. Fischen. Ackerbau. Werkzeuge.
Viehzucht. Waffen. Harnisch. Kriegführung.

Nachdem wir uns im letzten Capitel mit den Werkzeugen beschäftigt haben, deren sich der Mensch bedient,
haben wir zunächst die Mittel ins Auge zu fassen, die er
anwendet, um sich zu erhalten und zu schützen. Vor
allen Dingen muss er seine tägliche Nahrung erwerben.
In tropischen Wäldern können sich die Wilden leicht von
dem ernähren, was ihnen die Natur bietet, wie die Andamaneninsulaner, welche Früchte und Honig sammeln,
wilde Schweine in den Dschungeln jagen und an der
Küste Fische und Schildkröten fangen. Viele Waldvölker
Brasiliens treiben zwar etwas Ackerbau, sind aber doch
hauptsächlich auf wilde Nahrung angewiesen, die ihnen
die Natur in reichlicher Menge bietet. Die Wälder sind
reich an Wild und die Flüsse wimmeln von Fischen, die
Wälder bieten Wurzeln und Knollen, Kalebassen, Palm-
nüsse und andere Früchte. Auch wilder Honig, Vogel-
eier, selbst Insecten werden nicht verschmäht. Auch in
weniger reichen Gegenden sorgt die Natur für die Wilden,
indem sie ihnen Wild und Fische bietet. Wo allerdings

dieses fehlt, da wird das Leben zu einem unablässigen Suchen nach Nahrung, wie bei den Australiern, die ihre Wüsten durchschwärmen, um essbare Wurzeln oder Insecten zu erspähen, oder bei den Indianerstämmen der Felsengebirge, die Tannenzapfen und Beeren sammeln, Schlangen fangen und Eidechsen mit hölzernen Haken aus ihren Höhlen herausziehen. Die Feuerländer wandern ihre kalten unwirthbaren Küsten entlang, und ernähren sich hauptsächlich von Schalthieren. Die Schalen derselben nebst Fischgräten und anderen Abfällen bilden an den Aufenthaltsorten der Wanderstämme lange Bänke über der Fluthhöhe des Wassers. Solche Schalenhaufen oder Küchenabfälle finden sich hier und da auf der ganzen Erde an den ganzen Küsten und bezeichnen die Wohnstätten alter Völkerstämme. Hierher gehören z. B. die dänischen „Kjökkenmöddinger", in denen die Archäologen Ueberreste erkennen, welche von europäischen Völkern der Steinzeit hinterlassen wurden, deren Lebensweise einige Aehnlichkeit mit der der heutigen Feuerländer hatte. Jagd und Fischerei treffen wir bei Völkern aller Culturstufen an, von den Wilden, die kein anderes Mittel des Nahrungserwerbs kennen, bis auf die civilisirten Völker, bei denen Wild und Fische mehr eine Ergänzung des vom Ackerbau und der Viehzucht gelieferten Getreide- und Fleischvorraths bilden. Wenn wir die verschiedenen Kunstgriffe betrachten, deren sich die Jäger und Fischer bedienen, so werden wir erkennen, wie die meisten derselben den niederen Culturstufen angehören.

Die Eingeborenen der brasilianischen Wälder legen in dem Aufspüren des Wildes, was ihre Hauptbeschäftigung bildet, eine staunenerregende Geschicklichkeit an den Tag. Der jagende Botocude, der verstohlen durch

16*

das niedrige Gebüsch schleicht, kennt die Lebensweise und die Spuren aller Vögel und vierfüssigen Thiere. Aus den Ueberresten von Beeren und Samenhülsen erkennt er, welches Thier das Fehlende gefressen hat. Er weiss, bis zu welcher Höhe ein Armadill im Gehen die Blätter verschiebt und unterscheidet die Spur desselben von der Spur einer Schildkröte oder einer Schlange, er erkennt den Weg, den es eingeschlagen hat, an den von dem Schuppenpanzer in dem Boden hinterlassenen Spuren und verfolgt das Thier bis in seine Höhle. Selbst der Geruchsinn unterstützt diesen Jäger in dem Verfolgen seiner Beute. Hinter einem Baumstamm verborgen, ahmt er die Stimmen der Thiere nach und lockt dieselben in das Bereich seiner vergifteten Pfeile. Selbst den Alligator versteht er durch den knirschenden Ton anzulocken, den er dadurch erzeugt, dass er die Eier desselben, die an Flussufern unter Blättern verborgen liegen, mit ihrer rauhen Schale an einander reibt. Wenn ein Affe, den er erlegt hat, mit seinem Wickelschwanz hoch in den Zweigen eines riesigen Baumes hängen bleibt, so klettert er an einer Schlingpflanze in die Höhe und holt ihn herab. Ein Weisser würde es nicht fertig bringen, sich an einem solchen Schlinggewächs emporzuarbeiten. Wenn er endlich mit Wild, mit Früchten, die er zur Bereitung von Getränken, mit Palmfaser, die er zur Anfertigung von Hängematten benutzt, und mit anderen Erzeugnissen des Waldes den Heimweg antritt, so dienen ihm die Sonne, die Beschaffenheit des Bodens und die Zeichen, welche er sich durch Umbiegen von Zweigen machte, als er durch das Dickicht dahinkroch, als Wegweiser. Der australische Jäger legt sich hinter Zweigen versteckt in der Nähe eines Wassertümpels auf die Lauer, um die zur Tränke kommenden Känguruhs abzuwarten, oder er

liegt tagelang unter freiem Himmel auf der Lauer und
übernachtet bei einem kleinen Feuer, um bei anbrechen-
der Morgendämmerung sogleich zur Verfolgung bereit
zu sein. Er wartet es in seinem Versteck ab, bis es ihm
gelingt, sich nahe genug an ein Thier heranzuschleichen,
um seinen Speer schleudern zu können, der nur selten
sein Ziel verfehlt. Bei Treibjagden stellen sie sich in
zwei Reihen auf, die gegen eine Vertiefung zusammen-
laufen, in welche die Känguruhs hineingetrieben werden.
Oder sie umzingeln eine grössere mit Buschwerk be-
wachsene Fläche und treiben das Wild mit Schreien und
Klappern in die Mitte zusammen, wo sie es mit Speeren und
Knüppeln erlegen. Eine ähnliche Geschicklichkeit zeigen
die Australier im Vogelfang. Ein Eingeborener schwimmt
durch ein Rohr athmend unter dem Wasser, oder er bedeckt seinen Kopf nur mit Wasserpflanzen und schleicht
sich an einen Trupp Enten heran, die er eine nach der
anderen geräuschlos unter das Wasser zieht und an
seinem Gürtel befestigt. Diese Art des Entenfangs findet
man an so weit von einander entfernten Orten der Erde,
dass man im Zweifel darüber sein kann, ob sie von mehreren Völkern selbständig erfunden wurde, oder ob sie ein
Volk von dem anderen lernte. Am Nil kann man beobachten, wie ein unverdächtig erscheinender Kürbis, dessen
Inneres den Kopf eines schwimmenden Aegypters birgt,
in einen Trupp Wasservögel hineinschwimmt. Der australische Jäger fängt das Wallaby, ein kleines Känguruh,
indem er an einem langen, einer Angelruthe ähnlichen
Stab einen ausgestopften Falken befestigt, denselben in
der Luft schweben lässt und zugleich das eigenthümliche
Geschrei des Vogels nachahmt, um das Thier in einen
Busch zu treiben und hier zu erlegen. Eine eigenthümliche Jagdmethode besteht darin, dass die Jäger Gestalt

und Bewegung von Thieren nachahmen. So schleichen sich die Hundsrippenindianer an eine Renthierherde heran, indem zwei Jäger hinter einander her schreiten, von denen der vorderste in der einen Hand einen Renthierkopf, in der anderen ein Bündel Zweige trägt, an denen er das Geweih reibt, wie es die Renthiere zu thun pflegen. In England diente noch bis in die letzte Zeit den Vogelfängern ein auf Rädern ruhendes hölzernes Pferd als Versteck. Dies hat Veranlassung zu der Redensart: „to make a stalking-horse of one" (wörtlich: „das Schreitpferd Jemandes machen", d. h. Jemandem als Deckung dienen) gegeben, die von Manchem gebraucht wird, ohne dass er von der Entstehung derselben eine Ahnung hat.

Die Ausübung der Jagd mit Hilfe von Hunden ist sehr alt und wurde bei uncivilisirten Völkern vorgefunden. So haben die Australier, wie es scheint, den Dingo oder wilden Hund für die Jagd abgerichtet, und die meisten nordamerikanischen Indianer besassen Jagdhunde. Doch waren die Hunde früher bei wilden Völkern nicht so allgemein verbreitet, wie jetzt, nachdem dieselben von Europa aus nach anderen Welttheilen eingeführt worden sind. So hatten z. B. früher die Bewohner von Newfoundland, wie es scheint, keine Hunde. Das grösste und wildeste Thier, dessen Jagdinstinct sich der Mensch nutzbar gemacht hat, ist der Jagdleopard oder Tschita (Gepard), der in Indien und Persien in einem eisernen Käfig auf die Jagd mitgenommen und auf das Wild losgelassen wird. Nachdem er das Thier erlegt hat, erhält er als Beute ein Bein desselben, welches der Jäger abtrennt, während der Tschita noch mit dem Auflecken des Blutes beschäftigt ist. Bereits im Alterthum wurden Raubvögel dazu abgerichtet, jagdbare Vögel zu ergreifen oder in Netze zu treiben oder auf Hasen zu stossen. Die Falknerei

erreichte ihren Höhepunkt im Mittelalter in der Tatarei,
wo der Chan, wie uns Marco Polo beschreibt, von zwei
Elephanten in einer mit goldgewirkten Teppichen und
Löwenfellen behängten Sänfte getragen auf die Jagd
hinauszog, begleitet von zehntausend Falknern, die ihre
Falken auf Fasanen und Kraniche stossen liessen. Aus
dem Orient kam die Falknerei nach Europa. Wenn ein
Maler ein die Zustände des Mittelalters symbolisch dar-
stellendes Bild malen wollte, so könnte er keine passenderen
Figuren wählen, als einen Ritter und ein Edelfräulein zu
Pferde mit ihren verkappten Falken auf der Faust. Jetzt
ist die Falknerei in Europa ausgestorben, doch kann sie
der Reisende noch in Asien, wo sie zuerst aufkam, z. B.
in Persien und den angrenzenden Gebieten, beobachten.
Bei derartigen Jagden ist häufig der Nahrungserwerb
vollständig Nebensache. Dieselben werden vielmehr nur
zum Vergnügen betrieben, wie z. B. namentlich die Jagd
auf flüchtige Thiere, wie Hirsche, die zu Pferde ausgeübt
wurde. Die Hirschjagd mit ihren Cavalcaden und glän-
zend uniformirten Beamten spielte schliesslich an den
europäischen Fürstenhöfen eine grosse Rolle. Wenn auch
dieses Gepränge in der neueren Zeit sehr in Verfall gekommen ist, so haben sich doch noch zahlreiche Spuren
desselben erhalten, wie z. B. am englischen Hofe die
Stellen und Titel eines Aufsehers der Hirschhunde
(Master of the Buckhounds) und eines erblichen Gross-
falkeniers (Hereditary Grand Falconer).

Der moderne Jäger mit seinem Feuergewehr befindet
sich in einer weit günstigeren Lage, als der mit Bogen
und Speer bewaffnete Jäger der alten Zeit. Welchen
Einfluss die Einführung von Feuerwaffen ausübt, sehen
wir an den eingeborenen amerikanischen Büffeljägern.
Dieselben haben die Büffelherden nie geschont, so oft

es ihnen gelang, in das Bereich einer solchen zu kommen. Aber seitdem sie im Besitz von Feuerwaffen sind, werden solche Unmassen von Büffeln von ihnen erlegt, dass Reisende den Boden und die Luft meilenweit durch die Leichen der Büffel, die nur der Zungen und der Häute wegen erlegt werden, verpestet fanden. In civilisirten Ländern hat in Folge der Ausrottung des Wildes sowie in Folge der Anbauung wüsten Landes die Jagd ihre Bedeutung als Mittel des Nahrungserwerbs verloren. Allein die Jagd ist seit den ältesten Zeiten eine Schule der Ausdauer und des Muthes gewesen, die für den Menschen stets einen besonderen Reiz gehabt hat. Man ist daher bemüht, die Jagd auch unter solchen Umständen künstlich zu erhalten, wo sie durchaus keine praktische Bedeutung mehr hat. In civilisirten Ländern wird diejenige Jagd am höchsten geschätzt, welche die meisten Anstrengungen und Gefahren mit sich bringt, wie die Birkhuhnjagd und die Saujagd, während die Jagd auf halb zahme Vögel, wie Fasanen, bei den Jägern in keinem besonders hohen Ansehen steht.

Eine andere Art der Jagd besteht in dem Fangen des Wildes durch Fallen. Eine sehr einfache Form dieses Fallenstellens kann man in Australien beobachten, wo sich die Eingeborenen mit einem Stück Fisch in der Hand im Sonnenscheine auf den Rücken legen und scheinbar schlafend die Annäherung eines Vogels abwarten, den sie sofort mit der Hand ergreifen, sobald er auf die Lockspeise stösst. Eine sehr einfache Vorrichtung zum Fangen des Wildes, die bei allen wilden Jagdvölkern angetroffen wird, besteht in der Grubenfalle, die in ihrer einfachsten Form weiter nichts als eine Grube von hinreichender Tiefe ist, aus welcher ein Thier, welches hineinfällt, nicht entfliehen kann. Die wilden Fallenjäger

graben eine solche Grube und bedecken dieselbe mit
Laub und Rasen. So fangen z. B. in Afrika die Buschmänner das riesige Flusspferd und den Elephanten. In
den an Pelzthieren reichen Gegenden werden von den
Pelzjägern verschiedene Formen der Grubenfalle angewendet. Dieselben werden z. B. mit einer Fallthür
verschlossen, die nachgiebt, sobald sie von einem Thiere
betreten wird. Die nordamerikanischen Pelzjäger führen
bekanntlich den Namen Trapper. Das englische Wort
trap bedeutet ursprünglich „Tritt" (vgl. das deutsche
„Treppe") und hat die Bedeutung „Falle" vermuthlich
deshalb angenommen, weil an einer Falle sich in der
Regel ein Theil befindet, der von dem Thiere betreten
werden muss, wenn es gefangen werden soll. Dies ist
nicht nur bei der Grubenfalle so, sondern auch bei
anderen Fallen, die, wenn das Thier dieselbe betritt, zu-
klappen, oder eine Schlinge um das Thier zusammenziehen, oder einen Pfeil gegen dasselbe schleudern. Alle
diese Kunstgriffe sind den uncivilisirten Völkern wohlbekannt. Ebenso verbreitet ist die Anwendung der
Schlinge zum Fangen von Vögeln und vierfüssigen
Thieren. Dieselbe wird entweder unmittelbar mit der
Hand gehalten, oder an der Spitze eines Stockes befestigt. Am geschicktesten wissen vielleicht die berittenen
mexikanischen Hirten die Schlinge zu führen. Der Lasso
ist übrigens keineswegs eine amerikanische Erfindung,
sondern derselbe wurde von den Spaniern nach Amerika
gebracht. Das spanische Wort *lazo* stammt von dem
lateinischen Worte *laqueus*, Strick. Will man die Schlinge
als Falle benutzen, so hat man dieselbe nur, wie es die
nordamerikanischen Indianer machen, auf dem Weg, den
das Wild zu nehmen pflegt, so anzubringen, dass das
Thier im Vorbeigehen mit dem Kopf in die Schlinge ge-

räth. Auch kann die Schlinge an einem zurückgebogenen Zweige so befestigt werden, dass dieser, wenn ein Thier vorübergeht, zurückschnellt und die Schlinge zuzieht. Die Wilden der malayischen Halbinsel befestigen einen Speer an einem zurückgezogenen Bambusrohr. Geht ein Thier vorüber, so löst es den Speer aus und wird von demselben getroffen. Dass derartige Fallen vermuthlich zur Erfindung von Bogen und Pfeil führten, wurde bereits im Vorhergehenden erwähnt. Auch wirkliche Bogen und Pfeile werden in manchen Gegenden, z. B. in Sibirien, als Fallen gestellt, und eine moderne Verbesserung dieser Vorrichtung erkennen wir im Selbstschuss.

Auch das Netz gehört zu denjenigen Fangvorrichtungen, die wir bei allen Völkern, soweit uns die Geschichte zurückführt, antreffen. Die Eingeborenen Australiens fangen das Wild in derselben Weise, wie die alten Assyrier und unsere heutigen Wilddiebe, mit Netzen. Auch Vögel verstehen sie sehr wohl mit Netzen zu fangen. Ihren Höhepunkt erreichte diese Kunst bei den Aegyptern, wie uns die Bilder auf den alten ägyptischen Denkmälern beweisen, in denen wir grosse Zugnetze bemerken, in denen gegen zwanzig Gänse auf einmal gefangen wurden. Selbst die Seelen der Todten werden abgebildet, wie sie im Jenseits mit diesem Lieblingsvergnügen beschäftigt sind.

Von den verschiedenen Kunstgriffen, welche beim Fischfang angewendet werden, ist einer bei wilden Völkern sehr allgemein verbreitet, was nicht zu verwundern ist, da ihn gewissermaassen die Natur selbst lehrt. An Flussmündungen und an flachen Küsten werden täglich durch den Wechsel von Ebbe und Fluth Fische in den seichten Wassertümpeln zurückgelassen. Dasselbe geschieht auch im Binnenland an den Flussufern in Folge von Ueber-

schwemmungen. Die Wilden, von dieser Erfahrung geleitet, besitzen aber Scharfsinn genug, um der Natur
nachzuhelfen. Die Feuerländer fangen z. B. die Fische
mit Hilfe eines Pfahlzauns, den sie an der Stelle des
niedrigsten Wasserstandes errichten und der den während der Fluth an die Küste herankommenden Fischen
bei Eintritt der Ebbe den Rückweg abschneidet. In
Südafrika umzäunt man in der Nähe der Flüsse grosse
Flächen mit Steinwällen, die aus lose auf einander ge-
schichteten Steinen bestehen und daher das Wasser leicht
durchlassen. Unsere Fischzäune und Fischdämme sind
daher keineswegs Erzeugnisse der modernen Civilisation.
Auch das Betäuben der Fische durch giftige Stoffe ist
durchaus keine moderne Erfindung. Diese Art des Fisch-
fangs ist vielmehr bei den Waldbewohnern des tropischen
Südamerikas sehr ausgebildet, und dieselben benutzen zu
diesem Zwecke gegen zwanzig verschiedene Pflanzen. Dass
die Wilden dies Mittel kennen, kann uns nicht wundern,
da sie ohne Zweifel zuweilen beobachteten, dass die
Fische durch zufällig in das Wasser gefallene Zweige oder
Früchte gewisser Euphorbia- und Paulliniaarten betäubt
wurden. Eine solche Beobachtung musste natürlich die
Wilden anregen, absichtlich die auf die Fische betäubend
wirkenden Pflanzentheile in das Wasser zu werfen. Auch
den Speer benutzen die Wilden zum Fischfang. Um denselben für diesen Zweck besonders geeignet zu machen,
wird die Spitze desselben mit Widerhaken versehen, oder
die Spitze wird aus mehreren getrennten Zinken zusammengesetzt, die sämmtlich mit Widerhaken versehen
sind. Die Eingeborenen Australiens legen sich quer
über ihr Canoe und halten die Speerspitze in das Wasser
eingetaucht, jeden Augenblick bereit, nach einem heran-
nahenden Fische zu stechen, ohne durch das Eintauchen

des Speers ein Geräusch zu verursachen. Dabei hält der Fischer, was noch bemerkenswerther ist, seine Augen unter die Oberfläche des Wassers, damit ihn das Wellengekräusel der Oberfläche nicht stört. Hierdurch ist auch der störende Einfluss der Lichtbrechung ausgeschlossen, der es bekanntlich einem Menschen, dessen Auge sich in der Luft befindet, sehr erschwert, einen unter der Oberfläche des Wassers befindlichen Gegenstand zu treffen. Auch ist es den Wilden wohlbekannt, dass sich die Fische in der Dunkelheit durch ein Licht anlocken lassen. Das Salmenstechen bei Fackelbeleuchtung, welches in Schottland und Norwegen jetzt immer mehr ausser Gebrauch kommt, kann aber in seiner ganzen malerischen Schönheit noch bei den Indianern der Vancouverinsel beobachtet werden. Das Erlegen der Fische mit Pfeil und Bogen, welches niedere Völker mit grosser Geschicklichkeit ausführen, kann als eine besondere Form des Erlegens mit dem Speer angesehen werden. Die Fischangel finden wir nur bei einigen wilden Völkern, z. B. den Australiern, welche dieselbe aus Muschelschalen verfertigen. Auch die Klaue eines Raubvogels dient ihnen an ein Seil befestigt als Fischangel. Nur die Anwendung der Schwimmangel scheint in alten Zeiten nicht bekannt gewesen zu sein. Es ist indessen bemerkenswerth, wie wenig sich die Form und der Gebrauch der Angeln im Laufe der Zeit verändert hat. Der Fischerspeer der Wilden mit seinen drei bis vier mit Widerhaken versehenen Zinken hat die grösste Aehnlichkeit mit der sogenannten Harpune, deren sich heute die Fischer bedienen. Nur verfertigt man heute die Spitze aus Eisen, anstatt aus Holz und Fischzähnen. Die Harpune der amerikanischen Walfischjäger, deren eiserne Spitze, die mit dem Schaft durch eine lange Leine verbunden sich von dem Schaft loslöst, sobald der

Fisch getroffen ist, hat ihr Vorbild an der Harpune der
Aleuteninsulaner, nur hat diese eine knöcherne, jene eine
eiserne Spitze. Unsere Fischer betreiben ihr Geschäft
im Grossen mit Dampfbooten und Schleppnetzen, die
eine ganze Bucht durchziehen. Allein im Wesentlichen
unterscheidet sich die Methode der Netzfischerei nicht
von dem Verfahren der wilden Völker, bei denen wir
auch den Gebrauch des Speers und der Angel in einer
der unsrigen ähnlichen Form vorfinden.

So ist der Mensch selbst auf derjenigen Stufe, wo er
sich noch ähnlich wie die Thiere von wilden Früchten,
von Wild und von Fischen ernährt, doch durch seine
höhere geistige Begabung befähigt, sich bei der Erwer-
bung seiner Nahrung kunstvollerer Mittel zu bedienen.
Sobald er anfängt, sich durch Ackerbau und Viehzucht
Nahrungsvorräthe zu beschaffen, erhebt er sich auf eine
höhere Stufe. Die Erfindung des Ackerbaues war jedenfalls nicht schwierig oder dem Gesichtskreis des Menschen
fernliegend, denn selbst der roheste Wilde musste durch
Beobachtung der Pflanzen, die ihm Nahrungsmittel
lieferten, bemerken, dass Samen oder Wurzeln zu neuen
Pflanzen heranwachsen, wenn sie an einem geeigneten
Ort in die Erde gebracht werden. Dass so viele Völker
keine Pflanzen anbauen, sondern nur ernten, was ihnen
die Natur bietet, ist daher schwerlich der Unwissenheit,
sondern vielmehr der umherschweifenden Lebensweise,
dem schlechten Klima oder auch der Abneigung gegen
die Arbeit zuzuschreiben. Selbst die rohesten Völker
treiben etwas Bodencultur, wenn sie das ganze Jahr hindurch an derselben Stelle wohnen und das Klima sowie
die Bodenbeschaffenheit günstig sind, wie z. B. die Indianer Brasiliens, welche ein Stück Wald um ihre Hütten
herum lichten, um etwas Mais, Maniok, Bananen und

Baumwolle anzubauen. Von den Nahrungspflanzen, die angebaut werden, befinden sich einige in demselben Zustand, in welchem sie wild wachsen, wie die Cocospalme und der Brotfruchtbaum, während sich die meisten unter dem Einfluss der Cultur verändert haben. Von einigen Culturpflanzen kennen wir die wilde Stammart, wie z. B. von der Kartoffel, die noch wild an der chilenischen Küste wächst. In solchen Fällen sind wir im Stande, nachzuweisen, wie dieselben durch den Menschen verbessert worden sind. Andere Culturpflanzen dagegen kennen wir nicht mehr im wilden Zustand, wie z. B. die Grasarten, aus denen sich durch die Cultur die sogenannten Cerealien, wie Weizen, Gerste, Roggen, entwickelt haben und die durch die regelmässigen und reichlichen Ernten, welche sie liefern, für die Ernährung des Menschen und die Beförderung der Civilisation eine grosse Bedeutung gewonnen haben. Die Entwickelung dieser Culturpflanzen aus ihren wilden Stammarten fällt ohne Zweifel vor die ältesten historischen Zeiten und deutet auf eine noch viel frühere Entwickelung des Ackerbaues hin. Als Zeugniss für das hohe Alter des Ackerbaues können wir den Culturzustand der alten Aegypter und Babylonier mit ihren Verwaltungseinrichtungen, ihren Heeren, Tempeln und Palästen anführen. Nothwendiger Weise musste durch eine lange Reihe von Menschenaltern hindurch in diesen Gegenden Ackerbau betrieben worden sein, bevor sich die Bevölkerung so verdichtete, dass sie eine civilisirte Nation bilden konnte. Wenn eine Pflanze einmal zur Culturpflanze geworden ist, so wandert sie über die ganze Erde von einem Volk zum anderen. So brachten die europäischen Eroberer aus Amerika den Mais mit nach Europa, der seit undenklichen Zeiten in der neuen Welt angebaut worden war und der heute in Italien

dem Landmanne das Mehl für seine tägliche Speise, die
Polenta, liefert. Selbst in Japan und in Südafrika wird
der Mais jetzt angebaut. Ein englischer botanischer
Garten bietet nicht nur dem Botaniker, sondern auch
dem Sprachforscher, der die Namen der Pflanzen verfolgt,
Gelegenheit zu interessanten Studien. Oft erkennen wir
in dem Namen die Herkunft einer Pflanze. So deuten
die Namen *damson* (Damascener Pflaume) und *peach*
(Pfirsich) an, dass diese Pflanzen aus Damascus und Persien
eingeführt worden sind. Der englische Name der Kartoffel (*potato*) scheint dagegen von einer anderen, mit ihr
nicht verwandten Pflanze, der Batate oder süssen Kartoffel,
entlehnt zu sein. Die Ananasfrucht hat in England ihren
malayischen Namen verloren, ausgenommen bei den Bo-
tanikern, und wird wegen ihrer Aehnlichkeit mit einem
Tannenzapfen *pine-apple* genannt.

Die Art und Weise, wie rohe Völker den Boden bearbeiten, kann uns eine Vorstellung davon geben, wie die
Ackerbaugeräthe erfunden worden sind. Wilde, die eine
wandernde Lebensweise führen, wie die Australier, führen
zugespitzte Stöcke (Fig. 64 a. a. f. S.) mit sich, die ihnen
dazu dienen, essbare Wurzeln auszugraben. Wenn wir
aber bedenken, dass das Pflanzen einer Wurzel eine ganz
ähnliche Arbeit ist, als das Ausgraben einer solchen, so
müssen wir es für sehr wahrscheinlich halten, dass Völker,
die anfingen, den Boden anzubauen, den Grabstock zu
dem neuen Zwecke benutzten. In der That ist das einfachste landwirthschaftliche Geräth, welches man sowohl
in der alten als in der neuen Welt angetroffen hat, ein
zugespitzter Pfahl. Sobald man wahrnahm, dass ein
plattes, schwert- oder schaufelförmiges Werkzeug sich
zum Graben besser eignet, als ein spitzes, war der noch
jetzt gebräuchliche Spaten erfunden. Ein noch wichtigeres

Werkzeug, die Hacke, leitet sich von der Picke oder der
Axt ab. Die hölzernen Picken der Neucaledonier dienen
als Waffen und auch als Werkzeuge zum Pflanzen der

Fig. 64.

Yamswurzel. Bei einer afrikanischen
Axt, ein in eine Keule gestecktes
Eisenblatt, muss das Blatt einfach
umgedreht werden, um sie in eine
Hacke zu verwandeln. Die denkbar
roheste Form der Hacke finden wir
in Europa. Sie ist weniger kunstvoll
als diejenige, deren sich die nordamerikanischen Weiber zum Hacken
des Mais bedienten und die aus dem
Schulterblatt eines Elenthieres bestand, welches an einem Stiel befestigt
war. Es ist dies die in Fig. 64b abgebildete schwedische Hacke, ein starker Pfahl aus Tannenholz mit einem
kurz abgeschnittenen und zugespitzten Ast am unteren Ende. Mit diesem
einfachen Werkzeug wurden in alten
Zeiten in Schweden die Felder bestellt, und selbst in der neueren Zeit
war dieselbe noch in manchen Gegenden in Gebrauch. Aus der Hacke
ist aber ohne Zweifel der Pflug her-

a) Australischer Grab- vorgegangen. Die hölzerne Hacke
stock. b) Schwedische wurde schwerer gemacht und von
hölzerne Hacke. Menschen im Boden fortgezogen, um
eine Furche zu erzeugen. Später wurde das Werkzeug
aus zwei Theilen zusammengesetzt. Der eine, die Pflugschar, wurde mit Griffen versehen, an denen sie der
Führer anfasste, der andere bildete die Deichsel, an

welcher das Werkzeug von Menschen fortgezogen wurde. Die Pflugschar wurde mit einer eisernen Spitze versehen und schliesslich wurde das Ganze nicht mehr von Menschen, sondern von Ochsen oder Pferden gezogen. In dieser Weise hat sich, wie es scheint, vor Jahrtausenden aus der Hacke der Pflug entwickelt. Fig. 65 zeigt die

Fig. 65.

Pflug und Hacke im alten Aegypten.

Art und Weise, wie die alten Aegypter den Boden mit Pflug und Hacke bearbeiteten. Hinter dem Pflugführer geht ein Arbeiter her, um mit einer eigenthümlichen Hacke die Schollen zu zerschlagen. Diese Hacke besteht aus einem langen gekrümmten Blatte, welches durch einen Strick mit dem Griff verbunden ist. Der Pflug selbst ist aber von der Hacke nicht wesentlich verschieden, nur ist er schwerer und mit Griffen für den Führer versehen und wird von zwei Ochsen fortgezogen. Das Nilthal gehört zu den Gegenden, in denen sich der Ackerbau frühzeitig entwickelte, und das in der Figur copirte Gemälde versetzt uns gewissermaassen in die Zeit, in welche die wichtige Erfindung des Pfluges fällt. Die Römer kannten bereits eine ganze Reihe von Verbesserungen, die sich bis auf die Gegenwart erhalten haben. Der Pflug war mit einer schweren metallenen Schar versehen, die so geformt war, dass durch sie der Rasen in einem zusammenhängenden Streifen umgeworfen wurde. Vor der Pflugschar

Tylor, Anthropologie. 17

war ein Messer oder Kolter angebracht, welches den
ersten Einschnitt in den Boden machte und der Pflug
ruhte auf Rädern. In neuerer Zeit hat man Pflüge construirt, bei denen es nicht nöthig ist, dass ihnen ein Führer
nachfolgt, und die Ochsen oder Pferde hat man durch
die Dampfkraft ersetzt. Wer sich aber mit den älteren
Formen des Pfluges bekannt gemacht hat, wird auch in
dem ,vollkommensten modernen Pflug die durch den
Boden fortgezogene Hacke erkennen.

Bis auf den heutigen Tag hat sich eine Art der
Bodenbearbeitung erhalten, die der Mensch bereits in
jener Zeit anwandte, als er anfing, den Urwald aus-
zurotten, in welchem er bis dahin, sich von Wurzeln und
Früchten ernährend, umhergewandert war. Diese Art der
Bodenbearbeitung fand Columbus vor, als er in West-
indien landete. Er beobachtete, wie die Eingeborenen
Stellen des Urwaldes lichteten, indem sie das Unterholz
zusammenschlugen und an Ort und Stelle verbrannten.
Diese einfache Art der Bodencultur, durch die nicht nur das
Holz auf eine bequeme Weise entfernt, sondern auch der
Boden durch die Asche verbessert wurde, findet sich noch
bei den indischen Gebirgsstämmen, die eine Stelle mehrere
Jahre hindurch anbauen und dann an einen neuen Wohnort übersiedeln. In Schweden lebt diese Art der Bodenbearbeitung nicht nur noch in der Erinnerung als die
früher allgemein gebräuchliche, sondern sie hat sich bis
auf den heutigen Tag in manchen entlegenen Gegenden
erhalten. Sie kann uns eine Vorstellung davon geben,
in welchem rohen Zustand sich der Ackerbau zu jener
Zeit befunden haben mag, als die ersten Völker in Europa
einwanderten. Ein Blick auf die moderne Landwirthschaft
mit ihren zahlreichen Verbesserungen genügt, um die
Ueberzeugung zu gewinnen, dass dieselbe eine lange Ent-

wickelungsgeschichte hinter sich hat. Von besonderem Interesse ist der Umstand, dass in längst vergangenen Zeiten ein grosser Theil Europas durch Dorfgemeinden angebaut worden ist. Ein Stamm von Colonisten nahm einen grösseren Landstrich in Besitz und legte in der Umgebung ihrer Hütten grosse gemeinsame Felder an, die sie anfangs vielleicht als gemeinsames Eigenthum betrachteten und den Anordnungen der Gemeindeältesten entsprechend bebauten. Dies communistische Landwirthschaftssystem hat sich in ziemlich unveränderter Weise in manchen Ländern, z. B. Russland, erhalten. Selbst in England haben sich die Spuren dieses Systemes bis in die Gegenwart erhalten. In manchen Grafschaften kann man noch die Grenzlinien in den Gemarkungen erkennen, durch welche diese in drei Streifen getheilt wurden, deren jeder wieder in eine Anzahl von Loosen zerfiel, die den einzelnen Dorfbewohnern zugewiesen wurden. Die drei Abtheilungen wurden nach dem alten Dreifeldersystem bewirthschaftet, indem der eine Streifen brach lag, während der eine mit Wintersaat, der andere mit Sommersaat bestellt wurde.

Was sodann die Viehzucht betrifft, so finden wir, dass selbst bei sehr uncultivirten Waldvölkern gesellige Thiere, wie Papageien und Affen, zum Vergnügen gezähmt werden. Ebenso treffen wir den Hund als Wächter und Jagdgenossen bei wilden Völkern an. Eine wesentlich höhere Stufe der Lebensweise bezeichnet es aber, wenn der Mensch Thiere zähmt, um dieselben als Nahrungsquelle auszubeuten. Sehr deutlich tritt uns der grosse Unterschied zwischen der Lebenweise des Jägers und der des Hirten in Nordasien, der Heimath des Renthiers, entgegen. Bei den Eskimos wird das Renthier nur gejagt, während die sibirischen Völker dasselbe nicht nur jagen, sondern auch

als Hausthier halten. So leben die Tungusen fast ausschliesslich von den Renthierherden. Sie ernähren sich
von der Milch und dem Fleisch der Thiere, fertigen aus
den Fellen derselben ihre Bekleidung und ihre Zelte, benutzen die Sehnen als Bindfaden, Horn und Knochen
zur Verfertigung von Werkzeugen. Das Thier selbst endlich wird bei den Wanderungen als Zug- und Lastthier
benutzt. Hier sehen wir das Hirtenleben in seiner einfachsten Form, und es ist überflüssig, die bekannte
Lebensweise höherer nomadischer Völker eingehend zu beschreiben, die in den Steppen Centralasiens und·in den
Wüsten Afrikes bald hier, bald dort ihre Zelte aufschlagen,
wo sie gerade für ihre Ochsen und Schafe, für ihre
Kameele und Pferde günstige Weideplätze finden. Die
Lebensweise des wandernden Jägers und des wandernden
Hirten sind von einander wesentlich verschieden. Beide
wandern von einem Ort zum anderen, aber unter ganz
verschiedenen Verhältnissen. Der Jäger führt ein Leben,
welches wenig Bequemlichkeiten bietet, dagegen oft Ent-
behrungen mit sich bringt, er steht auf einer tieferen
Stufe der Civilisation, als der ansässige Ackerbauer. Für
den nomadisirenden Hirten dagegen ist die Jagd, die den
Lebensunterhalt des Jägers bildet, nur noch ausnahms-
weise ein Mittel des Nahrungserwerbs. Seine Herden
versorgen ihn für den kommenden Morgen, er besitzt
werthvolles Vieh, welches er mit den Bewohnern der
Städte gegen Waffen und Waaren austauschen kann, in
seiner Karawane sind Schmiede, und die Wolle, welche
seine Schafe liefern, wird von den Frauen gesponnen und
gewebt. Am deutlichsten erkennen wir die höhere Stellung, welche der Hirt dem Jäger gegenüber einnimmt, in
dem Umstande, dass der patriarchalische Hirt einer der
grossen Weltreligionen angehören kann. So sind die

Kalmüken der asiatischen Steppen Buddhisten, die Araber Muhamedaner. Eine noch höhere Stufe des Wohlstandes und der Bequemlichkeit wird da erreicht, wo Ackerbau und Viehzucht zugleich betrieben werden, wie z. B. bei unseren Vorfahren in den Dorfgemeinden des alten Europa. Während hier in der näheren Umgebung des Dorfes die Felder bebaut wurden, weidete das Vieh im Sommer in den Bergen und in den Gemeindewaldungen, in denen auch zugleich die Jagd betrieben wurde. In der Nähe der Wohnungen waren gemeinsame Wiesen, die theils als Weideplatz dienten, theils das Heu für den Winter lieferten, während dessen das Vieh in den Ställen unter Obdach gebracht wurde. In dicht bevölkerten Ländern, wie England, verschwinden die letzten Spuren des alten Nomadenlebens, wenn die Viehherden im Sommer nicht mehr in die Berge getrieben werden.

Nächst dem Nahrungserwerb bildet die wichtigste Thätigkeit des Menschen die Vertheidigung der eigenen Person gegen seine Feinde. Der Wilde muss sich vor den Thieren vertheidigen, von denen er angegriffen wird und auf die er Jagd macht. Allein die gefährlichsten Feinde sind seine eigenen Mitmenschen, und selbst auf der niedrigsten Stufe der Gesittung beginnt der Krieg, der mit derselben Keule, mit demselben Speer und demselben Bogen geführt wird, mit denen die wilden Thiere bekämpft werden. General Pitt-Rivers hat gezeigt, wie der Mensch in der Kriegführung das von den Thieren befolgte Verhalten nachahmt, wie er seine Waffen den Hörnern, Klauen, Zähnen und Stacheln selbst bis aufs Gift nachbildet, wie er sich durch Panzer schützt, die der Haut und den Schuppen der Thiere nachgebildet sind, und wie seine Kriegslisten dieselben sind, welche Vögel und vierfüssige Thiere anwenden, indem

er dem Feinde in einem Versteck auflauert, Posten aus-
stellt, gemeinsame Angriffe unter Leitung eines Anführers
macht und sich unter Kriegsgeschrei in den Kampf
stürzt.

Bereits im vorhergehenden Capitel sind die wichtigsten Angriffswaffen besprochen worden. Den Gebrauch,
dieselben zu vergiften, um ihre tödtliche Wirkung zu
steigern, finden wir weit über die Erde verbreitet. So
mischt der Buschmann Schlangengift mit Wolfsmilchsaft,
und bei den Eingeborenen Südamerikas bereitet der Gift-
koch, durch langes Fasten für den geheimnissvollen Act
vorbereitet, im dunkelen Waldesdickicht, wo kein Frauen-
auge seine Arbeit beobachten kann, das lähmende Urari
oder Curaré. Vergiftete Pfeile waren bereits im Alterthum
bekannt. Homer berichtet uns, wie sich Odysseus nach
Ephyra begab, um sich das Gift zu verschaffen, in welches
er die Bronzespitzen seiner Pfeile eintauchen wollte.
Allein Ilos weigerte sich ihm dasselbe zu geben, da er
den Zorn der ewigen Götter fürchtete. Es scheint also,
dass die höher civilisirten Völker bereits im Alterthume
die vergifteten Waffen der Wilden mit einem ähnlichen
sittlichen Abscheu betrachteten, mit welchem etwa ein
moderner Europäer die mittelalterlichen Dolche italienischer Bravos betrachtet, die wie ein Schlangenzahn mit
Giftrinnen versehen sind.

Dass der Panzer oder Harnisch des Kriegers nur
eine Nachahmung des natürlichen Panzers der Thiere ist,
ist leicht zu erkennen. Ja in manchen Fällen wird die
Haut gewisser Thiere ohne weitere Bearbeitung als Panzer
benutzt. So finden wir in unseren Museen Panzer aus
Borneo, die aus einem Bärenfell bestehen, Brustplatten
aus Aegypten, die nichts anderes sind, als ein dem menschlichen Körper angepasster Theil einer Krokodilhaut. Das

Wort Kürass (*cuire* = Leder) beweist, dass der Panzer ursprünglich aus Leder angefertigt wurde. Die Bugi auf Sumatra verfertigen Brustplatten, indem sie die von dem Schuppenthier abgeworfenen Schuppen auf Baumrinde nähen, so dass sie sich ähnlich wie auf dem Körper des Thieres gegenseitig bedecken. Ebenso ahmten die Sarmaten den natürlichen Panzer von Thieren nach, indem sie Pferdehufe in Platten spalteten und diese in der Weise zusammenfügten, dass sie sich wie die Schuppen eines Tannenzapfens bedeckten. Nachdem die Metalle in Gebrauch gekommen waren, entstand der Schuppenpanzer der Griechen, dessen Schuppen den Fisch- oder Schlangenschuppen nachgebildet waren, während der Kettenpanzer ein aus Metallfäden gestricktes Gewand vorstellte. Der mittelalterliche Panzer ist eine Weiterbildung der älteren Formen und bedeckt den Körper von Kopf bis zu Fuss mit eisernen Schuppen oder Maschen oder verbundenen Eisenplatten, die den Panzer von Krabben nachahmen. Mit der Erfindung des Schiesspulvers verloren die Panzer ihre Bedeutung und kamen ausser Gebrauch. Nur der Helm hat sich als militärische Kopfbedeckung bis auf den heutigen Tag erhalten, doch dient derselbe mehr zur Zierde, als zum Schutz. Auch der Schild, einst ein so wichtiger Bestandtheil der Kriegsrüstung, kam mit der Erfindung der Feuerwaffen ausser Gebrauch. Heutzutage stellen wir uns unter einem Schild gewöhnlich einen Schirm vor, hinter welchem sich der Krieger verbergen kann. Doch scheint dies ursprünglich nicht der Zweck desselben gewesen zu sein. Er diente ursprünglich vielmehr zum Pariren, ähnlich wie der schmale Parirschild der Australier, der in der Mitte, wo er mit der Hand gehalten wird, nur vier Zoll breit ist, mit dem aber die Eingeborenen sehr geschickt die Pfeile auffangen. Die kleine runde Tartsche, welche sich am längsten im civilisirten Europa erhalten hat, hatte den Zweck, die Wurfgeschosse abzulenken und die Schwerthiebe zu pariren. Solche Parirschilde bildeten bei der alten Art der Kriegführung, als die Gefechte noch Handgemenge waren, eine wichtige Schutzwaffe, mit welcher der Krieger die Angriffe seines Gegners parirte. Als aber später in geschlossenen Reihen gekämpft wurde, kamen die grossen Deckschilde in Gebrauch. Hinter solchen Schilden verbargen sich die alten ägyptischen Krieger und durch sie schützten sich die Griechen und Römer bei Erstürmung eines Walles gegen die Steine und Pfeile, welche von oben auf sie herabgeschleudert wurden.

Der Wilde oder Barbare sucht seinen Feind wie ein wildes Thier unversehens zu überfallen und zu tödten, namentlich, wenn bitterer persönlicher Hass oder Blutrache die Ursache des Kampfes ist. Aber selbst bei wilden Völkern finden wir einen strengen Unterschied zwischen solchen Ueberfällen und regelrechter Kriegführung, die weniger eine gegenseitige Vernichtung, als die Erkämpfung des Sieges und Schlichtung eines Streites zwischen zwei Parteien bezweckt. So erheben sich die Australier weit über den Standpunkt eines gewöhnlichen Mörders, wenn ein Stamm einem anderen als Zeichen der Herausforderung für einen am nächsten Tage auszufechtenden Kampf einen Speer sendet, auf dessen Spitze ein Bündel Emufedern befestigt ist. Beide Parteien bemalen sich ihren nackten Körper mit absonderlichen Mustern, stellen sich in Schlachtordnung auf, schwingen ihre Speere und Keulen und beginnen den Kampf mit einem wilden Kriegsgeschrei. Die Krieger kämpfen paarweise gegen einander, so dass der Kampf aus einer Anzahl von Zweikämpfen besteht. Speere fliegen hin und

her und werden geschickt parirt, bis endlich ein Krieger
tödtlich getroffen wird, was gewöhnlich das Gefecht be-
endigt. Wenn bei den Botokuden in Brasilien ein Streit
zwischen zwei Stämmen entsteht, weil der eine in das
Jagdgebiet des anderen eingedrungen ist, so wird derselbe durch eine regelrechte Prügelei geschlichtet. Die
Krieger bearbeiten sich paarweise gegenseitig mit schweren
Knüppeln, die Weiber zerkratzen sich die Gesichter und
zerren sich an den Haaren, bis eine der beiden Parteien
nachgiebt. Wenn aber in einem solchen Falle die ge-
schlagene Partei zu Bogen und Pfeil greift, so kann sich
die Scene in ein wirkliches Gefecht umwandeln. Wenn
es zu einem ernstlichen Krieg kommt, so stellen sich die
Botokuden ihren Feinden in Schlachtordnung gegenüber
und eröffnen den Kampf mit ihren Pfeilen. Dann stürzen
sie unter Kriegsgeschrei zusammen, um den Kampf mit
den Zähnen und den Nägeln zu beenden. Dabei werden
ohne Unterschied Männer, Frauen und Kinder nieder-
gemacht. Sie unternehmen Kriegszüge, um die Dörfer
ihrer ansässigen Nachbarn zu plündern, und wenn Feinde
in der Nähe im Walde sind, so stecken sie spitze Holz-
pfähle in den Boden, um sie zu lähmen und dann aus
einem Hinterhalt ihre Pfeile auf sie zu entsenden. Die
Leichen der Gefallenen nehmen sie mit, um sie zu kochen
und zu verzehren. Bei solchem Mahle führen sie wilde
Tänze auf, durch welche sie ihren Kriegsmuth zu wahn-
sinniger Raserei entflammen. Erregung des Muthes ist
der Zweck der wilden Kriegsgesänge und Kriegstänze,
welche sowohl bei wilden als auch bei höher cultivirten
Völkern weit verbreitet sind. Manche Stämme nähren
ihren Hass und ihre Kampflust durch Trophäen, indem
sie den Kopf des erschlagenen Feindes an ihrer Hütte
aufhängen, oder den Schädel desselben als Trinkgefäss

benutzen. Wir kennen aus Beschreibungen zur Genüge
die Kriegsführung der nordamerikanischen Indianer mit
ihren malerischen Zügen, den feierlichen Kriegsrath, die
Kriegserklärung durch ein Bündel Pfeile oder die blut-
rothe Streitaxt, das feierliche Mahl, bei dem der Hund,
das Symbol der Treue, verspeist wird, das Heranschleichen
der Feinde durch das Dickicht, der verstohlene Angriff
auf das Lager oder das Dorf, der wilde Scalptanz der heim-
kehrenden Sieger, die Folterung der Gefangenen, bei dem
selbst die Kinder angehalten werden, Pfeile auf den wehr-
losen Feind abzuschiessen, der seine Qualen ohne Stöhnen
erträgt und, stolz auf seine eigenen Thaten, noch im Todes-
kampfe den verhassten Gegner verhöhnt. „Heranschleichen
wie ein Fuchs, angreifen wie ein Panther und fliehen wie
ein Vogel", das ist die Kriegsführung der Indianer. Zuweilen liefern sie jedoch auch regelrechte Gefechte, sei
es, dass sie einzeln zum Zweikampfe hervortreten, sei
es, dass sie alle auf einmal zu allgemeinem Kampfe auf-
einander stürzen.

Bei wilden Völkern bildet aber nicht nur Feindschaft
und Rachsucht, sondern auch Gewinnsucht die Veranlassung zu Kämpfen. Bei manchen Völkern werden
die Gefangenen nicht getödtet, sondern als Sklaven ab-
geführt und namentlich zur Bebauung des Bodens benutzt. Durch diese Sklaverei wird die Entwickelung des
Ackerbaues natürlich in hohem Grade gefördert. Auch
giebt dieselbe zur Bildung einer neuen Gesellschaftsclasse
Veranlassung, wie wir noch jetzt bei kriegerischen
Völkern, z. B. den Cariben, beobachten können, bei denen
die Gefangenen nebst ihren Nachkommen eine niedere
Gesellschaftsclasse bilden. So wurde bereits in alten
Zeiten die ursprüngliche Gleichheit der Menschen erschüttert, indem sich eine Spaltung in eine Aristokratie

freier Krieger und eine niedere arbeitende Kaste vollzog. Auch unternahmen die Krieger Raubzüge, um Frauen zu entführen, die Sklaven und Eigenthum ihrer Entführer wurden. In Zusammenhang mit dem Frauenraub steht die bei Naturvölkern sehr verbreitete und selbst bei civilisirten Völkern noch herrschende Sitte, nicht eine Frau aus dem eignen, sondern einem fremden Geschlecht oder Stamm zu heirathen. Während sich bei ackerbautreibenden Völkern Eigenthum und Wohlstand mehrten, machten andere Völker den Krieg zu ihrem Lebensberuf, indem sie vom Raub lebten und stolz auf ihr blutiges Handwerk mit Verachtung auf die Männer herabschauten, die ihnen Getreide und Vieh zu liefern gezwungen wurden. Ein solches Räubervolk waren die südamerikanischen Mbayas, deren Religion einfach darin bestand, dass sie eine Gottheit, den grossen Adler, verehrten, der ihnen gebot, alle anderen Völker zu bekriegen, ihre Frauen zu entführen und ihr Eigenthum zu rauben.

Die Kriegführung civilisirter Völker unterscheidet sich von derjenigen wilder Völker dadurch, dass vollkommenere Waffen benutzt werden und dass die Krieger eingeübt werden, in regelmässiger Schlachtordnung zu kämpfen. Die Ueberlegenheit eines regulären Heers über einen regellosen Kriegshaufen von Wilden zeigen uns deutlich die Abbildungen in Wilkinson's „Ancient Egyptians", in denen wir fest geschlossene Truppenkörper erblicken, die mit Speer und Schild ausgerüstet sind und in Reih und Glied nach dem Ton der Trompete marschiren. Xenophon schildert uns in der Cyropaedie die Stärke dieser ägyptischen Carrés von 10 000 Mann. Selbst die siegreichen Perser vermochten dieselben nicht zu durchbrechen. Mitten in dem Getümmel von Pferden und Menschen hielten die Ueberlebenden hinter ihren Schildern sitzend aus, bis ihnen Cyrus eine ehrenvolle Uebergabe bewilligte. Eine ägyptische Armee bestand aus verschiedenen Corps, die in Compagnien zerfielen und von Offizieren von bestimmten Graden befehligt wurden. In der Schlacht nahm die schwere unbewegliche Phalanx das Centrum ein, während die Bogenschützen und die leichte Infanterie die Flügel einnahmen. Einen anderen Theil des Heeres bildeten die Bogenschützen, und die vornehmen Krieger drangen mit ihren Streitwagen mitten in den gegenüberstehenden Feind ein. Diese militärische Stärke wurde durch ein stehendes Heer erreicht, welches von einer besonderen Kriegerkaste gebildet wurde, deren Angehörige von Jugend auf in der Kriegskunst geübt wurden, und für deren Unterhalt dadurch gesorgt wurde, dass jedem einzelnen Krieger vier Acker Land zugewiesen wurden. Die Aegypter bedienten sich seit den ältesten Zeiten fremder Söldnertruppen, deren eigenthümliche Kleidung und Gesichtsbildung in den Gemälden deutlich zu erkennen ist. Bei den Assyriern stand das Kriegswesen, wie sich aus bildlichen Darstellungen ergiebt, auf einer ebenso hohen Stufe, wie bei den Aegyptern. Eine ganz besondere Weiterentwickelung erfuhr das Kriegswesen bei den Griechen, und wir können die ganze Geschichte dieser Entwickelung in der Literatur dieses Volkes verfolgen. Bei den Griechen war zur Zeit des trojanischen Krieges die Kampfesweise mehr barbarisch, als bei den Aegyptern. Die Schilderungen der Iliade zeigen uns wenig Disciplin und Führung, und die Kämpfe zwischen den griechischen und trojanischen Kriegern erinnern in hohem Grade an die Kampfesweise der Wilden. Spätere Perioden der Geschichte lassen uns jedoch erkennen, dass die Griechen nicht nur von der älteren Civilisation gelernt hatten, sondern auch, dass sie das Gelernte selb-

ständig weiterentwickelt hatten. Ihre Bogenschützen,
Wagenstreiter, Reiter und Speerwerfer waren disciplinirt
und nach ägyptischem oder assyrischem Muster in Schlachtordnung aufgestellt. Xenophon beschreibt uns die grosse
Umwälzung in der Kriegführung, die durch den theba-
nischen Feldherrn Epaminondas ausgebildet und zuerst
bei Leuktra erprobt wurde. Während früher die Entscheidung einer Schlacht nur von der Stärke der sich
gegenüberstehenden Heere abhing, trug Epaminondas
durch eine eigenthümliche Aufstellung und eine besondere
Art des Angriffs den Sieg über den an Zahl weit über-
legenen Feind davon. Er griff mit seinem Heere, welches
fünfzig Mann tief aufgestellt war, den rechten Flügel der
Spartaner, der nur zwölf Mann tief war, an, durchbrach
denselben und brachte so das ganze feindliche Heer in
Unordnung. In der Schlacht bei Mantinea stellte er seine
Truppen in keilförmiger Schlachtordnung auf, so dass das
breite Ende derselben dem Feinde zugewendet war, während weiter nach hinten immer weniger breite Abtheilungen
standen. Auf diese Weise erreichte er, dass die letzteren
erst dann ins Gefecht kamen, nachdem die feindliche
Stellung bereits durchbrochen war. So entwickelte sich
die Wissenschaft der Taktik, durch welche die Aufstellung und Bewegung der Truppen eine ebenso grosse Bedeutung erlangte, als der eigentliche Kampf. Die Römer
endlich begründeten auf die Macht der militärischen
Disciplin ihre Weltherrschaft. Im Mittelalter wurden nach
Erfindung des Schiesspulvers Bogen und Pfeile durch die
weit kräftiger wirkenden Musketen und Kanonen ersetzt.
Die assyrischen und ägyptischen Kriegsscenen, welche
uns durch Abbildungen überliefert sind, wurden bereits
erwähnt. Wer die Manöver einer modernen Armee mit
diesen Abbildungen vergleicht, wird erkennen, wie eng

sich das neue System der Kriegführung dem alten an-
schliesst, und wie es namentlich zwei Punkte sind, in
denen sich das neue von dem alten unterscheidet, nämlich die Ausbildung der Taktik und der Gebrauch der
Feuerwaffen.

Aehnliche Beobachtungen machen wir, wenn wir die
älteren und neueren Methoden der Befestigung und Belagerung vergleichen. Völker wie die Kamtschadalen
oder die nordamerikanischen Indianer verstanden es, ihre
Dörfer durch Dämme und Pallisaden zu befestigen. Im
alten Aegypten, in Assyrien und in benachbarten Ländern
gab es starke und hohe Festungswälle und Festungsthürme,
die von Bogenschützen und Schleuderern vertheidigt und
von Sturmcolonnen mit Leitern angegriffen wurden. Die
alten Belagerungen wurden in einer wenig rationellen
Weise ausgeführt, wie uns die homerischen Gedichte
lehren, in denen beschrieben wird, wie die Griechen Troja
belagerten, ohne es regelrecht einzuschliessen und ohne
es durch Minen und Gräben anzugreifen. Die Griechen
und Römer brachten die Kunst des Befestigens und Be-
lagerns auf eine höhere Stufe und benutzten Maschinen,
wie z. B. den Sturmbock und die Katapulte, eine Art
riesiger Bogen, die gewissermaassen die Vorläufer der
Kanonen bilden.

Wenn wir endlich das moderne Heerwesen der Gegenwart betrachten, so muss als eine günstige Veränderung
der Umstand bezeichnet werden, dass der Gebrauch von
Miethtruppen, der sich durch die ganze Geschichte als
ein nationales Uebel hindurchzieht, doch wenigstens im
Aussterben begriffen ist. Das System der stehenden
Heere dagegen beeinträchtigt heute das Leben und die
Wohlfahrt der Völker in einem viel höheren Grade, als
in früheren Zeiten und steht einem guten Einvernehmen

zwischen den Völkern hinderlich entgegen. Man kann nur wünschen, dass die Völker Europas den Druck der grossen stehenden Heere unerträglich finden und dass diese Heere zu kleinen Truppenkernen zusammenschrumpfen, die für die Bedürfnisse eines etwa ausbrechenden Krieges bereit gehalten werden und die in Friedenszeiten vorzugsweise eine polizeiliche Thätigkeit ausüben.

Zehntes Capitel.

Wohnungen, Kleidung, Schifffahrt.

Wohnungen: Höhlen. Hütten. Zelte. Häuser. Stein- und Backsteinbauten. Gewölbe. Entwickelung der Baukunst. — Kleidung: Bemalen der Haut. Tättowiren. Deformation des Schädels. Schmuck. Kleider aus Rinde, Fellen etc. Flechten, Spinnen und Weben. Nähen. Kleidungsstücke. — Schifffahrt: Boote und Flösse. Ruder und Segel. Schiffe.

Wenn wir an die Nester der Vögel, an die Bauten der Biber, an die aus Baumzweigen angefertigten Lagerstätten der Affen denken, so können wir kaum annehmen, dass der Mensch jemals unfähig gewesen sei, sich ein Obdach zu verfertigen. Wo er dies nicht that lag der Grund jedenfalls in der Lebensweise. Der Mensch, der von einem Ort zum anderen wandert, begnügt sich damit, unter freiem Himmel oder unter dem Schutz eines Baumes oder eines Felsens zu schlafen. So begeben sich die umherschweifenden Wilden der Andamaneninseln an die Meeresküste, wo sie unter einer Klippe, die sie vor den Wind schützt, Vertiefungen in den Sand scharren, um sich in denselben niederzulegen. Auch in Europa bildeten solche durch überhängende Felsen geschützte Stellen der Küste den Zufluchtsort der Wilden, wie uns die Knochen,

Feuersteinblätter und andere Ueberbleibsel beweisen, die wir an solchen Orten im Boden antreffen. Höhlen bilden nicht nur für Thiere, sondern auch für den Menschen fertige Wohnstätten. Wie bereits früher (S. 39) erwähnt wurde, bildeten in England und Frankreich Höhlen die Wohnstätten der Menschen der Renthier- und Mammuthperiode, und die Buschmänner Südafrikas benutzen noch heute Felsenhöhlungen als Wohnungen. Selbst in unserer civilisirten Welt werden die Höhlen noch in ähnlicher Weise vom Menschen benutzt. Manche Höhlen bilden den hinteren Theil von Fischerhütten oder werden wenigstens als Vorrathskammern benutzt. Es handelt sich hier jedoch weniger um diese von der Natur gebotenen, als vielmehr um die vom Menschen selbst angefertigten, wenn auch noch so einfachen Wohnstätten.

In der Tiefe der brasilianischen Wälder hat man Wohnungen der Puris gefunden, die kaum als Hütten bezeichnet zu werden verdienen. Dieselben bestehen aus einer Schutzwand, die von einer Reihe grosser, an eine Querstange angelehnter Palmblätter gebildet wird. Hinter dieser Schutzwand, die gegen die Windseite errichtet wird, liegt der Indianer in einer an zwei Bäumen befestigten Hängematte. Diese Wand bietet zwar in Verbindung mit dem Blätterwerk der Bäume bei gutem Wetter hinreichenden Schutz, nicht dagegen bei schlechtem Wetter, wenn sich die Familie nebst ihren Hunden auf dem Boden um das Feuer herumlagert. Die meisten Wohnungen, die man in diesen Wäldern antrifft, sind jedoch wirkliche, wenn auch sehr kunstlose Hütten. Sie bestehen im einfachsten Falle, wie z. B. bei den Botokuden, aus denselben grossen Palmblättern, die mit ihren Stielen in einem Kreis in die Erde gesteckt und deren Spitzen zu einem Dach zusammengebogen werden. Etwas kunst-

Tylor, Anthropologie.   18

voller gehen die Patachos zu Werke, indem sie junge
Bäume und Pfähle mit ihren Spitzen zusammenbinden,
und so ein Art Fachwerk herstellen, welches dann mit
grossen Blättern bedeckt wird. Dieselbe einfache Bauart
treffen wir bei den Eingeborenen Australiens an. Dieselben begnügen sich, an der Stelle, wo sie übernachten,
eine Reihe belaubter Zweige aufzustellen, um gegen den
Wind geschützt zu sein. Wenn sie sich aber die Mühe geben,
solche Zweige mit ihren Spitzen zusammenzuflechten,
so wird aus der blossen Schutzwand eine Hütte. Wo sie
sich längere Zeit aufhalten, errichten sie ein förmliches
Gerüst aus Zweigen, welches sie mit Baumrinde, Blättern
oder Gras bedecken. Auch Rasen und Thon wird zur
Vollendung der Hütte benutzt. Es ist leicht einzusehen,
wie sich in dieser Weise die runde Hütte entwickelt hat.
Wenn die Indianer Stangen und Häute oder Rindenplatten,
aus denen sie ihre kegelförmigen Hütten erbauen, von
einem Ort zum andern mitnehmen, so wird die Hütte
zum transportablen Zelt. Hier erkennen wir, in welcher
Weise das Zelt erfunden wurde. Die höher cultivirten
Hirtenvölker des Orients benutzen zur Bedeckung ihrer
Zelte wollene Filzdecken, und wir selbst benutzen Zelte
aus Segeltuch als transportables Obdach. Man braucht
nur ein gewöhnliches Soldatenzelt anzusehen, um zu erkennen, dass es eine umgeformte Hütte der Wilden ist.
Die kreisförmige Hütte, gleichviel, ob sie die Form eines
Bienenkorbs oder eines Kegels hat, ist niedrig, so dass
man nur in kriechender Stellung in dieselbe eindringen
und zusammengekauert in derselben sitzen kann. Oft
wird der Raum dadurch vergrössert, dass die Erde einige
Fuss tief ausgegraben wird. Eine grössere Verbesserung
aber besteht darin, dass das Ganze auf Pfosten oder auf
eine Wand gesetzt wird, so dass das ursprüngliche Haus

jetzt nur das Dach bildet. So entstand die runde Hütte, deren Seitenwand aus Pfosten bestand, deren Zwischenräume mit Hürden und Lehm ausgefüllt und die mit einem Strohdach bedeckt waren. Derartige Wohnungen waren in alten Zeiten in Europa sehr verbreitet und sind es in anderen Weltgegenden auch heute noch. Vielleicht haben sie sich in unseren runden, mit Stroh gedeckten Gartenhäuschen erhalten, die eine auffallende Aehnlichkeit mit solchen Hütten zeigen. Ein Zeichen höherer Civilisation ist es, wenn die Völker anfangen, ihre Häuser nicht mehr rund, sondern viereckig zu bauen. Die runde Hütte muss, wenn sie leicht zu errichten sein soll, klein sein. Raum wird am besten dadurch gewonnen, dass man dem Hause die Form eines länglichen Rechtecks giebt und das Dach nicht in eine Spitze, sondern in eine Kante auslaufen lässt, indem man die schiefen Seitenpfähle gegen einen die Dachfirste entlang laufenden Längsbalken anlehnt. Da man einer solchen Hütte jede gewünschte Länge geben kann, wird es durch diese Bauart ermöglicht, dass mehrere, oft bis zu zwanzig Familien in einem solchen Hause zusammen wohnen, was bei uncivilisirten Völkern oft der Fall ist. In manchen Gegenden werden geräumige Häuser gebaut, deren Dächer von hohen Pfosten mit Querbalken oder von festen Wänden getragen werden. Diese Häuser lassen bereits die Bauart unserer modernen Häuser, wenn auch in einer ziemlich unvollkommenen Form erkennen.

Es ist leicht zu erkennen, wie die Anwendung von Steinen und Ziegelsteinen als Baumaterial in Gebrauch kam. Wo wenig Holz vorkommt, wird Stein, Rasen und Erde zur Aufführung von Wänden benutzt. So errichten z. B. die Australier Zufluchtsstätten, deren Wände aus losen Steinen aufgeführt werden und deren Decke aus Querstäben

gebildet wird. Unbehauene Steine sind zwar zur Aufführung von Dämmen und niedrigen Wänden zu brauchen,
dagegen eignen sie sich zur Errichtung hoher Wände nur
dann, wenn sie schieferartige Platten, gleichsam von der
Natur geformte Bausteine sind. Aus ganz unbehauenen
Steinen lassen sich schwerlich kunstvollere Wohnungen
erbauen, als die bienenstockartigen Häuser der Hebriden.
Dieselben bestehen aus einer Art Gewölbe, indem die
Steine so über einander geschichtet sind, dass sie nach
oben immer weiter nach innen vorspringen, bis sie zuletzt zusammenstossen. Der ganze Bau ist mit Rasen
bedeckt und macht den Eindruck eines mit Gras bewach-
senen Hügels mit einer Oeffnung, durch welche der Bewohner in das Innere hineinkriecht. Diese Bauart ist
sehr alt, und wenn auch jetzt derartige Häuser nicht
mehr gebaut werden, so werden die vorhandenen doch
noch im Sommer als Hütten benutzt. Die alten schottischen unterirdischen Wohnungen oder „weems" (d. h.
Höhlen) sind im Innern mit rohen Steinwänden ausgekleidet und erinnern an die von Tacitus beschriebenen
Höhlen der alten Germanen, in denen sie ihr Getreide
aufbewahrten und im Winter Schutz vor der Kälte suchten, die ihnen auch in Kriegszeiten als Zufluchtsort dienten. Erst mit der Entwickelung des Maurerhandwerkes
entstanden Bauten höherer Art. Anfangs wurden die
Steine nur so zugehauen, dass sie sich, wie die sogenannten cyclopischen Mauern der Etrusker und Römer, zu
einer Art Mosaik zusammenfügten. Allein bald begnügte
man sich nicht mehr mit dieser einfachen Art der Zu-
sammenfügung, sondern man gab den Steinen eine recht-
winklige Form und führte die Mauern aus regelmässigen
Reihen solcher Steine auf. Im alten Aegypten wurden
selbst Granite und Porphyre von den Steinmetzen so

vollkommen behauen und geglättet, dass sie noch heute
unsere Bewunderung erregen. Die Pyramiden von Gizeh
setzen uns ebenso sehr durch die feine Steinhauerarbeit
als auch durch die riesige Grösse in Staunen. Bei unseren modernen Steinbauten werden die einzelnen Steine
durch eine Schicht Mörtel zusammengefügt, bei den alten
prachtvollen Bauten Aegyptens und Griechenlands liegen
dagegen die behauenen Steinblöcke ohne Bindemittel
über einander. Wo es nöthig war, wurden die Steine
durch Metallklammern zusammengehalten. Aber auch
der Mörtel war im Alterthum wohl bekannt. Die römischen Baumeister benutzten nicht nur ein Gemenge von
Kalk und Sand als Mörtel, welcher an der Luft erhärtet,
indem er Kohlensäure absorbirt, sondern sie verstanden
es auch, durch Zusatz von vulkanischer Asche oder Puz-
zollanerde einen dem Wasser widerstehenden Mörtel
herzustellen. Dieser Umstand hat die Veranlassung zu
dem Namen „Romancement“ gegeben, mit welchem wir
heute ein derartiges Gemisch bezeichnen. Dass die Wilden die Wände ihrer aus Zweigen errichteten Hütten mit
Thon bekleiden, wurde bereits früher erwähnt. Auch die
Bewohner der Pfahlbauten in den Schweizer Seen bekleideten die Wände ihrer Wohnungen mit Thon. Wurde
zufällig eine solche Ansiedlung durch Feuer zerstört, so
wurde der Thon gebrannt, und man findet noch jetzt in
den Seen Stücke gebrannten Thones, welche deutlich die
Eindrücke des Rohres erkennen lassen, welches mit dem
Thon übertüncht war. Etwas Aehnliches hat sich bis
heute in der Bauart von Dorfhäusern erhalten, indem
die von dem Holzwerk gebildeten Fächer mit einem
Holzgeflecht ausgefüllt werden, welches mit Lehm übertüncht wird. Hier und da kann man in englischen Dörfern Ueberreste einer anderen Bauart bemerken. Zuwei-

len findet man Hütten oder Viehställe, deren Wände
ausschliesslich aus einem Gemenge von Lehm und Stroh
bestehen. Solche Lehm- oder Thonwände sind in troke-
nen Gegenden, z. B. in Aegypten, sehr allgemein in Gebrauch, zumal sie hier billiger und besser sind, als Fach-
wände. Wie an der Sonne getrocknete Lehmsteine in
Gebrauch kamen, ist nicht schwer einzusehen, da dieselben nichts anderes als passende Blöcke desselben Ge-
menges aus Lehm und Stroh sind, aus welchem die
Wände aufgeführt wurden. Diese Lehmsteine waren im
Orient seit den ältesten Zeiten in Gebrauch. Einige der
ägyptischen Pyramiden, welche noch heute stehen, sind
aus solchen Steinen erbaut, und in den Wandgemälden
finden wir die Bearbeitung des Lehms und die Herstellung der Steine mit Hülfe hölzerner Formen bildlich dargestellt. Aus diesen Lehmsteinen erbauten die Baumeister von Niniveh Palastwände von 3 bis 4 m Dicke, die
mit ausgehauenen Alabasterplatten belegt wurden. Für
solche an der Sonne getrocknete Lehmsteine bildet mit
Wasser angerührter Lehm ein hinreichendes Bindemittel.
Die Lehmsteine, welche das warme trockne Klima gut
ertragen, finden in diesen Gegenden bis auf den heutigen
Tag eine ausgedehnte Anwendung. Ebenso werden sie
in Amerika angewandt, und der Reisende, welcher heute
Gegenden wie Mexiko besucht, wird oft genug in Häusern verweilen, deren Wände aus solchen Lehmsteinen
errichtet sind. Die an der Sonne getrockneten Lehmsteine heissen hier *adobe*. Das Wort ist nichts anderes
als der alte ägyptische Name *tob*, der im Arabischen mit
dem Artikel zu *at-tob* wurde und in der Form *adobe* in
das Spanische überging. Die Herstellung von Backsteinen scheint erst später erfunden worden zu sein. Diese
Erfindung war jedenfalls für Völker, welche die Anferti-

gung von irdenen Gefässen kannten, leicht zu machen, nothwendig war indessen der Gebrauch gebrannter Steine nur für regenreiche Gegenden. Die Römer, welche gewöhnliche Lehmsteine nicht brauchen konnten, brachten es in der Verfertigung von gebrannten Steinen und Ziegeln zu einer grossen Fertigkeit.

Heute führen wir die Mauern unserer Häuser aus behauenen Bausteinen oder aus Backsteinen auf und an die Stelle des Strohdaches ist ein Ziegel- oder Schieferdach getreten. Doch haben wir die alte Holzconstruction noch insofern beibehalten, als wir die Decken und den Dachstuhl aus Balken herstellen. Bei Bauten, die wie Grabdenkmäler und Tempel dazu bestimmt sind, lange Zeit zu überdauern, müssen jedoch auch die Dächer ohne Benutzung von Holz aus Steinen construirt werden. Es giebt zwei Mittel, dies zu erreichen, die beide seit ältester Zeit bekannt sind, der falsche Bogen und der ächte Bogen. Die Erfindung des ersteren war jedenfalls etwas sehr naheliegendes. Er wird genau so construirt, wie ihn Kinder, die mit Holzklötzchen bauen, errichten. Auf zwei gegenüberstehenden Wänden werden die Steine so auf einander gelegt, dass sie nach oben immer weiter vorspringen, bis zuletzt die Lücke durch einen einzigen Stein geschlossen wird. Gänge und Kammern mit so construirten Decken findet man in den ägyptischsn Pyramiden, in alten griechischen und italischen Gräbern, in den Palästen Mittelamerikas und in den Kuppeln der indischen Tempel. Wir sind indessen nicht zu der Annahme berechtigt, dass den Erbauern solcher Bogen der ächte, gewölbte Bogen unbekannt gewesen sei. Sie verwarfen denselben vielleicht wegen des Druckes, den er gegen die Wände, auf denen er ruht, nach aussen ausübt. Es ist nicht bekannt, wann und wie der gewölbte Bogen

erfunden wurde. Doch ist leicht einzusehen, dass auch
die Idee des gewölbten Bogens sich bei einfachen Bauten, etwa bei der Bedeckung eines Thorweges mit unbehauenen Steinen, darbieten musste. In den alten ägyptischen Gräbern finden sich gewölbte Bogen aus Lehmsteinen, später aus Steinen, und wir erkennen aus ihnen,
dass die Erbauer derselben mit der Construction von
Gewölben vollkommen vertraut waren. Obgleich aber
der gewölbte Bogen im Alterthum bekannt war, fand er
keineswegs allgemeine Verbreitung. Es ist bemerkenswerth, dass die griechischen Architekten der klassischen
Periode in ihren Bauwerken nie den Bogen anwandten.
Erst die Römer verwendeten ihn in ihren Bauten mit
wunderbarer Geschicklichkeit, und von ihren gewölbten
Dächern, Brücken und Kuppeln leiten sich die Bogen-
constructionen des Mittelalters und der Neuzeit ab.

Wenn wir so die Baukunst überblicken, so erkennen
wir, dass die Anfänge und die ersten Entwickelungsstufen derselben weit zurück in die vorhistorische Zeit fallen. Es unterliegt indessen wohl kaum einem Zweifel,
dass der Mensch, wie in anderen Künsten, so auch in der
Baukunst, mit dem Einfachen und Leichten anfing und
zum Complicirten und Schwierigen fortschritt. In manchen steinernen Bauwerken finden wir deutliche Anzeichen, dass sie sich aus älteren Holzbauten entwickelt
haben. So lassen z. B. die lykischen Gräber des britischen Museums deutlich erkennen, dass die Steine derselben nach dem Vorbilde hölzerner Balken geformt sind.
Man erkennt deutlich, wie gewissermaassen ein Steinmetz
an die Stelle eines Zimmermanns getreten ist. Selbst
in den ältesten ägyptischen Steinbauten fanden sich
Spuren hölzerner Formen. In Indien findet man Häuser,
deren Säulen und Architrave vollkommen hölzernen

Pfosten nachgebildet sind. Wenn man, wie es oft geschehen ist, behauptet, die Säulenhallen der griechischen Tempel seien Nachbildungen älterer Holzstructionen, so wird von Fachmännern eingewendet, dass diese Behauptung auf das Parthenon nicht anwendbar ist. Dies widerspricht jedoch keineswegs der Annahme, dass sich im allgemeinen die Steinconstruction aus der älteren Holzconstruction entwickelt hat. Die Griechen sind nämlich nicht die Erfinder ihrer eigenen Säulenarchitektur, sondern sie lernten dieselbe in Aegypten und anderen Ländern kennen und bildeten dieselbe selbständig weiter aus.

Nach dieser kurzen Betrachtung der Wohnungsverhältnisse wenden wir uns zur Kleidung. Zunächst ist zu bemerken, dass in den tropischen Wäldern Südamerikas von den Reisenden einige vollkommen nackte Völker angetroffen wurden. Irgend etwas wird jedoch bei allen, selbst den rohesten Völkern auf dem Leibe getragen, theils aus Schamgefühl, theils zur Zierde. Wenn sich die Andamaneninsulaner den Körper mit einem Gemenge von Fett und farbiger Erde beschmieren, so haben sie einen praktischen Grund dazu, indem dies Farbkleid einen Schutz gegen die Hitze und die Mosquitos bildet. Wenn sie dagegen mit den Fingern Linien in diese Farbschicht einzeichnen, so geschieht dies ohne einen praktischen Grund nur aus Liebhaberei, ebenso wenn sich ein Stutzer die rechte Seite seines Körpers roth, die andere olivengrün färbt und beide Hälften durch eine ornamentale Grenzlinie von einander trennt. Unter den Ueberbleibseln aus der Zeit der höhlenbewohnenden Europäer finden sich ausgehöhlte Steine, welche als Mörser zum Zerreiben von Ocker und anderen Farben dienten, die zum Bemalen des Körpers benutzt wurden. Wenige Gewohnheiten sind für die niederen Entwickelungsstufen

des menschlichen Lebens so bezeichnend, als die Liebhaberei an einer Bemalung des Körpers mit grellen Farben, wie wir sie aus den Abbildungen tanzender Australier oder Indianer kennen. Auch das äussere Zeichen
der Trauer treffen wir bei wilden Völkern an, die sich,
um der Trauer einen äusseren Ausdruck zu geben, den
ganzen Körper schwarz (oder weiss) färben. Bei höher
civilisirten Völkern mögen weibliche Schönheiten noch
versuchen, die jugendliche Frische durch rothe und weisse
Schminke neu zu beleben. Die alte Gewohnheit wilder
Völker, sich den Körper zu bemalen, um sich ein kriegerisches Ansehen zu geben, gilt heute als ein Zeichen
äusserster Barbarei. Wurden doch die alten Briten, die
doch eine nicht unbedeutende Civilisation besassen, von
manchen Geschichtsschreibern als ein vollkommen wildes
Volk betrachtet, da sie die Gewohnheit hatten, sich den
Körper mit Waid blau zu färben, um sich im Kriege ein
schreckenerregendes Ansehen zu geben. Was einst den
kriegerischen Rothhäuten Amerikas ein so furchtbares
Aussehen verlieh, ist bei unseren Circusclowns zu einem
Ausdruck der Narrheit herabgesunken. Höchst wahrscheinlich ist dieser Gebrauch der Ueberrest einer in
früheren Zeiten bei den barbarischen Europäern allgemein verbreiteten Sitte. Auch die Gewohnheit der japanesischen Schauspieler, sich das Gesicht mit hellen rothen
Strichen zu bemalen, war ohne Zweifel früher eine gewöhnliche Art der Verzierung. Das Tätowiren der Haut
geschieht jedenfalls vorzugsweise aus Schönheitsrücksich-
ten, wenn z. B. ein Neuseeländer seinen Körper mit ähnlichen Mustern von krummen Linien bedeckt, wie seine
Keule und sein Canoe. Es gilt bei ihnen für unanständig,
wenn eine Frau den Mund nicht tätowirt hat, und man
würde mit Abscheu von ihr sagen: „sie hat rothe Lippen".

Das Tätowiren ist unter niederen Völkern ebenso verbreitet, wie das Bemalen des Körpers, und die gebräuchlichen Muster zeigen alle möglichen Stufen von einigen blauen Linien im Gesicht oder an den Armen bis zu Blumenmustern, mit denen die Haut der Bewohner Formosas wie Damast bedeckt ist. Wo die Kunst des Tätowirens so ausgebildet ist, wie in Polynesien, wird die Haut durchstochen und die Kohlenfarbe durch Klopfen mit Reihen feiner Spitzen eingeführt. Eine weniger kunstvolle Methode ist in Australien und Afrika in Gebrauch. Sie besteht darin, dass die Haut aufgeritzt und Holzasche in die Vertiefungen eingerieben wird, in Folge dessen die Wunden unter Bildung einer erhabenen Narbe heilen. Derartige in die Haut eingeritzte Zeichen dienen jedoch nicht nur zur Zierde, sondern auch zu anderen Zwecken. So ist in Afrika eine lange Narbe in der Lendengegend ein Zeichen dafür, dass sich der Träger derselben im Kampfe ausgezeichnet hat. Ebenso dienen verschiedene Zeichen dazu, um die Zugehörigkeit zu einem bestimmten Volksstamm anzudeuten. Auch bei höher civilisirten Völkern hat sich das Tätowiren erhalten. So bearbeiten z. B. die arabischen Frauen das Gesicht, die Arme und Knöchel mit der Nadel, und unsere Seeleute amüsiren sich damit, sich einen Anker oder ein Schiff mit vollen Segeln mit Pulver in den Arm zu tätowiren. In diesem Falle hat das Tätowiren allerdings seinen ursprünglichen Zweck eingebüsst, da die Zeichnung durch die Kleidung bedeckt ist. Je mehr der Körper durch diese verhüllt wird, desto mehr schwindet natürlich diese eigenthümliche Art der Verzierung, denn welchen Zweck hätte eine Verzierung, die nicht gesehen wird?

Häufig wird als Zeichen der Trauer das Kopfhaar kurz geschoren oder rasirt. Einige Völker tragen den

Kopf immer kahl, wie die Andamaneninsulaner, oder lassen
das Haar rings um eine rasirte Glatze wachsen, wie die
Coroados (Glatzenindianer) Brasiliens. Andere tragen
auf dem kahl rasirten Kopf einen Haarschopf oder

Fig. 66.

Eingeborene der Lepersinsel (Neue Hebriden).

Zopf, wie die nordamerikanischen Indianer und die
Mandschu oder Tataren, von denen die modernen Chinesen diese Gewohnheit angenommen haben. Eine
eigenthümliche Mode, das Haar zu tragen, herrscht bei

den Eingeborenen der Lepersinsel (Fig. 66). Dieselben
wickeln das Haar mit Baststreifen zu Hunderten von
dünnen Löckchen zusammen.

Verschiedene Völker schleifen ihre Vorderzähne spitz
zu oder geben denselben eine eigenthümliche gezackte

. Fig. 67.

Hand eines chinesischen Asceten.

Form, so dass man in Afrika und anderen Gegenden oft
an dieser künstlichen Form der Zähne erkennen kann,
zu welchem Stamm ein Eingeborener gehört. Lange
Fingernägel, als Zeichen, dass der Besitzer keine Hand-
arbeit thut, finden wir selbst bei uns, und in China und
benachbarten Ländern lässt man sie als ein Symbol des
Adels zu einer monströsen Länge anwachsen. Vornehme
Damen tragen silberne Futterale, um sie zu bedecken,

wohl auch, um das Fehlen derselben zu verhüllen (vgl.
Fig. 32, siamesische Schauspielerinnen in königlicher
Tracht vorstellend). Zuweilen bilden lang gewachsene
Fingernägel ein Zeichen, dass der Träger ein religiöses
Leben führt und keine weltliche Arbeit verrichtet, wie
in der in Fig. 67 (a. vor. S.) abgebildeten Hand eines
chinesischen Asceten.

Da ein jedes Volk seine Vorstellung von Schönheit
dem Typus der eigenen Rasse anpasst, so ist es nicht
zu verwundern, wenn ein Volk diejenigen Gesichter für
die schönsten hält, in denen das Eigenthümliche der
Rasse in auffallender Weise hervortritt. Der Anblick
eines Hottentottengesichtes (Fig. 12 c) lässt es uns begreiflich erscheinen, weshalb bei den Hottentotten die Mütter
die Stumpfnasen der kleinen Kinder noch mehr ein-
drücken, während es bei den alten Persern gebräuchlich
war, an einem jungen Prinzen die Nase so zu bearbeiten,
dass sie die ideale Form einer kühnen Adlernase (Fig. 11 b)
möglichst vollkommen erreichte. In allen Weltgegenden
findet man die Gewohnheit, die Köpfe der kleinen Kinder
durch Binden und Polster zusammenzupressen, um dem
Schädel, so lange er noch bildsam ist, eine für schön
geltende Form zu geben. Diese ideale Form des Schädels ist bei verschiedenen Völkern eine sehr verschiedene.
Im Gebiete des Columbiaflusses wohnen plattköpfige
Stämme, die ihre Stirn künstlich noch mehr plattdrücken,
so dass ihr Gesicht die Form einer mit dem breiten Ende
nach oben gerichteten Birne bekommt, während benachbarte Stämme den oberen Theil des Schädels so zusam-
menpressen, dass das Gesicht die Form einer mit dem
schmalen Ende nach oben gerichteten Birne annimmt.
Hippokrates erwähnt die künstlich geformten Schädel
der Makrocephalen oder „Langköpfe" in der Gegend des

schwarzen Meeres. Der ächte türkische Schädel besitzt
die breite tatarische Form, während die Völker Griechenlands und Kleinasiens ovale Schädel besitzen. Hieraus
erklärt es sich, weshalb es in Constantinopel Mode wurde,
den Schädeln der Kinder eine runde Form zu geben,
damit sie mit dem breiten Schädel der erobernden Rasse
aufwuchsen. Selbst inmitten civilisirter Völker haben
sich Ueberreste dieser barbarischen Mode erhalten. So
überraschten vor nicht langer Zeit französische Aerzte
die Welt mit der Mittheilung, dass es in der Normandie
bei den Ammen Gebrauch sei, den Köpfen der Kinder
durch Binden und eine enge Kappe eine zuckerhutför-
mige Gestalt zu geben, während in der Bretagne die Herstellung einer runden Form vorgezogen wird. Dieser
Gebrauch herrscht jedenfalls noch bis auf den heutigen Tag.

Das Bestreben, den Körper durch Schmuck zu ver-
schönern, ist der menschlichen Natur in so hohem Grade
eigen, dass wir es selbst auf den allerniedrigsten Culturstufen antreffen. Die nackten Völker Südamerikas tragen Ringe
an Beinen und Armen, und ein Stamm trägt auf dem Körper nichts anderes, als zwei Papageienfedern, die in Löchern
zu beiden Seiten des Mundes getragen werden, sowie
Muschelschnüre, die von der Nase, den Ohren und der
Unterlippe herabhängen. Der letztere Fall bildet ein
gutes Beispiel des Gebrauches, gewisse Körpertheile zu
durchbohren oder zu durchschneiden, um Schmuckgegenstände in denselben zu befestigen. Verschiedene Stämme
tragen Lippenornamente, und einige vergrössern die
Oeffnung in der Unterlippe so lange, bis sie hölzerne
Pflöcke von 5 bis 7 cm Durchmesser aufnimmt, wie z. B.
die Botocuden (Fig. 68 a. f. S.) in Brasilien, welche dieser Verzierung ihren Namen verdanken (vom portugiesi-

schen *botoque*, Fassspund). Die Ohrornamente werden,
wie die Figur zeigt, in ähnlicher Weise im Ohrläppchen

Fig. 68.

Botocudenweib mit Lippen- und Ohrornamenten.

befestigt, welches hierdurch so stark ausgedehnt wird,
dass es, wenn der Holzpflock herausgenommen wird, wie
eine Schlinge bis auf die Schultern herabhängt. Derartige Gebräuche erklären wohl die Erzählungen alter
Geographen von Völkern, deren Ohren so lang seien, dass
sie bis an die Schultern reichen. Allerdings ist es eine
arge Uebertreibung, wenn sie erzählen, dass es Menschen
gebe, die sich auf das eine Ohr niederlegen und sich mit
dem andern wie mit einer Decke zudecken. Was uns
bei diesen Ornamenten wilder Völker besonders interes-
sirt, ist der Umstand, dass wir auf höherer Civilisationsstufe stets das Bestreben finden, dieselbe aufzugeben.
In Persien tragen die Frauen noch einen Ring durch die
eine Seite der Nase. Der europäische Geschmack findet
dies höchst absonderlich, obgleich er gestattet, das Ohr
zur Aufnahme eines Ringes zu durchbohren. Die Schmuckgegenstände, welche nur angelegt, nicht am Körper selbst

befestigt werden, sind gewöhnlich Federn, Blumen oder
Flitterwerk, welches im Haar, oder Ringe und binden-
artige Ornamente, die um den Nacken, die Arme und
Beine getragen werden. Wie weit die Zeiten zurücklie-
gen, in denen der Mensch anfing, an solchen Verzierun-
gen Gefallen zu finden, beweisen uns die durchbohrten
Muschelschalen, welche man in der Höhle von Cro-
Magnon aufgefunden hat und die offenbar dazu bestimmt
waren, zu Ketten aufgereiht zu werden und den Mädchen
der Mammuthperiode als Hals- und Armbänder zu die-
nen. In der modernen Welt besteht der Gebrauch von
Hals- und Armbändern noch unverändert fort, während
Fussspangen, wie sie bei den Hindu von den Tänzerin-
nen getragen werden, natürlich durch das Tragen von
Strümpfen und Schuhen verdrängt worden sind. Nach un-
seren Anschauungen würde es unpassend sein, wenn wir das
Andenken an verstorbene Verwandte, wie die Weiber der
Andamaneninsulaner, dadurch zur Schau tragen wollten,
dass wir die Finger- und Zehenknochen derselben wie
Perlen aufgereiht am Halse trügen. Und doch wird von
unseren Damen die Mode barbarischer Halsbänder aus
Muscheln, Samen, Tigerklauen und namentlich polirten
Steinen beibehalten. Glänzende Steine werden noch jetzt
als Schmuck getragen, seien es nun ächte Perlen und
Rubine, oder seien es aus Glas angefertigte Nachahmun-
gen von Edelsteinen. Bei allen Völkern finden auch die
Metalle, sobald der Gebrauch derselben bekannt wird,
Anwendung zur Anfertigung von Schmuckgegenständen.
Ihren Höhepunkt erreicht diese Anwendung, wenn ein
Dayakenmädchen seine Arme mit einer Rolle starken Mes-
singdrahtes umgiebt, oder wenn eine afrikanische Schöne
grosse kupferne Ringe um ihren Gliedmaassen trägt, die
in der Sonne so heiss werden, dass ein mit einem Wasser-

gefäss versehener Begleiter dieselben von Zeit zu Zeit abkühlen muss. Wer die Goldschmiedekunst in ihrer höchsten Entwickelungsblüthe kennen lernen will, muss die in unseren Museen aufbewahrten Erzeugnisse der Aegypter, der Griechen und Etrusker, sowie die des mittelalterlichen Europas betrachten. Diese Kunst hat, wie es scheint, ihre Blütheperiode hinter sich und ist zur Fabrikation herabgesunken. Das Beste, was heute auf diesem Gebiete erzeugt wird, sind Nachahmungen antiker Formen. Die Kunst, Edelsteine, wie Diamanten zu schneiden und zu schleifen, ist dagegen eine moderne Erfindung. Wenn sich die Fingerringe aus den ägyptischen und babylonischen Siegelringen entwickelt haben, so bringen nur noch diejenigen, deren Steine als Siegel gravirt sind, die ursprüngliche Bedeutung derselben zum Ausdruck, während die mit Perlen und Diamanten verzirten zu blossen Schmuckgegenständen herabgesunken sind.

Wir kommen jetzt zur eigentlichen Kleidung. Die einfachste Art, wie sich der Mensch ein Kleid verschafft, besteht darin, dass er das Fell eines Thieres oder die Rinde eines Baumes zur Umhüllung seines Körpers benutzt. In vielen Gegenden sind es gewisse Bäume, die den Menschen mit Kleidern versehen, wie z. B. der bekannte „Hemdenbaum" (*Lecythis*) in Brasilien, aus dessen Rinde die Eingeborenen hemdenförmige Kleidungsstücke schneiden. Aus einem Stamm oder einem dicken Zweig wird ein 1 bis 1,5 m langes Stück geschnitten und die Rinde im ganzen in Form eines Rohres abgezogen. Dieselbe braucht nur angefeuchtet, weich geklopft und mit Armlöchern versehen zu werden, um ohne Weiteres als Hemd benutzt werden zu können. Das Tragen von Rindenkleidern hat sich bei manchen Völkern noch als ein Zeichen ursprünglicher

Einfachheit erhalten. So schreiben in Indien die Gesetze des Manu vor, dass der grauhaarige Brahmane, der sich in den Wald zurückzieht, um seine Tage in religiöser Beschaulichkeit zu beschliessen, mit einem Thierfell oder mit Baumrinde bekleidet sein muss. Die Kayans auf Borneo, ein auf viel tieferer Gesittungsstufe stehendes Volk, ziehen im gewöhnlichen Leben die importirten bunten Stoffe vor, allein wenn sie Trauerkleider anlegen, so greifen sie zu dem alten aus Rinde verfertigten Gewande zurück. In Polynesien wird aus der Rinde des Papiermaulbeerbaumes die sogenannte *Tapa* verfertigt, indem die Frauen die Rinde durch Klopfen mit gerieften Keulen in eine Art Filz verwandeln und durch Bedrucken mit farbigen Mustern verzieren. Die Eingeborenen fanden grosses Vergnügen an dem weissen Papier, welches sie durch die Europäer kennen lernten, indem sie dasselbe als eine feine Art Tapa ansahen und Kleider aus demselben verfertigten, bis sie die Erfahrung machten, dass diese Kleider durch den ersten Regenguss vernichtet wurden. Auch Blätter werden bei verschiedenen Völkern zur Anfertigung von Schürzen und Röcken benutzt. In Indien giebt es nicht nur Stämme, die immer Blätter als Kleidungsstücke benutzen, sondern an einem alljährlichen Feste in Madras legt die ganze niedere Bevölkerung ihre gewöhnliche Kleidung ab und trägt Schürzen aus belaubten Zweigen.

Die Thierfelle, welche den Wilden der alten Welt als Kleider gedient haben, sind natürlich im Laufe der Jahrtausende vermodert. Wie allgemein dieselben aber in Gebrauch waren, können wir aus der grossen Anzahl der aufgefundenen scharfen Steinwerkzeuge (Fig. 54 *c*) schliessen, die zur Bearbeitung der Felle dienten. Noch bis in die letzte Zeit pflegten die Patagonier, wenn sie

19*

auf ihren Wanderungen brauchbaren Feuerstein oder
Obsidian fanden, sich mit Klumpen dieses Materials zu
versehen, um aus ihnen ihre einfachen Lederschaber zu
verfertigen. Die Wilden verstehen es sehr wohl, ein
Hartwerden ihrer Thierfellkleider zu verhindern, indem
sie dieselben mit Fett oder Knochenmark einreiben und
mit den Händen bearbeiten. Die Nordamerikaner verstehen es, die Hirschfelle in einer Weise zu bearbeiten,
die einige Aehnlichkeit mit unserer sogenannten Sämisch-
gerberei hat. Das eigentliche Gerben mit Rinde oder mit
Gallen, wodurch unlösliche Verbindungen der Gerbsäure
mit der Ledersubstanz erzeugt werden, die dem Leder
eine bedeutende Widerstandsfähigkeit verleihen, scheint
indessen nicht von wilden Völkern erfunden zu sein. Den
alten Aegyptern dagegen war das Gerben des Leders
bekannt, und noch heute können wir in unseren Museen
zierlich geschnittene und gepresste ägyptische Leder-
arbeiten bewundern. In Gegenden, in denen noch sehr
viel geritten wird, wie in Mexiko, werden auch noch
lederne Kleidungsstücke getragen, während dieselben in
Europa immer mehr verschwinden. Dagegen ist es
überall anerkannt, dass das Leder als Fussbekleidung
durch nichts anderes zu ersetzen ist. In dem Tragen
von Pelzwerk tritt uns ein eigenthümlicher Berührungspunkt zwischen dem modernen Luxus und der ursprünglichen Kleidung der Wilden entgegen.

Eine sehr einfache und daher den Wilden bekannte
Kunst ist das Flechten. In warmen Gegenden, wie auf
den Südseeinseln, werden Kleidungsstücke aus Gras geflochten, und noch heute versorgt diese alte Kunst die
civilisirte Welt mit geflochtenen Stroh- und Basthüten.
Wenn wir aber ein Stückchen gewebtes Tuch näher
untersuchen, so überzeugen wir uns, dass das Weben

eine Mattenflechterei mit Fäden ist. Das Weben setzt
also die Herstellung von Fäden voraus. Das Drehen von
Fäden ist allen Völkern bekannt, nur wird es von vielen
in einer viel einfacheren als der uns geläufigen Weise
ausgeführt. Sie nehmen Pflanzenfasern, Wolle oder
Haare und drehen dieselbe zwischen den flachen Händen.
oder mit nur einer Hand auf dem Schenkel zu Fäden.
Wer den Versuch macht, in dieser Weise aus Flachs
zwei Fäden zu drehen und dieselben durch die entgegen-
gesetzte Bewegung zusammenzurollen, wird sich leicht
überzeugen, eine wie grosse Uebung dazu gehört, um es
so geschickt wie die Australier fertig zu bringen, die aus
abgeschnittenem Frauenhaar Angelschnüre drehen, oder
die Neuseeländer, die aus einer Hand voll Flachs nach
und nach ein zierliches und vollendetes Seil drehen.
Höher civilisirte Völker benutzen eine mechanische Vorrichtung, die Spindel, zur Anfertigung von Fäden, und
es fragt sich, in welcher Weise dieselbe erfunden worden

Fig. 69.

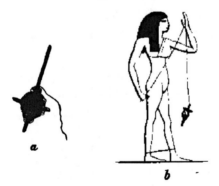

a, Australische Winde zum Aufwinden von Fäden; b, Aegypterin, mit der
Spindel spinnend.

ist. Zur Beantwortung dieser Frage wird uns Figur 69
gute Dienste leisten. In dieser Figur ist a ein hölzernes

Kreuz, welches eine einfache Winde bildet, auf welche
die Australier die erwähnten Haarseile aufwinden. Wäre
nun einer dieser Wilden einmal auf den Gedanken gekommen, den Faden in einem Spalt am Ende des Holzes
zu befestigen, so würde er vielleicht die Beobachtung gemacht haben, dass sich ein weiterer Theil seines Seiles
viel schneller als mit der Hand drehen liesse, indem man
die am Faden hängende Winde in eine drehende Bewegung versetzte. Die Australier haben jedoch diese Beobachtung nie gemacht. Allein aus Figur 69 b, welche eine
spinnende Aegypterin vorstellt, geht hervor, dass eine
Spindel, wie diejenige, mit welcher sie arbeitet, wahrscheinlich dadurch erfunden worden ist, dass eine Winde
in einer neuen Weise benutzt wurde. Solche Spindeln
waren in der ganzen alten civilisirten Welt bekannt, und
zu den häufigsten Objecten, welche in der Nähe alter Wohnstätten ausgegraben werden, gehören Spinnwirtel von
Stein oder Terracotta in der Form grosser Knöpfe, die
in Verbindung mit einer hölzernen Spindel das ganze
einfache Werkzeug bildeten. Noch heute kann man in
Italien und in der Schweiz Spindeln bei Bauersfrauen
in Gebrauch sehen. Das Spinnrad des Mittelalters war
eine kleine Maschine, die zum Treiben der Spindel
diente, und in unseren modernen Spinnereien finden wir
das alte Werkzeug in einer noch vollendeteren Form
wieder, indem gegen hundert Spindeln gleichzeitig durch
Dampfkraft in Bewegung gesetzt und von einem einzigen
Arbeiter bedient werden.

Die nächste Frage ist, wie der Mensch, der die Herstellung der Fäden verstand, die weitere Erfindung
machte, aus diesen Fäden Tuch zu weben. Tuch ist,
wie bereits gesagt, eine Art Mattengeflecht aus Fäden.
Da diese aber nicht, wie Binsen, steif gehalten werden

konnten, so musste eine Anzahl derselben in einem Rahmen ausgespannt werden, um die sogenannte Kette, wie
es die Weber nennen, zu bilden, und durch diese Kette
mussten die Querfäden, der sogenannte Einschlag, sei es
mit der Hand oder mit einem Stabe, wie in Fig. 70, hin-

Fig. 70.

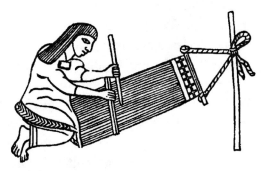

Webendes Mädchen (aus einem aztekischen Gemälde).

durchgezogen werden. Diese mühsame Methode findet
jetzt noch in der Teppichweberei (orientalische Teppiche)
Anwendung. Vorrichtungen, die eine Zeitersparniss bei
der Arbeit des Webers bezweckten, wurden jedoch schon
früh erfunden. Bereits auf alten ägyptischen Gemälden
finden wir die Einrichtung abgebildet, durch welche die
Fäden durch einen Querstab abwechselnd gehoben werden, um es zu ermöglichen, den Einschlagsfaden vermittelst des Schiffchens auf einen Wurf durch die Kette zu
schleudern. Ganz ähnlich waren die Webstühle der
Griechen und Römer, und auch während des Mittelalters
wurden wenig Verbesserungen eingeführt. In abgelege-
nen Gegenden, wie z. B. auf den Hebriden, kann der
Reisende noch heute Webstühle in Gebrauch finden, die,
abgesehen davon, dass sie horizontal sind und der Weber
nicht steht, sondern sitzt, sicherlich nicht sehr verschie-

den von dem Webstuhle sind, an dem wir uns Penelope, das bekannte Leichentuch webend, vorstellen müssen. Erst vor ungefähr hundert Jahren kamen neue Verbesserungen in Gebrauch, als das „fliegende Schiffchen" erfunden wurde, welches nicht mit der Hand geworfen, sondern durch ein Paar Hebel oder künstliche Arme hin- und her geschleudert wird. Schliesslich ist dieser verbesserte Webstuhl in den sogenannten 'Kraftstuhl oder mechanischen Webstuhl umgewandelt worden, bei welchem die Dampfkraft die Arbeit leistet, welche früher die Hände und Füsse des Webers verrichten mussten. Die geniale Erfindung des Jacquardwebstuhls mit seinen durchlöcherten Karten, durch welche die Fäden geführt werden, hat es ermöglicht, selbst Landschaften und Portraits zu weben.

Der Schneider hatte nicht nur die Thierhäute oder Baumrinden zuzuschneiden, sondern auch die einzelnen Stücke durch Sehnen oder Fäden zu vereinigen. Diese Kunst des Nähens tritt bereits unter den Wilden auf, und in ihrer einfachsten Form treffen wir sie bei den Feuerländern an, welche die Guanakohäute mit einem spitzen Knochen durchbohren, den Faden durch das Loch hindurchziehen und an beiden Seiten einen Knoten machen. Bei Völkern, die nur Knochenahlen und spitze Dornen als Nadeln benutzen, erhebt sich die Kunst des Nähens nicht über die Methode des Schuhmachers, der erst ein Loch bohrt und dann den Draht durch dasselbe hindurchzieht. Aber bereits in den Renthierhöhlen Frankreichs findet man Knochennadeln mit Oehren, die also jedenfalls während der Mammuthperiode zum Nähen der Felle dienten. Als die Metallzeit begann, kamen Bronzenadeln in Gebrauch, wie sie jetzt noch in den Museen aufbewahrt werden, und in der neueren Zeit haben wir in den Stahlnadeln ein Beispiel, zu welchem Grade der Vollkommenheit und Billigkeit die Arbeitstheilung führt, indem bei der Nadelfabrikation ein Theil der Arbeiter mit dem Schleifen der Spitzen beschäftigt ist, während ein anderer die Oehre bohrt u. s. w. Aber die heutige Nähnadel ist im wesentlichen noch die der alten Zeit, und die Handnäherei hat plötzlich in der Nähmaschine, die in einer mechanisch anderen Weise ihre Nähte verfertigt, einen Rivalen bekommen.

Was sodann die Form der Kleider betrifft, so könnten wir dieselbe leicht für ein Product der Phantasie halten, wenn uns weiter nichts bekannt wäre, als die Form unserer Kleider, wie wir sie heute zu tragen pflegen. Allein wenn wir die Trachten verschiedener Völker vergleichen, so finden wir, dass die meisten Kleidungsstücke Abänderungen weniger Hauptformen sind, deren jede in einer besonderen Weise zur Bekleidung des Körpers diente. Die einfachsten und ohne Zweifel ältesten Gewänder waren Decken, in welche der Körper eingehüllt wurde, und aus der Art und Weise, wie sie getragen wurden, können wir schliessen, wie sich aus ihnen die späteren, dem Körper angepassten Kleidungsstücke entwickelten. Ein Thierfell oder eine Decke, um mit den einfachsten mantelförmigen Kleidungsstücken zu beginnen, mit einem Loch in der Mitte bildet einen fertigen Mantel von der Form der in Südamerika gebräuchlichen Ponchos. Wenn Jemand eine Decke über die Schultern wirft, so wird dieselbe zu einem Kleidungsstück, welches vorn, oder um den Arm frei zu lassen, an einer Schulter befestigt werden muss. Diese Befestigung kann durch einen Dorn oder eine Knochennadel, die ursprüngliche Form der Brosche, geschehen. Das Wort Brosche brauchen wir jetzt zur Bezeichnung der vollkommneren Sicherheitsnadeln aus Metall (die römische *fibula*). Wir brauchen uns aber nur einen so bekleideten Menschen mit erhobenen Armen vorzustellen, um es zu begreifen, wie die Aermel hinzukamen, indem der den Arm umhüllende Theil des Gewandes unter dem Arme zusammengenäht wurde. Und wenn die Decke über den Kopf gezogen und unter dem Kinn zusammengehalten wird, so bildet der den Kopf einschliessende Theil eine Haube, welche, wenn sie nicht gebraucht wird, nach hinten zurückgeschlagen werden kann. Als man es später zweckmässig fand, die Haube getrennt anzufertigen, entwickelten sich verschiedene Formen der Kopfbedeckung, in deren sackförmiger Form oft noch der Ursprung zu erkennen ist. Manche Formen des Mantels, wie z. B. die römische Toga, wurden aus Bequemlichkeitsrücksichten zugeschnitten. Allein seit der Erfindung der Weberkunst wurden gewisse Kleidungsstücke ohne weiteren Zuschnitt so getragen, wie sie vom Webstuhl kamen, wie z. B. das schottische Plaid und das unter seinem persischen Namen *Shawl* (*shâl*) bekannte orientalische Umschlagetuch. Solche gewebte Kleidungsstücke verrathen ihren Ursprung durch die Fransen, welche nichts anderes sind, als die vom Weber stehen gelassenen Enden der Kettenfäden. Wenn dieselben zu Bündeln zusammengeknüpft werden, so entstehen auf diese Weise Troddeln oder Quasten. Eine andere grosse Gruppe von Kleidungsstücken hat die Form der Tunika, die uns am einfachsten im Chiton, dem alten griechischen Frauengewand, entgegentritt. Man hat denselben mit einem an beiden Enden offenen Sack verglichen und er wurde auf beiden Schultern durch Spangen festgehalten, so dass für die Arme Oeffnungen gelassen wurden. Die an den Schultern geschlossene und gewöhnlich mit Aermeln versehene

Tunika ist das verbreitetste moderne Kleidungsstück, welches entweder wie ein Hemd lose herabhängend oder an der Taille durch einen Gürtel zusammengefasst getragen wird. Die verschiedenen Formen dieses Kleidungsstückes sind die Tunika der römischen Soldaten, das „rothe Hemd" der Garibaldiner, das Gewand des mittelalterlichen Edelmannes, der Kittel des englischen Bauers, die Blouse des französischen Arbeiters. Endlich entwickelten sich aus der Tunika der moderne Rock und die moderne Weste, die nichts anderes sind, als vorn offene und zum Zuknöpfen eingerichtete Tuniken. Einen grossen Fortschritt in der persönlichen Reinlichkeit und daher der Cultur bezeichnet das Aufkommen des Gebrauchs, unmittelbar auf der Haut eine leinene Tunika, ein Hemd zu tragen. Ein um den Körper gewundenes und durch einen Gürtel festgehaltenes Stück Tuch bildet ein anderes Kleidungsstück, den Weiberrock, und die Art und Weise, wie orientalische Frauen ihre Röcke, um bequemer zu gehen, zwischen den Füssen zusammenziehen, lässt uns erkennen, wie die Hosen entstanden sind. Manche alte Völker trugen Hosen, wie z. B. die Sarmaten, deren Tracht an der Trajanssäule zu sehen ist, sowie die Gallier und Briten. Es ist daher falsch, die jetzige Hochlandtracht als altgallische Tracht zu bezeichnen. Die alten Griechen und Römer betrachteten die *braccae* oder Hosen als etwas barbarisches, allein die civilisirte Welt hat sich ihrer Ansicht nicht angeschlossen.

Wer die Trachten der Völker aufmerksam studirt, wird leicht die Ueberzeugung gewinnen, dass sie durchaus nicht der blossen Phantasie ihre Entstehung verdanken, sondern dass sich die gegenwärtigen Formen der Kleider nach und nach aus bereits vorhandenen Formen entwickelt haben. Um für die gegenwärtige geschmack-

lose Form unseres Cylinderhutes eine Erklärung zu finden, müssen wir verfolgen, wie er sich aus dem kegelförmigen Puritanerhut, dem breitkrämpigen Stuarthut
und noch älteren Hutformen nach und nach entwickelte.
Das Hutband war einst ein wirkliches Seil, welches dazu
diente, ein Stück Filz, welches ursprünglich den Hut
bildete, zusammenzuziehen. Um zu verstehen, weshalb
der Hut mit Seidenhaaren überzogen ist, muss man sich
erinnern, dass dieselben eine Nachahmung des Biberpelzes
bilden, der ursprünglich wegen seiner Wasserdichtigkeit
zur Herstellung von Hüten benutzt wurde. Selbst nutzlose Nähte und Knöpfe an Kleidungsstücken (vgl. S. 19)
bilden Reste aus früheren Entwickelungsstufen derselben.

Den Schluss dieses Kapitels mögen einige Bemerkungen über Boote und Schiffe bilden. Derjenige, welcher sich zuerst auf ein im Wasser schwimmendes Holz
stützte und fand, dass es ihn trug, machte damit den
Anfang zur Schifffahrt. Natürlich hat uns die Geschichte
nichts über den Ursprung dieser Kunst überliefert. Bei
Wilden kann man noch jetzt die rohesten Formen von
Booten und Flössen sehen, und selbst ein civilisirter
Reisender wird unter Umständen einen Baumstamm oder
ein Bündel Binsen benutzen, um sich und sein Gewehr
trocken über einen Strom zu befördern. Wenn wir diese
von der Natur gebotenen Mittel mit dem für beständigen
Gebrauch eingerichteten Fahrzeuge vergleichen, so gewinnen wir eine Vorstellung davon, welche ungeheure
Entwickelungsgeschichte die moderne Schiffsbaukunst
hinter sich hat.

Die einfachste Form des Flosses bildet eine Cocos-
nuss, die auf den Südseeinseln die Kinder mit ins Wasser
nehmen, oder das „hölzerne Pferd" des Hottentotten, d. h.

ein schwimmender Weidenstamm, auf den er sich setzt, wenn er mit seinen Ziegen über einen Fluss setzt. In Australien kommen die Eingeborenen an unsere Schiffe heran, indem sie rittlings auf Baumstämmen, die an einem Ende zugespitzt sind, sitzen und mit den Händen rudern, und in Californien bedienen sich die eingeborenen Fischer eines Bündels Binsen, die in Form einer Hängematte zusammengebunden sind. So roh diese Vorrichtungen auch sind, so beweisen sie doch, dass die Verfertiger den Vorzug erkannt hatten, den ein zugespitztes Fahrzeug vor einem Baumstamm mit stumpfem Ende besitzt. In allen Theilen der Erde finden wir die Schwimmkraft des Flosses dadurch erhöht, dass es ausgehöhlt wird, und hierdurch wird es zum Boot. Das einfachste Boot wird durch Aushöhlen eines Baumstammes hergestellt. Wer sich in Amerika auf dem Lande aufgehalten hat, hat vielleicht selbst Gelegenheit gehabt, in einem derartigen Boot, einem sogenannten „dug-out", auf einem Teich oder einem Fluss zu rudern, und wer es aus eigener Erfahrung weiss, welche Vorsicht nöthig ist, um das Umschlagen eines cylindrischen Bootes zu verhindern, der weiss die Bedeutung des Kiels für den stetigen Gang eines Fahrzeuges zu würdigen. Für Wilde, die nur mit Steinäxten versehen sind, ist das Aushöhlen eines Baumstammes, namentlich wenn das Holz hart ist, eine mühsame Arbeit. Sie nehmen daher oft Feuer zur Hülfe, indem sie den Baumstamm an der Stelle, an welcher er ausgehöhlt werden soll, anzünden und das brennende Holz weghauen. Columbus war überrascht über die Grösse solcher Fahrzeuge, die er in Westindien sah und er erwähnt in seinen Briefen Canoes dieser Art (*scaphas solidi ligni*), in denen siebzig bis achtzig Ruderer Platz hatten. Die Spanier nahmen den haitischen Namen

canoa an, aus welchem das englische Wort ˙ *canoe* entstanden ist. Solche Boote waren indessen nicht nur in
Amerika, sondern auch in anderen Ländern bekannt.
Auch in Europa waren sie in der vorhistorischen Zeit
sehr verbreitet, wie die aus Torf- und Sandablagerungen
ausgegrabenen und in den Museen aufbewahrten Exemplare beweisen. Selbst der lateinische Name für Kahn,
scapha, welcher dem griechischen skaphē entspricht,
stimmt in seiner Bedeutung so genau mit *dug-out* (ausgehöhlt) überein, dass wir in diesem Namen selbst einen
Beweis für die Thatsache haben, dass in alter Zeit Boote
durch Aushöhlen von Baumstämmen verfertigt wurden˙
Selbst die englischen Worte *skiff* (Kahn) und *ship* (Schiff),
sowie das deutsche Wort Schiff, die offenbar mit *scapha*
zusammenhängen, erinnern uns an diesen Ursprung der
Schiffsbaukunst. In einer sehr einfachen Weise verfertigen die Australier Boote, indem sie ein Stück von der
Rinde eines gewissen Baumes ablösen und an den Enden
zusammenbinden. Soll dasselbe mehr als einmal gebraucht werden, so werden die Enden zusammengenäht
und im Innern werden Querstäbe eingesetzt, um die Form
des Bootes zu erhalten. Dieses Rindenboot ist auch in
Asien und Afrika bekannt und erreicht seine höchste
Ausbildung in Nordamerika. Hier besteht es aus einem
Gerüst aus Cedernholz, welches mit Birkenrinde bedeckt
ist, deren einzelne Theile mit faserigen Cedernwurzeln
zusammengenäht werden. Solche Boote sind noch in
der Umgebung der Hudsonsbai und anderen Gegenden
in Gebrauch, da sie sich besonders für die Fahrt auf
solchen Flüssen eignen, wo Boot und Ladung zur Um-
gehung von Stromschnellen oder um˙ von einem Flusse
zu einem anderen zu gelangen, zuweilen auf dem
Lande weiter befördert werden müssen. Ganz ähnliche

Boote wie diese werden auch aus Thierhäuten verfertigt.
Nordamerikanische Indianer benutzen zuweilen beim
Uebersetzen über einen Fluss Boote, die aus denselben
Häuten bestehen, die sonst ihre Zelte bilden. Nicht viel
höher als diese, stehen die in Mesopotamien gebrauchten aus gebogenen Zweigen und Häuten verfertigten
runden Boote, sowie die tragbaren Lederboote der alten
Briten. Noch heute benutzen die Fischer am Severn
und Shannon tragbare Boote, die zwar ein vollkommne-
res Gerüst besitzen als die alten, und die nicht mehr mit
Häuten, sondern mit getheertem Segeltuch bedeckt sind,
die aber noch vollkommen die alte Form besitzen. Die
Kayaks der Eskimos bestehen aus einem Gerüst aus
Knochen oder Treibholz, das mit Seehundsfellen überzogen ist. Sie bilden eine Art wasserdichte Rettungsboje,
die nicht leicht aus der Gleichgewichtslage zu bringen ist,
selbst wenn sich der Ruderer nach der Seite überlehnt.
Unsere modernen sogenannten Canoes sind Nachahmungen dieser Boote in Holz.

Sobald in dem ausgehöhlten Baumstamm ein Brett
als eine Art Deck angebracht wird, oder wenn das ganze
Fahrzeug aus Brettern hergestellt wird, die anstatt der
Häute oder der Rinde auf die Rippen genäht werden, so
kommt dasselbe in seinem Bau unseren modernen Schiffen schon etwas näher. Von Afrika bis in den malayischen Archipel bildeten und bilden zum Theil bis auf
den heutigen Tag solche genähte Boote das Hauptver-
kehrsmittel der Eingeborenen. Die Canoes der Südseeinseln, die in dieser Weise durch Cocosnussfaser zusammengefügt sind, dass die Fugen kaum zu bemerken sind,
bilden ein wahres Wunder barbarischer Zimmerkunst.
Im Golf von Oman setzen die Eingeborenen mit Werkzeugen versehen auf die Cocosnussinseln über, fällen

einige Palmen, verarbeiten das Holz zu Planken, nähen dieselben mit Seilen zusammen, die sie aus dem Bast anfertigen, machen aus den Blättern Segel, beladen die neuen Boote mit Cocosnüssen und kehren mit ihnen nach dem Festlande zurück.

Bevor wir zu den Schiffen der civilisirten Völker übergehen, wollen wir einen Blick auf die Ruderflösse werfen. Zwei oder drei mit einander verbundene Stämme bilden ein Floss, welches trotz seiner schwerfälligen Bewegung den Vortheil hat, dass es nicht umschlägt und dass es eine schwere Ladung trägt. Zur Zeit der Entdeckung Perus trafen die Spanier zu ihrem Erstaunen ein Floss an, mit welchem die Eingeborenen den Ocean befuhren und welches durch ein Segel gelenkt wurde. Die Flösse, welche den Euphrat und Tigris herab Waaren befördern, werden durch aufgeblasene Schafshäute schwimmend gehalten. Am Ende der Reise wird das Floss auseinander genommen und das Holz verkauft, so dass nur die leeren Schafshäute zurücktransportirt werden müssen. Auf dem Nil braucht man anstatt der Schafshäute irdene Gefässe, die am Ziel der Reise ebenfalls verkauft werden, so dass gar nichts zurücktransportirt zu werden braucht. Flösse von Zimmerholz, welche, wie auf dem Rhein, die Flüsse herabgeführt werden, lässt man einfach durch den Strom treiben. Wenn aber ein Floss durch Ruder oder Segel bewegt werden soll, so leistet es einen bedeutenden Widerstand. Die Fidschiinsulaner, sowie die Bewohner anderer Inseln machten die Erfahrung, dass ein aus zwei durch Querbalken verbundenen Stämmen gebildetes und mit einer erhöhten Plattform versehenes Floss leichter zu bewegen sei. Diese Beobachtung hat wahrscheinlich die Veranlassung zur Erfindung der sogenannten Ausleger gegeben, die im alten

Europa bekannt waren und auf den Inseln des stillen
Oceans jetzt noch allgemein in Gebrauch sind. Einer
der beiden ursprünglichen Stämme ist zum Canoe geworden, während der andere als sogenannter Ausleger durch
Querbalken mit dem Fahrzeug verbunden ist, um ein
Umschlagen desselben bei stürmischem Wetter unmöglich zu machen. Auch beide Stämme können in Canoes
umgewandelt und die Plattform beibehalten sein. So
entsteht das polynesische Doppelcanoe. Vor nicht langer Zeit wurde der Versuch gemacht, diese Idee in der
Construction eines Doppeldampfers zu verwerthen, welcher für die Ueberfahrt zwischen Dover und Calais dienen sollte.

Was sodann die Fortbewegung der Boote betrifft,
so lehrt uns der Australier, der auf seinem zugespitzten
Stamm sitzt und mit den Händen rudert, oder der Fischer am oberen Nil, der auf einem Bündel Halmen sitzt
und sich durch Treten mit den Füssen vorwärts bewegt,
deutlich genug, in welcher Weise das Ruder erfunden
worden ist. Das einfachste hölzerne Ruder, welches in
seiner Form die flache Hand oder den Fuss nachahmt,
deren Arbeit es zu verrichten bestimmt ist, ist den Wilden wohlbekannt, die in der Regel ein einfaches Ruder
mit einem blatt- oder schaufelförmigen Ende benutzen.
Das an beiden Enden erweiterte Ruder, welches unsere
Ruderer von den Eskimos entlehnt haben, ist bereits eine
verbesserte Form. Dies in freier Hand geführte Ruder
ist für Rindencanoes oder ausgehöhlte Baumstämme das
zweckmässigste. Für grössere Fahrzeuge ist dagegen ein
Ruder, welches gegen den Rand des Bootes angelehnt
wird und als Hebel wirkt, bei weitem vorzuziehen, da bei
diesem die Kraft des Ruderers besser ausgenutzt wird
und der Stoss desselben ein gleichmässigerer ist. Der

grosse Unterschied in der Kenntniss mechanischer
Principien tritt uns deutlich entgegen, wenn wir ein
Canoe der Südseeinseln mit zwanzig das Wasser schau-
felnden Insassen mit einem unserer achtsitzigen Ruder-
boote vergleichen. Die einfachste Form des Segels ist
vielleicht diejenige, welche wir in einer Skizze von Catlin abgebildet finden. Eine Anzahl nordamerikani-
scher Indianer steht in Canoes und jeder von ihnen
hält mit ausgebreiteten Armen eine Decke, die mit
ihrem unteren Ende an seinem Bein befestigt ist, gegen
den Wind. Das einfachste wirkliche Segel besteht aus
einer Matte oder einem Tuch, welches unten befestigt
ist und an den oberen Ecken von zwei Stäben gehalten
wird oder an einer aufrechten Stange mit einem Querstab, Mast und Raae in ihrer einfachsten Form, befestigt
ist. Bei niederen Völkerstämmen vermissen wir den Gebrauch des Segels so allgemein, dass wir annehmen
müssen, sie seien mit demselben nicht bekannt gewesen.
Durch die Anwendung des Segels wird nämlich mit einem
sehr geringen Aufwand von Mühe eine so bedeutende
Arbeit geleistet, dass wir nicht annehmen können, die
Kunst des Segelns sei bei irgend einem Volke bekannt
gewesen, aber in Vergessenheit gerathen. Wahrscheinlich wurde das Segel erst in einer Periode vorgeschrit-
tener Civilisation erfunden.

Ueber die Entstehung der einfacheren Arten von
Booten haben wir keine historischen Nachrichten. In
den Zeiten, aus denen wir historische Ueberlieferungen
besitzen, verstanden es die Völker bereits, höher entwickelte Fahrzeuge mit Kiel und Rippen und angenagel-
ten Planken zu bauen, in denen wir die unmittelbaren
Vorläufer unserer heutigen Schiffe erkennen. Wahrscheinlich war Aegypten oder ein anderer Theil dieser

altweltlichen Culturregion der Sitz der Schiffszimmer-
kunst, von welchem sie sich über andere Länder ausbreitete. Es ist äusserst lehrreich, die Abbildung eines
alten ägyptischen Schiffes (Fig. 71) genau zu betrachten.

Fig. 71.

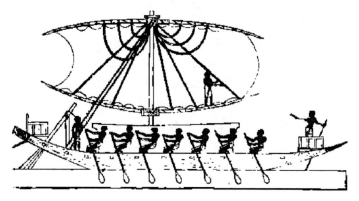

Altes Nilboot (nach einem Wandgemälde in Theben).

Wir erkennen in ihr bereits alle wesentlichen Theile
eines heutigen Schiffes. Das in der Figur abgebildete
Schiff stellt die gewöhnliche Form der in den ägyptischen
Wandgemälden abgebildeten Schiffe, eine Combination
einer Rudergaleere mit einem Segelschiff dar. Die Ruderer
sitzen auf Querbänken und ziehen die durch Ringe geführten Ruder an. Am Hintertheil des Schiffes befindet
sich das grosse Steuerruder. Wir sehen ferner einen
durch Taue in seiner Stellung befestigten Mast mit
Raaen und Tauen zum Ausspannen und Einreffen der
Segel. Am vorderen und hinteren Ende des Schiffes
bemerken wir bereits erhöhte Theile, die man heute als
Kastelle (Back und Schanze) bezeichnet. Auf den ägyptischen Kriegsschiffen standen auf diesen Theilen, durch
eine Brustwehr geschützt, die Bogenschützen. Auch auf
der Spitze des Mastes befindet sich ein „Krähennest",

20*

welches dem „Top" unserer Schiffe entspricht und aus
welchem Schleuderer Steine auf den Feind herabwarfen.
Wenn wir die alten Galeeren und Schiffe des Mittelmeeres,
seien es phönicische, griechische oder römische, mit den
ägyptischen Schiffen vergleichen, so bemerken wir eine
so auffallende Aehnlichkeit zwischen ihnen, dass wir die
ersteren nur als Nachbildungen der letzteren ansehen
können. Ja die noch jetzt auf dem Ganges gebräuchlichen Fahrzeuge besitzen eine überraschende Aehnlichkeit
mit den Nilbooten, und das Auge, welches wir von La
Valetta im Westen bis nach Canton im Osten so häufig
als Ornament am Bug der Schiffe antreffen, ist vielleicht
nichts anderes, als das Auge des Osiris auf der ägyptischen Leichenbarke, welche die Todten über den See
(Möris) nach dem westlichen Begräbnissplatze führte.
Wenn wir die Entwickelung des Schiffes von alten Zeiten bis auf die Gegenwart verfolgen, so finden wir, dass
von Zeit zu Zeit neue Einrichtungen in Gebrauch kamen,
wie z. B. die Bekleidung der Schiffe mit Metallplatten,
um die Planken vor der Zerstörung durch den Schiffs-
bohrwurm zu schützen, der eiserne Anker anstatt eines
Steines, die Gangspille zum Heranholen des Schiffes u. s. w.
Die Anzahl der Masten und Raaen wurde vergrössert, um
mehr Segel benutzen zu können, und die Vergrösserung
der Zahl der Ruderer, die in zwei oder drei Reihen über
einander sassen, führte zur klassischen Bireme und Tri-
reme. Die Kriegsgaleere erhielt sich in der venetianischen Flotte bis in die neueste Zeit, da sie bei Windstille
den Segelschiffen überlegen war. Die Galeerensklaven,
welche an den riesigen Rudern arbeiteten, waren Gefangene oder Verbrecher. Obgleich in Frankreich die Galee-
renstrafe abgeschafft ist, bezeichnet man noch mit dem
Wort *galérien* einen Verbrecher. Die grosse Verbesse-

rung der europäischen Segelschiffe im Mittelalter wurde vorzugsweise durch das Bekanntwerden des Schiffscompasses, einer Erfindung des fernen Ostens, angeregt. Die Schiffe, welche jetzt auf dem offenen Meere ihren Weg finden konnten, wurden im Bau und in der Takelage verbessert, und das Kriegsschiff mit mehreren Decks und mit seinen Kanonenreihen wurde zum schwimmenden Fort. Im gegenwärtigen Jahrhundert endlich hat man die Dampfkraft benutzt, um das Schiff von innen in Bewegung zu setzen. Die Arbeit der Ruder wird beim Dampfschiff vom Schaufelrad oder von der Schraube geleistet, und die veränderliche Kraft des Windes findet nur noch eine untergeordnete Anwendung zur Unterstützung der Dampfkraft und zur Ersparung von Brennmaterial. Grosse Veränderungen im Bau haben die modernen Kriegsschiffe durch Einführung der Panzerung und der Riesengeschütze erlitten. Allein auch in diesen Schiffen erkennen wir noch deutlich genug, wie sie sich durch allmälige Umformungen aus dem einfachen Canoe entwickelt haben.

Elftes Capitel.

Verschiedene Kunstfertigkeiten.

Feuer. Kochen der Nahrung. Brotbereitung. Getränke. Feuerung und Beleuchtung. Gefässe. Thongeschirr. Glas. Metalle. Bronzezeit und Eisenzeit. Tauschhandel. Geld. Handel.

Es ist eine alte und oft wiederholte Erzählung, dass wenn Reisende in den Wäldern von Centralafrika an der Stelle, wo sie übernachteten, ein brennendes Feuer zurücklassen, grosse menschenähnliche Affen, sogenannte Pongos (vermuthlich unsere Gorillas) herbeikommen, sich um die brennenden Stämme niederlassen und so lange sitzen bleiben, bis das Feuer erloschen ist, dass sie aber nicht klug genug sind, um das Feuer durch Auflegen von Holz zu unterhalten. Man hat diese Erzählung oft benutzt, um den grossen Unterschied zwischen dem Verstand des Menschen und der geringen geistigen Begabung selbst der höchsten Affen hervorzuheben. Ohne Zweifel hat es auch vor dem Auftreten des Menschen Waldfeuer gegeben, wenn z. B. ein Baum durch einen Blitzstrahl oder durch einen Lavastrom entzündet wurde. Allein von allen Geschöpfen ist es der Mensch allein, der mit dem Feuer umzugehen, der es von einem Ort an einen anderen zu übertragen und, wenn es erloschen ist, von neuem zu erzeugen versteht. Man hat, wie es scheint, kein einziges wildes Volk gefunden, welchem der Gebrauch des Feuers unbekannt ist. Man hat in den Kalkhöhlen unter anderen Ueberresten aus der Mammuthperiode Stückchen Holzkohle und verbrannte Knochen gefunden, ein Beweis dafür, dass selbst die Höhlenmenschen jener vorhistorischen Periode Feuer machten, um ihre Nahrung zu kochen und sich zu wärmen.

In der einfachsten Weise wird das Feuer durch Reibung zweier Holzstücke erzeugt, ein Verfahren, welches noch heute bei manchen Völkern in Gebrauch ist. Der Handfeuerbohrer besteht aus einem pfeilförmigen Stück Holz mit einer stumpfen Spitze, welches zwischen den Händen in schnelle Drehung versetzt und zugleich gegen ein zweites Holzstück gedrückt wird, so dass in das letztere eine Vertiefung gebohrt wird und sich der durch das Bohren erzeugte Kohlenstaub entzündet. In Fig. 72 ist

Fig. 72.

Buschmann, den Feuerbohrer drehend (nach Chapman).

ein Buschmann abgebildet, welcher den Feuerbohrer dreht, während sein Genosse den Zunder in der Hand hält. In Polynesien ist ein etwas abweichendes Verfahren in Gebrauch. Hier wird der zugespitzte Stab in einer durch

die Bewegung selbst erzeugten Rinne in der Unterlage
hin- und hergeführt. Nach jeder der beiden Methoden
erhält man, wenn passende Holzarten gewählt werden,
in wenigen Minuten Feuer. Allerdings erfordert der Gebrauch des Feuerbohrers eine grosse Geschicklichkeit und
für einen Europäer ist es fast unmöglich, in dieser Weise
Feuer zu erzeugen. Einige Völker benutzten seit langer
Zeit eine verbesserte und bequemere Form des Feuerbohrers, indem sie den Holzstab durch einen Riemen bewegten, der mehrmals um denselben herumgewunden
und hin- und hergezogen wird. Auch die Bewegung
desselben mit einem Bogen, wie bei unserer Bogendrille,
ist nicht unbekannt. In beiden Fällen muss der Bohrer
an dem oberen Ende mit einem Knopf versehen sein,
um ihn gegen die Unterlage andrücken zu können.

Bei den civilisirten Völkern wurde der Feuerbohrer
bereits früh durch bessere Vorrichtungen, namentlich
Feuerstein und Stahl, verdrängt. Allein obwohl er aus
dem praktischen Leben verschwunden ist, wird er doch
bei gewissen ceremoniellen Handlungen noch beibehalten.
So bedienen sich noch die Brahmanen, wie bereits früher erwähnt wurde, des Feuerbohrers, um das reine göttliche Feuer, dessen sie für die Opfer bedürfen, zu erzeugen. Das Werkzeug, welches hier religiösen Zwecken
dient, war einst bei den alten Ariern ein Werkzeug des
alltäglichen Lebens. Auch die Römer besassen in ihren
religiösen Gebräuchen ein ähnliches Ueberbleibsel aus
früheren Culturzuständen, indem das heilige Feuer der
vestalischen Jungfrauen, wenn es ausgegangen war, mit
dem Feuerbohrer von neuem erzeugt werden musste.
Diese Art der Feuererzeugung hat sich in Europa selbst
bis auf den heutigen Tag in dem an manchen Orten
herrschenden Gebrauch erhalten, bei Viehseuchen die

Pferde und Rinder, um sie vor der Seuche zu schützen, durch Feuer zu jagen, welche mit dem Feuerbohrer entzündet worden sind. Das bei dieser aus vorchristlichen Zeiten stammenden Ceremonie benutzte Feuer darf nicht das zahme Feuer des Herdes, sondern muss wildes, durch Reibung erzeugtes Feuer sein. Noch im Jahre 1826 wurde in Perth ein solches Feuer, soweit unsere Nachrichten reichen, das letzte in Grossbritannien, angezündet. In Schweden und anderen Gegenden sind sie noch bis auf den heutigen Tag in Gebrauch. Es ist merkwürdig, wie die Extreme der Civilisation oft in der Welt zusammenkommen. Noch im vorigen Jahrhundert wurde in Jönköping, demselben District, der heute durch seine Zündhölzchenfabrikation berühmt ist, ein Gesetz erlassen, durch welches der abergläubische Gebrauch des durch Reibung erzeugten Feuers verboten wurde.

Der Feuerbohrer ist ein Mittel, durch welches mechanische Arbeit in Wärme umgewandelt wird, bis die Entzündungstemperatur des Holzes erreicht ist. Das, was vermittelst des Feuerbohrers erzeugt wird, ein glühendes heisses Partikelchen oder ein Funke, lässt sich aber auf anderem Wege viel bequemer erzeugen. Eine weit vollkommenere Art des Feuermachens besteht darin, mit einem Kieselsteine von einem Stückchen Eisenkies Funken abzuschlagen und auf Zunder fallen zu lassen. Diese Art war manchen Wilden der historischen Zeit, selbst den Feuerländern bekannt, aber auch bereits den vorhistorischen Bewohnern Europas, wie uns die in ihren Höhlen aufgefundenen Eisenkiesstücke beweisen. Auch den civilisirten Völkern des Alterthums war sie bekannt, wie schon aus dem griechischen Namen des Steines, *pyrites*, d. h. Feuerstein, hervorgeht. Wird derselbe durch ein Stück Eisen ersetzt, so haben wir den Feuerstein und Stahl, das ge-

wöhnlichste Mittel des Feuermachens aller Völker vom
Eintritt in die Eisenzeit bis zur Gegenwart. Allein auch
dieses Mittel ist jetzt fast ganz ausser Gebrauch gekommen, und eine altmodische Küchenzündbüchse mit Feuerstein und Stahl, mit einem Dämpfer zur Herstellung von
Zunder aus verbrannter Leinwand, der zur Entzündung
der Schwefelhölzchen diente, ist eine Seltenheit geworden, die aufbewahrt zu werden verdient, wenn zufällig
in einem Bauernhause ein Exemplar aufgefunden wird.
Es ist kaum nöthig, die Brennlinse und den Hohlspiegel,
die den alten Griechen bekannt waren, zu erwähnen,
ebenso die den Chinesen bekannte Compressionspumpe,
die im Wesentlichen mit dem in unseren Lehrbüchern
der Physik beschriebenen pneumatischen Feuerzeug übereinstimmt. Alle diese Apparate haben jedoch durchaus
keine praktische Bedeutung. Von der grössten Wichtigkeit dagegen sind die Reibzündhölzchen, welche seit ungefähr 1840 in Gebrauch gekommen sind. Die Wirkung
derselben beruht darauf, dass sich der Phosphor durch
die durch die Reibung erzeugte Wärme entzündet. Derselbe bildet bei den gewöhnlichen Streichhölzchen neben
Kaliumnitrat oder Kaliumchlorat einen Bestandtheil des
Kopfes, während er bei den Sicherheitszündhölzchen in
der Reibfläche enthalten ist.

Bei Völkern niederer Civilisationsstufe sind die
Hütten oft so klein, dass das Feuer ausserhalb derselben
gemacht werden muss. Wenn die Hütte geräumig genug
ist, so brennt das Feuer in der Mitte derselben auf dem
Boden und der Rauch entweicht, wo er durch die Thür
oder durch Spalten einen Ausweg findet. Wer Gelegenheit gehabt hat, einmal in einer solchen Wohnung bei
offenem Feuer zu übernachten, weiss es zu würdigen,
welche Bedeutung das Feuer für die Lebensweise der

Wilden hat und welche Verbesserung es war, als man
im Dache der Hütte eine Oeffnung und später einen
richtigen Schornstein anbrachte, um den Abzug des
Rauches zu befördern. In welcher Weise die Erwär-
mung der Häuser nach und nach vervollkommnet worden
ist, liegt so klar vor Augen, dass wir von einer ausführ-
lichen Beschreibung dieser Entwickelung absehen können. Auf die kleinen Herdfeuer der Hütten folgen die
grossen Feuerstellen in den mittelalterlichen Bauernhäu-
sern, auf diese die Kohlenfeuer auf offenem Rost, dann
die geschlossenen Oefen sowie die modernen Einrichtungen zur Luft- und Wasserheizung.

Eine andere wichtige Anwendung findet die Wärme
in der Zubereitung der Nahrungsmittel. Durch das
Kochen werden die Zellen der als Nahrungsmittel dienenden Substanzen gesprengt und die Gewebe erweicht,
wodurch das Kauen der Speisen erleichtert wird. Hierdurch wird die Verdauung befördert und Energie ge-
spart, die durch Assimilation rohen Fleisches und roher
Pflanzen verbraucht werden würde. Es würde wahrscheinlich für den Menschen nicht unmöglich sein, von
rohen Nahrungsmitteln zu leben, und bei den Bewohnern
mancher Koralleninseln im stillen Ocean bilden rohe
Fische und Cocosnüsse die Hauptnahrungsmittel. Manche
Völker, namentlich halbverhungerte Wanderstämme wie
die wüstenbewohnenden Australier, essen Insekten, Wür-
mer, Schalthiere und kleine Reptilien im rohen Zustand,
wie sie dieselben finden. Manche Waldbewohner Brasiliens ahmen dem Ameisenbär nach, indem sie einen Stock
in einen Ameisenhügel stecken und die Ameisen an demselben herauf sich in den Mund laufen lassen. Indessen
verstehen auch diese rohen Stämme die Nahrungsmittel
zu kochen, und es ist keine Ausnahme bekannt, durch

welche die bekannte Definition des Menschen als des
Thieres, welches kocht, erschüttert würde. Bei den civilisirten Völkern ist es so allgemein in Gebrauch gekommen, der Natur in dieser Weise nachzuhelfen, dass bei
ihnen fast alle Nahrungsmittel gekocht werden. Nur in
dem Genuss von Nüssen, Beeren und anderen Früchten
hat sich die alte Gewohnheit, rohe Gegenstände zu verzehren, erhalten. Der Genuss roher Nahrungsmittel galt
seit den ältesten Zeiten als ein Zeichen einer tiefen Bil-
dungsstufe. So sagt Thucydides von den Eurytanen im
Innern Griechenlands, sie seien sehr unwissend in ihrer
Sprache und Omophagen, d. h. Rohesser. Selbst den Eingeborenen von Neuengland fiel diese Lebensweise bei
den Wanderstämmen des fernen Nordens auf, die sie in
Folge dessen *Eskimantsic*, d. h. Rohesser nannten, ein
Name, der uns in der Form Eskimo geläufig ist.

Die einfachsten Arten der Zubereitung der Nahrungsmittel durch Feuer finden wir bei den Wilden, die das
Fleisch braten, indem sie es unmittelbar auf die brennenden Holzscheite legen oder indem sie es mit einem
Spiess der einfachsten Art, einem zugespitzten Pfahl, über
das Feuer halten, oder auch, indem sie es in die heisse
Asche vergraben. Diese letztere Art der Zubereitung
hat vermuthlich zur Erfindung des Backofens geführt,
dessen einfachste Form ein in Brand gesetzter und im
Innern glimmender hohler Baum oder eine in den Boden
gegrabene Vertiefung sein kann, die durch ein Holzfeuer
zuweilen auch unter Anwendung glühender Steine er-
wärmt wird. Gewisse brasilianische Völker legen Fische
und Wild auf ein aus Zweigen verfertigtes und auf vier
Pfosten ruhendes Geflecht, unter welchem ein schwaches
Feuer unterhalten wird. Fleisch, welches auf einem solchen sog. *boucan* zubereitet ist, hält sich lange Zeit.

Die westindischen Seeräuber pflegten ihre Fleischvorräthe in dieser Weise zuzubereiten. Hieraus erklärt es sich, weshalb das Wort *bucaneer* im Englischen die Bedeutung „Seeräuber" besitzt. Die büffeljagenden Stämme Nordamerikas trocknen und zerstossen das Fleisch, um es aufzubewahren. In anderen Gegenden ist es gebräuchlich, das Fleisch in dünne Streifen zu schneiden und an der Sonne zu trocknen, um es haltbar zu machen. Die Anwendung heisser Steine beim Backen wurde bereits erwähnt. Aus dieser Anwendung hat sich vielleicht die wichtige Kunst des Kochens entwickelt. Bei manchen Völkern, denen die Herstellung irdener Gefässe nicht bekannt ist, finden wir eine eigenthümliche Art des Kochens. Die Assiniboin in Nordamerika haben ihren Namen, welcher „Steinkocher" bedeutet, von der bei ihnen gebräuchlichen Art des Kochens. Ein in den Boden gegrabenes Loch wird mit einem Stück Thierhaut ausgekleidet und dient zur Aufnahme des zu kochenden Fleisches und des Wassers, welches durch eingetauchte heisse Steine zum Sieden gebracht wird. Gewisse Indianerstämme im Westen kochten mit Hilfe glühender Steine ihre Speisen sogar in wasserdichten, aus Tannenwurzeln geflochtenen Körben. Selbst in Europa hat sich diese Art, Wasser in hölzernen Gefässen zu erhitzen, erhalten. Linné fand auf seiner Reise im nördlichen Schweden, dass dieselbe bei der Bierbrauerei angewandt wurde, und selbst heute soll es noch bei den Bauern in Kärnthen in Gebrauch sein, in dieser Weise Bier zu brauen. Sobald die Herstellung irdener Töpfe oder metallener Kessel bekannt ist, ergiebt sich die Anwendung derselben zum Kochen über dem Feuer von selbst. Es ist merkwürdig, dass bei der Beschreibung der Gastmahle der homerischen Helden niemals gekochte Speisen erwähnt werden, während häufig geschildert wird, wie ein Braten am Spiess geröstet wird. In der Edda dagegen wird erzählt, wie die Krieger in jeder Nacht in Walhalla das gekochte Fleisch des Ebers *Saehrimnir* verspeisen, der täglich in einem riesigen Kessel gekocht wird, aber bis zum nächsten Tage wieder auflebt, um von neuem gejagt zu werden.

Die einfachsten Arten der Brotbereitung, die zugleich mit dem Anbau der Getreidearten in Gebrauch kamen, sind für manche Zwecke so brauchbar, dass sie sich bis auf den heutigen Tag in unveränderter Weise erhalten haben: Im nördlichen Schottland werden in manchen ländlichen Gegenden dünne Kuchen aus ungesäuertem Hafermehlteig auf einer heissen eisernen Platte gebacken. Die australischen Colonisten machen aus Mehl und Wasser einen Teig, aus welchem sie dicke Kuchen formen, die in heisser Asche gebacken werden. Hier erkennen wir eine Kunst, die vielleicht mehr als irgend eine andere zur Civilisation der Menschheit beigetragen hat, in ihren ersten Entwickelungsstufen. Sobald das ungesäuerte Brod in Gebrauch war, musste sich die Erfindung des gesäuerten Brotes von selbst ergeben, indem durch sauer gewordene Reste des Teigs, die zufällig in dem Gefässe zurückbleiben, in dem neuen Teig die Gährung angeregt wurde. Dieselbe besteht aber darin, dass der Teig durch Kohlensäure, welche sich in demselben entwickelt, zu einer lockeren, schwammigen Masse aufgebläht wird. Später lernte man in der Bierhefe ein besseres Mittel als Sauerteig kennen. In neuerer Zeit führt man die Kohlensäure durch Backpulver, Natriumbicarbonat, in den Teig ein oder mischt es mit demselben auf mechanischem Wege. Eine andere Art, mehl- oder stärkehaltige Nahrungsmittel zuzubereiten, besteht darin, dass sie gekocht werden. Das Kochen bewirkt, dass die Stärkemehlkörnchen zerspringen und sich im Wasser auflösen. Gekochter Reis bildet fast die Hälfte der Nahrung des Menschengeschlechtes. Andere wichtige Nahrungsmittel pflanzlichen Ursprungs sind Brei und Suppe aus Weizen, Gerste, Mais, Sago, Maniok u. s. w. Ein Blick in ein modernes Kochbuch lehrt uns, welche Menge von Gerichten von geschickten Köchen erfunden worden sind, um den Gaumen zu reizen und zum Essen anzuregen. In dieser Hinsicht sind allerdings die Alten in der Kochkunst überflügelt worden. Allein der Hauptzweck des Kochens ist der, die Nahrungsmittel in eine Form zu bringen, die sie zur Erfüllung ihres Zweckes, den menschlichen Organismus zu erhalten, möglichst geeignet macht. Von diesem Gesichtspunkte aus betrachtet, erscheint uns die Kunst der Zubereitung der Speisen durch Rösten, Backen und Kochen als eine sehr alte, die bereits in der vorhistorischen Zeit ausgebildet wurde und auf der barbarischen Culturstufe bekannt war.

Wilde Völker, wie die Australier, kannten, als sie von den Europäern entdeckt wurden, keine gegohrenen Getränke, ebenso wenig die Hottentotten und die nordamerikanischen Indianer. Sehr wahrscheinlich war auch den frühesten Vorfahren dieser Völker die Kunst, Getränke durch Gährung zu bereiten, unbekannt, da kaum angenommen werden kann, dass der so verführerische Genuss geistiger Getränke in Vergessenheit gerathen sei. In den meisten Gegenden indessen, namentlich wo Getreide und Früchte angebaut wurden, musste früher oder später der Gährungsprocess entdeckt werden, da er leicht beobachtet wird, wenn ein geeigneter Fruchtsaft oder eine Art Maische durch Zufall stehen bleibt. In Mexico wird die sogenannte Pulque aus dem Milchsaft von Aloë durch Gährung erzeugt, in Asien und Afrika wird aus dem Saft

der Palmen eine Art Wein bereitet. Apfelwein und Meth,
das Gährungsproduct von Honigwasser, sind bekannt. Die
Tataren bereiten aus Stutenmilch durch Gährung Kumys.
Namentlich bierartige Getränke sind sehr verbreitet.
Das erste historisch nachweisbare Bier ist das, welches
die alten Aegypter aus Gerste brauten. Aus Aegypten
ist vielleicht die Kunst des Bierbrauens nach Europa gekommen. Aehnliche Getränke wie Bier sind der aus Roggen
gebraute russische Quass, das afrikanische Hirsebier, der
chinesische sogenannte Reiswein und die von den Eingeborenen Amerikas aus Mais oder Maniok gebraute
Chicha. Auch der Wein hat, wie es scheint, ein nicht
minder hohes Alter. In ägyptischen Gemälden finden wir
Weinberge, Weinpressen und Weinflaschen dargestellt,
und die Bereitung des Weines war in jenen Zeiten dieselbe,
wie heute. Es ist bemerkenswerth, in welcher harmlosen
Weise sich der Mensch in alten Zeiten dem Genuss berauschender Getränke hingab und dieselben als ein von
den Göttern verliehenes Mittel zur Betäubung der Sorge
und zur Erregung wilder Freude betrachtete. Berauschende Getränke wurden in feierlicher Weise bei religiösen Gastmahlen getrunken und den Göttern dargebracht. Die alten Sänger der Hymnen der Weda dachten
nichts Schlimmes, wenn sie von Indra, dem Himmelsgott
sangen, wie er taumelnd trunken war vom Genusse der
ihm von seinen Anbetern dargebrachten Trankopfer. In
späteren Zeiten besangen die Griechen in feierlichen
Aufzügen den wohlthätigen Dionysos, der alle Völker
durch den sorgenzerstreuenden Saft der Rebe glücklich
macht. Allein bereits in alten Zeiten begegnen wir auch
der entgegengesetzten Anschauung. Angesichts der verderblichen Folgen der Trunkenheit beginnen die Wächter
der Religion, nicht nur den übermässigen Genuss starker

Getränke, sondern den Genuss derselben überhaupt für Sünde zu erklären. Die Brahmanen behielten zwar, der Ueberlieferung folgend, die Trankopfer bei, erklärten aber den Genuss geistiger Getränke für eine der fünf grossen Sünden. In der Religion des Buddha bildet das Verbot berauschender Getränke eine von den zehn Vorschriften, denen der Neubekehrte Gehorsam geloben muss. Obgleich der Islam zum grossen Theil aus der jüdischen und christlichen Religion entstand, verwarf er dennoch den Gebrauch des Weins bei religiösen Handlungen und erklärte den Genuss desselben für etwas Verabscheuenswürdiges. Der Weingeist fand erst im Mittelalter bei den westlichen Völkern Eingang, nachdem er im Orient bereits seit langer Zeit bekannt gewesen war. Er wurde allgemein als ein heilsames Getränk aufgenommen, wie der lateinische Namen *aquavitae*, der französische *eau de vie*, der irische *usquebaugh* (abgekürzt *whisky*) beweisen. Heute werden aus den Rückständen der Weinbereitung, der Bierbrauerei, der Zuckerraffinerie u. s. w. ungeheure Mengen Spiritus gewonnen. Der gewohnheitsmässige Genuss desselben ist eins der grössten Uebel der modernen Welt, welches in den unteren Volksschichten einen Zustand der Entartung erzeugt, für den wir selbst in den schlechtesten Zeiten der Geschichte kaum ein Seitenstück finden. Andererseits sind in der neueren Zeit einige warme, schwach erregend wirkende Getränke in Gebrauch gekommen. Der Thee, den die buddhistischen Mönche in Centralasien benutzten, um sich für ihre nächtlichen religiösen Handlungen wach zu halten, wurde wahrscheinlich am Anfang der christlichen Zeitrechnung in China eingeführt, von wo aus er sich über die ganze Erde ausbreitete. Die Heimat des Kaffees ist Arabien und die Welt verdankt den allgemeinen Gebrauch des-

Tylor, Anthropologie. 21

selben den Muhamedanern. Die Chokolade wurde von
Spaniern aus Mexiko, wo sie ein Lieblingsgetränk bildete,
nach Europa gebracht. Auch ein in anderer Form ge-
nossenes Reizmittel, der Taback, ist hier zu erwähnen.
Derselbe stammt ebenfalls aus Amerika, wo er zur Zeit
der Entdeckung von den Eingeborenen geraucht wurde.

Das älteste Feuerungsmaterial war das Holz. In
der vorhistorischen Zeit war es wohl ein durch gefallene
Zweige unterhaltenes Waldfeuer, welches einen zeit-
weiligen Aufenthaltsort bezeichnete. Wenn in der Hütte
des Wilden das Holzfeuer auf dem Boden brennt, so wird
dieser einfache Herd zum Sammelplatz der Familie und
zum Symbol der Heimatsstätte. In baumlosen Gegenden
bietet die Beschaffung von Brennmaterial oft grosse
Schwierigkeiten, wie z. B. in den öden Ebenen der Büffel-
jäger, wo die sogenannten „Büffelspäne" *(buffalo-chips)*,
d. h. die trockenen Excremente der Büffel, als Brennmaterial für das Abendfeuer benutzt werden. Selbst in
waldreichen Gegenden wird das Holz bald aufgebraucht,
sobald sich die Bevölkerung in Dörfern ansammelt.
Manche Indianer antworteten auf die Frage, was nach
ihrer Ansicht die Weissen nach Amerika geführt habe,
einfach, weil sie in ihrer Heimat das Holz aufgebraucht
hätten und daher gezwungen gewesen seien, auszu-
wandern.

Die Vermuthung war insofern richtig, als in England
wirklich die Nothwendigkeit der Auswanderung hätte
eintreten können, wenn das Land auf den eigenen Vorrath
von Holz und Torf beschränkt gewesen wäre, da dieser
allerdings seinem Ende entgegen ging. Das alte Wald-
land von Kent und Sussex, welches bis auf den heutigen
Tag den Namen Weald (d. h. Wald) trägt, hat seinen
Waldreichthum verloren, da zur Zeit der Königin Elisabeth

die Wälder geplündert wurden, um aus dem Holze Kohlen
für die Hochöfen zu gewinnen. Es war damals wirklich
Gefahr vorhanden, dass bei zunehmender Bevölkerung
und steigender Gewerbthätigkeit England in denselben
Zustand gekommen wäre, in welchem sich heute das
nördliche China befindet, wo sich die Einwohner in der
kalten Jahreszeit in Pelz einhüllen, da das Brennmaterial
zu kostbar ist, um zu anderen Zwecken als zum Kochen
benutzt zu werden. Allein in England trat auf dem Gebiete der Industrie eine Umwälzung ein, welche eine
Vermehrung der Bevölkerung und die Entwickelung des
gegenwärtigen blühenden Zustandes zur Folge hatte.
Diesen Umschwung verdanken wir der Steinkohle, auf
deren Benutzung unsere ganze moderne Industrie beruht.
Selbst im Haushalt ist das Brennholz durch die Steinkohle verdrängt worden, und das lodernde Weihnachts-
feuer ist ein malerischer Ueberrest aus vergangenen
Zeiten. Uebrigens ist der Gebrauch der Kohle keineswegs
eine Erfindung der neueren Zeit, sondern war den
Chinesen schon vor undenklichen Zeiten bekannt. Der
berühmte venetianische Reisende Marco Polo, welcher
im dreizehnten Jahrhundert lebte, erzählt, dass es in
China eine Art schwarzer Steine gebe, die aus der Erde
gegraben werden und wie Holz brennen; „und ich kann
euch sagen", fährt er fort, „wenn man dieselben abends
in das Feuer wirft, dass sie richtig in Brand kommen,
so brennen sie die ganze Nacht hindurch bis zum anderen
Morgen". Dass dies in Europa als ein Wunder erzählt
wurde, beweist, wie wenig damals der Gebrauch der
Kohlen bekannt war. Die Steinkohle war zwar den
Alten nicht unbekannt, allein ihre grosse Bedeutung für
das moderne Leben wurde erst nach und nach erkannt.
Anfangs benutzte man sie nur als einen billigen Ersatz

21*

für das seltener und theurer werdende Holz. Als sie
später zur Heizung der Dampfmaschine verwendet wurde,
wurde sie zu einer ungeheuern Kraftquelle für mechanische
Arbeit aller Art. Eine Dampfmaschine leistet mit einigen
Schaufeln voll Kohlen, mit denen der Kessel geheizt
wird, das Tagewerk eines Pferdes. Die Millionen Tonnen
Steinkohlen, welche jährlich allein in Grossbritannien
gewonnen werden, liefern einen Kraftvorrath, der im
Vergleich mit der früher von Wind- und Wassermühlen,
von Menschen und Thieren geleisteten Arbeit als ein
ganz riesiger erscheint, während sich die Thätigkeit des
Arbeiters mehr und mehr darauf beschränkt, diese rohe
Kraft zu lenken, um sie zum Mahlen und Hämmern, zum
Spinnen und Weben, zum Fortbewegen von Eisenbahnen
und Dampfschiffen auszubeuten. Es ist interessant, die
Subsistenzmittel, welche unser Land bot, als noch vorzugsweise Ackerbau und Viehzucht getrieben wurde, mit
den Hilfsquellen zu vergleichen, welche wir durch den
Gebrauch der Steinkohle erschlossen haben, indem wir
im eigenen Lande Waaren fabriciren und gegen die Erzeugnisse fremder Länder austauschen. Wir können
sagen, dass heute von drei Engländern mindestens einer
von der Steinkohle lebt, da ohne die Steinkohle die
Einwohnerzahl Englands mindestens um ein Drittel
kleiner sein würde.

Wenn sich die Wilden Australiens vom Lagerfeuer
entfernen, so nehmen sie einen Feuerbrand mit, um
sich im dunklen Waldesdickicht zu leuchten und die
Dämonen zu verscheuchen. Hier ist noch kein Unterschied zwischen dem Mittel zur Erzeugung von Wärme
und demjenigen zur Erzeugung von Licht. Ein Unterschied tritt erst ein, wenn harzige Tannenspäne oder
dergleichen als natürliche Fackeln benutzt werden. Der

nächste Schritt führt zur Anfertigung künstlicher Fackeln, von denen die bekanntesten in der Weise hergestellt werden, dass ein Stock mit Werg umwickelt und in flüssiges Pech oder Wachs eingetaucht wird. Bis in dieses Jahrhundert wurden bei uns die Fackeln ähnlich wie bei den Römern angewandt. Jetzt sieht man sie nur noch selten und mit ihnen ist manche von Dichtern geschilderte und von Malern dargestellte malerische Scene verschwunden. Nicht die Hälfte der Vorübergehenden kennt die Bedeutung der an den eisernen Treppengeländern angebrachten Auslöscher, die sich in manchen alterthümlichen Strassen erhalten haben und die zum Auslöschen der Fackeln dienten, mit denen die Gäste zu ihren Wagen geleitet wurden. Die Kerze macht den Eindruck, als ob die Fackel die Veranlassung zur Erfindung derselben gegeben habe. Das Binsenlicht, nämlich in geschmolzenes Fett eingetauchtes Binsenmark, war zur Zeit des Plinius allgemein in Gebrauch, ebenso das Wachs- oder Talglicht mit seinem aus Garn gedrehten Docht. Die Lampe der Griechen und Römer bestand aus einem flachen ovalen Gefäss mit einer Schnauze an dem einen Ende, aus welchen der Docht hervorragte. Diese einfache Form der Lampe hat sich lange Zeit unverändert erhalten. Die Museen griechischer und römischer Alterthümer besitzen derartige Lampen, theils einfache aus Thon gebrannte, theils kunstvolle aus Bronze verfertigte, in grosser Menge. Und wer heute in Spanien oder Italien reist und sich von den Hauptverkehrsstrassen entfernt, kann heute noch messingene Standlampen in Gebrauch finden, die sich in ihrer Form von den römischen und griechischen Lampen wenig unterscheiden. Die verbesserte moderne Form der Lampe ist nicht älter als ein Jahrhundert. Die von Argand

vorgenommene Verbesserung bestand darin, dass die
Luft von unten eingelassen und zur Verstärkung des
Luftzugs die Flamme mit einem Glascylinder umgeben
wurde. Die Gaslampe ist noch späteren Ursprungs und
erst in den letzten sechzig Jahren in praktischen Gebrauch
gekommen. Es ist bemerkenswerth, dass in Gegenden,
wo aus unterirdischen bituminösen Schichten Kohlen-
wasserstoffe entweichen, eine natürliche Gasbeleuchtung
längst bekannt war. In den berühmten Feuertempeln
von Baku, westlich vom kaspischen Meer, wurde neben
dem Altar ein Rohr in den Boden gesteckt, an dessen
oberem Ende das entweichende Gas entzündet wurde
und vor dem sich die feueranbetenden Pilger nieder-
warfen, um die heilige Flamme anzubeten. Die praktischen
Chinesen benutzen das Gas, wo es in der Nähe von Salz-
quellen aus der Erde strömt, zum Erwärmen der Salz-
pfannen und zum Erleuchten der Gebäude.

Das Kochen führt uns zu der Herstellung von Gefässen.
Als Wassergefässe können Stücke von Bambusstengeln,
Cocosnussschalen, Kürbisschalen, Eimer aus Holz oder
Rinde, Flaschen aus Leder benutzt werden. Der Reiter
in wasserarmen Gegenden führt die lederne Wasserflasche
am Sattelbogen mit sich. Als die ledernen Wassergefässe
durch gläserne ersetzt wurden, ging häufig der Name der
ersteren auf die letzteren über, wie z. B. die französischen
Namen *gourde* und *bouteille* (englisch *bottle*), welche
ursprünglich lederne Gefässe bedeuteten. Von der
grössten Bedeutung für den Haushalt war die Erfindung
irdener Töpfe, in denen das Wasser über dem Feuer
zum Sieden erhitzt werden kann. Wann und wo die
Verfertigung irdener Gefässe erfunden wurde, lässt sich
nicht angeben. An der Stelle alter Wohnstätten findet
man im Boden Scherben von irdenen Gefässen, voraus-

gesetzt, dass den ehemaligen Bewohnern der Gebrauch derselben bekannt war. Wo dieselben fehlen, wie z. B. unter den Ueberresten aus der Renthierzeit in den französischen Höhlen, können wir mit Sicherheit aus dem Fehlen der Scherben den Schluss ziehen, dass den ehemaligen Bewohnern solcher Gegenden die Verfertigung von Thonwaaren unbekannt war. Dasselbe gilt von den Australiern, den Feuerländern und anderen modernen Wilden, die keine irdenen Gefässe besassen, und deren Vorfahren, wie der Mangel an Scherben in ihren Gegenden beweist, ebenfalls Thongefässe nicht kannten. Wie kam der Mensch ursprünglich auf den Gedanken, einen irdenen Topf zu verfertigen? Auch diese Erfindung entwickelte sich, wie manche andere, nach und nach, und es sind Thatsachen bekannt, aus denen hervorgeht, dass selbst der einfachste irdene Topf eine längere Entwickelungsgeschichte hinter sich hat. Wir wissen, dass manche Völker ihre hölzernen Gefässe äusserlich mit Thon bekleiden, um sie auf dem Feuer erhitzen zu können, ohne dass sie verbrennen. Andere bekleiden die Innenseite geflochtener Körbe mit Thon und setzen dieselben dann dem Feuer aus. Das Holzgeflecht verbrennt und das irdene Gefäss zeigt nachher noch die Spuren desselben, welche eine Art Verzierung bilden. Solche Zwischenstufen waren es vielleicht, welche die ersten Töpfer auf den Gedanken brachten, dass sich der Thon auch allein formen und im Feuer brennen liesse. Anfangs wurden die Thongefässe ohne Zweifel mit freier Hand geformt. In Amerika und Afrika verfertigen noch heute die Weiber der Eingeborenen grosse und wohlgeformte Krüge und Kessel mit freier Hand, indem sie dieselben von unten nach oben aus kleinen Portionen Thon zusammenfügen, anstatt dieselben aus einem

einzigen Thonklumpen zu formen. So wurden in Europa,
wie wir in jedem Alterthumsmuseum sehen können, in
der Steinzeit und der Bronzezeit die Todtenurnen und
andere irdene Gefässe mit der Hand geformt. Selbst
heute werden noch auf den Hebriden irdene Tassen und
Schüsseln ohne Anwendung einer Töpferscheibe verfertigt und durch Linien, die mit einem spitzen Stäbchen eingeritzt werden, verziert. Nichtsdestoweniger war
die Töpferscheibe bereits den Völkern des Alterthums
bekannt. Fig. 73 stellt ägyptische Töpfer in ihrer

Fig. 73.

Aegyptische Töpfer, mit der Töpferscheibe arbeitend (Beni Hassan).

Thätigkeit dar, wie sie in den Wandgemälden der Königsgräber abgebildet sind. Die Scheibe wurde, wie aus der
Figur ersichtlich ist, mit der Hand gedreht. Bei den
alten Indern begab sich der Töpfer, wie wir aus Beschreibungen wissen, wie auch heute noch, an das Ufer
des Flusses, wenn die Fluth eine Schicht feinen Thons angeschwemmt hatte, und stellte hier seine Töpferscheibe
auf, um den Thon an Ort und Stelle zu verarbeiten.
Eine wesentliche Verbesserung erfuhr diese einfachste
Form der Töpferscheibe, indem sie so eingerichtet wurde,
dass sie von unten mit den Füssen in Bewegung gesetzt
werden konnte. In unseren Töpfereien wird sie von
einem Arbeiter durch eine Rolle mit einem Riemen ohne
Ende in Bewegung gesetzt, was indessen die Wirkung

der Scheibe selbst unverändert lässt. Wenn wir sehen, mit welcher Leichtigkeit der Töpfer mit Hilfe einer so einfachen Vorrichtung aus einer formlosen Masse zierliche Gefässe formt, finden wir es begreiflich, wie den Alten dieser Vorgang als das Symbol der schöpferischen Thätigkeit erscheinen musste. So stellten die Aegypter eine ihrer Gottheiten unter dem Bilde eines Töpfers dar, welcher auf der Töpferscheibe den Menschen formt. Die Kunst machte ihre frühesten und erfolgreichsten Anstrengungen in dem Formen irdener Gefässe, der Herstellung von Mustern und Figuren auf denselben. Bilder von Göttern und Heroen, sowie Scenen aus der Mythologie und dem alltäglichen Leben dienten zur Verzierung. Einen grossen Theil unserer Kenntniss gewisser Völker, z. B. der Etrusker, selbst der Griechen, verdanken wir den Abbildungen auf den Vasen, welche sich trotz ihrer Zerbrechlichkeit bis auf unsere Tage erhalten haben. Die ältesten Thongefässe waren einfach aus Thon gebrannt (*terra cotta*) und nicht mit einer Glasur versehen, daher, wie unsere Blumentöpfe, porös. Um diesen Mangel zu beseitigen, wurden die Gefässe bei manchen Völkern, z. B. den Peruanern, mit Firniss überzogen, während bei anderen, z. B. den Griechen, Bitumen in dieselben eingebrannt wurde. Das Glasiren, d. h. das Aufschmelzen einer glasigen Schicht auf die Oberfläche der Thongefässe, war bereits im alten Aegypten und Babylonien bekannt. In späteren Zeiten erreichte die Herstellung der Glasur einen hohen Grad künstlerischer Vollendung in den persischen Gefässen und der sogenannten Majolika (von der Insel Majorca). In China war die Herstellung einer feineren Art von Thongeschirren bereits lange Zeit bekannt, bevor europäischen Töpfern die Nachahmung derselben glückte. Wir nennen es China (in England)

oder Porzellan. Das letztere Wort bezeichnete ursprünglich eine orientalische Perlmutterart. Die Porzellangefässe
werden aus feinem weissen Kaolin oder Porzellanthon
verfertigt und so stark gebrannt, dass die Masse nicht
nur auf der glasirten Oberfläche, sondern auch im Innern
verglast. In allen Arten von Thonwaaren bildet der
Kiesel mit der Thonerde schmelzbare glasartige Silicate,
welche in Terra cotta die einzelnen Thontheilchen verbinden, während sie bei glasirten Gefässen eine gleich-
mässige Oberflächenschicht bilden und im Porzellan die
ganze Masse gleichförmig durchdringen.

Das Glas selbst ist ein derartiges schmelzbares
Silicat von Calcium, Kalium, Natrium und zuweilen Blei.
Wie uns Plinius erzählt, soll das Glas an einer sandigen
Küste Phöniciens erfunden worden sein. Kauffahrer,
welche hier mit ihrem Schiff landeten, fanden an der
Küste keine Steine, deren sie bedurften, um ihre Kessel
über dem Feuer aufzustellen. Sie benutzten daher zu
diesem Zwecke Salpeterstücke, mit denen ihr Schiff beladen war. Durch das Feuer wurde dann der Salpeter
mit dem Sande zu Glas zusammengeschmolzen. Thatsache
ist jedoch, dass bereits lange vor der Entwickelung des
phönicischen Handels in Aegypten die Kunst der Glas-
bereitung bekannt war, und allem Anschein nach lernten
die Phönicier und andere Völker diese Kunst von den
Aegyptern. Fig. 74 stellt einen ägyptischen Glasbläser
vor. Unter Anderem verfertigten die ägyptischen Glasbläser Flaschen, die, wie unsere heutigen Oelflaschen, mit
Schilf umflochten wurden. Die alten Aegypter verfertigten Glasperlen und bunte Glasgefässe, mit denen
sich selbst die venetianischen Glasarbeiten kaum messen
können. Die Herstellung des Tafelglases, sowie die
Kunst des Schleifens und Polirens desselben, also die

Anfertigung von Fensterglas und Spiegelglas, ist eine Erfindung des modernen Europas.

Da das Feuer ein so wichtiges Hilfsmittel für die Gewinnung und Bearbeitung der Metalle bildet, werden

Fig. 74.

Aegyptischer Glasbläser (Beni Hassan).

einige Bemerkungen über den Gebrauch der Metalle hier am Platze sein. Um zu verstehen, wie der Mensch zur Erkenntniss der schwierigen Processe, durch welche die Metalle aus den Erzen gewonnen werden, gelangt ist, muss man sich erinnern, dass einige Metalle im gediegenen Zustande gefunden werden. So wurde das in der Nähe des Oberen Sees verkommende gediegene Kupfer bereits vor vielen Jahrhunderten von den in jenen Gegenden lebenden Völkern benutzt, welche Stücke des Metalls als eine Art hämmerbaren Stein behandelten und Aexte, Messer und Armspangen aus denselben verfertigten. Auch aus Gold, welches gediegen vorkommt, lassen sich ohne Anwendung von Feuer Schmucksachen verfertigen. Es ist allerdings nur eine Vermuthung, dass die Bearbeitung der Metalle sich aus solchen Anfängen entwickelt hat, doch besitzt diese Vermuthung einen hohen Grad von Wahrscheinlichkeit. Auch das Eisen kömmt im metallischen Zustande vor, namentlich in den Aerolithen oder Meteorsteinen, welche von Zeit zu Zeit auf die Erde niederfallen. Das Eisen aus sehr vielen

dieser Meteorsteine zerspringt allerdings unter dem
Hammer in Stücke, doch findet sich auch meteorisches
und anderes gediegenes Eisen, welches sich, zur Weiss-
gluth erhitzt und bis zu einem gewissen Grade auch im
kalten Zustande, hämmern lässt. Manche Erze haben
ein so metallisches Ansehen, dass sie den Schmied zu
dem Versuche anregen mussten, dieselben im Feuer zu
bearbeiten. Ein solcher Versuch mag dann zu dem
eigentlichen Ausschmelzen des Metalls aus dem Erze geführt haben. So hat z. B. das Magneteisenerz nicht nur
das Ansehen von metallischem Eisen, sondern es lässt
sich auch zuweilen, wenn es stark im Schmiedefeuer erhitzt wird, durch Hämmern in gewisse Formen bringen.

Es ist die Frage, ob die Bearbeitung des Kupfers
oder die des Eisens älter ist. In der Zeit des klassischen
Alterthums galt es allerdings als gewiss, dass Bronze
früher im Gebrauch war, als Eisen. Die Bronze ist ein
Gemisch von Kupfer mit etwa einem Zehntel Zinn, welches
man heute als Kanonenmetall bezeichnen würde. Ein
oft angeführter Vers Hesiod's schildert, wie die
Menschen früher in Bronze arbeiteten, als das Eisen
noch nicht bekannt war, und Lucrez, der epikureische
Dichter, lehrt, dass nach der Urzeit, in welcher die
Menschen mit Stöcken und Steinen kämpften, Eisen
und Bronze entdeckt wurden, die letztere aber früher,
als das erstere. Allein die den Griechen und Römern
bekannte Ueberlieferung reichte nicht sehr weit in die
Vergangenheit zurück, und in manchen Gegenden war
das Eisen sehr früh bekannt. Aegyptische und babylo-
nische Inschriften erwähnen sowohl das Eisen, als das
Kupfer. Im britischen Museum befindet sich ein Stück
Schmiedeeisen, welches aus dem Mauerwerk der grossen
Pyramide stammt, und in ägyptischen Gemälden findet

man Fleischer abgebildet, die den blauen Stahl, der zum Schärfen der Messer diente, an der Seite hängen haben. Besonders bemerkenswerth ist, dass die Aegypter trotz ihrer Bekanntschaft mit dem Eisen ihre Zimmermanns- werkzeuge meist aus Bronze verfertigten. Bei den Homerischen Griechen war, wie es scheint, den Schmieden das Eisen und selbst der Stahl oder das gehärtete Eisen bekannt, wie aus der bekannten Stelle der Odyssee (IX, 391) geschlossen werden kann, in welcher von dem Zischen des Beils die Rede ist, welches der Schmied in kaltes Wasser taucht, um das Eisen zu härten. Das ge- wöhnliche Material, aus dem Harnisch und Schild, Speer und Schwert angefertigt wurden, war indessen Bronze. Wir haben es hier offenbar mit einem Zustande der Kunst zu thun, der von den heutigen Verhältnissen wesentlich verschieden ist, und es ist der Mühe werth, den Ursachen dieser Verschiedenheit nachzuforschen. In einer Beschreibung von Japan von Kämpfer, die fast zwei Jahrhunderte alt ist, findet sich eine Bemerkung, die uns diese Erklärung erleichtert. In dieser Be- schreibung wird nämlich mitgetheilt, dass in Japan so- wohl Eisen, als Kupfer gewonnen werde, und dass beide Metalle ungefähr denselben Werth hätten, so dass eiserne Werkzeuge eben so viel kosteten, als kupferne oder messingene. In jener alten Zeit mögen die Verhältnisse ähnliche gewesen sein. Das Eisen war zwar bekannt, aber die Gewinnung desselben aus den Erzen war schwierig, und die Homerische Bezeichnung „das viel bearbeitete Eisen" beweist, dass die Bearbeitung desselben den Schmieden Schwierigkeiten bereitete. Kupfer war dagegen in reich- licher Menge vorhanden, z. B. namentlich auf der Insel Cypern, von welcher das Kupfer seinen Namen (*aes cyprium*, cyprisches Erz) erhalten hat. Das Zinn brauchte

dieser Meteorsteine zerspringt alle⌁
Hammer in Stücke, doch findet si⌁
und anderes gediegenes Eisen, ⌁
gluth erhitzt und bis zu einem ⌁
kalten Zustande, hämmern '⌁
ein so metallisches Anseh⌁
dem Versuche anregen ⌁
bearbeiten. Ein sol⌁
eigentlichen Ausschr⌁
führt haben. So ⌁
das Ansehen vo⌁
sich auch zuw⌁
hitzt wird, ⌁

zu
ien,
wo
pfer
pfer
deln.
sich
eselbe
er ein
s mag
n Theil
uzeit vor-
Eisen durch Ver-
und Bearbeitungsmethoden

Es is⌁ umfangreicheren Anwendung fähiger
oder die Namentlich in Folge der Verbesserung
Altert' s wurde die Bronze in ihrer Anwendung zur
früh ertigung von Werkzeugen und Waffen nach und nach
G' vollständig durch das Eisen verdrängt. Aus den Ueberresten der Pfahlbauten der Schweiz erkennen wir, wie
Mitteleuropa einst von Völkern bewohnt wurde, welche
Steinwerkzeuge benutzten, wie in einer späteren Periode
Aexte und Speere aus Bronze vorherrschten, und wie
endlich das Eisen in Gebrauch kam. Auch aus den
Ueberresten der skandinavischen Begräbnissplätze hat
man die drei Perioden der Steinzeit, der Bronzezeit und
Eisenzeit zu erkennen vermocht. Es ist ungewiss, ob
die Völker des Nordens den Gebrauch der neuen Metalle
von selbst lernten, oder ob sie durch eindringende Eroberer mit denselben bekannt gemacht wurden. Einige
Völker haben weit bis in die historische Zeit hinein auf
der Stufe der Bronzezeit gestanden, wie z. B. die Mexikaner
und Peruaner. Dieselben verstanden zur Zeit der Er-

Amerikas durch die Spanier Bronze mit einiger
⸱hkeit zu bearbeiten, dagegen war ihnen das
⸱nnt. Sie befanden sich in einem ähnlichen
⸱ch dem Bericht Herodot's die Massa-
⸱ien vor etwa 2000 Jahren. Der grösste
⸱cheint dagegen keine Bronzezeit ge-
⸱ Steinzeit unmittelbar in die Eisen-
⸱. Die Kunst des Eisenschmelzens
⸱den her nach Afrika gekommen
⸱ zu den Hottentotten vorge-
⸱en ist noch die Erinnerung
⸱, als ihre Vorfahren die Bäume
⸱ll. Die Afrikaner gewinnen mit Leich-
⸱re reichen Eisenerze und schmelzen sie mit
⸱feuer in einfachen Vertiefungen im Boden. Als
Blasebälge dienen zwei vollständige Häute von Ziegen
oder anderen Thieren, von denen die eine, mit Luft
gefüllte, zusammengedrückt wird, während die andere,
leere, in die Höhe gezogen wird, damit die Luft durch
einen Spalt oder eine Klappe einströmt. Dies Verfahren
unterscheidet sich von der ursprünglichsten und ältesten
Art der Eisengewinnung vermuthlich nur wenig. Unter
den zahlreichen Verbesserungen, welche in der neueren
Zeit eine weit ausgedehntere Anwendung des Eisens ermöglicht haben, ist der Gebrauch von Steinkohlencokes
anstatt der Holzkohlen beim Schmelzen, die Einführung
des in China wahrscheinlich seit langer Zeit bekannten,
in England dagegen erst seit dem letzten Jahrhundert
allgemein in Gebrauch gekommenen Gusseisens, endlich
die Anwendung von Maschinen zum Walzen und
Schmieden des Eisens besonders hervorzuheben. Die
Methoden der Stahlfabrikation sind in der neuesten Zeit
so sehr vervollkommnet worden, dass die Eisenbahngeleise

aus Stahlschienen zum Preise von einem Penny per Pfund hergestellt werden können.

Die Bedeutung anderer Metalle für die Civilisation mag hier nur kurz angedeutet werden. Von den sogenannten edlen Metallen war seit alten Zeiten neben dem Gold das Silber in Gebrauch. Das Blei, dessen Gewinnung keine grossen Schwierigkeiten bietet, wurde von den Römern zur Bedeckung von Dächern, sowie zur Verfertigung von Wasserleitungsröhren benutzt. Die Legirung von Kupfer und Zink gewannen die Römer nicht durch Zusammenschmelzen der beiden Metalle, sondern durch Erhitzen des Kupfers mit Galmei, einem Zinkerz. Auf diese Weise wurde das Messing, eine geringere Art Bronze, gewonnen. Das Quecksilber war den Alten bekannt. Sie gewannen es aus dem rothen Zinnober und kannten die Anwendung desselben zum Extrahiren von Gold und Silber, sowie zum Vergolden. Von den vielen Metallen, welche in der neueren Zeit bekannt geworden sind, haben einige praktische Anwendung gefunden. So verfertigt man aus Platin Gefässe, die eine sehr hohe Temperatur ertragen oder der Einwirkung von Säuren widerstehen sollen. Aluminium findet manche Anwendung wegen seiner geringen Schwere. Die wichtigsten Metalle sind aber auch heute noch dieselben, die bereits im Alterthum, zum Theil schon in vorhistorischer Zeit, bekannt waren, Eisen, Kupfer, Zinn, Blei, Silber und Gold.

Die zuletzt genannten edlen Metalle erinnern uns an die wichtige Rolle, welche das Geld in der Entwickelung des Handels und der Civilisation im Allgemeinen gespielt hat. Der heutige Europäer, welcher an die modernen Formen des Handels und Verkehrs gewöhnt ist, macht sich kaum eine Vorstellung davon, aus

welchen rohen Anfängen sich unser modernes Handels-
system entwickelt hat. Sehr lehrreich ist es, den Handel
in seinen einfachsten Formen bei den Australiern und
ähnlichen Völkern zu beobachten. Der zähe Grünstein,
der ein geeignetes Material zur Anfertigung von Aexten
bildet, wird von den Eingeborenen Australiens Hunderte
von Meilen weit fortgetragen und gegen die Erzeugnisse
anderer Gegenden, z. B. rothe Ockerfarbe, die zum Bemalen des Körpers benutzt wird, umgetauscht. Friedliche
Händler können selbst durch das Gebiet kriegführender
Stämme unbehelligt ihren Weg nehmen, und man trifft
zuweilen ganze Züge junger Leute an, die auf ihren Köpfen
Sandsteinplatten tragen, welche dazu bestimmt sind, in
der Heimath als Kornquetscher zu dienen. Wenn ein
Volksstamm von Fremden besucht wird, so werden von
beiden Seiten Geschenke gegeben und angenommen.
Dabei wird erwartet, dass die ausgetauschten Geschenke
gleichwerthig sind. Wenn daher die eine der beiden
Partheien mit den erhaltenen Geschenken nicht zufrieden
ist, so giebt es Zank und Feindschaft. Bei dieser rohesten
Art des Tauschhandels finden wir indessen noch nicht
jene deutliche Vorstellung einer Wertheinheit, welche
einen so bedeutenden Fortschritt in der Entwickelung
des Handels bezeichnet. Diese höhere Stufe finden wir
bei den Indianern von Britisch Columbien, denen die
Muschelschnüre, die sie als Verzierung an den Kleidern
tragen, zugleich als Tauschmittel dienen. Eine Schnur
gewöhnlicher Qualität wird einer Biberhaut gleichwerthig erachtet. In der alten Welt haben sich zahlreiche Ueberlieferungen aus Zeiten erhalten, in denen
das Vieh zur Bezeichnung des Werthes anderer Objecte
diente. So lesen wir in der Iliade bei der Beschreibung
der Wettkämpfe, die zum Andenken an den gefallenen

Patroklus veranstaltet wurden, wie ein Dreifuss und eine Sclavin als Preise ausgesetzt wurden, von denen der erstere einen Werth von zwölf, die letztere einen Werth von nur vier Rindern hatte. Hier bildet der Werth eines Rindes die Einheit. Der Besitzer von Rindern konnte sich mit denselben Dreifüsse und Sclaven kaufen, und wer einen Dreifuss im Werth von zwölf Rindern zu verkaufen hatte, konnte anstatt der zwölf Rinder auch drei Sclaven im Werthe von je vier Rindern in Tausch nehmen. Bis auf den heutigen Tag dienen namentlich in Gegenden, wo Geld nur in geringer Menge im Umlauf ist, verschiedene Gebrauchs- und Schmuckgegenstände als Tauschmittel. So kann der Reisende in Abessinien Alles, was er braucht, gegen Salzstücke, welche dort allgemein als Tauschmittel dienen, kaufen, während er nach anderen Gegenden Afrikas eiserne Hackenblätter, Tuchstücke und Perlenschnüre mitnehmen muss. In Südasien vertreten, wie seit undenklichen Zeiten, auch noch heute Kaurimuscheln die Stelle der Scheidemünze. Alle diese Dinge leisten in mehr oder weniger unbequemer Weise, was bei uns die Münze leistet. Die Münzen entwickelten sich aus dem in alten Zeiten bestehenden Gebrauch, Waaren gegen abgewogenes Gold oder Silber auszutauschen. Bei den alten Aegyptern wurde der Werth der als Tauschmittel dienenden goldenen und silbernen Ringe, wie uns die alten Abbildungen zeigen, mit der Wage bestimmt, woraus sich ergiebt, dass diese Ringe noch keine eigentlichen Münzen waren. Ebenso wird noch heute im Orient viel mit kleinen Gold- und Silberbarren gehandelt, deren Werth durch das Gewicht ermittelt wird. Die Erfindung der Münzen beginnt mit der Einführung von Metallstücken von bestimmtem Gewicht, deren Richtigkeit durch ein Zeichen oder eine

Inschrift, die ein Nachwiegen derselben überflüssig macht, beglaubigt wird. Die alten Aegypter und Babylonier kannten, soviel wir wissen, dies Verfahren, so naheliegend es uns erscheint, nicht. Die ältesten Münzen waren vielleicht die kleinen chinesischen, mit einer Marke versehenen goldenen Würfel und die Kupferstücke von der Form eines Messers oder eines Hemdes, gleichsam als ob sie den Werth eines Messers oder eines Hemdes repräsentiren sollten. Die älteste Form der Münzen finden wir in Lydien und Aegina. Sie bestehen aus rohen Stücken edlen Metalls, die auf der einen Seite ein eingeprägtes Symbol, z. B. eine Schildkröte, zeigen, während auf der anderen Seite die Eindrücke der Unterlage, auf welcher sie geschlagen wurden, zu erkennen sind. Aus diesen zufälligen Mustern entwickelte sich später die Verzierung der Reversseite. Die Kunst des Prägens wurde alsbald bedeutend vervollkommnet, wie die goldenen Stater Philipp's von Macedonien beweisen, die zu den schönsten Münzen der Welt gehören. Dieselben zeigen auf der einen Seite einen Kopf mit einem Lorbeerkranz, auf der anderen einen mit zwei Pferden bespannten Wagen. Später gab man den Münzen nicht mehr ein so hohes Gepräge, weil dasselbe durch den Gebrauch zu stark abgenutzt wird. Das römische *As* war nicht geprägt, sondern gegossen. Wahrscheinlich war es ursprünglich ein Pfund Kupfer, da der Name desselben „eins" (wie noch jetzt das Ass im Kartenspiel) bedeutet. Seit den ältesten Zeiten bildete die Prägung der Münzen ein Monopol der Regierungen und es wurde bald üblich, zum Nutzen des königlichen Schatzes den Feingehalt und das Gewicht der Münzen zu vermindern. Wohin diese wiederholte Herabsetzung in Europa geführt hat, lässt uns die Thatsache erkennen, dass das Pfund *(libra)* Silber bis auf den Werth des französischen *livre* oder Franc herabgesunken ist. Obgleich der Werth der Münzen ein anderer geworden ist, haben sich die Anfangsbuchstaben der römischen Namen *(librae, solidi, denarii)* zur Bezeichnung der Münzen erhalten, wie z. B. in England, wo die Zeichen £, s, d, Pfund, Shilling und Pence bedeuten.

Für den Kleinhandel ist das Metallgeld sehr bequem, und auch im Grosshandel kann es noch als Zahlungsmittel dienen, wenn Käufer und Verkäufer an demselben Ort wohnen. Dagegen würde es mit Unbequemlichkeiten und mit Gefahr verbunden sein, wenn man die Bezahlung von Waaren, die in entfernten Orten gekauft worden sind, durch Uebersendung gemünzten Geldes ausführen wollte. Ein bequem zu versendender Ersatz für Gold und Silber ist die Banknote, durch welche sich der Staat oder ein Bankinstitut zur Zahlung einer bestimmten Summe verpflichtet und die wie Geld von Hand zu Hand geht. Der Kaiser von China scheint solche Noten bereits gegen das achte Jahrhundert ausgegeben zu haben, und der berühmte Reisende M a r c o P o l o beschreibt uns das Geld, welches er im dreizehnten Jahrhundert in der Tatarei sah. Dasselbe bestand aus Stücken Maulbeerbaumrinde, die mit dem Stempel des grossen Khans versehen waren. In jener Zeit war das Papiergeld in Europa noch nicht bekannt, später aber sind die Banknoten zu einem der wichtigsten Umlaufsmittel der Welt geworden. Von noch grösserer Bedeutung für den Handel war die Erfindung der Wechsel. Wir wollen, um uns den Nutzen des Wechsels an einem Beispiel anschaulich zu machen, den Fall annehmen, ein Kaufmann in Genua habe Seidenwaaren an einen Kaufmann in London gesandt. Er lässt sich nicht das Geld

dafür aus London zusenden, sondern er giebt auf einem
Stück Papier die Ordre, dass der Käufer in London die
schuldige Summe nach einer gewissen Zeit zahlen soll.
Dieses Papier ist ein Wechsel und wird von einem
anderen Genuesen, der gerade eine Zahlung in London
zu leisten hat, gekauft und nach London gesandt; der
Schuldner des ersten Genuesen zahlt dann die betreffende
Summe an den Gläubiger des zweiten aus. So wird eine
Schuld gegen die andere ausgeglichen und ein Hin- und
Hersenden von Gold zwischen London und Genua um-
gangen. So werden in den Börsen der Handelsstädte
in der ganzen Welt die Geschäfte durch gegenseitigen
Credit geregelt, und es wird nur so viel Gold und Silber
versandt, als zum Ausgleich der Differenzen zwischen
verschiedenen Ländern nöthig ist.

Der moderne Handel unterscheidet sich im Grunde
genommen nicht wesentlich von dem Handel der brasilianischen Indianer, die von dem tödtlichen Pfeilgift mehr
bereiten, als sie selbst brauchen, um einen Theil
desselben gegen Holz, welches sich zur Anfertigung von
Pfeilen eignet und welches in anderen Gegenden wächst,
oder gegen Hängematten, die von anderen Stämmen aus
Palmfaser geflochten werden, umzutauschen. Sowohl der
Handel, als auch die Fabrikation bildet eine Quelle des
Wohlstandes. Der canadische Trapper bedarf von
seinen zahlreichen Fellen zum eignen Gebrauche nur
wenige, dennoch bilden alle Felle, die er erlangen kann,
für ihn eine Quelle des Wohlstandes, indem er sie gegen
Tuch, Spezereiwaaren und andere Sachen, die er braucht,
umtauschen kann. Aus derartigen einfachen Tausch-
geschäften hat sich der ganze Welthandel entwickelt.
Es ist überflüssig, hier die Entwickelung desselben im
Einzelnen zu verfolgen. Der Handel des alten Aegyptens

mit Assyrien und Indien, die phönicischen Handels-
colonien am mittelländischen Meer, die alten Handels-
strassen durch Asien und Europa, die Blüthezeit von
Venedig und Genua, die ersten Reisen um das Cap der
guten Hoffnung nach Ostindien, die Entdeckung von
Amerika und die Erfindung der Dampfschifffahrt bezeichnen besonders wichtige Epochen in der Entwickelung des
Welthandels. In früheren Zeiten übte aber der Kaufmann, welcher fremde Länder besuchte, ausser seiner
eignen Handelsthätigkeit noch eine andere, nicht minder
wichtige Thätigkeit aus. Er brachte Kunde aus fremden
Landen und erforschte entlegene Gegenden zu einer Zeit,
als die Völker in noch viel höherem Grade, als heute,
auf ihr eigenes Gebiet eingeschränkt waren und dasselbe
nur verliessen, um als Feinde ein fremdes Gebiet zu betreten. Die Kaufleute trugen viel dazu bei, dass der
eifersüchtige Wettstreit der Völker sich in friedlichen
und nutzenbringenden Verkehr verwandelte. Ja es
lässt sich geradezu nachweisen, dass jede Beschränkung
des Handels, jeder Schutzzoll, der das Eindringen der
Erzeugnisse fremder Länder verhindern soll, nur dazu
beiträgt, die alte Feindschaft zwischen den Völkern zu
erhalten. Es giebt keinen wohlthätigeren Vermittler
der Civilisation, als den Freihändler, der den Bewohnern
eines Landes die Erzeugnisse aller anderen Länder zugänglich macht und der durch seine Thätigkeit das
Gesetz zur Geltung bringt, dass das, was dem allgemeinen Nutzen der Menschheit dient, auch dem Nutzen des
Einzelnen dient.

Zwölftes Kapitel.

Künste.

Die gewöhnliche prosaische Sprache, die Poesie mit ihrem Metrum und ihrem Reim, und das Lied, das nach einer bestimmten Melodie gesungen wird, mögen bei oberflächlicher Betrachtung als drei wesentlich verschiedene Formen der Sprache erscheinen. Allein bei einer genaueren Prüfung stellt sich heraus, dass diese verschiedenen Formen in einander übergehen, und es lässt sich leicht nachweisen, wie die menschliche Sprache diese Formen angenommen hat. Wilde Völker haben in ihren Gesängen eine bestimmte feststehende Form, woraus hervorgeht, dass sie dieselben als etwas von der gewöhnlichen Sprache Verschiedenes ansehen. So singen die Australier vor dem Kampfe, um sich anzufeuern: „Durchbohre seine Stirn! Durchbohre seine Brust! Durchbohre seine Leber! Durchbohre sein Herz!" In ähnlicher Weise werden die übrigen Körpertheile des Feindes aufgezählt. Ein anderer Gesang wird von den Australiern bei Begräbnissen gesungen, und zwar so, dass die jungen Frauen die erste Zeile, die alten Frauen die zweite Zeile, und alle zusammen die dritte und vierte Zeile singen. Dieser Gesang lautet so:

„Kardang garro	„Jung-Bruder wieder
Mammul garro	Sohn wieder
Mela nadjo	Künftig ich werde
Nunga broo."	Sehen nie."

Hier sind die Worte des Gesanges keine reine Prosa mehr, sondern sie sind zu einer Art kunstloser Verse geworden. Bei allen barbarischen Völkern werden solche Gesänge mündlich von einer Generation auf die andere vererbt und neu gebildet. Der nordamerikanische Jäger hat Gesänge, welche ihn am nächsten Morgen auf die Fährte des Bären bringen oder ihm Sieg über einen Feind verleihen. Folgendes ist die Uebersetzung eines neuseeländischen Gesanges:

> „Dein Körper ist ein Waitemata,
> Doch dein Geist kam hierher
> Und weckte mich aus meinem Schlaf.
> Chor: Ha-ah, ha-ah, ha-ah, ha!"

Ein Refrain von bedeutungslosen Silben, wie dieser, kommt in barbarischen Gesängen ausserordentlich häufig vor. Der sinnlose Chor, der uns bei manchen unserer eignen Gesänge auffällt, scheint ein Ueberrest einer Culturstufe zu sein, auf welcher der australische Wilde steht, der am Ende des Verses ein über das andere Mal sein „Abang! abang!" singt, oder die Jagdgesellschaft von Indianern, die im Chor unter Begleitung von Klappern ihr „Nyah eh wa! nyah eh wa!" erschallen lässt. Bei den Völkern einer höheren Culturstufe tritt ein regelmässiges Metrum auf, indem die Verse genau nach Silben abgemessen werden. Die alten Hymnen der Weda sind in einem regelmässigen Metrum abgefasst, ein Beweis, wie bedeutend sich die alten Arier über den Zustand der Wildheit erhoben hatten. Ja die Aehnlichkeit zwischen dem Metrum der ältesten indischen, persischen und griechischen Poesie beweist, dass bereits in den ältesten

Zeiten der nationalen Zusammengehörigkeit dieser Völker die Entwickelung des gemessenen Verses begonnen hatte. Uns ist das Metrum am besten aus den lateinischen und griechischen Versen bekannt, doch giebt es noch manche andere Metra, die den Griechen und Römern nicht bekannt waren. Als z. B. Longfellow eine Anzahl indianischer Sagen in seinem „Song of Hiawatha" in metrische Form einkleidete, fand er kein Metrum unter den Indianern selbst, da dieselben nicht cultivirt genug waren, um ein solches zu besitzen. Er ahmte daher das eigenthümliche Metrum des finnischen Nationalepos Kalewala nach. Während in unserer Sprache die Verse nach dem Accent scandirt werden, werden in den klassischen Versen die Silben nach der Quantität oder Länge gemessen. Später als das Metrum kamen andere Kunstgriffe in Gebrauch, durch welche die Dichter das Ohr ihrer Zuhörer zu ergötzen suchten, wie z. B. die Alliteration, bei der ein und derselbe Consonant mit einer für unseren Geschmack ermüdenden Häufigkeit wiederkehrt, obwohl eine bei passender Gelegenheit angewandte Alliteration einen durchaus nicht unangenehmen Eindruck auf das Ohr macht, wie z. B. in:

„Sober he seemde, and very sagely sad." — Spenser.
„He rushed into the field, and, foremost fighting, fell." — Byron.
„Und hohler und hohler hört man's heulen." — Schiller.

Auch der Reim ist in der Geschichte der Dichtkunst, wie es scheint, verhältnissmässig neu. Wie unbeholfen die ersten Anfänge desselben wären, mag man aus den folgenden, von Cicero angeführten Versen eines alten lateinischen Dichters (vielleicht des Ennius) ersehen:

„Coelum nitescere, arbores frondescere,
Vites laetificae pampinis pubescere,
Rami bacarum ubertate incurvescere."

So war der Reim in den christlichen Hymnen des Mittelalters, wie z. B. in dem bekannten „Dies irae" nicht etwas Neues, sondern er war nur in geschickter Weise benutzt und wurde durch diese Hymnen allgemein bekannt. So wurde er auch von den Troubadours, den Meistern der Verskunst, angenommen.

Die beste Poesie unserer Tage mit ihrer Gedankenfülle und ihrem Melodienreichthum ergötzt zugleich die Phantasie durch die Schönheit der Bilder und das Ohr durch die Harmonie der Sprache. Daneben aber finden wir, was für den Geschichtsforscher ein eigenthümliches Interesse bietet, mitten in unserer modernen Poesie die Denkweise längst vergangener Zeiten lebendig erhalten. Viel Poetisches liegt in der Nachahmung der Denk- und Redeweise früherer Culturstufen, als die Poesie die natürliche Aeusserung einer jeden lebhaften Empfindung war, als sie das natürliche Mittel bildete, der Rede eine besondere Weihe zu verleihen oder eine altehrwürdige Ueberlieferung zum Ausdruck zu bringen. Der moderne Dichter kleidet noch heute seine Gedanken dadurch in eine malerische Form, dass er sich der bildlichen Ausdrucksweise bedient, welche dem barbarischen Dichter nur ein Hilfsmittel war, um seine Gedanken überhaupt zum Ausdruck zu bringen. Zergliedern wir z. B. nur die ersten Zeilen aus Shelley's „Königin Mab":

„Welch Wunder ist der Tod,
Tod und sein Bruder Schlaf!
Der Eine bleich, dem Monde gleich,
Mit Lippen fahlen Blau's;
Der Andre rosig wie der Tag,
Der purpurn aus dem Meer
Heraufglüht in die Welt."
(Uebersetzung von A. Strodtmann.)

Hier wird die Aehnlichkeit des Todes und des Schlafes dadurch ausgedrückt, dass sie Brüder genannt werden, während der Unterschied zwischen beiden durch den Vergleich des einen mit dem Mond, des andern mit der Rose und dem Morgenroth ausgedrückt wird. Was wir heute poetische Sprache nennen, war aber die gewöhnliche Sprache des Menschen, als er noch auf der Stufe der Barbarei stand, indem er sich einer bildlichen Ausdrucksweise bediente, nicht um poetisch zu reden, sondern um seine Gedanken in einer möglichst klaren Weise zum Ausdruck zu bringen. Selbst unsere alltägliche Prosa ist voll von Worten, welche die Spuren dieser alten Naturpoesie an sich tragen, und der Sprachforscher kann aus ihnen die poetischen Bilder erkennen, aus denen die Worte entstanden.

Es entspricht nicht der wahren Natur der Poesie, wenn wir dieselbe lesen oder recitiren, da sie eigentlich dazu bestimmt war, gesungen zu werden. Aber gerade dieses Singen entwickelte sich aus dem Sprechen. Wenn wir sorgfältig auf die Sprache des gewöhnlichen Lebens achten, so bemerken wir leicht, dass dieselbe keineswegs in gleichförmiger Monotonie dahinfliesst, sondern dass alle Sätze in einer unvollkommenen Melodie vorgetragen werden. Ein Steigen und Sinken des Tons bezeichnet die einzelnen Phrasen, unterscheidet Frage und Antwort und hebt besonders bedeutungsvolle Worte durch musikalischen Accent hervor. Diese Halbmelodie der gewöhnlichen Sprache läfst sich annähernd durch Noten ausdrücken. Sie ist in verschiedenen Sprachen verschieden, im Englischen eine andere, als im Deutschen, und sie ist es, was die verschiedenen Dialecte einer Sprache, was die Aussprache des Engländers von der Aussprache des Schotten unterscheidet. Wenn die Sprache

feierlich und leidenschaftlich erregt wird, so geht sie mehr
und mehr in einen natürlichen Gesang über, der namentlich in gottesdienstlichen Versammlungen eine bestimmte
Melodie annimmt. Der Kirchengesang entstand aus
dieser natürlichen Aeusserung einer andachtsvollen
Stimmung. Im Laufe der Zeit bildete sich eine bestimmte
Melodie aus, die schliesslich in den regelmässigen Inter-
vallen der Tonleiter ausgedrückt wurde. So ist das
künstliche Recitativ der modernen Oper eine künstliche
Nachahmung der alten tragischen Declamation, welche
einst in den griechischen Theatern die lauschende Menge
entzückte.

Wir sind geneigt, es als etwas Selbstverständliches
zu betrachten, dass sich alle Musik durch die Töne einer
Tonleiter, und zwar derjenigen Tonleiter, die wir von
Jugend auf kennen, ausdrücken lässt. Allein die Gesänge
wilder Völker, die uns vielleicht am besten eine Vorstellung von den früheren Entwickelungsstufen des Singens
geben, bewegen sich in viel weniger bestimmten Tönen,
so dass es schwierig ist, die Melodien derselben durch
Noten auszudrücken. Die menschliche Stimme ist nicht
an eine bestimmte Tonleiter gebunden, da dieselbe durch
eine continuirliche Veränderung der Höhe von einem Ton
zu einem anderen übergehen kann. Selbst bei Völkern,
welche nach musikalischen Tonleitern singen und spielen,
sind die Töne dieser Tonleitern nicht immer dieselben.
Die Frage, wie sich die bestimmten Tonleitern entwickelt
haben, ist nicht leicht zu beantworten. Eine der einfachsten Tonleitern musste aber die Aufmerksamkeit des
Menschen schon in den ältesten Zeiten erregen, da sie
durch eins der ältesten musikalischen Instrumente, die
Trompete, erzeugt wird. Die einfachsten Formen dieses
Instrumentes erkennen wir in den langen Röhren von

Holz oder Rinde, welche von den waldbewohnenden Völkern in Amerika und Afrika geblasen werden. Eine Trompete (z. B. ein 6 Fuss langes eisernes Gasleitungsrohr) giebt angeblasen vier Töne, welche den allbekannten harmonischen Dreiklang nebst der Octav des Grundtons (Grundton, Terz, Quint und Octav, *c, e, g, c*) bilden und aus denen die Trompetensignale zusammengesetzt sind. Ebenso bekannt wie diese ist, wenigstens in England, eine andere Tonleiter, die aus fünf Tönen besteht, nämlich aus den Tönen, welche durch die fünf schwarzen Tasten eines Klaviers angeschlagen werden und deren Intervalle sich am einfachsten durch *c, d, f, ·g, a* ausdrücken lassen. Diese Tonleiter enthält keine halben Töne. Diese fünftönige Tonleiter finden wir in alten schottischen Melodien. Auch in ganz anderen Gegenden wird dieselbe angetroffen, wie z. B. in China. Ein Reisender in China, dem die schottischen Melodien bekannt sind, wird durch die auffallende Aehnlichkeit überrascht sein, welche die bei chinesischen Leichenbegängnissen gesungenen Klagelieder mit jenen schottischen Melodien besitzen. Engel hat in seiner *„Music of Ancient Nations"* nachgewiesen, dass auch bei anderen Völkern des Orients seit den ältesten Zeiten diese pentatonische Tonleiter in Gebrauch war. Eine schottische Melodie, wie z. B. *„Auld Lang-syne"*, ist daher geeignet, uns eine Vorstellung von der Musik des Alterthums zu geben. Die moderne siebentönige Tonleiter ist wenig von derjenigen verschieden, deren sich die griechischen Musiker bedienten, die die Stimme des Sängers mit einer achtsaitigen Leier begleiteten. Pythagoras, der erste, welcher die arithmetischen Gesetze der musikalischen Töne zu begründen versuchte, glaubte eine Uebereinstimmung zwischen den Abständen der sieben Planeten und den sieben Tönen der Tonleiter zu erkennen, eine Vorstellung, die ihre Spur bis auf den heutigen Tag in der Redensart „Harmonie der Sphären“ hinterlassen hat.

Die moderne Musik ist zwar aus der antiken hervorgegangen, hat aber eine bedeutende selbständige Weiterentwickelung erfahren. Die Musik der Alten kam in ihrer Entwickelung kaum über die Ausbildung der Melodie hinaus. Die Stimme wurde entweder unisono oder im Intervall einer Octav durch ein Instrument begleitet, allein das, was man in der modernen Musik unter Harmonie versteht, war im Alterthum unbekannt. Die ersten Anfänge derselben fallen in das Mittelalter, als man die überraschende Wirkung kennen lernte, welche dadurch hervorgebracht wird, dass zwei verschiedene Melodien, welche eine Harmonie bilden, zu gleicher Zeit gesungen werden. Ein noch jetzt in Musikerkreisen bekannter Scherz besteht darin, in dieser altmodischen Weise zwei ganz verschiedene Melodien, z. B. *„The Campbells are coming“* und *„The Vesper hymn“* so zu singen, dass die eine eine Art Begleitung für die andere bildet. Bei den noch heute gesungenen alten Rundgesängen und Kanons bildet ein Theil der Melodie eine harmonische Begleitung des anderen. Auch der kirchliche Choralgesang mit der Orgelbegleitung trug viel dazu bei, die einfache Melodie der Alten in die harmonisirte moderne Melodie umzuwandeln. Die weiteren Entwickelungsstufen in der geistlichen und weltlichen Musik bis auf die hohe Ausbildung der Tonkunst unter den Händen der grofsen Componisten der neueren Zeit sind leicht zu verfolgen.

Alle heutigen musikalischen Instrumente lassen sich auf ältere und rohere Formen zurückführen. Die Klapper und die Trommel spielen bei den Wilden eine wichtige Rolle. Während die erstere bei uns auf die Stufe eines

Kinderspielzeugs herabgesunken ist, hat die letztere die
Bedeutung eines Instrumentes, welches ernsten Zwecken
dient, auch unter den civilisirten Völkern behalten.
Höher, als diese eintönigen Instrumente steht die Trom-
pete, durch welche die Musik einen bedeutenden Schritt
weiter gebracht wurde. Aus der gewöhnlichen einfachen
Pfeife entwickelte sich die mit Löchern versehene Form,
durch welche verschiedene Töne hervorgebracht werden
können. Die einfachste Pfeife findet sich seit den ältesten
Zeiten und in den verschiedensten Theilen der Erde.
Zuweilen werden von einer Person zwei Pfeifen zu gleicher
Zeit geblasen, und in manchen Fällen wird die Pfeife
nicht mit dem Munde, sondern mit der Nase geblasen.
Bereits im Alterthum begegnen wir dem Dudelsack, d. h.
der mit einem aus einer Thierhaut bestehenden Luftsack
verbundenen Pfeife, ebenso der quer vor den Mund gehaltenen und von der Seite geblasenen Pfeife oder Flöte.
Ein anderes Mittel, eine Reihe verschiedener Töne her-
vorzubringen, sehen wir in der Pansflöte, die aus einer
Reihe von Röhren verschiedener Länge besteht. Während
in alten Zeiten ihre Töne den Ausdruck einer anmuthigen
Naturpoesie bildeten, erklingen sie heute in den trivialen
Melodien der Strassenmusikanten. Das Cornet a pistons
unserer Orchester ist eine mit Klappen versehene Trompete. In der Clarinette erkennen wir die vervollkommnete
Form der Grashalmpfeife, wie sie im Frühjahr die Kinder
aus Getreidehalmen verfertigen und in denen ein schwin-
gender Spalt oder eine schwingende Zunge den Ton
erzeugt. Bei allen Instrumenten von der Art des Har-
moniums werden die Töne durch schwingende Zungen
hervorgebracht. Die Orgel benutzt im grossartigsten
Maassstabe die einfache Pfeife zur Erzeugung von Tönen.
Die verächtliche Bezeichnung der Orgel als „Pfeifenkiste"

(*kist o' whistles*), welche sie von den Schotten, in deren
Gottesdienst sie keine Anwendung findet, erhielt, ist daher
wissenschaftlich ganz richtig. Auch die Saiteninstrumente
treten anfangs in äusserst unvollkommenen Formen auf.
In der Odyssee (XXI, 410) wird erzählt, wie Odysseus die
Sehne des gespannten Bogens anzog, dass sie einen der
Schwalbenstimme vergleichbaren lieblichen Ton hervor-
brachte. Die Vermuthung, dass der gespannte Bogen
des Kriegers die Veranlassung zur Erfindung eines musikalischen Instrumentes geben musste, liegt sehr nahe.
Ja bei einigen Völkern dient der Bogen wirklich als
musikalisches Instrument. Die Damara in Südafrika
finden Vergnügen an den schwachen Tönen, welche sie
dadurch erzeugen, dass sie die Sehne des gespannten
Bogens mit einem dünnen Stäbchen streichen. Bei den
Zulu gilt der Gebrauch des Bogens als Waffe als Feigheit,
dagegen wird derselbe als musikalisches Instrument benutzt. Dieser Musikbogen (Fig. 75, a) ist mit einem die
Sehne entlang gleitenden Ring versehen, durch dessen
Verschiebung die Tonhöhe verändert wird. In der Mitte
des Bogens ist ein hohler Holzkörper befestigt, welcher
als Resonator wirkt und den Ton verstärkt. Fig. 75, b
zeigt eine altägyptische Harfe, die sich vermuthlich aus
dem Musikbogen entwickelt hat. Bei diesem Instrument
ist der Bogen hohl und dient zugleich als Resonator, auch
ist er nicht nur mit einer, sondern mit mehreren Saiten
von verschiedener Länge bespannt. Dieselbe Form zeigen
andere alte Harfen, assyrische, persische, selbst irische.
Sie hatten aber offenbar alle den Mangel, dass die Nach-
giebigkeit des hölzernen Bogens auf die gespannten Saiten
einen verstimmenden Einfluss ausübte. Erst in neuerer
Zeit wurde die Harfe dadurch verbessert, dass derselben
durch Hinzufügung eines sogenannten Trägers (Fig. 75, c)

ein höherer Grad von Festigkeit verliehen wurde.   Die
Figur giebt uns eine gute Vorstellung davon, wie sich die
Harfe nach und nach durch Verbesserung eines sehr ein-
fachen und unvollkommenen Instrumentes entwickelt hat.
Obgleich heute die Harfe in einer bedeutend vollkom-

Fig. 75.

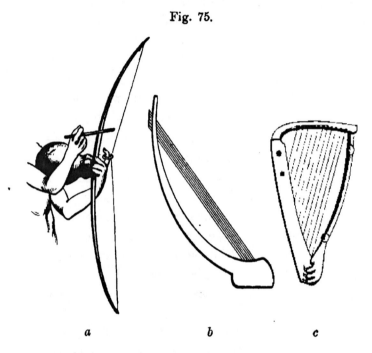

a   *b*   *c*

Entwickelung der Harfe, *a* Musikbogen mit Resonator (Südafrika); *b* ägyptische Harfe; *c* mittelalterliche Harfe.

meneren Form angefertigt wird, als im Alterthum, hat
dieselbe doch nur noch eine geringe Bedeutung in der
Musik, einfach aus dem Grunde, weil neuere Instrumente,
die sich aus ihr entwickelt haben, an ihre Stelle getreten
sind.   Lässt doch selbst die äussere Form des Pianos
(Flügelform) deutlich erkennen, dass es nichts anderes
ist, als eine horizontal liegende und in ein Gehäuse ein-

geschlossene Harfe, deren Saiten nicht mit den Fingern angezogen, sondern durch Hämmerchen angeschlagen werden, welche letzteren durch Tasten in Bewegung gesetzt werden. So bildet das Piano das Endglied einer Entwickelungsreihe, deren Anfangsglied wir im Bogen des vorhistorischen Kriegers erkennen.

Das Tanzen mag uns heute als eine ziemlich bedeutungslose Belustigung erscheinen. Bei Völkern niederer Gesittungsstufe bildet dagegen der Tanz den Ausdruck der grössten Leidenschaftlichkeit und Feierlichkeit. Bei Wilden und Barbaren äussert sich Freude und Trauer, Liebe und Zorn, selbst Zauberei und Religion im Tanz. Die Waldindianer Brasiliens, deren träges Temperament so manchem anderen Reizmittel widersteht, regen sich bis zur Raserei auf, indem sie in ihren Versammlungen, die bei Mondschein abgehalten werden, mit Klappern in der Hand ein grosses irdenes Gefäss, welches die berauschende Kawi-Flüssigkeit enthält, umtanzen; oder Männer und Frauen führen einen Reihentanz aus, indem sie mit einer Art Polkaschritt einander entgegenschreiten; oder bewaffnete und bemalte Krieger tanzen einen Kriegstanz, indem sie in geschlossenen Reihen hin- und herschreiten und zugleich einen wilden Kriegsgesang anstimmen. Wir können es wohl begreifen, dass sich die Australier für den bevorstehenden Kampf begeistern, indem sie schreiend um ein Feuer herumspringen. Weniger begreiflich ist es dagegen für unsere Vorstellungen, dass der Tanz der Wilden noch eine andere Bedeutung hat, dass demselben nämlich ein Einfluss auf die Aussenwelt zugeschrieben wird. So wurde bei den Mandanindianern, die von der Büffeljagd lebten, ein eigenthümlicher Tanz aufgeführt, wenn sie auf ihren Jagdzügen keine Büffel angetroffen hatten. In diesem

Falle legten sie Masken an, die für einen solchen Fall in Bereitschaft gehalten wurden und die aus gehörnten Büffelköpfen nebst angehängtem Büffelschwanz bestanden. Zehn bis fünfzehn maskirte Tänzer bildeten einen Ring und tanzten unter Trommeln, Klappern, Singen und Schreien. Wenn einer so erschöpft war, dass er den Tanz unterbrechen musste, so wurde durch Pantomimen ausgedrückt, er sei durch einen Pfeil niedergestreckt und werde abgehäutet und in Stücke zerlegt. Zugleich trat ein anderer bereitstehender Maskirter an seine Stelle in die Reihe der Tanzenden ein. Dieser Tanz dauerte oft ununterbrochen zwei bis drei Wochen lang Tag und Nacht, bis endlich das Erscheinen einer Büffelheerde demselben ein Ende machte. Eine Beschreibung und Abbildung dieses Tanzes findet sich in Catlin's „*North American Indians*". An einem solchen Beispiele sehen wir, wie auf niederer Culturstufe der Tanz den Ausdruck für Gefühle und Wünsche bildet. Dies erklärt uns, wie in den alten Religionen der Tanz eine der wichtigsten gottesdienstlichen Handlungen wurde. In Aegypten bewegten sich religiöse Processionen tanzend und singend nach den Tempeln und Plato erklärte alles Tanzen für eine religiöse Handlung. Allerdings fand der Tanz eine ausgedehnte Anwendung bei religiösen Feierlichkeiten, sowohl in Griechenland, wo der kretische Chor gemessenen Schrittes einherzog und Hymnen zu Ehren Appollo's sang, als auch in Rom, wo alljährlich am Feste des Mars die salischen Priester singend und tanzend durch die Strassen zogen. Während bei den modernen Culturvölkern die religiöse Musik einen hohen Grad der Ausbildung erreicht hat, ist der religiöse Tanz fast ganz ausser Gebrauch gekommen. Dagegen findet er sich noch in seinem ursprünglichen Zustand in Indien sowie in Tibet, wo die Priester

mit Thiermasken bekleidet unter den wilden Tönen von
Trommeln und Muscheltrompeten Tänze aufführen, um
Dämonen auszutreiben oder um das neue Jahr feierlich
zu beginnen. Ueberreste derartiger Ceremonien, die sich
aus der vorchristlichen Zeit erhalten haben, sind z. B. in
England die Tänze, welche am Mittsommerfeste (Johannis-
tag) von Knaben und Mädchen um das Freudenfeuer ausgeführt werden, sowie die Vermummungen, welche man
hier und da in der Weihnachtszeit beobachten kann.
Doch sind diese Ueberreste im Aussterben begriffen.
Einen der interessantesten Ueberreste dieses sonst in der
Christenheit fast vollständig verschwundenen Gebrauches
bilden die Tänze, welche noch jetzt von Choristen in der
Tracht der Pagen Philipp des Dritten vor dem Hochaltar
der Kathedrale zu Sevilla ausgeführt werden. Selbst das
Tanzen zum Vergnügen kommt in der neueren Zeit
mehr und mehr ausser Gebrauch. Die berufsmässige
Tanzkunst war bereits bei den Aegyptern, wie wir aus
Abbildungen schliessen dürfen, sehr entwickelt, erreichte
aber vielleicht ihren Höhepunkt in Griechenland und
Rom. Von den alten malerischen Dorftänzen hat sich
in allen Ländern Europas, mit Ausnahme von England,
etwas erhalten, während die Salontänze der modernen
Gesellschaft viel von der alten Kunst und Anmuth verloren
haben.

Auf niederen Stufen der Civilisation giebt es noch
keine Grenzen zwischen der Tanzkunst und der Schauspielkunst. Der nordamerikanische Hundetanz und
Bärentanz sind mimische Darstellungen, bei denen in
höchst naturgetreuer und drolliger Weise nachgeahmt
wird, wie sich die Thiere auf der Erde wälzen, wie sie
sich kratzen und beissen. Jagd- und Kriegsscenen bilden
für die Barbaren Vorgänge, welche in Tänzen nachgeahmt

werden. Wenn z. B. die Neger an der Goldküste in den
Krieg gezogen sind, so tanzen die zu Hause gebliebenen
Weiber einen Fetischtanz, durch welchen eine Schlacht
dargestellt wird, um den abwesenden Männern Kraft und
Muth zu verleihen. Die Historiker leiten von den heiligen
Tänzen, die im alten Griechenland zu Ehren der Götter
aufgeführt wurden, die dramatische Kunst der civilisirten
Welt ab. So wurde bei den Dionysosfesten (Dionysien)
das wunderbare Leben des Weingottes durch Gesang und
Tanz dargestellt, und aus den ernsten Hymnen und den
scherzhaften Gesängen, welche bei diesen Festen gesungen wurden, entwickelte sich die Tragödie und Komödie.
Im classischen Alterthume zerfiel die Schauspielkunst in
verschiedene Zweige. Die älteste Form derselben hatte
sich in den Pantomimen erhalten, in denen der Tänzer
durch stumme Geberden die Sagen von Herakles, Kadmos
und anderen Heroen darstellte, während der tiefer-
stehende Chor das Spiel durch Gesang begleitete, dessen
Text die dargestellte Geschichte schilderte. Die modernen
pantomimischen Ballets, in denen sich die Ueberreste
dieser alten Darstellungen erhalten haben, können uns
eine Vorstellung davon geben, wie grotesk die alten
Götter und Helden der Bühne mit ihren gemalten Masken
ausgesehen haben müssen. In der griechischen Tragödie
und Komödie war die Rolle der Tänzer und des Chors
von derjenigen der darstellenden Spieler getrennt, von
denen jeder den ihm zufallenden Theil des Dialogs reci-
tirte oder sang. Jetzt konnte der Schauspieler durch
leidenschaftlichen und witzigen Ausdruck der Rede auf
die Zuhörer wirken und seine Worte mit Geberden begleiten, die geeignet waren, den gewünschten Eindruck
derselben zu verstärken. Das griechische Drama erreichte
bald den Höhepunkt seiner Entwickelung und die Tra-

gödien des Aeschylus und Sophokles gehören zu den edel-
sten Erzeugnissen der dramatischen Dichtkunst. Die modernen Nachahmungen derselben, wie Racine's Phaedra geben
uns eine Vorstellung von dem gewaltigen Eindruck, den
dieselben auszuüben vermögen, wenn sie von Schauspielern
dargestellt werden, die den Geist derselben richtig zum
Ausdruck zu bringen verstehen.   Das moderne Drama
ist weniger aus den kirchlichen Mysterien des Mittelalters,
als aus der Wiederbelebung der classischen Kunst im
15. Jahrhundert hervorgegangen.   Wer die Ruinen der
classischen Theater zu Syrakus oder Tusculum gesehen
hat, erkennt am besten, wie das moderne Schauspielhaus
noch im Wesentlichen den Plan des griechischen Theaters
zeigt.   Selbst die griechischen Namen für die einzelnen
Theile desselben haben sich erhalten.   Der Zuschauerraum,
das eigentliche *Theater*, zeigt noch, wie das griechische
Theater, die Hufeisenform.   Die *Scene* oder Bühne mit
ihrem gemalten Hintergrunde und dem Vorhang im
Vordergrunde hat sich unverändert erhalten, während
die *Orchestra* oder der Tanzplatz, welcher einst für den
Chor bestimmt war, jetzt von den Musikern eingenommen
wird.   Die moderne Tragödie und Komödie unterscheidet
sich von den classischen hauptsächlich dadurch, dass die
Göttergestalten aus denselben verschwunden sind und
dass sie die steife feierliche Declamation eingebüsst haben,
welche denselben eigenthümlich war, so lange sie noch
religiöse Ceremonien waren.   Unter den Händen moderner
Dramatiker wie Shakespeare, wurden die Charaktere der
Bühne mehr menschlich, obwohl sie die menschliche Natur
in ihren malerischsten Extremen und das Leben in seinen
gespanntesten Situationen darstellten.   Das moderne
Schauspiel beschränkt sich indessen keineswegs auf die
Darstellung des Natürlichen, sondern es stellt auch Ueber-

natürliches dar, wenn z. B. Feen oder Engel über die
Bühne schweben, wie in der Zeit des classischen Alterthums Göttergestalten über die Bühne schwebten. Die
Kleidung, in welcher die Personen in unseren modernen
Lustspielen auftreten, und die Sprache, welche sie auf
der Bühne reden, unterscheidet sich wenig von der Kleidung und der Sprache des alltäglichen Lebens. Allein
wenn von dem Zuhörer die „bei Seite" gesprochenen
Worte, die er deutlich hört, so, wie es beabsichtigt ist,
auffasst, d. h. als ob sie von einem dicht neben dem
Redner auf der Bühne stehenden Schauspieler nicht gehört würden, so zeigt uns dies, dass die Phantasie, auf
welcher alle dramatische Kunst beruht, der modernen
Welt noch nicht abhanden gekommen ist.

Auch die beiden anderen schönen Künste, die Bildhauerkunst und die Malerei, haben ihren Ursprung in
dem Einbildungsvermögen oder der Phantasie. Das, was
der Künstler darstellen will, ist nicht eine genaue Nachahmung eines Gegenstandes, sondern der Ausdruck einer
Idee, welcher den Beschauer fesselt. Daher liegt in einer
mit wenigen Bleistiftstrichen hingeworfenen Carricatur
oder in einem rohen aus Holz geschnitzten Götzenbild
oft mehr wahre Kunst, als in einem mit minutiöser Genauigkeit ausgeführten Portrait oder einer so naturgetreu
ausgeführten Figur eines Wachsfigurencabinets, dass der
Besucher sie um Entschuldigung bittet, wenn er sie im
Vorbeigehen etwas unsanft berührt hat. Die Malerei und
Sculptur haben sich, wie es scheint, aus ebenso rohen
Anfängen entwickelt, wie wir sie noch heute in den ersten
Zeichnungen und Schnitzereien der Kinder sehen können.
Die Rindenstücke und Häute mit Zeichnungen von
Menschen und Thieren, Waffen und Booten, wie wir sie
bei barbarischen Völkern antreffen, erinnern uns unwill-

kürlich an die Schiefertafeln und Thore, auf denen die
Kinder civilisirter Nationen ihre ersten Zeichenversuche
gemacht haben. Viele von diesen Kindern wachsen auf,
ohne sich jemals weit über diese kindliche Stufe der
Kunstthätigkeit zu erheben. Ein Dorfpfarrer hatte vor
einigen Jahren die Arbeiterbevölkerung seines Wohnortes
veranlasst, sich mit dem Schnitzen von hölzernen Figuren
zu beschäftigen, die einen mit einem landwirthschaftlichen
Werkzeuge arbeitenden Menschen vorstellten. Die Figuren,
welche sie erzeugten, waren so wunderlich und zeigten
eine so auffallende Aehnlichkeit mit den Götzenbildern
barbarischer Völker, dass man sie wirklich für die Erzeugnisse eines solchen Volkes hielt. Dieselben werden
im Museum des botanischen Gartens zu Kew aufbewahrt.
Allein bei Völkern, die unter günstigen Umständen lebten,
entwickelte sich bereits in ältester Zeit eine bedeutende
Kunstfertigkeit, namentlich wenn die Lebensweise ihnen
hinreichend freie Zeit liess, in der sie sich einer zum
Vergnügen getriebenen Beschäftigung widmen konnten.
So zeigen namentlich die Zeichnungen und Schnitzereien
der alten Höhlenbewohner Europas einen so hohen Grad
künstlerischer Vollendung, dass von Einigen der Verdacht
geäussert worden ist, es seien moderne Fälschungen.
Dieselben gelten jedoch als echt uud werden über ein
ausgedehntes Gebiet gefunden. Es ist allerdings der
Versuch gemacht worden, den Sammlern Fälschungen in
die Hände zu spielen, allein gerade durch den Mangel
jener eigenthümlichen Kunstfertigkeit, mit welcher die
mit dem Renthier und dem Mammuth zusammenlebenden
Wilden die Formen und Stellungen dieser Thiere zu
treffen wussten, haben sie sich als Nachahmungen zu
erkennen gegeben. Zwei Proben dieser Zeichnungen sind
in Fig. 3 und 4 (S. 40) abgebildet, andere finden sich in

Lubbock's „*Prehistoric Times*". Die Anfänge der Malerei
finden wir bei den Völkern, die ihren Körper mit Kohle,
Pfeifenthon, rothem und gelbem Ocker bemalen, indem
diese Völker mit denselben Farben auch ihre Schnitzereien
und Umrisszeichnungen bemalen. Reisende in Australien,
welche auf ihren Wanderungen in Höhlen Schutz vor
Sturm und Regen suchten, bewunderten die Kunstfertigkeit, mit welcher die rohen Frescobilder ausgeführt sind,
die die Wände der Höhlen bedecken und Kängeruhs,
Emus und tanzende Wilde darstellen. In den Höhlen
der Buschmänner Südafrikas finden wir Glieder des
eigenen Stammes mit Pfeil und Bogen abgebildet, sowie
die Ochsenwagen der weissen Männer und die gefürchtete
Gestalt des holländischen Boers mit seinem breitrandigen
Hut auf dem Kopfe und der Pfeife im Munde. Bei den
Völkern Westafrikas und Polynesiens tritt uns die Geschicklichkeit der eingeborenen Bildhauer in den Götzenbildern entgegen, die dazu bestimmt sind, die Verehrung
der Menschen entgegenzunehmen und den geistigen
Wesen als Aufenthaltsort zu dienen.

Bei den alten Aegyptern und Babyloniern hatte die
Kunst bereits eine höhere Entwickelungsstufe erreicht.
Ja die ägyptische Bildhauerkunst hat ihre besten Leistungen nicht in der späteren, sondern in der früheren Periode ihrer Entwickelung aufzuweisen. Die steinernen
Statuen der älteren Zeit zeigen eine freiere Haltung und
eine freiere Bewegung, und die kolossalen Ramsesportraits
(ähnlich wie Fig. 19, S. 98) mit ihren ruhigen, stolzen
Gesichtszügen stellen uns das grossartigste Ideal eines
orientalischen Despoten, eines wahren Mitteldings zwischen
Tyrann und Gottheit, dar. Die ältere ägyptische Bild-
hauerschule war auf dem Wege zu griechischer Vollendung,
allein in dieser Entwickelung trat plötzlich ein Stillstand

ein. Mit mechanischer Geschicklichkeit fertigten sie
Tausende von Statuen, gigantische Figuren aus dem
härtesten Granit und Porphyr, die unser Staunen erregen,
allein ihre Kunst war in den Fesseln der Tradition ge-
bannt und wurde nicht freier, sondern steifer und ein-
förmiger. Ihre conventionellen Formen erinnern nur
selten an die Schönheitslinien griechischer Kunstwerke
und haben mehr historisches, als künstlerisches Interesse.
So geben uns auch die Alabasterbasreliefs des britischen
Museums, welche einst die Palasthöfe Niniveh's schmück-
ten, ein anschauliches Bild der Zustände Assyriens. Sie
zeigen uns den König, wie er in seinem Streitwagen fährt,
wie er auf der Jagd mit seinen Pfeilen Löwen erlegt oder
wie er unter dem über sein Haupt gehaltenen Staats-
sonnenschirm einherschreitet. Ferner sind in diesen
Reliefs Kriegsscenen dargestellt, Soldaten, wie sie mit
aufgeblasenen Thierhäuten über einen Fluss schwimmen,
wie sie eine Festung erstürmen, während die Mauern derselben von Bogenschützen vertheidigt werden und im
Hintergrunde die Reihen der gepfählten Gefangenen sichtbar sind. Die Grössenverhältnisse in solchen Darstellungen spielen eine höchst untergeordnete Rolle. Den
Assyriern erschien es nicht absurd, Bogenschützen von
solcher Körperfülle darzustellen, dass deren zwei eine
ganze Brustwehr ausfüllen, ebenso wenig fühlten die
Aegypter den komischen Eindruck, den die riesige Figur
des streitenden Königs auf uns macht, der mit einem
Schritt über das halbe Schlachtfeld schreitet, auf einen
Griff ein Dutzend zwerghafter Barbaren ergreift und mit
einem Schlag seines mächtigen Schwertes enthauptet.
In Griechenland entwickelten sich die Regeln der Kunst,
welche die Figuren der älteren Völker als steif in der
Form und unnatürlich in der Gruppirung erscheinen

lassen. Man hat zuweilen die Ansicht ausgesprochen, die griechische Kunst habe sich ganz aus eigener Kraft, ohne Mitwirkung fremder Einflüsse von den rohesten Anfängen, plumpen Götzenbildern aus Holz und Thon, bis auf die Stufe der Vollendung emporgeschwungen, deren Erzeugnisse noch jetzt die Welt in Erstaunen setzen. Dies ist jedoch nicht der Fall. Die griechischen Völker hatten seit Menschenaltern mit den älteren Culturen des Mittelmeeres in Berührung gestanden, sie wussten, was die Kunst in Aegypten, Phönicien und Babylonien zu leisten vermochte, und sie befreiten dieselbe von den alten harten Formen und brachten sie dahin, ihre Vorbilder unmittelbar in der Natur zu suchen und Formen von idealer Kraft und Anmuth aus Marmor zu verfertigen. Die ägyptischen Bildhauer pflegten viele Statuen, wenn auch nicht die aus polirtem Granit bestehenden, zu färben, und auch an assyrischen Sculpturen, sowie an griechischen Statuen haben sich Spuren von Farbe erhalten. Wir machen uns daher vielleicht eine falsche Vorstellung eines griechischen Tempels, wenn wir uns die Standbilder der Götter und Göttinnen von blendend weisser Farbe denken, wie die Sculpturen einer modernen Gallerie. Die griechischen Terracottastatuetten des britischen Museums sind Muster antiker weiblicher Anmuth in Form und Kleidung, an denen nur die verlorene Farbe wieder hergestellt werden müsste, um ihre Schönheit vollständig zur Geltung zu bringen.

In der Malerei nehmen die ägyptischen Wandgemälde eine eigenthümliche Stellung ein, indem sie neben einer wirklich künstlerischen Auffassung eine grosse Unvollkommenheit in der technischen Ausführung erkennen lassen. Sie zeigen uns das Leben in seinen charakteristischsten Momenten, den Schuhmacher, wie er seinen Draht

zieht, den Vogelfänger, wie er sein Wurfgeschoss unter
die Enten schleudert, Flötenspieler und Gaukler, wie sie
eine bei fröhlichem Mahle versammelte Gesellschaft durch
ihre Kunst ergötzen. Allein die Art und Weise, wie diese
Scenen dargestellt sind, erinnern noch zu sehr an die
Malereien der Wilden. Die ägyptischen Bilder sind keine
eigentlichen Gemälde, sondern farbige Zeichnungen, in
denen gewisse Figuren sich reihenweise wiederholen, deren
Köpfe, Beine und Arme alle nach einem und demselben
Muster gezeichnet und deren Theile in einer kindischen
und gleichförmigen Weise gefärbt sind. Alle Figuren
haben schwarzes Haar, rothbraune Gesichtsfarbe, weisse
Kleider u. s. w. Ueberraschend ist der Fortschritt, den
die griechischen Gemälde den ägyptischen gegenüber
erkennen lassen. Die Reihen gleichförmiger Figuren sind
durch gefällig gruppirte und dem Leben nachgebildete
Menschengestalten ersetzt. Die besten Werke der griechischen Maler kennen wir nur durch die Beschreibung
der Alten, allein geringere Proben, welche uns erhalten
sind, können uns eine Vorstellung davon geben, welcher
Art die Gemälde des Zeuxis und Apelles gewesen sein
mögen. Die antiken Gemälde des Museums zu Neapel,
die spielenden Göttinnen Alexander's von Athen, die
kühnen Fresken, welche Scenen aus der Iliade darstellen,
die durch Schönheit der Zeichnung und des Colorits ausgezeichneten Gruppen von Tänzern werden jeden Besucher, der sie zum erstenmal sieht, mit Erstaunen erfüllen.
Die Mehrzahl dieser aus Herculanum und Pompeji stammenden Gemälde wurden von einfachen Decorationsmalern
ausgeführt. Allein ihre Arbeiten lassen die Traditionen
der grossen classischen Schule erkennen und zeigen uns
deutlich, dass auch wir die Kunst des Zeichnens aus derselben Quelle ererbt haben. Die moderne europäische

Malerei hat sich auf zwei Wegen aus der alten Kunst
heraus entwickelt. Einerseits breitete sich die griechische
Malerei über das altrömische Reich und den Orient aus
und fand vor Jahrhunderten eine Heimathstätte in der
christlichen Kunst Konstantinopels, aus welcher der by-
zantinische oder vorrafaelsche Stil, wie man ihn oft nennt,
sich entwickelte. Demselben fehlte zwar die Freiheit der
classischen Periode, dagegen war er ausdrucksvoller und
reicher in der Farbe. Andererseits, als im fünfzehnten
Jahrhundert die Kenntniss der classischen Kunst in
Europa von Neuem auflebte, verschwanden die steifen
Heiligen - und Märtyrerbilder und natürlichere und an-
muthigere Formen traten an ihre Stelle. So entwickelte
sich unter Rafael, Michelangelo, Titian und
Murillo die moderne Kunst, in welcher sich die beiden
Ströme, deren gemeinsame Quelle die griechische Kunst
ist und die so lange Zeit getrennt waren, sich wieder
vereinigten. Die Alten malten meist in der heutigen
Frescomanier auf Wände oder nach dem sogenannten
enkaustischen Verfahren auf Holztafeln, auf welche die
mit Wachs vermischten Farben aufgetragen und einge-
schmolzen wurden. Der Gebrauch der Oelfarben war
ihnen unbekannt. Dieselben werden zuerst im zehnten
Jahrhundert erwähnt, so dass die Erzählung, dieselben
seien im fünfzehnten Jahrhundert von den Brüdern Van
Eyck erfunden worden, nicht ganz richtig ist. Dagegen
wurde durch sie die praktische Anwendung derselben
eingebürgert und seit ihrer Zeit erreichte die Bereitung
und Anwendung einen Grad von Vollkommenheit, welcher
von den Alten, wie sich mit Bestimmtheit annehmen
lässt, nicht annähernd erreicht worden ist. In der neueren Zeit ist die Malerei mit Wasserfarben, welche die
älteren Meister nur für flüchtige Skizzen und Studien

benutzten, namentlich in England zu einem selbständigen
Kunstzweig ausgebildet worden.   Ein Zweig der Malerei,
in welchem die neuere Kunst ohne Zweifel der älteren
überlegen ist, ist die Landschaftsmalerei. So bewunderns-
werth bei den älteren Malern auch die Zeichnung der
Figuren ist, die harten conventionellen Formen der Berge,
Wälder und Bäume des Hintergrundes stehen noch auf
der Stufe der farbigen Zeichnung, indem sie die Aussenwelt
mehr durch Zeichen andeuten, als wirklich naturgetreu
abbilden.   Jetzt richtet der Künstler seinen Blick auf
die Natur und giebt dieselbe mit einer Treue wieder,
von der die alten Meister, welche lebensvolle Gestalten
von Göttern und Heroen, Aposteln und Märtyrern schufen,
keine Ahnung hatten.

Auch einige Worte über Spiele mögen hier folgen.
Spiele sind Beschäftigungen, die um ihrer selbst willen
ausgeführt werden, nicht um des Zweckes willen, der durch
dieselben erreicht wird. Eine Art von Spielen finden wir bei
allen Völkern, nemlich diejenigen, in denen die Kinder
die ernsten Beschäftigungen der Erwachsenen nachahmen.
Bei den Eskimos bauen die Kinder zum Vergnügen Schnee-
hütten, und die Mutter giebt ihnen eine kleine Oellampe,
mit welcher sie das Innere derselben erleuchten. Wo
bei Wilden die Sitte herrscht, Weiber benachbarter
Stämme mit Gewalt zu entführen, spielen die Kinder
Frauenraub, wie bei uns die Kinder Hochzeit spielen.
Auf allen Stufen der Civilisation bilden Waffen und
Werkzeuge eine wichtige Rolle im Spiel und der Erziehung der Kinder.   Der nordamerikanische Krieger
macht seinem Knaben einen kleinen Bogen nebst Pfeil,
sobald derselbe im Stande ist, ihn zu spannen, und der
Südseeinsulaner lernt bereits als Knabe mit einem leichten Stab und einem rollenden Reif, wie er im späteren

Leben den Speer zu werfen hat. Manche Gebräuche,
die durch das Fortschreiten der Civilisation ihre praktische Bedeutung verloren haben, leben noch im Spiele
der Kinder fort. So treffen wir noch heute den Feuerbohrer unserer Vorfahren als Kinderspielzeug in der
Schweiz. Ebenso spielen Bogen, Pfeile und Schleuder
in vielen Gegenden, in denen sie einst unentbehr-
liche Waffen des Erwachsenen waren, noch jetzt eine
wichtige Rolle in den Spielen der Jugend.

Es ist schwer zu sagen, ob der Mensch auf der Stufe
der Wildheit nur solche praktische Spiele kennt, oder ob
er auch solche erfindet, die nicht in einem von dem Erwachsenen gebrauchten Geräthe ihr Vorbild haben. Bei
höher civilisirten Völkern sind derartige Spiele seit sehr
alten Zeiten bekannt. Ein an und für sich unbedeuten-
des Spiel kann sich merkwürdig lange erhalten, wenn es
wirklich den Spielenden geistig in Anspruch nimmt.
Die alten Aegypter kannten, wie wir aus ihren Gemälden
ersehen, unser kindisches *Hotcockles*-Spiel, in welchem der
blinde Mann, welcher sich niederbückt, rathen muss, wer
ihn auf den Rücken geschlagen hat. Ebenso spielten die
Aegypter das bekannte Spiel, welches darin besteht, dass
der eine der beiden Spielenden die Hände emporstreckt
und der andere die Anzahl der emporgestreckten Finger
rathen muss. Dieses Spiel ist jetzt noch in China, auch
in Italien einheimisch, und es ist zu bedauern, dass es
nicht auch in anderen Ländern gespielt wird, da es für
Ausbildung eines scharfen Gesichts und einer beweglichen Hand nicht ohne Nutzen ist. Während manche
von unseren Spielen, wie z. B. Reife und Kreisel, seit Jahrtausenden in der alten Welt bekannt sind, sind andere
erst in der neueren Zeit eingeführt. Erst in der Zeit der
Stuarts lernte die englische Jugend die Kunst, einen

fliegenden Drachen steigen zu lassen, von den Chinesen
oder einem anderen Volke des fernen Ostens. Unsere
modernen Spiele sind zuweilen nur Verbesserungen von
alten, die schon seit langer Zeit in Gebrauch waren.
Gespaltene Schenkelknochen, die unter den Schuhen befestigt wurden, hatten schon Jahrhunderte lang die Stelle
der Schlittschuhe vertreten, bevor dieselben aus Eisen
angefertigt wurden. Wie ein Spiel lange Zeit hindurch
sich in unveränderter Form erhält, dann aber auf einmal
eine Weiterentwickelung erfährt, sehen wir recht deutlich
am Ballspiel. Die Alten warfen und fingen Bälle, wie
es noch heute bei Kindern in Gebrauch ist, und bei den
Griechen und Römern bestand ein sehr beliebtes Jugend-
spiel darin, dass sich die Spielenden in zwei Parteien
gegenüber aufstellten und jede Partei versuchte, den
Ball zu erhaschen und in die Gegenpartei hineinzu-
schleudern. Dies Spiel (*hurling*, d. h. Schleudern) findet
sich auch in England noch hier und da, und der grosse
lederne Fussball ist eine Abart desselben. Einen Stock
oder Schlägel scheinen die Alten bei ihrem Ballspiel nie
benutzt zu haben. Aber vor 1000 bis 1500 Jahren
fingen die Perser an, zu Pferde Ball zu spielen, was
natürlich die Anwendung eines Schlägels oder eines
Ballnetzes nothwendig machte. Auf diese Weise entwickelte sich das *Chaugán*-Spiel, welches sich seit dieser
Zeit im Orient erhalten und schliesslich auch in England
unter dem Namen *Polo* eingebürgert hat. Nachdem so der
Ballschlägel einmal erfunden war, ergab es sich von selbst,
denselben auch zu Fuss zu benutzen, und so entwickelte
sich seit dem Mittelalter eine ganze Reihe von Ballspielen,
in denen der Ball mit einem Stock geschlagen wird, wie
Pall-Mall und *Croquet*, *Tennis*, *Hockey* und *Golf*, *Roun-
ders* und *Cricket*.

Auch die Spiele, welche nicht im Freien, sondern im Hause gespielt werden, haben ihre eigenthümliche Geschichte. Das Werfen von Loosen oder Würfeln ist so alt, dass wir keine Anhaltspunkte haben, aus denen wir einen Schluss ziehen könnten, wann und wo dieselben zuerst in Gebrauch gekommen sind. Ja, es sind sogar Zugbretter und Figuren erhalten, welche die alten Aegypter benutzten. Auch die Griechen und Römer kannten das Brettspiel, doch waren ihre Spiele von unseren heutigen verschieden. Auch unser Mühlenspiel gehört zu einer im classischen Alterthum bekannten Gruppe von Spielen, und Ovid erwähnt das Kinderspiel „tit-tat-to". Auch in China werden diese Spiele gespielt, und es ist nicht bekannt, in welchem Theile der Erde dieselben erfunden worden sind. Geistige Spiele mögen vielleicht vor etwa tausend Jahren erfunden worden sein, als irgend ein Hindu, dessen Name uns nicht überliefert worden ist, auf den Gedanken kam, das alte Zugbrett und die Figuren zu einer Art Kriegsspiel zu benutzen, in welchem auf jeder Seite um einen König und seinen General, die Elephanten, Streitwagen und Reiter und in vorderster Reihe die Fusssoldaten in Schlachtordnung aufgestellt wurden. Dies war das älteste Schachspiel, aus welchem sich das moderne europäische Schachspiel entwickelt hat, welches unter den Spielen eine bevorzugte Stellung einnimmt, da es den Geist zu angestrengter Ueberlegung und äusserster Vorsicht anspannt. Unsere modernen Brettspiele sind eine vereinfachte Form des Schachspiels, in welcher alle Figuren Bauern sind, aber alle zu Königinnen werden, wenn sie von der einen Seite des Schlachtfeldes bis zur anderen vorgedrungen sind. Man begegnet zuweilen in Büchern der Erzählung, die Spielkarten seien in Frank reich erfunden worden, um Karl den Sechsten zu amü-

Tylor, Anthropologie. 24

siren. Dies ist jedoch nicht richtig, denn die Karten waren
bereits Jahrhunderte lang früher im Orient bekannt.
Allerdings werden die asiatischen Erfinder mit den
Karten schwerlich Spiele gespielt haben, die sich mit den
heutigen complicirten Kartenspielen vergleichen liessen.
Spiele, welche Körper oder Geist üben, haben durch die
Ausbildung der menschlichen Fähigkeiten in der Civilisation eine wichtige Rolle gespielt. Eine ganz andere
Stellung nehmen dagegen die Spiele ein, welche nur des
Gewinnes wegen gespielt werden. Diese Spiele haben
von jeher nur einen verderblichen Einfluss ausgeübt. Die
elegant gekleideten Spieler, welche sich um den Spieltisch
zu Monaco drängen, über den Lauf des Glückes reden
und sich einbilden, dass es ein Unterschied sei, ob sie
auf Roth oder Schwarz setzen, bilden einen traurigen Beweis für die Langsamkeit, mit welcher wissenschaftliche
Ideen sich ausbreiten, in einer Zeit, in welcher jeder
Schulknabe ausrechnen lernt, wie viel Procent der Ein-
sätze auf Nimmerwiedersehen in der Kasse des Bank-
halters verschwinden.

Dreizehntes Capitel.

Wissenschaft.

Wissenschaft. Zählen und Rechnen. Messen und Wiegen. Geometrie. Algebra. Physik und Chemie. Biologie. Astronomie. Geographie und Geologie. Logik. Magie.

Wissenschaft ist ein auf seine Richtigkeit geprüftes und systematisch geordnetes Wissen. Wilde und Barbaren besitzen ein umfangreiches Wissen, welches im Kampf ums Dasein unentbehrlich ist. Der Wilde ist mit vielen Eigenschaften der Materie bekannt, er weiss wie das Feuer brennt, wie das Wasser erweicht, wie das Schwere untersinkt und das Leichte schwimmt, er weiss, welcher Stein für die Axt und welches Holz für den Stiel derselben am tauglichsten ist, welche Pflanzen essbar und welche giftig sind, er kennt die Lebensweise der Thiere, die für ihn eine vortheilhafte Jagdbeute bilden, sowie derjenigen, deren Angriff er zu fürchten hat. Er versteht Wunden zu heilen und noch besser, tödtliche Wunden zu schlagen. Er ist so zu sagen Physiker, denn er versteht Feuer zu machen, Chemiker, denn er kann kochen, Chirurg, denn er versteht Wunden zu verbinden, Geograph, denn er kennt die Flüsse und Berge der Umgebung, Mathematiker, denn er versteht mit Hilfe der Finger zu zählen und zu

24*

rechnen. Alles dies Wissen bildet aber die Grundlage,
auf welcher die Wissenschaft aufgebaut wurde, als die
Kunst des Schreibens erfunden war und die Gesellschaft
sich auf die Stufe der Civilisation erhoben hatte. Wir
wollen im Folgenden die Entstehung und den Fortschritt
der Wissenschaft etwas genauer verfolgen. Und da die
wissenschaftlichen Methoden namentlich durch Rechnen
und Messen begründet worden sind, so wollen wir zunächst untersuchen, in welcher Weise der Mensch rechnen und messen lernte.

Selbst Diejenigen, welche nicht sprechen können,
können zählen, wie wir durch den taubstummen Massieu
wissen, der unter den Erinnerungen aus seiner Jugend,
bevor er vom Abbé Sicard unterrichtet wurde, sagt: „Ich
kannte die Zahlen, bevor ich unterrichtet wurde, meine
Finger lehrten mich dieselben“. Wir selbst fingen in
unserer Jugend mit den Fingern zu rechnen an und benutzen selbst als Erwachsene zuweilen noch diese Methode, so dass es uns durchaus nicht unverständlich ist,
wie ein Wilder, der für Zahlen über drei keine Worte
hat, etwa fünfzehn Todte und Verwundete zählt, wie er
für jeden Mann vielleicht einen Finger einbiegt und zuletzt
drei Mal die Hand erhebt, um das Resultat auszudrücken.
Sodann fragt es sich, in welcher Weise die Zahlwörter
erfunden wurden. Die Antwort auf diese Frage finden
wir in zahlreichen Sprachen, aus denen deutlich hervorgeht, wie das Zählen an Fingern und Zehen zur Bildung
der Namen für die einzelnen Zahlen führte. Wenn ein
Zulu die Zahl sechs ausdrücken will, so sagt er *tatisitupa*,
d. h. „nehmend den Daumen“. Es soll damit ausgedrückt
werden, dass der Sprecher die sämmtlichen Finger der
linken Hand gezählt und den Daumen der rechten Hand
hinzugenommen hat. Will er die Zahl sieben ausdrücken,

so sagt er *u kombile*, d. h. „er zeigte". Es wird hiermit gesagt, dass er im Zählen bis an den Zeigefinger gekommen ist. In dieser Weise sind in verschiedenen Gegenden die Worte „Hand", „Fuss", „Mensch" zu Zahlwörtern geworden. Wie dieselben angewendet wurden, mag an der Sprache der Tamanacs am Orinoco gezeigt werden. In dieser Sprache bedeutet der Ausdruck für fünf „ganze Hand", sechs ist „eins von der anderen Hand", u. s. w. bis zehn oder „beide Hände"; „eins vom Fuss" ist elf, „der ganze Fuss" ist fünfzehn, „eins vom anderen Fuss" sechszehn; „ganzer Mensch" bedeutet zwanzig, „eins von der Hand des nächsten Menschen" bedeutet einundzwanzig, „zwei Menschen" vierzig etc. Hieraus ergiebt sich eine zuweilen in Abrede gestellte Thatsache, dass namentlich die niederen Menschenrassen, wie wir selbst, die Fähigkeit besitzen, fortzuschreiten oder sich selbst zu vervollkommnen. Es gab jedenfalls eine Zeit, in welcher die Vorfahren dieser Menschen in ihrer Sprache kein Wort für fünfzehn oder sechszehn, selbst nicht für fünf oder sechs besassen, denn wenn sie für diese Zahlen Worte besessen hätten, könnten sie nicht so dumm gewesen sein, dieselben gegen die unbehülfliche Bezeichnung mit „Hand", „Fuss" und „Mensch" zu vertauschen. Wir blicken hier in eine Zeit zurück, als sie zum Ausdrücken dieser Zahlen kein anderes Mittel hatten, als ihre Finger und Zehen, und als sie fanden, dass es nicht nothwendig sei, die Finger und Hände wirklich zu erheben, sondern dass es genüge, durch Worte die Anzahl der Finger, Hände und Füsse anzugeben, durch welche die gedachte Zahl ausgedrückt wird. Auf diese Weise erhielten denn z. B. die Worte „zwei Hände" die Bedeutung „zwanzig". Diese Worte wurden dann als Zahlworte beibehalten, auch nachdem die ursprüngliche Bedeutung derselben in Ver-

gessenheit gerathen war, wie bei den Veinegern, die die
Zahl zwanzig *mo bande* nennen, aber nicht mehr wissen,
dass die ursprüngliche Bedeutung dieses Namens „eine
ganze Person" ist. Die Sprachen der Völker, welche eine
lange Culturentwickelung hinter sich haben, besitzen
selten Zahlwörter, deren ursprüngliche Bedeutung leicht
zu erkennen ist, vielleicht deshalb, weil die Worte zu alt
sind und sich im Laufe der Zeit sehr verändert haben.
Dagegen beweisen uns alle Sprachen der Welt mit nur
wenigen Ausnahmen, dass sich die Zahlensysteme aus
dem ursprünglichen Zählen an Fingern und Händen
entwickelt haben. Diese Art des Zählens gab die Veranlassung, dass der Mensch von je her, wie noch heute,
nach Fünfern, Zehnern und Zwanzigern zählte. Die erste
Art des Zählens finden wir z. B. bei den Negern am Sene-
gal. Dieselben zählen: eins, zwei, drei, vier, fünf, fünf
und eins, fünf und zwei u. s. w. Wir zählen zwar nicht
so mit Worten, aber wir schreiben die Zahlen so mit den
römischen Ziffern. Das Decimalsystem, d. h. das Zählen
nach Zehnern ist in der Welt am verbreitetsten, es ist
dies die uns geläufige Art des Zählens. Die Zwanziger-
zählung, welche in vielen Sprachen die Regel bildet, hat
bis auf den heutigen Tag mitten in der Decimalzählung
des civilisirten Europas ihre Spuren hinterlassen. Wir
erkennen dieselben im englischen *fourscore*, im französischen *quatre-vingt*, achtzig, wörtlich „viermal zwanzig", im
dänischen *halvtredsindstyve*, fünfzig, *tredsindstyve*, sechszig
(wörtlich dritthalbmal zwanzig, dreimal zwanzig) u. s. w.
bis neunzig. Es ist daher kaum zu bezweifeln, dass die
moderne Welt das Zahlensystem ererbt hat, welches vom
Urmenschen auf dem von der Natur gebotenen Rechenbrett, d. h. an den Händen und Füssen des eigenen Körpers, ausgebildet wurde. Hierdurch erklärt es sich auch,

weshalb die moderne Welt ein Zahlensystem benutzt, welches sich auf eine nicht sehr geeignete Grundzahl stützt, da dieselbe weder durch drei, noch durch vier theilbar ist. Diesen Vortheil würde die Duodecimaltheilung bieten, in welcher die Stelle der Zehner und Hunderte des Decimalsystems vom Dutzend und Gross eingenommen wird.

Mit der Benennung der Zahlen war jedenfalls ein grosser Fortschritt gemacht. Allein Worte genügen doch nur bei Rechnungen mit sehr kleinen Zahlen, wie sich Jeder leicht überzeugen wird, wenn er den Versuch macht, zwei Zahlen wie siebentausend achthundert und drei mit zweihundert und siebenzehn zu multipliciren, ohne sich die Zahlen durch Ziffern ausgedrückt zu denken. Auf welche Weise kam der Mensch zum Gebrauch der Zahlenzeichen? Um eine Antwort auf diese Frage zu finden, müssen wir uns zuerst die barbarische Bilderschrift vergegenwärtigen. Wenn ein nordamerikanischer Krieger durch vier einfache Striche | | | | ausdrückt, dass er vier Scalpe gewonnen hat, so bedient er sich hier einer Bezeichnungsweise, die für kleine Zahlen ganz brauchbar ist, die dagegen für grössere Zahlen viel zu umständlich sein würde. Daher kamen die Alten bereits zu einer Zeit, als die Schrift noch auf einer niedrigen Stufe stand, auf die Idee, die Fünfer, Zehner, Hunderte u. s. w. durch besondere Zeichen auszudrücken, so dass die einfachen Striche nur noch für die übrig bleibenden Einer benutzt wurden. In Figur 17 (a. f. S.) wird diese Bezeichnungsweise durch zwei Beispiele erläutert. Die auch heute noch vielfach benutzten römischen Zahlzeichen I, V, X, L beruhen auf demselben Princip. Eine andere Art, die Zahlen zu bezeichnen, bestand darin, die Buchstaben als Zahlzeichen zu benutzen. So werden die hebräischen Buchstaben zur

Bezeichnung der Abschnitte im alten Testament und die griechischen Buchstaben zur Bezeichnung der Bücher der Iliade benutzt. Durch diese verschiedenen Arten der Zahlenbezeichnung wurde die Rechenkunst der alten Völker bedeutend gefördert. Doch war ihre Bezeichnungsweise im Vergleich zur modernen noch ausserordentlich schwerfällig. Ein Versuch, die Zahlen MMDCLXIX und CCCXLVIII oder $\beta \chi \xi \theta$ und $\tau \mu \eta$. mit einander zu multi-

Fig. 76.

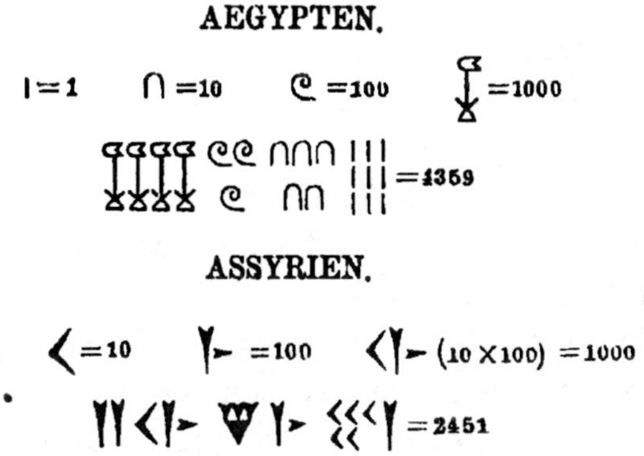

Altägyptische und Assyrische Zahlenbezeichnung.

pliciren, wird uns sofort erkennen lassen, wie bedeutend unsere Ziffern jenen Zahlzeichen überlegen sind.

Um zu verstehen, wie sich die Kunst des Zifferrechnens entwickelte, müssen wir unsere Aufmerksamkeit auf unvollkommenere Rechenmethoden richten. In Afrika kann man beobachten, wie die Neger mit Kieselsteinen rechnen und wie sie je fünf derselben als ein besonderes Häufchen bei Seite legen. Auf den Südseeinseln hat man beobachtet, dass die Eingeborenen, wenn sie rechnen, nicht zehn einzelne Steinchen zurücklegen, sondern an deren Stelle ein Stückchen von einem Cocosnussstiel. Zur Bezeichnung von zehnmal zehn oder hundert

dient ein etwas grösseres Stück eines Cocosnussstiels.
Die Anwendung verschiedener Merkzeichen ist aber natürlich dadurch unentbehrlich zu machen, dass der Rechnende
die Steinchen oder Bohnen in verschiedene Häufchen
sondert, so dass ein und dasselbe Steinchen, je nachdem
es zu diesem öder jenem Häufchen gelegt, eins oder zehn
oder hundert u. s. w. bedeutet. Der Gebrauch von Kiesel-
steinchen oder ähnlichen Dingen als Rechenmarken, den
man noch heute in England bei unwissenden Leuten
antrifft, war im Alterthum sehr verbreitet.

Das griechische Wort für „rechnen“ ist *psephizein*,
das lateinische *calculare*. In der ersten Sprache heisst
aber der Kieselstein *psephos*, in der letzteren *calculus*.
Zur bequemen und sicheren Ausführung einer Rechnung
mit Kieselsteinen oder ähnlichen Objecten bedarf man aber
eines getheilten Rechenbretts, eines sogenannten Abacus.
Zu den verschiedenen Formen eines solchen Rechenbretts
gehört der römische Abacus mit Reihen von Vertiefungen
zur Aufnahme von Knöpfen oder Holzpflöckchen, sowie das
chinesische *Suan-pan*, ein Holzrahmen mit ausgespannten
Drähten, auf denen Kugeln aufgereiht sind. Mit diesem
Apparat rechnen die Eingeborenen mit einer staunen-
erregenden Schnelligkeit und Sicherheit. Die Russen
lernten den Gebrauch dieses Kugelrahmens wahrscheinlich
von den Chinesen. Während des russischen Feldzuges
Napoleon's soll ein Franzose, der bei dieser Gelegenheit
den Apparat kennen lernte, auf den Gedanken gekommen
sein, denselben in Frankreich einzuführen und beim
Rechenunterrichte zu benutzen. Er bildet jetzt nicht nur
in Frankreich, sondern in allen übrigen europäischen Ländern ein bekanntes Unterrichtsmittel. Alle Arten dieser
sogenannten Rechenmaschinen stimmen darin überein,
dass die Tafel oder der Rahmen in verschiedene Columnen

eingetheilt ist, so dass die Steine, Bohnen, Holzpflöckchen
oder Kugeln der einen Columne die Einer, die der zweiten
die Zehner, die der dritten die Hunderter vorstellen etc.
So bedeuten in dem in Figur 77 abgebildeten Rechenbrett

Fig. 77.

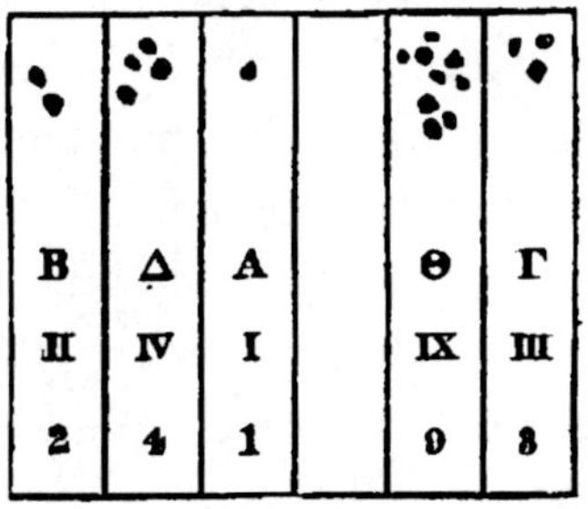

Rechnung mit Zählmarken und Ziffern auf dem Rechenbrett.

die drei Steinchen in der ersten Columne rechts 3, die
neun Steinchen in der nächsten Columne 90, das einzelne
Steinchen in der vierten Columne bedeutet 1000 u. s. w.
Die nächste Verbesserung bestand darin, dass die Steinchen durch niedergeschriebene Zahlzeichen ersetzt wurden,
was in der Figur durch griechische und römische Zahlzeichen angedeutet ist. Hiermit wurde aber auch das
schwerfällige Brett überflüssig und konnte durch ein
Papier ersetzt werden, auf welchem einfach durch Linien
die Columnen für die Einer, Zehner, Hunderter u. s. w.
hergestellt wurden. Selbstverständlich ist es nicht nothwendig, dass die Einheit einer Columne gerade das Zehn-
fache einer Einheit der vorhergehenden ist, sie kann
gerade so gut das Zwölffache oder Zwanzigfache sein.
Die Spalten für *£. s. d.* (Pfund, Schilling, Pence), *cwts.
qrs. lbs.* (*Centweights*, *Quarters*, *Pounds*) in unseren Ge-
schäftsbüchern sind noch Ueberreste dieser alten Rech-
nungsweise. Ein Hauptmangel bestand darin, dass die

Zahlen nicht aus den Columnen herausgenommen werden konnten. Denn wenn auch jede der Zahlen von eins bis neun durch ein besonderes Zeichen ausgedrückt wird, so kann es doch vorkommen (wie es in der Figur absichtlich angenommen ist), dass eine der Columnen nicht besetzt ist. Wollte man aber in einem solchen Falle die Zahl mit Weglassung der Columnentheilung schreiben, so würde dadurch die ganze Zahl in Unordnung gebracht. Uns erscheint es als etwas sehr Einfaches, eine leere Columne durch ein Zeichen anzudeuten, wie wir es durch das Zeichen der Null wirklich thun, so dass die in der Figur dargestellte Zahl ohne Columne mit den Ziffern 241093 geschrieben werden kann. Die Erfindung eines besonderen Zeichens für Nichts, so unbedeutend sie erscheinen mag, bezeichnet einen der wichtigsten Fortschritte, die je in der Wissenschaft gemacht worden sind. Der Gebrauch der Null bildet den wesentlichen Unterschied zwischen der alten und der neuen Arithmetik. Wir schreiben die Erfindung unserer Zahlenschreibung den Arabern zu, indem wir unsere Ziffern arabische nennen. Die Araber selbst nennen sie jedoch indische, sie haben also die Zahlen wahrscheinlich von den Indiern kennen gelernt. Hiermit sind wir jedoch noch nicht am Ursprung unseres Zahlensystems angekommen, es ist vielmehr noch eine offene Frage, ob es in Asien erfunden worden ist, oder ob es sich vielleicht in Europa bis auf die Arithmetiker der pythagoräischen Schule zurückverfolgen lässt. Darüber kann jedoch kein Zweifel sein, dass unsere moderne Arithmetik von der alten Columnenzählung mit Hülfe des Abacus abstammt, die durch Einführung der Null als Zeichen einer leeren Columne so verbessert wurde, dass heute ein Kind im Stande ist, mit Leichtigkeit Rechnungen auszuführen, die den Arithmetikern des Alter-

thums keine unbedeutende Schwierigkeiten bereitet haben
würden.

　　Was sodann das Messen betrifft, so liegt die Vermuthung sehr nahe, dass die Messkunst sich ebenso wie
die Rechenkunst am menschlichen Körper entwickelte.
Wir machen uns wahrscheinlich keine falsche Vorstellung
von der ältesten Entwickelungsstufe der Messkunst, wenn
wir uns denken, wie ein Wilder den Unterschied zwischen der Länge zweier Pfeile in Fingerbreiten ausdrückt,
oder wie er beim Bau einer Hütte einen Fuss vor den
anderen setzt, um zwei Pfähle in den richtigen Abstand
zu bringen. Wir benutzen noch heute diese rohe Methode des Messens in manchen Fällen, wo es nicht
auf grosse Genauigkeit ankommt. Dass die ältesten
Maasse die Glieder des menschlichen Körpers waren,
kann wohl kaum bezweifelt werden. Selbst bei civilisirten Völkern, bei denen genauere Maasse in Gebrauch
sind, haben sich in vielen Fällen die Namen der alten
dem Körper entlehnten Maasse erhalten, wie z. B. in
England *cubit* (Elle), *hand*, *foot* (Fuss), *span* (Spanne),
nail (Nagel), *ell* (Elle, eigentlich der Unterarm, vergl.
Elnbogen), sodann *fathom* (der Faden, d. h. die Länge
eines Fadens, welchen ein Mensch mit ausgestreckten
Armen spannen kann) und *pace*, d. h. Doppelschritt (lat.
passus). Tausend (*mille*) Doppelschritt bilden die *mile*
(Meile). Mit diesen Namen, in denen sich die Erinnerung
an die früher gebräuchlichen Maasse erhalten hat, bezeichnen wir heute gewisse Normallängen, die dem durch
den Namen bezeichneten Körpertheil annähernd gleich
sind. Unsere modernen Messungen werden mit Normal-
maassen ausgeführt, die sich in mehr oder weniger veränderter Form aus dem Alterthum auf unsere Zeit vererbt
haben. Einen grossen Fortschritt in der Civilisation

bezeichnet die Anfertigung von hölzernen oder metallenen Stäben, die als Normalmaasse dienen sollten. Aegyptische Ellenmaassstäbe haben sich bis auf unsere Zeit erhalten, und die Königskammer in der grossen Pyramide ist genau 20 Ellen lang und 10 Ellen breit. Die Elle selbst hat eine Länge von 52,4 cm. Unser Fuss hat sich im Laufe der letzten Jahrhunderte wenig verändert und ist nicht sehr verschieden vom griechischen und römischen Fuss. Zur Zeit der ersten Revolution machten die Franzosen den kühnen Versuch, die alten traditionellen Maasse aufzugeben und ein neues Normalmaass direct der Natur zu entnehmen. Auf diese Weise entstand das Meter, welches gleich dem zehnmillionsten Theil des Erdquadranten sein sollte. Später hat sich allerdings bei einer Revision der betreffenden Rechnungen herausgestellt, dass das Meter doch nicht genau der genannten Länge entspricht, dass es also doch nur ein Normalmaass der älteren Art ist. Trotzdem kommt das Meter immer allgemeiner in Gebrauch, und zwar bei wissenschaftlichen Messungen, auch in solchen Ländern, wo wie in England für gewöhnliche Messungen der Fuss in Gebrauch ist. Den Gebrauch von Wagen und Gewichten, sowie von Hohlmaassen für Flüssigkeiten und trockenen Körpern finden wir bereits bei den civilisirten Völkern der ältesten Zeiten. Zum Theil lassen sich sogar unsere heutigen Gewichte und Hohlmaasse bis in das Alterthum verfolgen. So stammen z. B. das Pfund, die Unze, die Gallone und Pinte von den alten römischen Gewichten und Maassen ab.

Wenig Schwierigkeiten bot jedenfalls die Auffindung der Regel, wie man aus den Seiten einer rechteckigen Fläche den Inhalt in Quadraten der Längeneinheit ausdrückt. Zur Berechnung weniger einfacher Figuren sind dagegen schwierigere geometrische Regeln erforderlich.

Die Griechen bezeichneten die Aegypter als die Erfinder
der Geometrie, d. h. der Landmessung. Die bekannte
Erzählung, dass die Nothwendigkeit, nach einer jeden
Ueberschwemmung des Nils das vom Schlamm bedeckte
Land von Neuem einzutheilen, die Veranlassung zur
Erfindung der Geometrie gegeben habe, klingt durch-
aus nicht unwahrscheinlich. Das britische Museum
besitzt ein altes ägyptisches Handbuch der Feldmess-
kunst (den Papyrus Rhind), eins der ältesten Bücher
der Welt, welches mehr als tausend Jahre vor der Zeit
Euklid's geschrieben wurde und aus welchem wir uns
über den damaligen Zustand der Geometrie bei den
Aegyptern unterrichten können. So enthält das
Buch Regeln zur Berechnung der Oberfläche von
Figuren, die allerdings zum Theil sehr ungenau sind.
Die Fläche eines dreieckigen Feldes ABC (Fig. 78, 1)
soll z. B. berechnet werden, indem man die Hälfte von
AC mit AB multiplicirt. Dies ist aber nur dann richtig,
wenn der Winkel BAC ein rechter ist. Zur Berechnung einer Kreisfläche wurde der Durchmesser derselben
um den neunten Theil vermindert und der Rest auf das
Quadrat erhoben. War also der Durchmesser z. B.
neun Längeneinheiten, so erhielt man nach dieser Regel
den Inhalt gleich 64, was der wahren Grösse desselben
(63,6) ziemlich nahe kommt. Dies waren bei dem damaligen Zustand der Wissenschaft immerhin höchst werthvolle Kenntnisse, und die Erzählung, dass Thales und
Pythagoras in Aegypten von den Geometerpriestern lernten, ist durchaus glaubwürdig. Allein die ägyptischen
Mathematiker waren Priester, denen die Lehren der Geometrie für heilig und unantastbar galten, während ihre
griechischen Schüler nicht in einer solchen wissenschaftlichen Orthodoxie befangen waren und zu vollkomme-

neren Methoden fortschritten. So erreichte die griechische Geometrie jene bewundernswerthen Resultate,
welche uns in dem grossen Werke Euklid's überliefert
sind. Derselbe fügte zu den seinen Vorgängern bekannten Lehrsätzen neue hinzu und brachte das Ganze in ein
logisches System. Die Elementargeometrie wurde selbstverständlich nicht durch Definitionen, Axiome und Be-

Fig. 78.

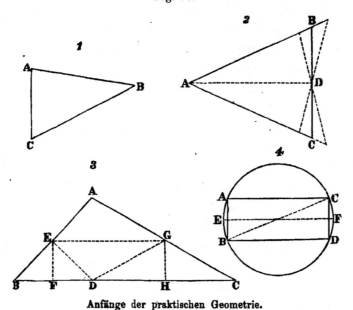

Anfänge der praktischen Geometrie.

weise erfunden, wie wir sie in dem Werke Euklid's zusammengestellt finden. Die Anfänge derselben entwickelten sich vielmehr aus der alltäglichen Beschäftigung der
Landmesser, Steinmetzen, Zimmerleute und Schneider.
Dies erkennen wir deutlich in den Regeln der Altarbau-
meister des alten Indiens, in denen dem Maurer nicht
vorgeschrieben wird, wie er durch Zeichnung einen Plan
entwerfen soll, sondern wie er in gewissen Abständen

Pfähle aufstellen und Fäden zwischen denselben ausspannen soll. Selbst in dem Wort Linie haben wir noch
eine Erinnerung an diese alte praktische Geometrie, indem das Wort einen leinenen Faden bedeutet. Im
Englischen heisst die gerade Linie *straight line*, *straight*
ist aber das Particip des Zeitwortes *stretch*, strecken,
spannen. Wenn man zwei Pflöcke durch einen Faden
verbindet, so überzeugt man sich leicht, dass der Faden
am kürzesten ist, wenn er gespannt ist. Dies führte zu
der Definition der geraden Linie als des kürzesten Ab-
standes zweier Punkte. Ebenso kennt jeder Zimmermann den rechten Winkel, sowie parallele Linien, d. h.
solche, die überall denselben Abstand haben. Der
Schneider wird bei einer anderen Gelegenheit, als der
Zimmermann, auf den rechten Winkel aufmerksam.
Wenn er aus einem zusammengefalteten Stück Tuch ein
Stück schneiden will, welches auseinandergelegt die
Form eines Keils (Fig. 78, 2, BAC) hat, so muss der
Schnitt rechtwinklig auf die Falte AD geführt werden,
widrigenfalls am Punkte D, wenn das Tuch auseinander gelegt wird, ein Vorsprung oder ein Einschnitt
entsteht. Wenn aber der Schnitt so geführt wird, dass
BDC eine gerade Linie bildet, so ergiebt sich ohne
Weiteres, dass die Seiten AB und AC, sowie die Winkel
ABC und ACB gleich sind, da sie durch denselben
Schnitt entstanden sind. Man kommt so zu dem bekannten geometrischen Lehrsatz, dass im gleichschenkligen
Dreieck die Winkel an der Grundlinie gleich sind. Derartige leicht zu beobachtende Eigenschaften von Figuren
müssen schon sehr früh bekannt gewesen sein. Andererseits
waren indessen den Alten auch manche Probleme, die
heute dem Gebiet des Elementarunterrichts angehören,
nicht bekannt. So verstanden es z. B., wie wir bereits

erwähnt wurde, die ägyptischen Landmesser nicht, den
Inhalt eines Dreiecks richtig zu berechnen. Wären sie
auf den Gedanken gekommen, aus einem Papyrusblatt
ein Dreieck auszuschneiden und so wie das Dreieck ABC
in Fig. 78, 3 zusammenzulegen, so würden sie gefunden
haben, dass auf diese Weise ein Rechteck $EFGH$ entsteht, was zu der Erkenntniss geführt haben würde, dass
der Inhalt des Dreiecks gleich dem Product aus der
Höhe und der halben Grundlinie ist. Dabei würde sich
herausgestellt haben, dass dieser Satz für jedes beliebige
Dreieck gilt. Ebenso würde man beobachtet haben, dass
die drei Winkel des Dreiecks, welche am Punkt D zusammenfallen, zusammen gleich zwei Rechten sind. Den
älteren ägyptischen Geometern scheinen diese Sätze nicht
bekannt gewesen zu sein, während sie in Griechenland
schon vor der Zeit Euklid's bekannt waren. Die alten
Geschichtsschreiber, welche über den Ursprung der
mathematischen Entdeckungen berichten, wussten offenbar in manchen Fällen nicht, um was es sich handelte.
So wird von Thales erzählt, er habe einen Ochsen geopfert,
als er die Entdeckung gemacht habe, dass der Peripherie-
winkel eines Halbkreises gleich einem Rechten sei. Es
ist aber sehr unwahrscheinlich, dass ein so bedeutender
Mathematiker wie Thales nicht gewusst haben soll, was
jedem intelligenten Zimmermann bekannt gewesen sein
muss, dass sich nämlich ein rechteckiges Brett symme-
trisch in einen Kreis legen lässt (Fig. 78, 4). Auf diese
Weise kommt aber ein rechtwinkliges Dreieck in einen
Halbkreis zu liegen, so dass die Hypotenuse des Dreiecks
Durchmesser des Kreises wird. Vielleicht ist Thales der
erste gewesen, der einen streng geometrischen Beweis
für den Satz geführt hat. Pythagoras soll eine Heka-
tombe geopfert haben, als er entdeckt hatte, dass das

Tylor, Anthropologie. 25

Quadrat der Hypotenuse eines rechtwinkligen Dreiecks
gleich der Summe der Quadrate der beiden Katheten ist.
Die Erzählung klingt sehr unwahrscheinlich, da die Lehre
der Pythagoräer das Opfern von Thieren untersagte. Was
den Satz selbst betrifft, so wäre es denkbar, dass er
einem mit quadratischen Pflastersteinen oder Ziegelsteinen arbeitenden Handwerker an dem einfachsten
Beispiel des rechtwinkligen Dreiecks mit den Seiten 3,
4 und 5 aufgefallen sein könnte. Ob Pythagoras Kenntniss von solchen praktischen Regeln hatte, oder ob seine
Aufmerksamkeit durch das Studium von Quadratzahlen
auf den Gegenstand gelenkt wurde, wissen wir nicht.
Jedenfalls ist es nicht unwahrscheinlich, dass er den
nach ihm benannten Satz, auf welchem die ganze Tri-
gonometrie und analytische Geometrie beruht, als eine
allgemeine Eigenschaft aller rechtwinkligen Dreiecke erkannte.

Aus der ältesten Geschichte der Mathematik geht
soviel hervor, dass die Begründer derselben die Aegypter
mit ihrer praktischen Feldmesskunst und die Babylonier
waren, die nicht unbedeutende arithmetische Kenntnisse
besassen, wie uns die noch vorhandenen Tabellen von
Quadrat- und Cubikzahlen beweisen. Die Schüler dieser
älteren Schulen, die griechischen Philosophen übertrafen
alsbald ihre Lehrer und erhoben die Mathematik zu
dem, was der Name bedeutet, zu einem Lernen, zu einer
Disciplin, durch welche der menschliche Geist im scharfen und logisch richtigen Denken geübt wird. In ihren
frühesten Entwickelungsstadien bestand die Mathematik
hauptsächlich aus Arithmetik und Geometrie, beschäf-
tigte sich also nur mit bekannten Zahlen und Raum-
grössen. Allein die Aegypter und Griechen kannten
bereits Methoden für die Rechnung mit unbekannten

Grössen, und die Mathematiker der Hindu schritten in
dieser Richtung weiter fort und begründeten die sogenannte Algebra. Die Anwendung der Buchstaben als
Symbole wurde nicht plötzlich infolge eines glücklichen
Gedankens eines Einzelnen in die Algebra eingeführt,
sondern fand nach und nach in dieselbe Eingang. Aus
einem Sanskritbuch geht hervor, dass der Lehrer un-
bekannte Grössen mit dem Ausdruck „so viel als"
oder durch die Namen von Farben, wie „schwarz",
„blau", „gelb" ausdrückte. Später benutzte man der
Kürze wegen nur die ersten Silben dieser Namen zur
Bezeichnung der unbekannten Grössen. Wenn wir z. B.
„das doppelte Quadrat einer unbekannten Zahl" auszudrücken hätten, wenn wir dieses mit den Worten „so
viel ins Quadrat erhoben zweimal" bezeichneten und
diese Worte durch die Zeichen *so q 2* abgekürzt ausdrückten, so würden wir ähnlich verfahren, wie ein
Hindu, wenn er die folgende Aufgabe (aus Colebrooke's
Hindu Algebra) auszudrücken hätte: „Die Quadrat-
wurzel aus der Hälfte der Anzahl eines Bienenschwarmes
hat sich auf einem Jasminstrauch niedergelassen und
so bleiben acht Neuntel des Schwarmes übrig: ein
Weibchen summt um ein zurückgebliebenes Männchen,
welches in einer Lotosblume eingesperrt ist, durch deren
Duft es angelockt worden war. Sage mir, liebens-
würdige Frau, welches die Anzahl der Bienen ist." Die
dieser Aufgabe entsprechende Gleichung in der Bezeichnungsweise der Hindu ist sehr umständlich, da keine
bequemen Zeichen wie $= + -$, die später in Europa
erfunden wurden, zur Anwendung kommen. Die abzu-
ziehenden Zahlen sind jedoch bezeichnet und die Auflö-
sungen der Gleichungen sind stets rational. Von den
Hindu lernten die Araber diese Methode kennen und

25*

durch die Araber wurde sie im Mittelalter in Europa
bekannt. .Bei den Arabern erhielt diese Kunst den
Namen *al-jabr wa-l-mukabalah*, d. h. Vereinigung und
Entgegensetzung, wodurch die Operation, welche man
heute das Transponiren der Glieder einer Gleichung
nennt, bezeichnet werden soll. Von dieser arabischen
Bezeichnung stammt der Name Algebra. Die sogenannté
höhere Mathematik wurde erst im 17. Jahrhundert in
Europa begründet, als Descartes die Anwendung der
Algebra auf Geometrie in ein System brachte und als
durch Galilei's Untersuchungen über die Wurfbewegung
die Ideen angeregt wurden, die zur Fluxionsrechnung
Newton's und der Differentialrechnung Leibnitz's führten,
mit deren Hilfe sich die Mathematik auf ihre gegenwärtige Höhe emporgeschwungen hat. Die in der
Mathematik als Symbole benutzten Buchstaben lassen
häufig ihren Ursprung deutlich erkennen. So bezeichnet
man häufig eine beliebige Zahl mit *n* (*numerus*), den
Radius eines Kreises mit *r*, während das aus einem
geschriebenen *r* entstandene Zeichen $\sqrt{}$ zur Bezeichnung
der Wurzel (*radix*) dient; das Zeichen der Integration $\int$
ist ein altmodisches *s* und bedeutet eigentlich Summe.

Die mathematische Behandlung der Mechanik und
Physik bilden heute die Grundlage unserer Kenntniss
des Universums. Auf der Stufe der barbarischen
Lebensweise hatte der Mensch nur sehr unvollkommene
Kenntnisse in diesen Zweigen des Wissens. Der Wilde
kennt zwar die Bahn des Geschosses genügend, um zu
wissen, wie er zielen muss, auch weiss er, dass es zweckmässiger ist, die Axt an einen langen statt an einen
kurzen Stiel zu befestigen, allein er ist nicht im Stande,
seine praktischen Erfahrungen in die Form eines physikalischen Gesetzes zu bringen. Selbst die alten civili-

sirten Völker des Orients kamen, so viel wir wissen, nicht zu einer wissenschaftlichen Erkenntniss physikalischer Gesetze, obwohl ihnen die Anwendung des Hebels, des Bleiloths und der Wage bekannt war. Wenn sie Kenntniss physikalischer Gesetze gehabt hätten, so würden jedenfalls die Griechen dieselben von ihnen gelernt haben. Allein bei den griechischen Philosophen finden wir diese Wissenschaft noch im Stadium des Entstehens. Zu Aristoteles' Zeit dachte man über mechanische Probleme nach, war aber vielfach noch in ganz verkehrten Vorstellungen befangen. Man war der Ansicht, dass ein Körper gegen den Mittelpunkt der Erde angezogen werde, dass er aber um so schneller falle, je grösser sein Gewicht sei. Der Hauptbegründer der Mechanik war Archimedes. Er erkannte das Hebelgesetz, er begründete die Lehre vom Schwerpunkt und entwickelte sogar eine allgemeine Theorie der schwimmenden Körper, deren Verständniss selbst den Mathematikern des Mittelalters Schwierigkeiten bereitete. Die Mechanik theilte im Mittelalter das Schicksal der übrigen Wissenschaften. Vieles kam in Vergessenheit, und das Wenige, was nicht vergessen wurde, gerieth in den Bann der Theologie und Scholastik. Einen interessanten Beweis für den Verfall der Wissenschaften bildet ein Buch Gerbert's (Papst Sylvester's II), eines der namhaftesten Mathematiker des zehnten Jahrhunderts. Der Verfasser steht dem Problem der Dreiecksmessung gegenüber auf keinem besseren Fusse, als der Verfasser jenes alten ägyptischen Papyrus, obwohl die von Euklid angegebene richtige Regel im classischen Alterthum wohlbekannt war. Die physikalische Wissenschaft wäre vielleicht vollständig zu Grunde gegangen, wenn sie nicht von den muhamedanischen Gelehrten vor dem Untergang bewahrt worden wäre, während sie in der christlichen Welt in Vergessenheit gerieth. Die Muhamedaner haben nicht nur das Vorhandene vor dem Untergang bewahrt, sondern auch Neues hinzugefügt, wofür ihnen nicht immer die gebührende Anerkennung zu Theil geworden ist. Von Galilei wird bekanntlich erzählt, die regelmässigen Schwingungen einer Lampe in der Kathedrale zu Pisa, die er eines Tages beobachtete, hätten ihn zur Erfindung des Pendels angeregt. Thatsächlich wurde aber schon sechs Jahrhunderte früher das Pendel von Ebn Yunis und anderen maurischen Astronomen als Zeitmesser benutzt. Der grösste Dienst, den Galilei der Wissenschaft geleistet hat, besteht vielleicht darin, dass er klarere Vorstellungen über Kraft und Bewegung zur Geltung brachte. Früher herrschte die Ansicht, dass die Kraft eines bewegten Körpers nach und nach erschöpft wird und der Körper von selbst zur Ruhe kommt. Diese falsche Vorstellung von Kraft wurde jetzt durch den von Galilei ausgesprochenen Satz umgestossen, dass, um einen bewegten Körper in Ruhe zu versetzen, gerade so viel Kraft erforderlich ist, als ihn in Bewegung zu versetzen, und dass ohne die Wirkung einer verzögernden Kraft ein abgeschossener Pfeil sich in das Unendliche fortbewegen oder ein rotirendes Rad seine Bewegung für immer beibehalten müsste. In dieser Zeit, in welcher die Mathematik eine immer grössere Bedeutung für die Naturwissenschaften erlangte, wurden zahlreiche wichtige Entdeckungen gemacht, von denen nur die Messung des Luftdruckes durch das Torricelli'sche Barometer und die Aufstellung des Satzes vom Parallelogramm der Kräfte durch Stevin in Brügge hervorgehoben werden mag.

Die Beobachtung, dass ein Magnet Eisen aus der Entfernung anzieht, dass Glas und andere Substanzen durch Reiben die Eigenschaft erhalten, andere Körper anzuziehen, hatte den Gelehrten den Begriff von anziehenden Kräften geläufig gemacht. Hierdurch war für Newton der Weg geebnet, die Schwere als die Wirkung einer solchen anziehenden Kraft aufzufassen und durch sie die Bewegung der Himmelskörper zu erklären. So wurde ein Naturgesetz aufgestellt, welches das ganze sichtbare Weltall umfasste. Zu den wichtigen Gesetzen, welche in der neueren Zeit in der Physik aufgestellt worden sind, gehört der Satz von der Erhaltung der Energie. In allen Naturprocessen und in allen Maschinen findet weder eine Erschaffung, noch eine Zerstörung von Kraft, sondern nur eine Umwandlung vorhandener Energie in eine neue Erscheinungsform statt. In früheren Zeiten wurden bekanntlich die verschiedensten Versuche gemacht, ein perpetuum mobile, d. h. eine Maschine zu construiren, welche die zur Bewegung derselben erforderliche Kraft selbst erzeugt. Jetzt glaubt kein vernünftiger Mensch mehr an die Möglichkeit einer solchen Maschine, da sie mit dem Satz von der Erhaltung der Energie in Widerspruch steht. Die moderne Mechanik hat nur die von der Natur gebotenen Kraftvorräthe in der zweckmässigsten Weise auszunutzen und innerhalb der ihr von der Natur gesteckten Grenzen erfüllt sie ihre Aufgabe in einer immer vollkommeneren Weise.

Zu den verschiedenen Formen, unter denen die Energie sich äussert, gehört der Schall, das Licht, die Wärme und die Elektricität. Die alten Philosophen hatten eine unbestimmte Vorstellung davon, dass sich der Schall nach Art einer Wellenbewegung fortpflanzt,

und die Beziehungen zwischen der Länge einer gespannten Saite und der Höhe des Tons, den sie erzeugt,
wurden von Pythagoras mit Hilfe des Monochords,
welches wir heute noch benutzen, ermittelt und durch
Zahlen ausgedrückt. Die Messung der Schallgeschwin-
digkeit, die Ermittelung der Abhängigkeit der Tonhöhe
von der Schwingungszahl und die Theorie der Klangfarbe
gehören dagegen der neueren Zeit an. Vom Licht wussten
die Alten etwas mehr. Sie besassen ebene und gekrümmte
polirte Metallspiegel, mit deren Hilfe sie einige Kenntnisse der Gesetze der Reflexion erlangten. Auch die
Brechung des Lichts war ihnen bekannt. Sie kannten
das bekannte Experiment, welches darin besteht, dass
man einen Ring oder einen sonstigen kleinen Gegenstand auf den Boden eines Gefässes legt und das Auge
in eine solche Stellung bringt, dass er durch die Seitenwand des Gefässes verdeckt ist. Giesst man dann
Wasser in das Gefäss, so wird der auf dem Boden desselben liegende Ring in Folge der Brechung des Lich-
tes sichtbar. Eine Bergkrystalllinse ist in Niniveh
ausgegraben worden und den Griechen und Römern
waren Glaslinsen wohlbekannt. Auffallend erscheint
es, dass weder die Araber, die ziemlich bedeutende
Kenntnisse der Optik besassen, noch auch Roger Baco,
welcher im dreizehnten Jahrhundert einen sehr verständigen Bericht über die Wissenschaft der Araber
erstattete, auf den Gedanken gekommen sind, zwei
Linsen zu einem Fernrohr zu combiniren. Erst im
siebzehnten Jahrhundert finden wir in Holland eine
bestimmte Nachricht von einem Fernrohr. Als Galilei
von diesem Fernrohr hörte, construirte er das berühmte
Instrument, mit welchem er die Jupitermonde entdeckte,
eine Entdeckung, durch welche die damaligen An-

schauungen über das Weltall eine vollständige Umwälzung erlitten. Auf die Erfindung des Fernrohrs folgte
alsbald die Erfindung des Mikroskops, welches als ein
umgekehrtes Fernrohr bezeichnet werden kann. Durch
diese beiden Instrumente wurde der Gesichtskreis des
Menschen so erweitert, dass wir einerseits Thierchen
von weniger als $1/400$ Millimeter Länge in ihrer Entwickelung beobachten, andererseits Sterne, die Hundert-
tausende von Billionen Meilen entfernt sind, in unsere
Sternkarten eintragen können. Der Regenbogen führte
zu dem Problem der Zerstreuung des Lichts und der
Theorie der Farben. Die Ansicht, dass das Licht eine
von dem leuchtenden Körper ausströmende feine Materie
sei, musste aufgegeben werden, da sie nicht im Stande
war, die Interferenzerscheinungen zu erklären. An ihre
Stelle trat die Undulationstheorie, welche das Licht
als eine Wellenbewegung des Aethers betrachtet. In
unseren Tagen sind die Linien des Spectrums ein Mittel
geworden, eine glühende Substanz zu erkennen. Die
Astronomen sind durch dieses Mittel in den Stand
gesetzt, die Zusammensetzung eines Nebelfleckes zu
ermitteln, den sie mit dem Fernrohr in der Tiefe des
Weltraums erblicken. In enger Beziehung zu der
Lehre vom Licht steht die Wärmelehre. Licht und
Wärme werden beide von der Sonne ausgestrahlt und
unterliegen denselben Gesetzen. Im Brennpunkt eines
Hohlspiegels oder einer Linse, in welchem die Licht-
strahlen zusammenkommen, vereinigen sich auch die
Wärmestrahlen. Sehr wichtig für das Studium der
Wärmeerscheinungen wurde die Erfindung des Thermo-
meters. Es ist nicht bekannt, wer vor ungefähr drei
Jahrhunderten das erste Thermometer construirt hat.
Die älteste Form desselben war wahrscheinlich eine

mit Luft angefüllte Flasche, in deren Hals eine gefärbte
Flüssigkeit steigt und sinkt, wenn sich die Luft unter
dem Einfluss der Wärme zusammenzieht oder ausdehnt.
Die Lehre, dass die Wärme in einer schwingenden
Bewegung der kleinsten Massentheilchen der Körper
besteht, erklärt es, wie mechanische Arbeit in Wärme
umgewandelt werden kann. Vermittelst eines Dampf-
hammers, für dessen Bewegung eine gewisse Wärme-
menge verbraucht wird, kann man kaltes Eisen so lange
schlagen, bis es weissglühend wird. So verwandelt
sich ein Theil der durch Wärme erzeugten Kraft wieder
in Wärme und mit der Wärme tritt auch die andere
Form der strahlenden Energie, das Licht auf. Die
Geschichte der Elektricität endlich beginnt mit der Zeit,
als die Alten zu ihrem Erstaunen die Beobachtung
machten, dass ein geriebenes Stückchen Bernstein kleine
Stückchen Stroh, und dass der Magneteisenstein kleine
Eisentheilchen anzieht. Die Eigenschaft der Magnetnadel, sich in die Richtung von Norden nach Süden zu
stellen, scheint am frühesten den Chinesen bekannt
gewesen zu sein. Im Mittelalter kam der Compass bei
der Schifffahrt allgemein in Gebrauch. Die Elektrisir-
maschine ist ein Apparat, der dazu dient, den alten
Versuch mit dem geriebenen Bernstein in grösserem
Maassstab auszuführen. Durch die Entdeckungen, welche
sich an die Namen Volta und Galvani knüpfen, wurde
dagegen eine neue Methode der Elektricitätserregung,
durch den chemischen Vorgang in der Batterie, begründet. Franklin wies nach, dass der Blitz nichts
anderes, als ein grosser elektrischer Funke ist. Die
Beobachtung Oersted's, dass die Magnetnadel durch
den elektrischen Strom abgelenkt wird, bildet den
Ausgangspunkt einer Reihe der wichtigsten Erfindungen,

unter denen nur der elektrische Telegraph hervorgehoben werden mag.

Die Anfänge der Chemie bilden praktische Processe
wie z. B. das Ausschmelzen der Metalle aus den Erzen,
die Herstellung von Glas durch Zusammenschmelzen
von Sand und Soda und das Gerben des Leders mit
adstringirenden Rinden. Die ältesten civilisirten Völker
kannten diese und andere chemische Processe. Die
Kenntniss derselben ging auf die Griechen und Römer
über und zu den bekannten Processen kamen von Zeit
zu Zeit neue hinzu, wie z. B. die Gewinnung des Queck-
silbers aus dem Zinnober oder die Bildung des Grün-
spans durch Einwirkung von Essig auf Kupfer. Neben
solchen praktischen Vorschriften entwickelten sich bereits im Alterthum die ersten Anfänge der theoretischen
Chemie. Die griechischen Philosophen drückten ihre
Vorstellungen über die Zustände der Materie durch
die vier Elemente Feuer, Luft, Wasser und Erde aus,
ebenso sind sie die Begründer der Lehre, dass die
Materie aus Atomen besteht, einer Theorie, die für die
moderne Chemie von grosser Bedeutung geworden ist.
Die Nachfolger der Griechen waren die Araber und die
christlichen Alchemisten des Mittelalters. Sie glaubten,
es sei möglich, eine Art der Materie in eine andere
Art zu verwandeln, und viele von ihnen brachten ihr
ganzes Leben mit Versuchen zu, ein Mittel zur Ver-
wandlung der unedlen Metalle in Gold zu entdecken.
Die Ansichten der Alchemisten über die Natur der
Materie waren an und für sich keineswegs widersinnig,
und wenn ihre Bemühungen auch nicht zur Erfindung
des Steins der Weisen führten, so wurden dieselben
doch durch die Entdeckung des Alkohols, des Ammo-
niaks, der Schwefelsäure und anderer Verbindungen

belohnt. Da sich ihre Methode auf das Experiment stützte, verlor sie nach und nach das magische Beiwerk, mit dem sie verwachsen war und ebnete den Weg für die spätere Entwickelung der wissenschaftlichen Chemie. Von grossem Einfluss auf die Entwickelung der Chemie war die richtige Erklärung der Vorgänge der Verbrennung, des Rostens und des Athmens. Wie kommt es, dass die in einem geschlossenen Raum enthaltene Luft durch die Verbrennung und die Athmung verdorben wird, so dass sie zuletzt die Verbrennung und die Athmung nicht mehr zu unterhalten vermag? Wie kommt es, dass manche Substanzen, wie z. B. Kohle, durch die Verbrennung aufgezehrt werden, während andere, wie Blei oder Eisen, sich in eine Masse verwandeln, die mehr wiegt, als das ursprüngliche Metall? Durch die Beantwortung dieser Fragen wurden die Ansichten über die Natur der chemischen Vorgänge geklärt, doch dauerte es noch lange, bis die einfachen Gesetze und Gewichtsverhältnisse erkannt wurden, nach denen sich die Elemente· zu chemischen Verbindungen vereinigen. Erst durch die atomistische Theorie Dalton's kam in das Chaos der chemischen Verbindungen ein übersichtliches System.

Von der chemischen Beschaffenheit der Materie wenden wir uns zu der Beschaffenheit der lebenden Wesen. Die leichter auffallenden Seiten der Biologie oder der Wissenschaft vom Leben mussten seit den ältesten Zeiten die Aufmerksamkeit des Menschen erregen. Insofern die Zoologie und die Botanik in der Kenntniss der Formen und der Lebensweise der Thiere und Pflanzen besteht, besitzen auch die Wilden und Barbaren Kenntnisse in diesen Wissenschaften. Die Bewohner der südamerikanischen Wälder haben z. B.

für alle auffallenderen Thiere, die in ihren Wäldern vorkommen, besondere Namen und kennen die Stimmen, die Aufenthaltsorte und die Wanderungen derselben sehr genau. Ein Verzeichniss der brasilianischen Thier- und Pflanzennamen, die oft sehr bezeichnend sind, würde ein kleines Buch bilden. So wird z. B. der *jaguara pimina* oder gefleckte Jaguar von dem *jaguarete* oder dem grossen Jaguar unterschieden; *capybara* (das Wasserschwein) bedeutet „im Grase lebend" und *ipecaa-goene*, unser Ipecacuanha, bedeutet „kleines brechen-erregendes Unkraut". Eine solche populäre Naturgeschichte finden wir bei allen uncivilisirten Völkern. Aehnlich verhält es sich mit der Anatomie. Ein Wilder muss den Bau der Thiere, die er erlegt, natürlich im allgemeinen kennen lernen, wenn er dieselben zerlegt, die Glieder, das Herz und die Leber kocht, die Haut zu Kleidern und Riemen verarbeitet, aus den langen Knochen Harpunenspitzen und Ahlen schneidet und die Sehnen als Fäden benutzt. Auf einer höheren Stufe stehen bereits die anatomischen Kenntnisse des barbarischen Kriegers und Arztes. Derselbe besitzt bereits einige Kenntniss von dem Bau des menschlichen Körpers, wie aus den Schilderungen der Iliade hervorgeht, in denen erzählt wird, wie der Speer in das Zwerchfell unter dem Herzen eindringt und wie einem Helden die Schultersehne verletzt wird, so dass sein Arm gelähmt herabhängt. Bei den Griechen wurden diese Kenntnisse auf die Stufe einer Wissenschaft erhoben, als Aristoteles sein Buch über die Thiere schrieb und Hippokrates die Heilkunde, welche bis dahin von den Priestern und Zauberern ausgeübt worden war, zu einer methodischen Behandlung durch Diät und Heilmittel umbildete. Während dieser classischen Periode lernte man die

Thätigkeit des Körpers besser kennen und erkannte den Unterschied zwischen den Nerven, die vom Gehirn ausgehen, und den Sehnen, welche die Muskeln mit den Knochen in Verbindung setzen, obgleich beide noch durch dasselbe Wort *neuron* (nervus) bezeichnet wurden. Auffallend lange dauerte es, bis die Alten das Wesen des Muskels begriffen. Auch vom Kreislauf des Blutes hatten sie keine klare Vorstellung, obgleich sie eine Ahnung davon gehabt zu haben scheinen, wie aus einer Stelle von Plato's Timaeus hervorgeht, in welcher das Herz mit einer Quelle verglichen wird, welche das Blut umhersendet, um den Körper zu ernähren, welcher mit einem von bewässernden Canälen durchzogenen Garten verglichen wird. So unvollkommen auch die Kenntnisse der Alten waren, so hat sich doch aus ihnen heraus die moderne Wissenschaft entwickelt, wie schon aus dem Umstand hervorgeht, dass sich manche von den Alten gebrauchten Benennungen bis in unsere Zeit erhalten haben, wie z. B. das von Galenus gebrauchte Wort „Diagnose". Selbst in die Sprache des alltäglichen Lebens sind manche Bezeichnungen der Aerzte des Alterthums eingedrungen, z. B. „sanguinischer Humor" (oder sanguinisches Temperament), eine Benennung, die uns an jene Zeiten erinnert, als man die Flüssigkeiten des Körpers für die Ursachen des Geisteszustandes ansah und im Blut die Ursache eines lebhaften, ungestümen Wesens erblickte. Aber erst in der neueren Zeit, nachdem das Mikroskop erfunden war, entwickelte sich die Histologie, d. h. die Kenntniss von dem Bau der Gewebe des menschlichen Körpers. Ebenso gehört die Entdeckung des Kreislaufs, die Erkenntniss der Bedeutung des Athmungsvorgangs, die Ausbildung der Chemie der Verdauung sowie die Entdeckung der Nervenströme der

neueren Zeit an. Die Naturgeschichte stützt sich noch
auf die Grundsätze des Aristoteles, der das Leben von
der leblosen Materie durch die Reihe der Pflanzen und
Thiere hindurch verfolgte. Allein durch moderne Naturforscher, z. B. Linné, wurde die alte Classification so
sehr vervollkommnet, dass es möglich ist, durch genaue
Untersuchung unbekannter Pflanzen oder unbekannter
Thiere die Gattung und Art derselben festzustellen.
Lange Zeit haben die Naturforscher die Ursache aufzufinden versucht, weshalb sich die Tausende von Arten
zu Gattungen gruppiren lassen, deren jede eine Anzahl
ähnlicher Arten umfasst, und dass sich diese Gattungen
wieder zu Gruppen höherer Art, zu sogenannten Ordnungen, vereinigen lassen. Der Gedanke, dass die
Aehnlichkeit der Arten einer Gattung eine Familien-
ähnlichkeit ist, die durch gemeinsame Abstammung der
Arten von einer gemeinsamen Urart bedingt ist, bildet
die Grundlage der Entwickelungstheorie, die schon seit
Menschenaltern die Naturforscher beschäftigt hat und
die in neuerer Zeit einen so bedeutenden Aufschwung
genommen hat. Diese Descendenz- oder Entwickelungstheorie kann hier nicht eingehender erörtert werden,
allein es mag hervorgehoben werden, dass das Wort
Genus und Gattung selbst eigentlich Geburt oder Geschlecht bedeutet, so dass wir schon durch Vereinigung
des Pferdes, des Esels, des Zebras und des Quaggas zu
einem Genus „Equus" die Ansicht aussprechen, dass
diese Thiere sämmtlich Nachkommen einer und derselben Thierart sind. Dies ist der Grundgedanke, auf
welchen sich die Entwickelungstheorie stützt.

Die Welt, in welcher wir leben, bildet den Gegenstand der Astronomie, Geographie und Geologie. Auf
welche Weise sich die Anfänge dieser Wissenschaften

entwickelt haben, ist leicht einzusehen. Ein Kind,
welches, ohne Unterricht zu erhalten, aufwächst, wird
es als etwas Selbstverständliches ansehen, dass die Erde
eine etwas unebene Scheibe ist, die von einem sich am
Horizont erhebenden Gewölbe bedeckt wird. Diese
Vorstellung finden wir bei allen Völkern der Erde.
Manche Völker machen sich von der Beschaffenheit des
Himmelsgewölbes eine Vorstellung, die ihnen gewisse
Naturerscheinungen zu erklären gestattet, sie denken es
sich z. B. durchlöchert und sehen im Regen Wasser,
welches durch diese Löcher herabtropft. Das Himmelsgewölbe ist mit Sternen bedeckt und hat eine nur
mässige Entfernung. Für den Wilden ist kein Grund
vorhanden, sich die Sonne in eine unermesslich grössere
Entfernung zu denken, als die Wolken, in welche sie
versinkt. Die Sonne scheint in Westen im Meer oder in
einer Oeffnung im Horizont zu versinken und in ähnlicher Weise wieder in Osten aufzusteigen. Diese Erscheinung des Untergangs und Aufgangs der Sonne giebt
die Veranlassung zur Vorstellung einer Unterwelt, durch
welche sich die Sonne Nachts hindurchbewegt, und die
bei vielen Völkern als Wohnort der abgeschiedenen
Seelen betrachtet wird, die nach dem hellen Tage des
Lebens wie die Sonne in die Nacht des Todes versinken.
Sonne und Mond bewegen sich am Himmel als lebende
Götter oder werden doch von himmlischen Mächten
gezogen oder getrieben. Namentlich zeigt sich die Anwesenheit lebender Wesen am Himmel bei den Finster-
nissen, wenn unsichtbare Ungeheuer die Sonne oder den
Mond ergreifen und verschlingen. Alle diese Anschauungen sind so natürlich, dass eine richtigere Astronomie
dieselben sogar in Europa noch nicht ganz auszurotten
vermocht hat. Vor nicht vielen Jahren erregte ein

Lehrer, welcher im westlichen England Vorträge über Astronomie halten wollte, in hohem Grade den Unwillen der Landbewohner, weil er sie über die Kugelgestalt und die Axendrehung der Erde belehren wollte, während jene in dem festen Glauben befangen waren, die Erde sei eine Scheibe und stehe still. Ein Theil der ältesten Astronomie war indessen so richtig, dass er sich bis heute erhalten hat, nämlich die Zeitmessung mit Hilfe der Sonne, des Mondes und der Sterne. Hinsichtlich der Dauer eines Tages oder eines Monats ist jeder Zweifel ausgeschlossen. Etwas weniger bestimmt ist die Rechnung nach Jahreszeiten, wie z.B. die regnerische Jahreszeit, die eisige Jahreszeit, oder die Jahreszeit des Pflanzenwachsthums. Immerhin liefern sie ein Mittel für die Zeitrechnung, welches für viele Fälle ausreichend ist, z. B. für den Fall, dass ein Wilder die Zeit des Todes seines Vaters ausdrücken wollte, indem er sagte, er sei vor drei Regenzeiten oder Wintern erfolgt. Wilde Völker, welche die Sterne beobachten, um sich zu orientiren, bemerken, dass der Aufgang und Untergang gewisser Sterne oder Sternbilder eine bestimmte Jahreszeit bezeichnet. So bezeichnen die Eingeborenen Südaustraliens das Sternbild der Leier mit dem Namen eines dort einheimischen Vogels (*Leipoa ocellata*, engl. *loan-bird*), weil sie an dem Zusammenfallen des Unterganges dieses Sternbildes mit dem Untergang der Sonne die Zeit erkennen, während der sie die Eier dieses Vogels finden. Man darf wohl annehmen, dass bei allen Völkern Erscheinungen wie die Veränderlichkeit der Sonnenhöhe und Veränderlichkeit der Tageslänge bemerkt werden, so dass auch die Völker, welche die Länge des Jahres noch nicht genauer bestimmt haben, doch eine Vorstellung vom Jahr besitzen. Bei vielen Völkern finden

Tylor, Anthropologie. 26

wir auch eine deutliche Unterscheidung der einzelnen Monate. So unterschieden z. B. die Odschibwä einen Wildreismonat, einen Blätterfallmonat, Eismonat, Schneeschuhmonat u. s. w. Allein wenn auch in der Zeitrechnung der uncivilisirten Völker Tage, Monate und Jahre bekannt sind, so fehlt in derselben eine feste Bestimmung über die Anzahl der Tage eines Monats und der Anzahl der Monate oder Tage eines Jahres.

Betrachten wir dagegen die Astronomie der alten Culturvölker, so bemerken wir einen bedeutenden Fortschritt, sowohl in der Beobachtung, als auch in der Rechnung. Allein die Astronomen dieser Völker, welche seit Menschenaltern den Anblick des Himmels beobachteten und aufzeichneten, waren zugleich Priester und als solche in ihren Vorstellungen über das Wesen des Weltalls in den Traditionen ihrer Vorfahren befangen. In dem ägyptischen Todtenbuch steigen die abgeschiedenen Seelen mit dem Sonnengott durch das westliche Thor und ziehen mit ihm über die Gefilde und Flüsse der Unterwelt, und auch in assyrischen Ueberlieferungen werden die unteren Regionen erwähnt, wo Ishtar in die dunkle Wohnung der flatternden Geister niedersteigt, in welche die Menschen eintreten, aus welcher sie aber nicht wieder zurückkehren können. Und trotzdem die Aegypter an dieser primitiven Astronomie festhielten, hatten sie die grosse Pyramide mit bewundernswürdiger Genauigkeit nach der Richtung der vier Himmelsgegenden aufgeführt. In ihrer Zeitrechnung ergänzten sie nicht nur ihr Jahr von zwölf Sonnenmonaten zu je 30 Tagen durch fünf Schalttage zu einem Jahr von 365 Tagen, sondern sie wussten, dass selbst dies nicht ganz genau sei, dass vielmehr 1461 ihrer ungenauen Jahre gleich 1460 wirklichen Jahren seien. Noch weiter

vorgeschritten war die Astronomie der Chaldäer mit
ihren Aufzeichnungen der Finsternisse, die sich über
einen Zeitraum von mehr als 2000 Jahren erstrecken.
In der Astronomie der Barbaren treten die fünf Planeten
Merkur, Venus, Mars, Jupiter und Saturn im Vergleich
mit der Sonne und dem Mond sehr zurück. Bei den
Chaldäern dagegen bildeten die sämmtlichen sieben
Planeten einen Gegenstand der Verehrung und Beobachtung. Aus dieser Verehrung entsprang die Vorstellung von der heiligen Zahl sieben, die sich seit jener
Zeit durch die mystische Philosophie der Alten hindurchzieht. In dem Zeitalter der babylonischen Astronomen
mag die Beobachtung des Laufs der Planeten zu der
Theorie geführt haben, dass sich dieselben auf sieben
Krystallsphären bewegen, die sich bis auf unsere Zeit in
der Redensart „im siebenten Himmel" erhalten hat. Den
nächsten grossen Fortschritt machte die Astronomie,
als die seit Jahrhunderten in Babylonien und Aegypten
aufgespeicherte Wissenschaft von den Griechen aufgenommen und durch die exacten Methoden der griechischen Geometer weiter ausgebildet wurde. Die griechischen Astronomen waren mit der Vorstellung vertraut,
dass die Erde eine Kugel sei. Sie berechneten den
Umfang derselben, betrachteten sie als den Mittelpunkt
des Weltalls und beobachteten sorgfältig mit Hilfe von
Messinstrumenten die scheinbare Bewegung der Planeten.
Die Ansicht, dass die Erde den Mittelpunkt des Weltalls
bilde, das sogenannte Ptolemäische Weltsystem, erhielt
sich bis ins Mittelalter. Kopernikus wurde der Begründer
der entgegengesetzten Ansicht, dass nämlich die Sonne
der Centralkörper unseres Planetensystems sei, um
welchen sich die Erde und die übrigen Planeten bewegen.
Es ist überflüssig, hier näher auszuführen, wie dieses

Kopernikanische Weltsystem unter den Händen von
Kepler und Newton zu einer mechanischen Theorie des
Weltalls wurde und wie die ältere Ansicht, dass unser
kleiner Planet der Mittelpunkt des Weltalls sei, nach
und nach alle Anhänger verlor.

Die Geographie ist ein praktisches Wissen, in welchem wilde Völker wohlbewandert sind, sofern das eigene
Land in Betracht kommt, der Lauf der heimischen
Flüsse, die Lage der Gebirgspässe, die Entfernung von
Jagdgründen oder von Stellen, an denen Steine gefunden
werden, die sich zur Verfertigung von Aexten eignen.
Selbst das uncivilisirteste Volk benennt die Berge und
Flüsse seiner Heimath mit Namen wie „rother Hügel“
oder „Biberbach“. Zahllose Namen, die uns heute
unverständlich sind, hatten einst in Sprachen, die nicht
mehr gesprochen werden, eine derartige Bedeutung. Die
wissenschaftliche Geographie beginnt, sobald der Mensch
anfängt, Karten zu zeichnen, eine Kunst, auf die vielleicht ein Wilder nicht so leicht von selbst kommt, die
dagegen den ältesten civilisirten Völkern bekannt war.
Die älteste bekannte Karte ist ein Plan der Goldminen
von Aethiopien. Die älteste Weltkarte, von der wir
Nachricht haben, ist die von Herodot erwähnte Bronze-
tafel des Aristagoras, auf welcher der ganze Umfang der
Erde, das Meer und alle Flüsse angegeben waren. Allein
die den Alten bekannte Welt war ein verhältnissmässig
beschränkter District in der unmittelbaren Umgebung
des eigenen Landes. Eine gute Vorstellung von dem
Zustande der Geographie bei den Alten giebt uns eine
Karte der Welt, wie sie uns in den Schilderungen der
Homerischen Gedichte entgegentritt, mit einer Gruppe von
Völkern, die um das mittelländische Meer herum wohnen
und dem grossen Oceanfluss, welcher das Ganze umfliesst.

Später erscheint die Erde, soweit sie den Geographen wie Strabo bekannt war, als ein grosses Oval, welches sich von den Säulen des Herkules bis in das ferne Indien und vom tropischen Afrika bis in das nördliche Europa erstreckt. In welcher Weise sich die gegenwärtige Gestalt der Erdoberfläche, die Vertheilung von Wasser und Land auf derselben entwickelt hat, dies zu erforschen ist der Gegenstand der Geologie. Sie ist eine der jüngsten Wissenschaften, obgleich die Probleme derselben schon längst den Menschen zum Nachdenken angeregt haben. Selbst den Grönländern und den Südseeinsulanern ist das Vorkommen von versteinerten Thierresten im Innern des Landes und hoch im Gebirge nicht entgangen, und sie haben dieses Vorkommen dadurch zu erklären versucht, dass sie annahmen, die Erde sei einst überfluthet gewesen, die Fluth habe selbst die Gipfel der Berge erreicht und habe hier die Ueberreste von Fischen zurückgelassen. Zur Zeit der Kindheit der griechischen Wissenschaft stellte Herodot Betrachtungen darüber an, wie das Nilthal durch Ablagerung von Nilschlamm entstanden sei, und die Muscheln in den Bergen waren ihm ein Beweis, dass einst das Meer war, wo jetzt festes Land ist. Allein erst zweitausend Jahre später wurden diese Gedanken von den modernen Geologen weiter verfolgt, die aus der Lagerung, Hebung und Senkung der Schichten der Erdrinde und den in ihnen eingeschlossenen Thier- und Pflanzenresten die Entwickelungsgeschichte der Erde erforschen.

Aus dieser Uebersicht der verschiedenen Zweige der Wissenschaft geht hervor, dass sich das Fortschreiten derselben im Lauf der Jahrhunderte durch eine immer mehr vervollkommnete Beobachtung und durch sorgfältigere Folgerungen entwickelte. Das folgerichtige

Denken bildet selbst eine Wissenschaft, die Logik. Dieselbe entstand, wie auch andere Wissenschaften, als eine Kunst, die der Mensch ausübte, ohne zu fragen, wie und warum. Er bildete seine Schlüsse durch Denken und Sprechen seit undenklichen Zeiten, bevor er auf den Gedanken kam, für das Schliessen bestimmte Regeln aufzustellen. Sprechen und Denken stehen in einem sehr innigen Zusammenhang. Eine Sprache, welche Hauptwort, Eigenschaftswort und Zeitwort unterscheidet, ist bereits ein gewaltiger Denkapparat. Eine Sprache, welche das Holz als schwer und leicht unterscheidet und Sätze wie „leichtes Holz schwimmt", „schweres Holz sinkt" zu bilden vermag, bezeichnet eine nicht unbedeutende Annäherung an die eigentlich wissenschaftliche Methode. Auf eine wissenschaftliche Stufe wurde das Denken hauptsächlich durch die griechischen Philosophen erhoben, und Aristoteles brachte den Schluss durch die Methode der Syllogismen in ein geordnetes System. Die einfacheren Formen derselben waren natürlich von je her im praktischen Denken angewandt worden, und ein Wilder, welcher weiss, dass rothglühende Kohle das Fleisch verbrennt, würde es einem Logiker wenig Dank wissen, wenn er ihn belehren wollte, dass folglich auch eine bestimmte glühende Kohle seine Finger verbrennt. Man darf nicht glauben, dass durch die Einführung der Logik plötzlich alles falsche Schliessen unmöglich gemacht worden sei. Es war vielmehr die praktische Anwendung des richtigen Denkens, namentlich in der Mathematik, durch welche die Griechen fördernd auf die Entwickelung der Wissenschaft einwirkten. Man erkannte die Bedeutung der Wissenschaft in jener Zeit, als das berühmte Museum von Alexandria in seiner Blütheperiode stand, dieses Vorbild der späteren Universitäten mit ihren Bibliotheken, Laboratorien und Sammlungen. Hier strömten Tausende von Schülern zusammen, um sich in Mathematik, Chemie, Anatomie und anderen Wissenschaften auszubilden, welche von Männern gelehrt wurden, die sich theils zur Ausübung des Lehrberufs, theils zu ihrer eignen Belehrung hier niedergelassen hatten. Wenn wir einen Blick auf die Entwickelungsgeschichte der Wissenschaften in den auf diese Blütheperiode folgenden achtzehn Jahrhunderten werfen, so bemerken wir wohl einen Fortschritt, doch war derselbe nur ein höchst unbedeutender. Die sogenannte scholastische Periode war einer gedeihlichen Entwickelung der Wissenschaften sehr hinderlich, einestheils weil man in einer allzu grossen Verehrung der Autorität der Vergangenheit befangen war, anderntheils weil die gelehrten Nachfolger des Aristoteles ein so übermässiges Vertrauen in die Logik setzten, dass sie sich einbildeten, die Probleme der Welt könnten durch blosse Speculation ohne Vermehrung des realen Wissens gelöst werden. Der grosse Fortschritt der modernen Philosophie, welcher sich an den Namen Baco's knüpft, brachte die alte richtige Methode, Erfahrung und Denken zusammen wirken zu lassen, wieder zur Geltung, nur wurde die Erfahrung jetzt sorgfältiger gesucht und das was sie lehrt, durch das Denken systematischer verarbeitet.

Wer das Geistesleben alter und uncivilisirter Völker mit dem unsrigen vergleichen will, mag seine Aufmerksamkeit auf einen Gegenstand lenken, welcher für uns allerdings vollkommen bedeutungslos geworden ist, der uns aber einen höchst belehrenden Einblick in die Geistesthätigkeit unwissenschaftlicher Menschen gestattet. Es ist dies die Magie oder Zauberkunst. Auf

niedrigeren Bildungsstufen hat der Schluss aus Analogie
oder Aehnlichkeit eine viel grössere Bedeutung, als bei
uns. Das Resultat eines solchen Schlusses bedarf aber
der Controle durch die Erfahrung. Wenn die Australier
die von europäischen Schiffern zurückgelassenen zer-
brochenen Glasflaschen aufsammeln, so wurden sie durch
die Aehnlichkeit der Glasscherben mit ihren Steinblättern
dazu veranlasst. In diesem Falle wurde der Schluss
der Analogie durch die Erfahrung bestätigt, indem es
sich herausstellte, dass die Glasscherben sich vorzüglich
zur Herstellung von Pfeilspitzen eigneten. Die nordamerikanischen Indianer finden in Ermangelung von
Taback eine mehr oder weniger ähnliche Pflanze, welche
als Ersatz dient. Die Wilden besitzen eine so bedeutende
praktische Naturkenntniss, dass dieselbe unmöglich durch
blossen Zufall erworben worden sein kann. Sie müssen
Menschenalter hindurch beständig neue Dinge beobachtet
und untersucht haben, um zu ermitteln, wie weit sie in
ihrem Verhalten mit anderen Dingen, mit denen sie eine
gewisse Aehnlichkeit haben, übereinstimmen. Und wenn
die Entscheidung durch den Versuch herbeigeführt wird,
so ist dies ein durchaus wissenschaftliches Verfahren.
Allein ein Wilder hat viel schwierigere Dinge zu lernen
und auszuführen; er muss ermitteln, wo Wild in reichlicher Menge zu finden ist, oder ob seine Feinde kommen,
wie er sich vor dem Blitz bewahren soll, oder wie er
einen, den er hasst, aber nicht sicher mit dem Speer
treffen kann, verletzen soll. Wo in solchen Fällen sein
beschränktes Wissen nicht ausreicht, behilft er sich in
seinem Denken mit Aehnlichkeiten oder Analogien,
welche so zur Grundlage der Zauberei werden. Wenn
wir die Magie, soweit sie sich in ein wissenschaftliches
Gewand einzukleiden versucht hat, etwas aufmerksamer

betrachten, so erkennen wir in derselben gewisse Grundsätze, die Demjenigen durchaus nicht unverständlich sind,
der sich auf den kindlichen Standpunkt zu versetzen
versteht, dem sie angehören. Dies erkennen wir deutlich
in den Regeln der Astrologie, obgleich sie durchaus nicht
die roheste Form der Zauberei ist. Nach den Regeln
der Astrologen ist es wahrscheinlich, dass ein unter dem
Zeichen des Stiers geborener Mensch eine breite Stirn
und dicke Lippen hat, dass er brutal und gefühllos, in
erregtem Zustand heftig und rasend ist. Wäre er dagegen unter dem Zeichen der Wage geboren, so würde
Gleichmuth und Gerechtigkeit ein hervorstechender Zug
seines Charakters gewesen sein, und dies Alles, weil zufällig eine gewisse Gruppe von Sternen der Stier, eine
andere die Wage genannt wird. Eine ähnliche Rolle
wie die Sternbilder spielen die Planeten. Wer unter
der Herrschaft des Mars geboren worden ist, ist kühn
und furchtlos, wenn die Aspecten günstige waren, dagegen ein prahlerischer, zu Raub und Mord fähiger
Raufbold, wenn die Aspecten ungünstige waren. Wie
anders würde er gewesen sein, wenn die Venus sein Ge-
burtsstern gewesen wäre. Die Sprache der Liebe würde
er mit sanfter Stimme geredet haben und Grübchen
würden seine Wangen geziert haben. So thöricht auch
diese Regeln der Astrologie sind, so lässt sich doch leicht
ein gewisser Gedankengang in ihnen verfolgen, allerdings
ein Gedankengang, der kaum im Scherz, geschweige denn
im Ernst stichhaltig ist. Allein dies ist das Wesen
der Magie, wie wir sie jetzt noch in der barbarischen
Welt antreffen. Wenn die nordamerikanischen Indianer
einen Bären erlegen wollen, so hängen sie am Tage
vorher ein rohes aus Gras verfertigtes Bild eines Bären
auf und schiessen nach demselben, indem sie sich ein-

bilden, durch diese symbolische Handlung das Gelingen ihres Vorhabens sichern zu können. Die Australier beobachten bei einem Begräbniss die Richtung, nach welcher die Flammen des Grabfeuers schlagen, um den bösen Zauberer zu errathen, der ihren Freund getödtet hat. Wenn ein Zulu Vieh kaufen will, so kaut er ein Stückchen Holz, um das Herz Desjenigen, mit dem er verhandelt, zu erweichen. Eine Aufzählung aller derartiger Gebräuche würde einen ganzen Band anfüllen. Dieselben machen keineswegs den Eindruck von Ueberbleibseln älterer Vorstellungen, denn es spricht nichts dafür, dass sie einst eine tiefere Bedeutung gehabt hätten, als sie jetzt haben. Sie mögen aus oberflächlichen Schlüssen der folgenden Art hervorgegangen sein: Dinge, welche ähnlich sind, zeigen ein ähnliches Verhalten. Wenn ich dieses Bild eines Bären schiesse, so ist dies etwas ähnliches, als wenn ich einen wirklichen Bären schiesse. Wenn ich also das Bild schiesse, so werde ich einen wirklichen Bären schiessen. Prüft man solche Zaubereien durch Thatsachen, so erweisen sie sich natürlich als werthlos. Allein wir dürfen uns nicht darüber wundern, dass dieselben noch eine so grosse Verbreitung haben, da sie sich ja selbst in unseren civilisirten Ländern bis auf den heutigen Tag bei Leuten erhalten haben, die zu unwissend sind, um dieselben durch Thatsachen zu prüfen, wie der Bauer, der glaubt, dass der böse Wunsch eines ihm feindlich gesinnten Nachbars seine Kuh getödtet habe, oder der, welcher den Missethäter qualvollen Schmerzen und tödtlichem Siechthum zu überantworten glaubt, wenn er ein von Stecknadeln durchbohrtes Herz in den Schornstein hängt, um es dort im Rauche vertrocknen zu lassen.

So unzusammenhängend und unlogisch aber auch

das Denken des Menschen in seinen Anfängen ist und
so wenig auch der Mensch, der sich noch nicht auf die
Stufe des logischen Denkens emporgeschwungen hat,
darauf bedacht sein mag, sein Denken durch die Erfahrung zu controliren, so ist es doch ein allgemeines
Gesetz in der Entwickelung der Menschheit, dass das
Denken durch sich selbst immer mehr geklärt wird. So
sind selbst die phantastischen Bestrebungen der Zauberei
zu Quellen wirklicher Erkenntniss geworden. Die chinesische Geomantie ist eine Sammlung von höchst um-
ständlichen Regeln, welche bei der Auswahl der Baustelle
für ein zu errichtendes Gebäude zu beobachten sind.
So absurd diese Regeln auch sind, kam bei denselben,
wie es scheint, zuerst der magnetische Compass zur Anwendung, so dass also der Seefahrer seinen Führer in
der Erforschung der Erde dem Zauberer verdankt. Was
die axacte Wissenschaft der Astrologie verdankt, ist
bekannt. In Chaldaea wurde die Stellung der Gestirne
sorgfältig beobachtet und aufgezeichnet, weil man aus
ihr Kriege und Seuchen, glückliche und unglückliche
Tage voraussagen zu können vermeinte. Selbst bis in die
neuere Zeit hat sich der magische Charakter der Astronomie erhalten. Tycho Brahe und Kepler waren noch
in dem Glauben befangen, dass sich das Schicksal der
Menschen aus der Stellung der Planeten erkennen lasse,
und dieser Glaube bestärkte sie in dem Eifer, mit welchem
sie die Bewegungen der Planeten durch Beobachtung
und Rechnung vorauszubestimmen bemüht waren. Wenn
der Mensch nur fortfährt, zu beobachten und zu denken,
so kann er sicher sein, dass die Irrthümer mit der Zeit
verschwinden, während die Wahrheit, die er einmal
erreicht hat, erhalten bleibt und durch neue Erkennt-
nisse vermehrt wird.

Vierzehntes Capitel.

Die Geisterwelt.

Religion niederer Menschenrassen. Seelen. Bestattung. Künftiges Leben.
Seelenwanderung. Göttliche Vorfahren. Dämonen. Naturgeister. Götter.
Gottesverehrung. Sittlicher Einfluss.

Es soll hier keine vollständige Uebersicht über die
verschiedenen Religionen des Menschengeschlechts gegeben werden. Der Anthropologe, welcher die Religionen
der Völker als einen wesentlichen Theil ihres Lebens zu
berücksichtigen·hat, wird am besten in das Wesen derselben eindringen, wenn er sich zunächst mit den religiösen Vorstellungen niederer Rassen bekannt macht.
Er hat zu untersuchen, weshalb dieselben an die Existenz
von Seelen und die Fortdauer derselben nach dem Tode
glauben, an die Geister, welche Böses und Gutes thun,
sowie an höhere Gottheiten, welche das Weltall bewegen
und regieren. Wer die Bedeutung des Glaubens an
geistige Wesen kennen lernt, welche derselbe für Wilde
und Barbaren hat, lernt damit diejenige Culturstufe
kennen, auf welcher die Religion zugleich die Philosophie eines Volkes bildet, indem sie auch die Naturerscheinungen in einer Weise erklärt, die dem Verständ-
nisse des Volkes angepasst ist.

Wie die Vorstellung der Seele, welche wir bei unculti-

virten Rassen antreffen und welche die Grundlage ihrer
Religion bildet, entstanden ist, erkennen wir leicht, wenn
wir uns an ihre Stelle versetzen. Unkundig der aller-
ersten Anfänge wissenschaftlichen Denkens suchen sie
sich aus ihren sinnlichen Wahrnehmungen eine Vorstellung von dem Wesen des Lebens zu machen. Was ist
das Leben, welches zu gewissen Zeiten, aber keineswegs
immer in uns ist? Dies ist die grosse Frage, welche sich
ihnen aufdrängt und die auch wir mit all' unserem Wissen
nicht erschöpfend zu beantworten vermögen. Ein Mensch,
der vor wenigen Minuten bei voller Thätigkeit aller
seiner Sinne sich bewegte und redete, fällt in den be-
wegungs- und bewusstlosen Zustand eines tiefen Schlafes,
um nach einiger Zeit wieder mit erneuten Lebenskräften
aus demselben zu erwachen. In anderen Fällen hört
das Leben noch vollständiger auf, wenn z. B. Einer in
Ohnmacht oder Scheintod fällt, wobei der Schlag des
Herzens und die Athembewegung unmerkbar wird,
der Körper bleich und unempfindlich daliegt und nicht
erweckt werden kann. Dieser Zustand kann Minuten
und Stunden, selbst Tage lang anhalten, bevor der Ohn-
mächtige oder Scheintodte wieder erwacht. Barbaren
werden diesen Zustand in der Weise erklären, dass sie
sagen, die betreffende Person sei eine Zeit lang wirklich
todt gewesen, aber die Seele sei wieder in den Körper
zurückgekommen. Sie sind nicht im Stande, einen wirklich Todten von einem Scheintodten zu unterscheiden.
Sie versuchen einen Todten emporzurichten, sprechen zu
ihm und suchen ihm selbst Nahrung einzuflössen, erst
wenn der Leichnam in Verwesung übergeht und aus der
Nähe der Lebenden entfernt werden muss, sind sie überzeugt, dass das Leben für immer entschwunden ist. Wie
sollte sich da die Frage nicht aufdrängen, was ist die

Seele oder das Leben, welches so im Schlafe, in der Ohnmacht und im Tode kommt und geht? Derjenige, welcher
die Erscheinungen nur oberflächlich betrachtet, findet in
dem Zeugniss seiner eigenen Sinne eine Antwort auf
diese Frage. Wenn der Schlafende aus dem Traume
erwacht, so glaubt er, er sei wirklich an einem anderen
Orte gewesen oder es seien Andere zu ihm gekommen.
Da aber die Erfahrung lehrt, dass der Körper nicht diese
Wanderungen während des Schlafes ausführt, so erklärt
sich die Sache am einfachsten durch die Annahme, dass
jedes Menschen „Ich" oder Seele sein Trugbild oder
Ebenbild ist, welches während des Schlafes den Körper
verlassen und in Träumen sehen und gesehen werden
kann. Selbst wachende Menschen sehen zuweilen am
hellen Tage in sogenannten Visionen oder Hallucinationen
diese menschlichen Phantome. Die Seele stirbt nicht
mit dem Körper, sondern lebt weiter, nachdem sie
denselben verlassen hat, denn wenn auch ein Mensch gestorben und begraben ist, so fährt doch sein Scheinbild
fort, den Hinterbliebenen in Träumen und Visionen zu
erscheinen. Auch aus anderen Erscheinungen gewinnt
der Wilde die Ueberzeugung, dass die Menschen solche
immaterielle Scheinbilder besitzen. Er sah die Spiegel-
bilder derselben in ruhigem Wasser oder die Schatten
derselben, welche den Menschen begleiten, an einer Stelle
verbleichen, um sofort an einer anderen Stelle wieder
zum Vorschein zu kommen, oder zuweilen sah er für
einen Augenblick den lebenden Athem derselben als eine
schwache Wolke, die zwar für das Auge alsbald wieder
verschwand, von deren Gegenwart man sich aber durch
das Gefühl überzeugen konnte. Dies ist mit wenigen
Worten die Seelentheorie der Wilden und Barbaren, in
welcher das Leben, der Geist, der Athem, der Schatten,

die Spiegelung, Träume und Visionen in einen gewissen
Zusammenhang gebracht werden, um das eine durch das
andere in einer das Denkvermögen des Wilden befriedi-
genden Weise zu erklären. Nach der Meinung der Zulu
verlässt der Schatten eines Menschen beim Tode den
Körper desselben und wird ein Ahnengeist. Der Wittwe
erscheint im Schlafe der Geist ihres verstorbenen Ge-
mahls und droht ihr, sie tödten zu wollen, weil sie nicht
für seine Kinder besorgt ist, dem Sohne erscheint im
Traume der Geist seines Vaters, und beide Seelen gehen
zusammen zu einem weit entfernten Kraal ihres Stammes.
Die Malayen wecken einen Schlafenden nicht gern, weil
sie befürchten, demselben zu schaden für den Fall, dass
seine Seele den Körper verlassen hat. Die Odschibwä
erzählen, einst sei einer ihrer Häuptlinge gestorben, aber
in der dritten Nacht, während sie den Körper bewachten,
sei sein Schatten zurückgekehrt und der zum Leben
Zurückgekehrte habe erzählt, wie er dem Todtenflusse
zugewandert, dort aber angehalten und zu seinem Volke
zurückgesandt worden sei. Als die Eingeborenen von
Nicaragua von den Spaniern nach ihrer Religion gefragt
wurden, erklärten sie, wenn ein Mensch sterbe, entweiche
etwas Unsterbliches, was einer Person gleiche, aus ihrem
Munde, während der Körper hier bleibe. Es sei nicht
das Herz, welches nach oben steige, sondern der Athem,
welcher aus dem Munde kommt und Leben genannt wird.
Bei manchen Völkern werden der Athem, der Traumgeist
und andere Erscheinungen als besondere Seelen betrachtet. So glauben z. B. die Grönländer, der Mensch
besitze zwei Seelen, seinen Schatten und den Athem, und
die Fidschi-Insulaner sagen, der „dunkele Geist“ oder der
Schatten steige in die Unterwelt hinab, der „helle Geist“
dagegen oder das Spiegelbild im Wasser bleibe da, wo

der Mensch stirbt. Solche Vorstellungen von der Seele
erhielten sich fast unverändert bis in die Zeit des classischen Alterthums. So lesen wir in der Iliade, wie der
todte Patroklus zu dem schlafenden Achilles kommt, der
vergebens versucht, die wie ein Rauch entschwindende
Seele zu ergreifen, oder wie der Seher Hermotimus
seinen Körper zu verlassen pflegte, bis er einst zu einem
körperlosen Geist wurde, weil sein Weib den Körper
während der Abwesenheit des Geistes auf dem Scheiterhaufen verbrannt hatte. Diese Vorstellung von der Seele
wurde von den griechischen Philosophen aufgenommen
und in eine mehr metaphysische Form gebracht. Leben
und Geist wurden durch die Annahme zweier Seelen, der
animalischen und der vernünftigen, getrennt, und die
Vorstellung der Seele als einer feinen ätherischen Substanz führte zu dem Begriff der Immaterialität der Seele.
Wer sich über die Discussion dieser transcendentalen
Probleme näher unterrichten will, muss auf die Handbücher der Geschichte der Philosophie verwiesen werden.
Wie sehr diese Seelentheorie den auf niederer Bildungs-
stufe stehenden Geist befriedigt, geht daraus hervor, dass
dieselbe bis auf den heutigen Tag bei der Mehrheit des
Menschengeschlechtes verbreitet ist. Selbst in den
Sprachen der civilisirtesten Völker finden wir noch die
Spuren dieser Seelentheorie, wie in dem Worte „Ekstase“,
in den Redensarten „ausser sich sein“, „zu sich kommen“.
Ebenso erkennen wir in dem Worte Geist (engl. *ghost*,
d. h. Athem, Hauch), in den Worten *spirit* und *shade*
(Schatten, abgeschiedene Seele) Ueberbleibsel der älte-
sten Lebenstheorie.

Dieselben Erscheinungen, welche zu der Vorstellung
der menschlichen Seele führten, mussten nothwendiger
Weise bei den Wilden zu dem Glauben führen, dass auch

die Thiere, namentlich diejenigen, mit denen der Mensch zusammenlebt, wie das Pferd und der Hund, eine Seele, ein phantomartiges Ebenbild ihres Körpers besitzen. Wir finden thatsächlich diesen Glauben bei allen uncultivirten Völkern in einer für uns überraschenden aber für den Gesichtskreis dieser Völker durchaus consequenten Weise ausgebildet. Wenn eine im Traume gesehene menschliche Seele ein wirklich existirendes Wesen ist, dann sind auch der Speer und der Schild, den sie trägt, und der Mantel, der ihre Schultern bedeckt, wirkliche Wesen und alle leblosen Dinge müssen eine Schattenseele besitzen. Hierher gehören die Seelen der Canoes, Waffen und irdenen Töpfe, welche die Fidschi-Insulaner in ihrer Phantasie den Strom hinab in das zukünftige Leben schwimmen sehen, ebenso die geisterhaften Geräthschaften, mit denen in der Vorstellung der Odschibwä die Seelen auf ihrer Reise in die Geisterwelt beladen sind, die schattenhaften Gewehre und Pfeifen, welche die Männer tragen, die Körbe und Schaufeln, mit denen die Frauen beladen sind, und die Pfeile und Bogen, mit denen die Kinder spielen. Die Todtenopfer, die wir in allen Theilen der Erde, sei es in Wirklichkeit, sei es in der Erinnerung, antreffen, zeigen uns am deutlichsten, wie die barbarische Religion nicht nur die Menschen, sondern auch die Thiere und leblosen Gegenstände als beseelt ansieht. In Peru, wo sich bei dem Tode eines Herrschers die Weiber desselben erhängten, um ihm im Jenseits dienstbar zu sein und wo zahlreiche Diener vor ihm begraben wurden, damit er von den Seelen derselben begleitet werde, erzählte man sich, längst Verstorbene nebst ihren geopferten Weibern und geschmückt mit den in das Grab gelegten Gegenständen gesehen zu haben. Noch vor wenigen Jahren wurde in Madagaskar erzählt, der Geist des Königs

Radama sei gesehen worden, mit der Uniform bekleidet, welche man mit ihm begraben hatte und auf einem der Pferde reitend, die am Grabe getödtet worden waren. Diese modernen Beispiele setzen uns in den Stand, uns eine Vorstellung von den alten Bestattungsgebräuchen zu machen, deren Spuren wir in alten Begräbnissstätten mit ihren Skeletten, Bronzewaffen und goldenen Armringen erkennen. In der classischen Literatur besitzen wir zahlreiche Zeugnisse dafür, dass die modernen barbarischen Gebräuche mit denen der vorhistorischen Zeit vollkommen übereinstimmen, wie die Verbrennung von trojanischen Gefangenen, von Pferden und Hunden auf dem Scheiterhaufen, auf welchem die Leiche des Patroklus verbrannt wurde, Herodot's Schilderung der scythischen Bestattungsgebräuche und die Erzählung, wie Melissa's Geist zurückkam, weil man es versäumt hatte, Kleider für sie bei ihrer Bestattung zu verbrennen. In manchen Gegenden von Indien wird noch heute die Wittwe auf dem Scheiterhaufen des verstorbenen Gatten verbrannt. Während in Europa in alter Zeit die Pferde an den Grabhügeln von Königen und Edelleuten getödtet wurden, wurden dieselben im Mittelalter nur in der Leichenprozession mitgeführt und dann der Kirche geschenkt. Die in England noch herrschende Sitte, in dem Leichenzuge eines Soldaten das Pferd desselben mitzuführen, ist vielleicht der letzte Ueberrest der alten Thieropfer. Dies ist nicht der einzige Ueberrest alter Bestattungsfeierlichkeiten, welcher sich bis heute erhalten hat. In manchen deutschen Dörfern herrscht die Sitte, die Füsse der Leichen mit Schuhen zu bekleiden, in anderen Gegenden wird ihnen eine Nadel nebst Faden mitgegeben, damit sie sich die zerrissenen Kleider ausbessern können. Sehr verbreitet in den verschiedensten Gegenden von Europa,

z. B. in Irland, ist der Gebrauch, dem Todten ein Stück
Geld in die Hand zu geben, mit welchem er die Reise-
kosten bestreiten soll.

Diese den Seelen der Todten erwiesene Ehrfurcht
erklärt uns die Sorgfalt, mit welcher die Leichen der
Verstorbenen bei barbarischen Völkern behandelt werden.
Die Hütte des Verstorbenen wird erhalten, um demselben als Wohnung zu dienen, oder die Leiche wird
getrocknet und auf einem Gerüst aufgestellt, oder sie
wird in einem Canoe oder einem Sarge bestattet, oder es
wird ein mächtiger Grabhügel über demselben errichtet.
Wo die Sitte der Leichenverbrennung herrscht, wird die
Asche sorgfältig gesammelt und aufbewahrt. Viele dieser
vorhistorischen Begräbnissplätze erregen unsere Bewunderung, da die Errichtung derselben für die Erbauer
eine riesige Arbeit gewesen sein muss. Die ansehnlichsten
dieser Grabstätten sind die aus Erde oder Steinen bestehenden Hügel, von denen die grössten aus der Steinzeit zu stammen scheinen. Andere gehören der Bronzezeit und die jüngsten derselben der Eisenzeit an. Im
Hochlande von Schottland ist das Andenken an die alte
Sitte noch heute so lebhaft, dass die Hinterbliebenen oft
zum Andenken an einen Verstorbenen da einen Hügel
errichten, wo der Leichenzug auf dem Wege zum Kirch-
hofe einmal Halt machte, da es ihnen nicht gestattet ist,
auf dem Grabe selbst einen Hügel zu errichten. Im Innern
dieser Grabhügel findet man zuweilen eine aus Steinplatten
hergestellte Kiste oder eine aus unbehauenen Steinen
errichtete Kammer, die zuweilen mit unterirdischen
Gängen in Verbindung steht. Viele dieser Steinbauten
ragen aus der Erde hervor, namentlich die sogenannten
D o l m e n, d. h. Steintische. Dieselben bestehen, wie z. B.
die in der Nähe von Rochester vorkommenden, aus

27*

mehreren grossen aufrecht stehenden Steinen, auf denen
eine horizontale Steinplatte ruht. Dass die Dolmen
Gräber waren, geht aus den Ueberresten hervor, welche
man in ihnen ausgegraben hat. Eine andere Art alter
Steinmonumente sind die sogenannten Menhirs, einzeln
aufgestellte lange Steine. Die Sitte, zum Andenken der
Verstorbenen solche rohe Steinpfeiler zu errichten, hat
sich bis in die neuere Zeit bei den Khassias im nordöst-
lichen Indien erhalten. Wir können daher aus diesem
Umstande den Schluss ziehen, dass die entsprechenden
Steinmonumente, wie wir sie z. B. in der Bretagne antreffen, dieselbe Bedeutung haben. Eine andere in Europa
sehr verbreitete Art von rohen Steinbauten sind die sogenannten Cromlechs oder Steinkreise. Sie bestehen,
wie z. B. die von Stanton Drew in der Nähe von Bristol,
aus einer Anzahl von kreisförmig angeordneten senkrecht
aufgestellten Steinen. Diese Steinkreise stehen jedenfalls
in einem gewissen Zusammenhange mit Begräbnissplätzen,
da man häufig in der Mitte derselben ein Hügelgrab oder
einen Dolmen antrifft. Da aber ein Grabhügel leicht zu
einem Tempel wird, in welchem der Geist eines verstorbenen Häuptlings oder Propheten verehrt wird, so ist
es nicht unwahrscheinlich, dass solche Steinkreise als
Tempel gedient haben, wie noch jetzt im südlichen Indien,
wo der Dorfgottheit, die durch den grossen Stein in der
Mitte des Cromlechs repräsentirt wird, Hähne geopfert
werden. Rohe Steinmonumente lassen sich auf einer
bemerkenswerthen Linie von Indien quer durch Nordafrika bis in das westliche Europa verfolgen. Während
sich die Bedeutung der Dolmen, Menhirs und Cromlechs
aus gewissen Umständen mit ziemlicher Bestimmtheit
erkennen lässt, giebt es andere Steinmonumente, deren
Bedeutung noch vollkommen in Dunkel gehüllt ist, wie

z. B. die Reihen grosser Steine bei Carnac und Abury, sowie die unter dem Namen Stonehenge bekannten aus hohen behauenen Säulen zusammengesetzten Steinkreise bei Amesbury in Wiltshire. Die phantastischen Speculationen älterer Alterthumsforscher, nach deren Ansicht die Dolmen z. B. Druidenaltäre sein sollten, haben einer nüchternen Prüfung Platz gemacht, deren Ergebnisse der Leser in Lubbock's *Prehistoric Times* zusammengestellt findet.

Was wurde nun nach den Anschauungen dieser alten Religion, die so deutliche Spuren hinterlassen hat, aus den Seelen nach dem Tode? Die verschiedenen Antworten auf diese Frage stimmen darin überein, dass sich die Seelen an einem bestimmten Orte aufhalten müssen, den sie namentlich Nachts verlassen, um die Lebenden zu besuchen. Nach dem Glauben einiger Völker bewohnen die Seelen der Verstorbenen nach dem Tode die Hütte, in welcher sie starben, oder sie schweben in der Nähe des Begräbnissplatzes umher, welcher zuweilen der Ort ist, an welchem sich die Dorfbewohner zu geselligem Verkehre versammeln, so dass die Seelen das Treiben derselben beobachten können. Bei anderen. Völkern herrscht der Glaube, dass die Seelen nach einer mehr oder weniger entfernten Todtenregion entfliehen, in die Tiefe der Wälder oder auf die Gipfel der Berge, auf weit entfernte Inseln, in Gegenden über dem Himmelsgewölbe oder in die Tiefe unter die Erde, in welche die untergehende Sonne versinkt. Den Zulu sind die Höhlen bekannt, durch welche man in die Unterwelt des Todes hinabsteigen kann. In der Zeit des classischen Alterthums wurde der Eingang in die Unterwelt bekanntlich an den Averner See verlegt und selbst bis auf den heutigen Tag hat sich bei uns eine ähnliche Vorstellung er-

halten, die sich an St. Patrick's Purgatory in Lough
Dearg knüpft. Infolge einer leicht zu begreifenden Ge-
dankenverkettung wird die Wohnstätte der Todten oft
mit dem fernen Westen, wo die Sonne untergeht, in Zusammenhang gebracht. Die Bewohner von Neuseeland
glauben, dass die Seelen von dem westlichsten Cap der
Insel fortziehen. Ebenso finden wir in der Bretagne, wo
das Cap Raz in den Ocean hinausragt, eine „Seelenbai",
den Ausgangspunkt für die Seereise der abgeschiedenen
Seelen. Manche uncivilisirte Völker erblicken die Geisterwelt in dem schönen Lande, welches ihnen im Traume
erscheint. Hier wohnen die Seelen in ihren Geister-
dörfern, hier herrscht ewiger Sonnenschein und Ueberfluss an Fischen und Wild. Andere Völker verlegen die
Wohnstätte der Seelen in das dunkle Land der Schatten,
in die düsteren Höhlen der Unterwelt. Beide Vorstellungen kennen wir in poetischer Behandlung, die eine in den
Sagen vom irdischen Paradiese, die andere aus den
Stellen der Odyssee, in denen erzählt wird, wie Odysseus
die blutlosen Geister in der traurigen Dämmerung des
Hades besucht, oder aus der göttlichen Komödie, in
welcher geschildert wird, wie sich die Schatten wundern,
wie Dante's Körper, abweichend von ihren eigenen phan-
tomartigen Formen, das Sonnenlicht aufhält und einen
Schatten wirft.

Die körperlosen Seelen oder Geister der Verstorbenen
können aber in neue Körper eintreten und auf der Erde
ein neues Leben beginnen. Bei niederen Völkern ist der
Glaube sehr verbreitet, dass die Seelen der verstorbenen
Vorfahren in den Kindern wiedergeboren werden, wodurch
die Aehnlichkeit derselben mit der Familie des Vaters
oder der Mutter eine Erklärung findet. Die Yorubaneger
begrüssen z. B. ein neugeborenes Kind mit den Worten

„Du bist gekommen" und suchen zu entscheiden, welche
Vorfahrenseele zurückgekehrt ist. Der Körper, welcher
die neue Wohnung der Seele bildet, ist jedoch nicht nothwendig ein menschlicher. Dieselbe kann vielmehr auch
in einen Bären, einen Schakal oder einen Vogel eintreten,
oder auch, wie die Zulu glauben, in eine jener unschäd-
lichen Schlangen, welche in den Hütten umherkriechen,
wo sie sich gern in der Nähe des Familienherdes aufhalten und die ihnen von den Enkeln gereichte Nahrung
annehmen. In solchen einfachen Formen finden wir bei
niederen Völkern die Idee der Seelenwanderung, welche
im Brahmanismus und im Buddhismus zu einer wichtigen
religiösen Doctrin wird.

Von denjenigen Seelen, welche als Geister hin und her
wandeln, wird natürlich angenommen, dass sie, wo sie auch
wohnen, ihr Interesse für die Lebenden bewahren, weshalb
die Familien derselben einen freundlichen Verkehr mit
ihnen unterhalten. So redet bei den nordamerikanischen
Mandanen eine Frau oft stundenlang mit ihrem verstorbenen Gatten oder einem verstorbenen Kinde, und ein
Chinese ist verpflichtet, jedes Familienereigniss, wie eine
Hochzeit, den Geistern seiner Vorfahren mitzutheilen.
Mit den Geistern verstorbener Verwandten wird nicht
nur gesprochen, sondern denselben wird auch Speise dargeboten. Die Familie bringt ihnen von den Speisen dar,
welche ihre eigene Mahlzeit bilden, und einmal im Jahre
wird ein Todtenfest gefeiert, an welchem die Seelen der
Vorfahren als unsichtbare Theilnehmer an der Mahlzeit
gegenwärtig sind. Solche Speiseopfer finden wir nicht
nur bei wilden und barbarischen, sondern auch bei höher
civilisirten Völkern. Selbst in Europa haben sich Spuren
dieses Gebrauches erhalten. Der russische Bauer streut
auf das Sims, auf welchem er seine Heiligenbilder stehen

hat, Brodkrumen, weil er glaubt, dass die Seelen seiner
Vorfahren an diesem Orte verkehren. Im Allerseelenfest,
der modernen Form des alten Todtenfestes, hat sich der
ursprüngliche Charakter desselben erhalten. Selbst auf
dem Père Lachaise kann man an diesem Tage sehen, wie
Kuchen und Süssigkeiten auf den Gräbern niedergelegt
werden, und in der Bretagne vergessen es die Bauern
nicht, für die Seelen der verstorbenen Familienangehörigen
das Feuer im Ofen zu erhalten und die Ueberbleibsel des
Abendessens auf dem Tische stehen zu lassen. Dieser
Glaube an die göttliche Natur der Todten und die sich aus
ihm ergebende Ahnenverehrung ist seit den ältesten
Zeiten bei der grösseren Hälfte der Menschheit verbreitet
gewesen. Diese Verehrung entspringt aber nicht allein
aus Familienanhänglichkeit, sondern beruht auch zum
Theil in dem Glauben, dass die Geister der Abgeschiedenen in Folge ihrer göttlichen Natur sehr einflussreiche
Wesen sind. Wenn ein ·nordamerikanischer Indianer,
welcher zu den Geistern seiner Vorfahren betet, damit sie
ihm gutes Wetter und Glück für die Jagd verleihen, zufällig in das Feuer fällt, so glaubt er, dass ihn die Geister
in dasselbe hineingestossen haben, um ihn für die Unter-
lassung eines ihnen gebührenden Opfers zu strafen. In
Guinea bringen die Neger den Bildern ihrer verstorbenen
Angehörigen regelmässig Speise und Trank und flehen
dieselben in der Noth um Hilfe an. In Zeiten der Gefahr
oder des Unglücks schaaren sich Männer und Frauen auf
Hügeln oder an Waldrändern zusammen und rufen in
den kläglichsten Tönen die Geister ihrer Vorfahren um
Hilfe an. Aus solchen Gebräuchen erkennen wir die
wirkliche Bedeutung der Ahnenverehrung, die für einen
Chinesen oder Hindu die wichtigste Obliegenheit des
Lebens ist, sie machen es uns verständlich, wie bei den

Römern die Verehrung der verstorbenen Vorfahren oder
Laren gerade das Band bildete, welches die Familie zu-
sammenhielt. Der modernen Zeit ist das Verständniss
für diese Ahnenverehrung ziemlich abhanden gekommen
und man stellt sich die Apotheose eines römischen Kaisers
oft nur als einen Act wahnsinnigen Hochmuths vor, obwohl demselben eine für jeden Barbaren durchaus ver-
ständliche Vorstellung zu Grunde liegt, nämlich die, dass
ein grosser Herrscher nach dem Tode sich in eine ebenso
grosse Gottheit verwandelt.

Dass sich die Barbaren unter den Manen oder
Geistern ihrer Todten so einflussreiche und mächtige
Wesen vorstellen, ergiebt sich naturgemäss aus ihren Ansichten über die Seele. Nach dem Tode behält die zum
Geist gewordene Seele die Gewalt und den Einfluss auf
den Körper bei, den sie während des Lebens auf denselben
ausgeübt hat. Solche Geister, welche in die Angelegenheiten der Lebenden eingreifen, werden gewöhnlich gute
und böse Geister oder Dämonen genannt. Zwischen
Geistern und Dämonen wird kein wesentlicher Unterschied
gemacht. In den meisten Fällen betrachten die Wilden
die Dämonen, von denen sie entweder beschützt oder
verfolgt werden, als Seelen Verstorbener. Jeder Mensch,
sei er gut oder böse, behält auch nach dem Tode das
Temperament bei, welches er im irdischen Leben hatte.
Vor nicht langer Zeit hatte man im südlichen Indien, wo
die Eingeborenen Dämonenverehrer sind, einen Altar errichtet, an welchem als Gottheit der Geist eines englischen
Officiers, eines gewaltigen Jägers, verehrt wurde. Die
Opfer, welche die Verehrer, eingedenk der Gewohnheiten,
die sie an dem Lebenden beobachtet hatten, auf diesem
Altare niederlegten, bestanden in Cigarren und Brannt-
wein. Ein und derselbe Mensch wird nach dem Tode

für seine Freunde ein guter, für seine Feinde ein böser
Geist, und selbst seinem eigenen Volke gegenüber kann
er zuweilen gütig, zuweilen grausam sein. So glauben
die Zulu, dass ihnen die Geister gefallener Krieger ihres
Stammes im Kampfe beistehen und zum Siege verhelfen.
Wenn ihnen dagegen diese verbündeten Geister den
Rücken wenden, so nimmt der Kampf für sie einen
ungünstigen Ausgang. Wenn Völker wie die amerikanischen Indianer oder die afrikanischen Neger glauben,
dass die Luft, welche sie umgiebt, von unsichtbaren
Geistern angefüllt ist, so ist dies keineswegs widersinnig.
Sie beobachten zahllose Ereignisse, die sie nicht für zu-
fällige halten und die sie sich nicht anders als durch die
Thätigkeit der Geister erklären können, da ihr Denkvermögen nicht hinreichend ausgebildet ist, um die
natürliche Ursache derselben zu erkennen. Dies zeigt
sich am deutlichsten in den Ansichten uncivilisirter
Völker über die Ursache der Krankheiten. Es wurde
bereits früher erwähnt, dass sie den Zustand der Bewusst-
losigkeit durch die Annahme erklären, dass die Seele den
Körper für einige Zeit verlässt. Ebenso werden Schwäche
und Krankheiten dadurch verursacht, dass die Seele oder
ein Theil derselben den Körper verlässt. In solchen Fällen
besteht daher das gewöhnliche Heilverfahren darin, dass
man die entschwundene Seele zurückzubringen versucht.
Der nordamerikanische Heilkünstler führt Bewegungen
aus, als ob er die umherschweifende Seele des Kranken einfangen und zurückbringen wolle, oder ein Fidschi-Insulaner
legt sich auf den Rücken und schreit nach seiner eigenen
Seele, um sie zur Rückkehr zu bewegen. Eine andere
Erklärung ergiebt sich aber ganz naturgemäss, wenn die
Krankheit mit heftigen Schmerzen verbunden ist, namentlich wenn sich der Kranke in heftigem Fieber schüttelt

oder in Krämpfen auf der Erde wälzt, oder wenn er im Delirium nicht mehr seine eigenen Gedanken denkt und nicht mehr mit seiner eigenen Stimme redet, sondern mit verzerrten Gesichtszügen und fremdartigem Klange der Stimme in wilde Raserei ausbricht. Solche Krankheits- erscheinungen werden nicht durch das Entschwinden des eigenen, sondern durch das Eindringen eines fremden Geistes in den Körper des Kranken erklärt. Man braucht nur die Krankheitserscheinungen bei einem Epileptischen oder einem Wahnsinnigen zu beobachten, um es begreif- lich zu finden, wie in der Periode der Kindheit der medi- cinischen Wissenschaft das gewöhnliche Heilverfahren in solchen Handlungen bestand, welche die Beschwörung und Austreibung des Dämon, von welchem der Kranke besessen war, bezweckten. Solchen Anschauungen be- gegnen wir noch heute überall bei uncivilisirten Völkern, wenn z. B. ein kranker Australier glaubt, dass der böse Geist eines Verstorbenen in ihn gefahren sei und an seiner Leber nage, oder wenn in einer patagonischen Hütte die Zauberer tanzen, schreien und trommeln, um den bösen Geist aus einem Fieberkranken auszutreiben. Auch in den Ueberlieferungen der alten Culturvölker begegnen wir diesen Anschauungen, wie z. B. in einer bekannten ägyptischen Gedenktafel aus der Zeit Ramses XII. (12. Jahrhundert v. Chr.), welche in der Pariser Bibliothek aufbewahrt wird und in den *Records of the Past* übersetzt ist. In derselben wird erzählt, wie der ägyptische Gott Khons zu der Prinzessin Bentaresh gesandt wurde, um sie von der bösen Bewegung in ihren Gliedern zu heilen. Als er ankam, sagte der Dämon: „Grosser Gott, der Du die Dämonen austreibst, ich bin Dein Sclave, ich will an den Ort gehen, von welchem ich herkam." Dann wurde ein Opfer dargebracht, der Gott kehrte zurück und die Kranke war

geheilt. Durch die ganze Entwickelungsgeschichte der
Medicin zieht sich der Kampf zwischen dieser alten
Geistertheorie und den neueren Ansichten der Aerzte, die
die Krankheiten durch Diät und Medicamente heilen.
Wenn auch die letzteren jetzt die Oberhand gewonnen
haben, so sind doch die älteren Vorstellungen noch bei
vielen Völkern mit Ausnahme der allercivilisirtesten verbreitet. Als Professor Bastian, der Anthropologe, in
Birma reiste, bekam sein Koch einen Schlaganfall. Die
Frau desselben bemühte sich, den beleidigten Dämon, den
sie als den Urheber des Schlaganfalls betrachtete, zu be-
sänftigen, indem sie kleine Häufchen von gefärbtem Reis
vor ihm aufsetzte und ihn bat: „O plage ihn nicht! O lass
ihn gehen! Ergreife ihn nicht so hart! Du sollst Reis bekommen! O wie gut der schmeckt!" Wo diese Krankheits-
theorie verbreitet ist, findet der Kranke in seinen eigenen
Fieberphantasien eine Bestätigung derselben. Da er von
der Existenz der Dämonen vollständig überzeugt ist, so erkennt er dieselben in den Gestalten, die er in seinen
Träumen oder seinen Fieberphantasien erblickt, ja er
verliert in seiner krankhaften Phantasie so sehr das Selbstbewusstsein, dass er seine eigene Stimme für die Stimme
des Dämons hält, welcher in seinem Namen antwortet.
In Indien kann man häufig solche Scenen beobachten
und die Stimme des Dämon aus dem Munde des Kranken
verkündigen hören, wer er sei und weshalb er gekommen
sei. Wenn der Dämon seinen Zweck erreicht hat oder
durch die Beschwörungen und Drohungen des Zauberers
bezwungen ist, willigt er ein, den Kranken zu verlassen.
Der Kranke hört auf zu schreien und zu rasen und sinkt
erschöpft in Schlaf, aus dem er nicht selten gestärkt und
beruhigt erwacht. Man hat übrigens nicht einmal nöthig,
nach Indien und China zu gehen, um dieser Krankheits-

theorie zu begegnen. Auch in Spanien treiben die Priester aus dem Munde und den Füssen epileptischer Kranken die Teufel aus. Doch kommt diese Behandlung der Kranken vielleicht bald ausser Gebrauch, wenn es bekannt wird, mit welchem Erfolge man in neuerer Zeit diese Krankheit mit Bromkalium behandelt.

Die Vorstellung der Geister dient ausserdem zur Erklärung aller möglichen Verhältnisse. Dass gewisse ungewöhnlich wilde Wölfe oder Tiger Menschenfresser sind, wird durch den Glauben erklärt, dass die Seelen gottloser Menschen Nachts in die Körper wilder Thiere eintreten, um ihren Mitmenschen nachzustellen. Es sind dies die Menschentiger oder Werwölfe, d. h. Mannwölfe, an deren Existenz noch jetzt das abergläubische Volk in Indien und Russland glaubt. Die Erscheinung, dass ein Mensch blass und blutarm wird und abmagert, erklärt man in slavischen Gegenden durch den Glauben an die Existenz blutsaugender Geister, welche den Kranken Nachts heimsuchen, und deren schreckliche Besuche dem Kranken im Schlafe zum Bewusstsein kommen. Diese Geschöpfe werden für Dämonenseelen erklärt, welche in Leichnamen wohnen, deren Blut in Folge dessen noch lange nach dem Tode in den Adern fliesst. Es sind dies die sogenannten Vampyre. Man hat angenommen, dass der Mensch aus seinen Geister- und Seelenvorstellungen zuerst eine richtige Einsicht in den ursächlichen Zusammenhang aller Dinge gewonnen hat. Dies ist jedenfalls insofern richtig, als wilde Völker für jedes Stolpern über einen Stein, für jedes fremdartige Geräusch oder jede ungewohnte Empfindung, für jedes Verfehlen des richtigen Weges eine Erklärung in der Thätigkeit der sie umgebenden Geister finden. So erkennt der Barbar in allen guten und bösen Zufällen, denen er zu jeder Stunde begegnet, das Werk guter oder böser Geister. Namentlich sein eigenes Geschick verkörpert sich in einem Schutzgeiste, welcher ihm zugehört und ihn begleitet. Dies kann, wie bei den Tasmaniern, die Seele des Vaters sein, welche den Sohn begleitet und beschützt, oder ein Schutzgeist, wie ihn der nordamerikanische Krieger im Traume erblickt, wenn er lange genug gefastet hat, oder ein Schutzgeist wie der Genius der alten Römer, welcher mit dem Menschen geboren wird und ihn als Genosse und Beschützer durch das Leben begleitet. Der Genius des Augustus war ein göttliches Wesen, welches angebetet und welchem Opfer dargebracht wurden. Wir brauchen heute zwar noch das Wort Genius, verbinden aber mit demselben nicht mehr die Bedeutung, welche es im Alterthume hatte, wenn wir z. B. vom Genius Händel's oder Turner's sprechen. Ebenso sind unsere modernen Ansichten über die uns umgebende Welt, den Himmel und das Meer, die Berge und Wälder von den Ansichten der Alten durchaus verschieden. Wir haben gelernt, die Wirkung der physikalischen Gesetze der Gravitation und der Wärme, des Wachsthums und des Zerfallens der Naturkörper zu beobachten und nur mit Mühe können wir uns in vergangene Zeiten zurückversetzen, als der Mensch die Ursachen der Naturerscheinungen in einer zahllosen Menge geistiger Wesen erblickte. Diese Anschauung ergiebt sich aber ganz naturgemäss aus der Seelentheorie, da diese Geister als Seelen betrachtet werden, welche auf die Natur denselben Einfluss ausübten, wie die Seele des Menschen auf den menschlichen Körper. Die Geister sind es, die das Feuer im Vulcane emporschleudern, die den Wald im Sturme zerzausen, das Boot in den Strudel hinabreissen, die in den Bäumen wohnen und dieselben wachsen lassen. Niedere Völker sprechen nicht nur von solchen Naturgeistern, sondern verkehren mit denselben in einer Weise, die erkennen lässt, dass sie nach dem Vorbilde der menschlichen Seele gebildet sind. In Nordamerika hat man beobachtet, wie die Eingeborenen beim Passiren einer gefährlichen Stelle auf einem Fluss etwas Taback in das Wasser warfen und den Flussgott baten, sie unversehrt durchkommen zu lassen. In Afrika hat man beobachtet, wie ein Eingeborener, der im Begriff war, einen Baum zu fällen, die Vorsicht gebrauchte, nach dem ersten Axthiebe etwas Palmöl auf den Boden zu giessen, um den erzürnten Baumgeist, der das Oel aufleckt, zurückzuhalten, während er selbst davon läuft. Auch bei den Griechen finden wir ähnliche Vorstellungen von Naturgeistern, Nymphen der Haine, der Quellen und grasigen Wiesen, die an dem Rathe der olympischen Götter theilnehmen, Dryaden oder Baumnymphen, welche die belaubten Bäume bewohnen und Schmerzenslaute ausstossen, wenn der Stamm des Baumes von der Axt getroffen wird. In dem angelsächsischen Worte *woodmare* (*wudu-maer* = Waldnymphe) für Echo haben wir eine Erinnerung an die Zeit, als die Bewohner Englands, wie noch jetzt die Barbaren, das Echo für die Stimme eines antwortenden Geistes hielten. Das Wort *mare* in der Bedeutung von Geist oder Dämon finden wir auch noch in dem Worte *nigtmare*, dem Namen für den beängstigenden Traumgott (Alp, Mahr), dessen Existenz von unseren Vorfahren ebenso wenig bezweifelt wurde, wie heute von den Eingeborenen Australiens. Von der Naturwissenschaft sind diese Naturgeister längst beseitigt worden, aber noch leben sie in Poesie und Sage fort. Die Loreley ist nichts anderes, als ein modernisirter Flussdämon, welcher den Schwimmer in den Strudel hinabzieht. Die heilenden Wassergeister der alten heiligen

Quellen haben Namen von Heiligen angenommen und die kleinen Elfen und Feen der Wälder sind an die Stelle der alten Waldgeister getreten. Der Leser von Huxley's *Physiographie* wird in den Feenmärchen die Naturgeister erkennen, in denen sich unsere Vorfahren die Naturkräfte verkörpert vorstellten.

In den Religionen aller Völker stehen über den Seelen, Dämonen und Naturgeistern höhere Geister oder Götter. Bei Völkern, welche die Vorfahren verehren, können die Seelen grosser Häuptlinge und Krieger oder anderer gefeierter Personen diese Stellung einnehmen. So verehren die Mongolen den grossen Dschengischan und seine Familie als gute Gottheiten. Nach chinesischen Erzählungen war Pang, den die Bauhandwerker als ihren Schutzgott verehren, ein berühmter Baumeister, welcher vor langer Zeit in der Provinz Shangtung lebte, während Kwang-tae, der Kriegsgott, ein bedeutender Krieger war, der unter der Herrschaft der Handynastie lebte. Die Vorstellung göttlicher Vorfahren kann selbst bis auf die oberste Gottheit zurückgeführt werden. So führen die Zulu die Reihe der Ahnen bis auf Unkulunkulu (der Alte-Alte), den Erschaffer der Welt zurück, und die Völker Brasiliens erzählen, Tamoi, der Grossvater, habe unter ihnen geweilt und sie den Boden zu bearbeiten gelehrt, dann sei er zum Himmel emporgestiegen, wo er ihre Seelen nach dem Tode erwarte. Auch unter den Naturgeistern giebt es grosse Götter, welche das Weltall regieren. Die höchste Gottheit der afrikanischen Neger ist der Himmel, welcher den Regen giebt und das Gras wachsen lässt. Wenn sie des Morgens erwachen, so danken sie ihm dafür, dass er die Thüre geöffnet hat, um die Sonne hereinzulassen. Sie stehen auf derselben Stufe des Denkens, wie unsere arischen Vorfahren, deren grosse

Gottheit Dyu, welche in den Hymnen der Weda besungen wird, zugleich das feste, personificirte Himmelsgewölbe war, welches regnet und donnert, und auch der Himmelsgott, welcher dasselbe beseelt. Dieselbe Gottheit finden wir im griechischen Zeus und dem römischen Jupiter oder Himmelsvater. Nicht nur der Name, sondern auch die zweifache Natur dieser Gottheit hat sich in der Religion der Griechen und Römer erhalten. Die barbarische Theologie vermochte an dem Himmelsgewölbe ein reges Leben zu erkennen und dieses Leben durch eine nach dem Vorbilde der menschlichen Seele vorgestellte Gottheit zu erklären. Wir können uns am besten eine Vorstellung von diesem Himmelsgotte machen, wenn wir uns ihn als die Seele des Himmels denken. Spuren dieser barbarischen Religion, in welcher der belebte Himmel als Gottheit gedacht wird, haben sich in bekannten Redensarten, wie „Himmel vergieb mir“, „die Rache des Himmels möge ihn ereilen“, bis auf den heutigen Tag erhalten. Regen und Donner werden gewöhnlich vom Himmelsgott hervorgebracht. So ist es z. B. bei den Griechen Zeus, welcher den Donner schleudert und den Regen sendet. Manche Völker haben indessen einen besonderen Regengott, wie die Khond in Orissa, welche zu Pidzu Pennu beten, er möge durch sein Sieb Wasser auf ihre Felder niedergiessen. Andere Völker haben einen besonderen Donnergott, wie die Yoruba, welche sagen, es sei Shango, der mit dem Blitz und dem Donner die Donneräxte, nämlich die Steincelte, welche sie im Boden finden, herabschleudern. Eine Erinnerung an den Donnergott oder Thor haben wir noch in dem Worte Donnerstag (engl. Thursday, schwed. Thorsdag), welches eine Uebersetzung von Dies Jovis (ital. giovedi, franz. jeudi) ist. Nichts erscheint natürlicher, als dass in barbarischen Religionen

Tylor, Anthropologie. 28

dem Vater Himmel die Erde als die Mutter aller Dinge
gegenübergestellt wird.   Wenn die Odschibwä heilsame
Pflanzen ausgraben, versäumen sie es nicht, der Urgross-
mutter Erde ein Opfer darzubringen, und bei einer chinesischen Hochzeit werfen sich Bräutigam und Braut vor
dem Himmel und der Erde nieder. In der Religion der
Griechen finden wir die Erdgöttin in Demeter, der
„Mutter Erde", und selbst bei uns hat sich vielleicht
eine letzte Spur der Verehrung der Erdgöttin in dem
Gebrauche erhalten, die letzte Handvoll Aehren auf dem
Felde stehen zu lassen oder im Triumph zu dem Ernte-
fest zu tragen. Die Vorstellung eines Meergottes finden
wir heute am deutlichsten bei den Negern der Guinea-
küste ausgeprägt. Hier versprechen die Könige der Eingeborenen, um ihren Bitten um ruhige See Nachdruck zu
verleihen, dem Meergott Reis, Kleidung, Flaschen voll
Rum und selbst Sclaven, die als Opfer in das Meer geworfen werden. Ein griechischer oder römischer Feld-
herr pflegte dem Poseidon oder Neptun einen Stier zu
opfern, bevor er sich den gefahrbringenden Wogen des
Meeres anvertraute. Für Menschen, welche so in dem
Himmel, der Erde und dem Meer belebte, intelligente
Wesen erblickten, musste natürlich die Sonne, die Quelle
des Lichts und des Lebens, die das Himmelsgewölbe
durchzieht und Nachts in die Unterwelt versinkt, zu
einer persönlichen Gottheit werden. Eine Samojedenfrau
betete des Morgens, sich gegen die Sonne verneigend:
„Wenn Du, Gott, Dich erhebst, erhebe auch ich mich von
meinem Bett", und des Abends: „Wenn Du, Gott, nieder-
gehst, begebe auch ich mich zur Ruhe." Darstellungen
des Sonnengottes finden wir in den ältesten historischen
Ueberlieferungen, z. B. an den ägyptischen Mumiensärgen,
an denen Ra, der Sonnengott, abgebildet ist, wie er in

seinem Boote die oberen und unteren Regionen des Weltalls durchzieht. Die Brahmanen, diese modernen Alten,
kann man jeden Morgen beobachten, wie sie auf einem
Beine stehend mit erhobenen Händen, das Gesicht nach
Osten gewandt, die Sonne anbeten. Das Gebet, welches
sie täglich wiederholen: „Lasst uns nachdenken über das
begehrenswerthe Licht der göttlichen Sonne; möge es
unsere Geister erwecken!" ist eins der ältesten Gebete,
welche sich aus der alten arischen Welt bis in die Gegenwart erhalten haben. Der Mondgott oder die Mondgöttin
wird bei manchen Waldvölkern durch festliche Tänze
verehrt, welche beim Scheine des Vollmonds ausgeführt
werden. Es ist nichts Ungewöhnliches, dass der Mond
in den religiösen Vorstellungen eine höhere Stellung einnimmt, als die Sonne, was vielleicht auch bei den alten
Babyloniern, und zwar aus astronomischen Gründen, der
Fall gewesen ist. In der Regel nimmt allerdings die
Sonne die erste Stellung ein, was uns natürlicher vorkommt, und gewöhnlich werden Sonne und Mond als ein
Paar, sei es als Geschwister oder als Ehegatten, aufgefasst.
Es ist leicht zu begreifen, weshalb in den berühmten
Tempeln Syriens die Sonne und der Mond nicht bildlich
dargestellt sind, wie die anderen Götter, nämlich weil sie
selbst von Allen gesehen werden. Ohne Zweifel ist auch
dieser Umstand die Ursache, dass von allen Naturgöttern
Sonne und Mond die einzigen sind, von deren Verehrung
sich Reste bis in die moderne Zeit erhalten haben. In
manchen Gegenden Deutschlands und Frankreichs nehmen
die Bauern vor der aufgehenden Sonne den Hut ab, und
in England herrscht die Sitte, den Neumond mit einer
Verbeugung zu begrüssen. Das Feuer ist zwar keine
Gottheit ersten Ranges, wird aber als ein persönliches
Wesen, als Diener der höheren Götter, betrachtet und

28*

sowohl wegen des Guten, als auch wegen des Bösen, welches es dem Menschen zufügt, verehrt. Das erste Wort in den Weda ist Agni (lat. ignis), der Name des Feuergottes, des göttlichen Opferpriesters. Heute finden wir noch die Religion der alten Perser, die Feuerverehrung, bei den Parsen, deren grösstes Heiligthum der Tempel an den Feuerquellen von Baku ist. Bei den Griechen wurden der Hestia, der Göttin des häuslichen Herdes, Opfer von Fett und süssem Weine dargebracht, und aus Griechenland kam der Name und die Verehrung dieser Göttin nach Rom, wo im Tempel der Vesta ein ewiges Feuer unterhalten wurde. Die Windgötter waren den nordamerikanischen Indianern und den Südsee-Insulanern ebenso bekannt, wie den Griechen. Einige Namen der griechischen Windgötter, wie Boreas und namentlich Zephyr haben sich bis in unsere Zeit als Bezeichnung des Nordwindes und des Westwindes erhalten. Die Flussgeister wurden als bedeutend höhere Wesen betrachtet, als die Geister der Bäche. Manche von ihnen, wie z. B. Skamandros und Spercheios, hatten eigene Tempel und Priester. Man schwor bei den Flussgeistern, da sie im Stande waren, den Meineidigen in ihre Fluthen hinabzuziehen, und bei den Hindu giebt es bis auf den heutigen Tag keinen höheren Eidschwur, als den bei einem heiligen Flusse, vor allen dem Ganges.

Eine solche Reihe von Göttern, die Seelen des Himmels, der Erde und des Meeres, der Sonne und des Mondes sowie der übrigen Naturerscheinungen, jede mit ihrer göttlichen Persönlichkeit, ihrem vernünftigen Zweck und ihrer Thätigkeit in der Welt, bildet eine hinreichende Erklärung für den Polytheismus, den wir in allen Weltgegenden antreffen. Durch einen anderen Umstand wird die Zahl der Gottheiten noch vermehrt. Aus einer Gott-

heit, die in verschiedenen Tempeln verehrt wird, bilden
sich nämlich häufig mehrere, von einander verschiedene
Gottheiten, die unter verschiedenen Namen verehrt werden,
nachdem die ursprüngliche Bedeutung derselben verloren
gegangen ist. Wo durch Bündnisse oder durch Eroberungen verschiedene Völker mit einander verschmelzen, verschmelzen auch die Religionen derselben und die verschiedenen Götter büssen ihren ursprünglichen Charakter
mehr oder weniger ein. Bei den Römern wurde der
donnernde Himmel und der regnende Himmel, Jupiter
Tonans und Jupiter Pluvius, wie zwei verschiedene persönliche Wesen angebetet. Der römische Neptun und
der griechische Poseidon verschmolzen, da sie beide
Meergötter waren, zu einer einzigen Gottheit. In Mercur,
dem Gott des Handels, erkennen wir eine andere Gottheit
des Alterthums, den Hermes der Griechen, den Götterboten,
den Führer, der die Todten in den Hades geleitet, den
Gott der Diebe und Kaufleute, der Kunst des Schreibens
und der Wissenschaft. Wahrscheinlich haben wir in
Hermes selbst eine Verschmelzung älterer Gottheiten zu
erkennen, zu denen unter anderen der im alten Aegypten
als Gott des Schreibens verehrte ibisköpfige Thoth gehört.
Man kann hieraus ersehen, welche Verwirrung in einer
Religion beginnt, sobald die ursprüngliche Bedeutung
einer Gottheit in Vergessenheit geräth und die Vorstellung
der Gottheit sich nur noch an ein in einem bestimmten
Tempel aufgestelltes und mit einem bestimmten Namen
belegtes Bild knüpft. Dass der Ursprung zahlreicher
alter Gottheiten heute kaum zu ermitteln ist, ist weniger
zu verwundern, als dass manche von ihnen noch deutlich
erkennen lassen, dass sie ursprünglich einen göttlich verehrten Vorfahren, oder die Sonne, oder den Himmel oder
einen Fluss u. s. w. bedeuteten. In barbarischen Reli-

gionen finden wir auch die Vorstellung von einer Thätigkeit der Götter, die für höhere Culturstufen von grosser
Wichtigkeit ist. Manche Religionen betrachten die Welt
als den Kampfplatz guter und böser Geister und deshalb
denken sie sich die letzteren in zwei Heere getheilt, die
sich feindlich gegenüberstehen und die von höheren
Geistern befehligt werden, an deren Spitze auf der einen
Seite eine oberste gute, auf der anderen eine oberste böse
Gottheit steht. In der Religion der alten Perser ist
dieser sogenannte Dualismus in dem Kampfe zwischen
den Mächten des Lichts und der Finsterniss, unter Ormuzd
und Ahriman, dem guten und dem bösen Geist, zum Ausdrucke gebracht. Auf den barbarischen Religionsstufen
erscheint auch in rohen Formen das System der göttlichen Regierung, wie wir es in den Religionen höher
stehender Völker wiederfinden. Wie unter den Anbetern
selbst gewöhnliche Menschen, Häuptlinge und grosse
Herrscher sind, sowie hohe und niedere Beamte, welche
die Befehle der Gebietenden ausführen, so giebt es auch
Götter höheren und niederen Ranges, an deren Spitze
ein höchstes göttliches Wesen steht. Bei Völkern, die
die Seelen der Verstorbenen göttlich verehren, kann
selbst der Rang der höchsten Gottheit von der Seele
eines Vorfahren eingenommen werden, die bis zur Stufe
des Schöpfers und Lenkers der Welt erhoben worden ist.
Sehr oft wird, wie sich erwarten lässt, der Himmelsgott
als der Schöpfer und Lenker des Weltalls angesehen.
Einige Völker Westafrikas sagen, der Himmel führe
seinen Willen durch seine Diener, die niederen Geister der
Luft, aus, während er nach der Vorstellung anderer Völker
zu erhaben ist, um sich mit irdischen Dingen abzugeben.
Die Congoneger sagen, in den Angelegenheiten des Lebens
seien die guten und bösen Geister, die Seelen der Ab-

geschiedenen, noch thätig und zwar besässen die bösen Geister meist die Oberhand. Von Zeit zu Zeit aber, wenn sie die Welt unerträglich gemacht hätten, erhebe sich der grosse Himmel selbst, erschrecke die bösen Dämonen mit seinem Donner und schleudere seine Donnerkeile nach den widerspenstigsten derselben. Dann ziehe er sich wieder zurück und überlasse die Herrschaft, wie zuvor, den Geistern. Eine freundlichere Auffassung der Naturgeister, welche unter der Herrschaft des Himmels thätig sind, ist uns aus der griechischen Sage bekannt. Hier thront Zeus im Rathe der olympischen Götter und übt seine Herrschaft über die niederen Götter der Erde, der Luft und des Meeres aus. In anderen Ländern wird die Sonne als die oberste Gottheit betrachtet, wie bei manchen Gebirgsvölkern Indiens, wo sie über die Götter des Waldes und der Ebene, die Götter der Volksstämme und die Ahnengeister herrscht. Wieder anders ist es bei den Eingeborenen Nordamerikas. Hier ist das höchste göttliche Wesen der grosse Geist, gleichsam die Seele des Weltalls, das er erschaffen hat und regiert. Der grosse Geist steht selbst über so mächtigen Naturgöttern wie die Sonne und der Mond. Wer die Religion und die Philosophie der alten civilisirten Welt studirt, wird finden, dass der Mensch in diesen beiden Gebieten des Denkens entweder dem Pantheismus oder dem Monotheismus zustrebt, indem er entweder das ganze Universum als einen einheitlichen Körper auffasst, der von einer einzigen göttlichen Seele belebt wird, oder indem er die eine Gottheit, die über die übrigen herrscht, auf denselben göttlichen Rang erhebt. Auf diesen Punkt können wir hier jedoch nicht näher eingehen.

Wir wollen jetzt einen Blick auf die Hauptformen der barbarischen Gottesverehrung werfen, die nicht schwer zu verstehen sind, wenn man bedenkt, dass die Gottheiten, denen sie gelten, wirkliche oder umgewandelte menschliche Seelen oder Wesen sind, die nach dem Vorbilde menschlicher Seelen gebildet sind. Selbst bei Wilden findet sich bereits das Gebet. Nichts erscheint natürlicher, als dass der Mensch ein Wesen, welches vielleicht sein eigener Grossvater ist, mit ehrfurchtsvollen Worten um Hilfe anfleht. Von Gebeten, wie sie bei barbarischen Völkern in Gebrauch sind, kennen wir zahlreiche Beispiele. So spricht z. B. ein Zulu, wenn er ein Opfer darbringt, das folgende Gebet: „Hier ist euer Farren, ihr Geister unseres Volkes. Ich bitte um einen gesunden Leib, damit ich gemächlich leben kann, und Du N. N. (er nennt den Todten der Familie mit Namen), behandle mich mit Gnade." Folgendes ist ein Theil eines Gebetes, welches die Khonds sprechen, wenn sie der Erdgöttin ein Menschenopfer darbringen: „Von unserem Vieh, unseren Herden, unseren Schweinen und unserem Korn bereiteten wir ein Opfer und bringen es Dir dar. Bereichere Du uns jetzt. Lass unsere Herden so zahlreich sein, dass sie der Stall nicht zu fassen vermag; lass die Kinder so zahlreich sein, dass die Sorge derselben zu viel für die Eltern ist, wie man aus ihren verbrannten Händen sehen möge; lass unsere Häupter gegen zahllose Messingtöpfe stossen, welche von unseren Dächern herabhängen; lass die Ratten ihre Nester aus Lappen von scharlachrothem Tuch und Seide bauen; lass alle Geier des Landes in den Bäumen unseres Dorfes sehen, wegen der vielen Thiere, welche täglich daselbst getödtet werden. Wir wissen nicht, was zu erbitten gut ist. Du weisst, was gut für uns ist. Gieb es uns." Diese beiden Gebete wurden deshalb als Beispiele gewählt, weil aus ihnen deutlich hervorgeht, in einem wie engen Zusammenhange das Gebet mit dem

Opfer steht, wie die Gabe dargebracht und um Gunst
gebeten wird, wie bei einem lebenden Häuptling. Die
barbarischen Opfer sind nicht blosse formelle Ehrfurchts-
bezeugungen. Die als Opfer dargebrachten Dinge sind
meist Speisen, die von der Gottheit verzehrt werden. Da
dieselbe aber ein geistiges Wesen ist, nimmt sie auch
nur das Geistige der Speisen, d. h. den Geruch oder die
Essenz derselben auf; oder sie athmet den Rauch ein,
welcher vom Altar emporsteigt und der eine Speise
bildet, die aus einer ebenso feinen, ätherischen Substanz
besteht, wie die Gottheit selbst. Auf höherer Culturstufe
verliert das Opfer diese ursprüngliche Bedeutung. Es
wird wohl noch ein Trankopfer ausgegossen oder ein
Farren auf dem Altar verbrannt, allein das Opfer ist
jetzt zu einer Handlung geworden, durch welche der
Opfernde einen für ihn werthvollen Gegenstand aufgiebt
und durch die er der Gottheit seine Verehrung zu erkennen giebt.

Es giebt verschiedene Mittel, durch welche der
Mensch mit den Gottheiten in persönlichen Verkehr
treten kann. Da dieselben Seelen oder Geister sind,
so erscheinen dieselben zuweilen dem Menschen in Träumen und Visionen, namentlich ihren eigenen Priestern
und Sehern, die bei diesen Gelegenheiten göttliche
Antworten oder Orakel erhalten oder zu erhalten vor-
geben. Auch kann ein Gott, da er eine Seele ist, in
einen menschlichen Körper eintreten und durch denselben handeln und sprechen. Daher werden die Krankheitserscheinungen Hysterischer und Epileptischer, die,
wie wir gesehen haben, häufig einem bösen Dämon zugeschrieben werden, zuweilen auch in einer günstigeren
Weise aufgefasst, wenn nämlich der Geist als eine Gottheit betrachtet wird, welche gekommen ist, um seinen

Diener zu inspiriren und mit der Stimme desselben zu reden. Die fremde Stimme, mit welcher der besessene Priester im Namen der Gottheit antwortet, die Convulsionen, von denen seine Rede begleitet ist und die Betäubung, in welche er fällt, wenn ihn der Gott verlassen hat, alles dies passt gut zusammen, und die Orakelpriester und die durch Familiengeister Wahrsagenden waren, wie es scheint, überall wo sie aufgetreten sind, körperlich und geistig kranke Personen, die sich durch ihre eigenen Empfindungen täuschen liessen und es verstanden, ihre Anhänger durch erheuchelte Symptome und geschickte Antworten zu täuschen. Die Inspiration oder das Einhauchen eines Geistes in den Körper eines Priesters wird bei solchen Völkern als ein mechanischer Vorgang, ähnlich wie das Eingiessen von Wasser in einen Krug, aufgefasst. Ebenso gut wie in einen Menschen, kann aber eine Gottheit auch in den Leib eines Thieres eintreten und in Gestalt eines heiligen Vogels von Ort zu Ort fliegen oder in der göttlichen Schlange leben, die von den Negern von Guinea angebetet und gefüttert wird. Dies führt zu einem nach unserer Vorstellung noch viel seltsameren Glauben. Uns modernen Europäern muss es allerdings sonderbar vorkommen, dass sich ein Mensch, sei er auch noch so unwissend, vor einem in die Erde gesteckten Stab oder einem vom Wege aufgelesenen Stein niederwerfen, selbst mit demselben sprechen und ihm Nahrung anbieten kann. Wenn uns aber ein Afrikaner oder ein Hindu erklärt, dass sich in jenem Stab oder jenem Stein vorübergehend ein göttlicher Geist verkörpert habe, so müssen wir zugeben, dass diese Handlungen durchaus nicht unvernünftig sind. Die Götterbilder, von den roh geschnitzten Figuren der Vorfahren, welche die Ostjaken in ihren Hütten aufstellen, bis zu den griechischen Statuen eines Phidias und Praxiteles, welche den Himmelsgott oder den Sonnengott darstellen, sind meist nach dem Vorbild des Menschen geformt, ein weiterer Beweis dafür, wie diese Naturgötter als menschliche Wesen vorgestellt werden. Der Verehrer solcher Götterbilder kann dieselben als blosse Zeichen oder Portraits auffassen, in der Regel verleitet ihn aber seine Geisterphilosophie zu der Annahme, dass dieselben wirklich vorübergehend den Gottheiten als Körper dienen. Ein tahitischer Priester, über sein geschnitztes hölzernes Götzenbild befragt, erklärte, der Gott sei nicht immer in demselben anwesend, sondern nur dann und wann nahe er in Gestalt eines heiligen Vogels, um in dasselbe einzutreten und zuweilen verlasse er es, um in seinen eigenen (des Priesters) Körper einzutreten und durch seine Stimme göttliche Orakel zu verkündigen. Dies erinnert uns an die Beschreibung, welche vor fünfzehnhundert Jahren Minucius Felix von den heidnischen Göttern gab, in welcher er schildert, wie sie in ihre Götzenbilder eintreten und sich von dem Rauch der Altäre mästen, wie sie als Geister in den Körper der Menschen eindringen, um ihre Glieder zu verzerren und sie wahnsinnig zu machen oder wie sie ihre eigenen Priester in Raserei versetzen. Wilde Völker können an Geister glauben und dieselben verehren, ohne dass denselben Tempel errichtet oder Speisen dargeboten werden. Tempel und Altäre waren aber bei barbarischen Völkern seit den ältesten Zeiten in Gebrauch, und in ihnen finden wir noch heute jene ursprüngliche Form der Götterverehrung, die sich von der Verehrung eines Menschen nicht wesentlich unterscheidet. So wird in Indien das Bild des Wischnu von den Wärtern gewaschen

und bekleidet und auf den Ehrenplatz in seinem Tempel
gesetzt, wo ihm ein auserwähltes Mahl vorgesetzt wird,
während Musiker und tanzende Mädchen bemüht sind,
den Gott zu belustigen. Dies ist für uns um so belehrender, als wir Wischnu in seiner ursprünglichen Bedeutung kennen. In der vorhistorischen Naturphilosophie
war er ein Sonnengott, das personificirte belebende
Princip oder die Seele der Sonne.

Wir haben bis jetzt die barbarische Religion nur
als die früheste Form eines Systems der Naturphilosophie
betrachtet, die Sittenlehre dagegen, welche nach unseren
heutigen Vorstellungen mit dem Begriff der Religion
untrennbar verbunden ist, unerwähnt gelassen. Wir
haben die philosophische Seite der Religion nicht nur
deshalb getrennt von der moralischen Seite betrachtet,
weil wir auf diese Weise einen besseren Einblick in das
Wesen der Religion bekommen, sondern auch deshalb,
weil zahlreiche Religionen niederer Völker thatsächlich
nur wenig oder gar nichts mit dem sittlichen Lebenswandel zu schaffen haben. Ein Eingeborener Amerikas
oder Afrikas kann einen bestimmten Glauben an Seelen
oder andere geistige Wesen als die Ursachen seines
eigenen Lebens sowie der Naturerscheinungen haben,
er kann die geistigen oder göttlichen Wesen anbeten,
um ihre Gunst zu erlangen oder ihren Zorn zu besänf-
tigen. Allein wenn auch diese Götter verlangen, dass
der Mensch ihnen gegenüber seine Pflicht erfülle, so
folgt hieraus keineswegs, dass sie sich auch darum be-
kümmern, ob der Mensch seinen Mitmenschen gegenüber seine Pflicht erfüllt. Bei solchen Völkern ist es
Sache des Geschädigten oder seiner Freunde, an dem
Räuber oder Mörder Rache zu üben. Der Geizige, der
Hinterlistige, der Brutale kann der Strafe oder der all-

gemeinen Verachtung anheimfallen, aber er braucht
deshalb durchaus nicht als ein den Göttern verhasster
Mensch angesehen zu werden, es ist im Gegentheil nicht
selten, dass ein solcher Mensch im Rufe eines bedeutenden Heilkundigen oder eines einflussreichen Priesters
steht. Völker, die an eine Fortdauer der Seele nach
dem Tode glauben, stellen sich das Leben nach dem
Tode so vor, dass es weniger eine Belohnung oder Strafe
für das irdische Leben, als vielmehr eine ziemlich unveränderte Fortsetzung des irdischen Lebens vorstellt.
Man wird eine solche Religion ohne Moral begreiflich
finden, wenn man sich erinnert, wie selbst unter civilisirten Völkern die Religion in einen solchen Zustand
kommen kann, wenn die von der Religion gelehrten
Sittengesetze nicht mehr befolgt werden. Ein Hindu
kann das lasterhafteste Leben führen, während die Priester gegen Geschenke den Unwillen der Götter beschwich-
tigen, und europäische Briganten sind bekanntlich nicht
selten eifrige Kirchenbesucher. Die Religionen civilisirter
Völker üben im allgemeinen einen stärkeren sittlichen
Einfluss aus, als die Religionen niederer Völker. Aber
selbst bei Wilden macht sich der Einfluss der Religion
auf den Lebenswandel des Menschen bemerklich. Die
Verehrung der Todten muss nothwendiger Weise einen
günstigen Einfluss auf die Sitten ausüben, denn das
Familienhaupt, welches im Leben die Glieder seiner
Familie zu einem rechtschaffenen Lebenswandel anhielt,
übt auch noch einen ähnlichen Einfluss aus, wenn es
ein Geist geworden ist und die Macht besitzt, helfend
oder strafend in das Schicksal der Lebenden einzu-
greifen. Diese Ahnenverehrung ist dem Aufkommen
neuer Lehren und Reformen hinderlich, indem die Lebenden es fühlen, dass den göttlichen Vorfahren nichts

mehr missfällt, als ein Abweichen von den alten Gewohnheiten, denen sie selbst zu ihren Lebzeiten anhingen.
Für die Aufrechterhaltung der guten Familientraditionen
ist die Ahnenverehrung bei allen Völkern, bei denen
sie herrschend ist, von dem grössten Einfluss. Der Zulu
glaubt, dass er seine Brüder nicht schlecht behandeln
dürfe, damit ihm nicht sein Vater im Traume erscheine
und ihn unglücklich mache, und der Chinese scheut sich,
Unrecht zu thun, damit ihn die Familiengeister, die
immer um ihn sind, nicht durch tödtliche Krankheit
bestrafen. In den grossen Religionen der alten Welt,
in denen ein mächtiger Priesterstand einen erziehenden
und beherrschenden Einfluss auf die Gesellschaft besitzt,
nimmt die Sittenlehre unter den religiösen Vorschriften
eine hervorragende Stellung ein. Die Götter selbst verfolgen die Gottlosen mit Strafe, der Himmelsgott trifft
den Meineidigen mit dem Donnerkeil und der Volksgott
sendet dem Mörder tödtliche Krankheit. Auch der
Glaube an die Seelenwanderung übt einen moralischen
Einfluss aus. Die heiligen Bücher der Hindu drohen
dem Missethäter an, dass er zur Strafe für seine Sünden
in anderen Körpern wiedergeboren werden soll. Der
Gottlose wird als ein Blinder oder als ein Krüppel wiedergeboren werden, der Lästerer wird einen unreinen
Athem haben und der Pferdedieb wird lahm sein, der
Grausame wird als Raubthier, der Korndieb als Ratte
wiedergeboren werden. So soll der Mensch die Folgen
seiner Handlungen ertragen, die Seele des Gottlosen soll
in die Finsterniss versenkt und zum Thier degradirt
werden, während die Seele des Frommen durch wiederholte Wiedergeburten zu einem göttlichen Wesen wird.
Noch weiter verbreitet ist der Glaube, dass nach dem
Tode ein Gericht stattfindet, in welchem die Bösen zu

qualvollem Elend verdammt werden, während die Rechtschaffenen in die Seligkeit eintreten. In den religiösen
Anschauungen der alten Aegypter hatte dieser Glaube
eine grosse Bedeutung, wie wir aus den Papyrusstreifen
des Todtenbuchs sowie aus den Gemälden und hieroglyphischen Inschriften auf den Mumienkasten erkennen.
In allen Museen ägyptischer Alterthümer können wir die
Scene sehen, wie die Seele des Abgeschiedenen gewogen
wird, wie sie von Osiris, dem Todtenrichter, und seinen
zweiundvierzig Beisitzern geprüft wird, während Thoth,
der Gott des Schreibens, das Ergebniss der Prüfung in
seinen Tafeln aufzeichnet. In den hieroglyphischen Inschriften sind die Verbrechen aufgezählt, von denen sich
die Seele reinigen muss, ein eigenthümliches Gemenge
von eigentlichen sittlichen Vergehen und Verstössen
gegen die religiösen Ceremonien, z. B.: „Ich habe nicht
wissentlich den Menschen Böses gethan. Ich habe in
dem Gerichtshof der Wahrheit keine Unwahrheiten gesagt. Ich habe keine gottlose Handlung begangen. Ich
habe den Arbeiter nicht mehr als seine tägliche Aufgabe
verrichten lassen. Ich habe den Sklaven nicht bei
seinem Herrn verleumdet. Ich habe nicht gemordet.
Ich habe die Menschen nicht betrogen. Ich habe die
Maasse des Landes nicht verändert. Ich habe die Bilder
der Götter nicht verletzt. Ich habe keine Stücke von
den Binden der Todten hinweggenommen. Ich habe
keinen Ehebruch begangen. Ich habe dem Munde der
Säuglinge nicht die Milch entzogen. Ich habe keine
wilden Thiere auf die Weide gejagt. Ich habe nicht
heilige Vögel in Netzen gefangen. Ich bin rein, ich bin
rein, ich bin rein!“ So war bereits in den ältesten historischen Zeiten bei den Culturvölkern der alten Welt
die Theologie mit der Ethik verschmolzen und die Reli-

gion war zu einer die Gesellschaft beherrschenden Macht
geworden.

So entstanden aus der Seelentheorie die verschiedenen Geister- und Göttersysteme der alten Religionen.
Der Glaube an dieselben übt, wie wir gesehen haben,
bereits bei uncultivirten Völkern einen günstigen Einfluss auf den Lebenswandel aus. Wir erkennen hier die
beiden Seiten der Religion, die philosophische und die
moralische, in ihren einfachsten Formen. Bei einem
eingehenderen Studium der verschiedenen Religionen der
Welt hat man stets diese beiden Seiten zu berücksich-
tigen. Wer die geschichtliche Entwickelung einer Religion verfolgt, hat stets seine Aufmerksamkeit darauf zu
richten, wie weit die betreffende Religion ihre beiden
Aufgaben erfüllte. Die eine dieser beiden Aufgaben besteht darin, dass sie den Menschen belehrt, wie er über
sich selbst, über die ihn umgebende Welt und die das All
durchdringende Kraft denken soll, die andere darin, dass
sie dem Menschen im praktischen Leben als Führer dient
und Kraft verleiht. Eine Frage, die sich uns von selbst
bietet, wenn wir die Geschichte der verschiedenen Religionen verfolgen, ist die, welches die Ursache sei, dass
so manche einst mächtige Religionen in Verfall gerathen
und durch andere ersetzt worden sind. In manchen
Fällen haben Eroberungen solche Veränderungen im
Gefolge gehabt, wie z. B. in Persien, wo die alte Religion
Zoroaster's fast vollständig durch die Religion Mohamm-
med's verdrängt worden ist. In den meisten Fällen lagen
indessen solchen Veränderungen tiefere, geistige Ursachen
zu Grunde. Ein Blick auf die Entwickelung solcher in
Verfall gerathenen Religionen lässt uns leicht erkennen,
dass die Ursache des Verfalls in ihnen selbst lag. Die
ägyptischen Priester, einst die ersten Vertreter der Wis-

senschaft ihrer Zeit, bildeten sich schliesslich ein, der Mensch habe nichts mehr zu lernen, und hielten ihre Tradition allem neueren Wissen gegenüber aufrecht, bis sich die Welt von ihnen abwendete und sie ihrem Aberglauben überliess. Die griechischen Priester standen einst in hohem Ansehen und verrichteten ihre gottesdienstlichen Handlungen in glänzenden Tempeln, allein Männer, welche das Geheimniss eines tugendhaften Wandels suchten, fanden, dass derselbe auch ohne die Religion möglich sei und wandten sich der Philosophie zu. Wenn eine Religion der Wissenschaft und den Sitten gegenüber ihre Stellung nicht zu behaupten vermag, so geht sie, wenn auch langsam, ihrem Verfall entgegen und weder die eifrigsten Bemühungen ihrer Priester, noch der Glanz ihrer Tempel ist im Stande, sie vor dem Schicksal zu bewahren, einem neuen Glauben weichen zu müssen, der ein höheres Wissen und höhere sittliche Begriffe in sich aufgenommen hat.

Funfzehntes Capitel.

Geschichte und Mythologie.

Ueberlieferung. Poesie. Wahrheit in der Dichtung. Aelteste Gedichte und Schriften. Alte Chroniken und Geschichte. Mythen und Deutung derselben. Ausbreitung der Mythen.

Es ist nicht die Geschichte, der wir die Kunde aus den ältesten Zeitaltern des Menschengeschlechtes verdanken. Unser Wissen reicht, wie bereits im ersten Capitel dieses Buches gezeigt wurde, weiter in die Vergangenheit zurück, als das Wissen der ältesten historischen Völker. Deshalb hat indessen die alte Geschichte keineswegs ihren Werth für uns verloren, sie hat vielmehr an Werth gewonnen, da wir jetzt in der Alterthumswissenschaft und der Sprachwissenschaft bessere Mittel besitzen, die von der Geschichte überlieferten Thatsachen auf ihre Richtigkeit zu prüfen. Dies ist von umso grösserem Werthe, als gegenwärtig grosse Massen alter Schriftdenkmäler dem Geschichtsforscher zugänglich gemacht werden. Gerade jetzt ist es von der grössten Wichtigkeit, über die Bedeutung der Ueberlieferung, der Poesie und der schriftlichen Aufzeichnungen für die Anfänge der historischen Zeit klare Vorstellungen zu haben.

Die älteste Geschichte der Völker besteht mehr oder weniger aus Berichten, die sich Jahrhunderte lang durch mündliche Ueberlieferung von einer Generation auf die andere vererbt haben. Wir kennen den Werth solcher mündlicher Ueberlieferungen nicht, da dieselben in der civilisirten Welt fast ganz ausser Gebrauch gekommen sind. Heute erfährt Einer durch mündliche Ueberlieferung kaum etwas aus der Zeit seines Urgrossvaters. Was vor dessen Zeit geschah, ist nur durch schriftliche Ueberlieferung bekannt. Allein die Kunst des Schreibens ist auch heute noch nicht über die ganze Erde verbreitet, und es giebt noch Völker, deren ganze Geschichte in der Ueberlieferung ihrer Vorfahren besteht. So waren z. B. die Südseeinsulaner, welche noch bis vor Kurzem des Schreibens unkundig waren, intelligente Barbaren, die in ihren Ueberlieferungen die Erinnerung an vergangene Tage lebendig erhielten. In einigen Fällen war es möglich, die Richtigkeit dieser Ueberlieferungen zu controliren, und es zeigte sich, dass sich in ihnen die Erinnerung an wirkliche Thatsachen lange Zeit hindurch richtig erhalten hatte. Auf der Insel Rotuma stand, wie der Missionär Whitmee erzählt, ein sehr alter Baum, unter welchem nach der Tradition der Eingeborenen der steinerne Sitz eines berühmten Häuptlings vergraben war. Dieser Baum wurde vor nicht langer Zeit gefällt, und thatsächlich fand man unter seinen Wurzeln einen steinernen Sitz, der sich Jahrhunderte lang an dieser Stelle befunden haben muss, ohne dass er gesehen werden konnte. Die Eingeborenen der Elliceinseln erklärten, ihre Vorfahren seien einst von einem Thal der entfernten Insel Samoa hergekommen, und sie bewahrten einen alten wurmstichigen und durch Binden zusammengehaltenen Stab auf, der in ihren Versammlungen vom

Redner in der Hand gehalten wurde zum Zeichen, dass
er das Recht habe, zu reden. Vor einiger Zeit brachte
man den Stab nach Samoa und überzeugte sich, dass er
aus einer hier wachsenden Holzart verfertigt war. Bei
den Bewohnern des fraglichen Thals fand man die Tradition einer Seefahrt vor, die einst ein Theil des Volkes
unternommen hatte, um neue Inseln zu entdecken, und
deren Theilnehmer nicht zurückgekehrt waren. Zu den
bekanntesten Ueberlieferungen Polynesiens gehören die
Erzählungen der Maori über die Einwanderung ihrer
Vorfahren in Neuseeland. Nach einem Bürgerkrieg, so
erzählen sie, wanderten ihre Vorfahren von Hawaiki im
fernen Nordosten aus. Sie nennen die Namen der Erbauer der Canoes, auf denen sie auszogen, und zeigen
die Stelle, wo dieselben landeten. Ebenso nennen sie
die Namen ihrer sämmtlichen Häuptlinge durch etwa
achtzehn Generationen hindurch bis zu denen, welche
vor 400 bis 500 Jahren die Insel in Besitz nahmen. Die
Traditionen zeigen natürlich, wie sich erwarten lässt, in
verschiedenen Gegenden manche Abweichungen, allein
sie gelten gewissermaassen als Urkunden, kraft deren die
Eingeborenen das Land im Namen ihrer Vorfahren behaupten, welche in den Canoes „Hai" *(Arawa)* und
„Gottesauge" *(Mata-atua)* landeten. Wo aber das Andenken an solche Genealogien lebendig erhalten wird,
weil aus ihnen das Recht auf den Besitz des Wohnge-
bietes hergeleitet wird, kann es kaum einem Zweifel
unterliegen, dass in ihnen historische Thatsachen zum
Ausdruck kommen. Diese Traditionen der Maori sind
aber mit den phantastischsten Wundererzählungen ausgeschmückt. Einer der Erbauer der Canoes hatte einen
grossen Baum gefällt, um aus ihm ein Boot zu verfertigen. Als er am folgenden Morgen in den Wald kam,

fand er, dass sich der Baum im Laufe der Nacht wieder
aufgerichtet hatte. Als das Boot vollendet war und die
Seereise mit demselben angetreten wurde, wurde ein
gewisser Zauberer zurückgelassen. Als aber die Seefahrer in Neuseeland landeten, trafen sie den Zauberer
bereits auf dieser Insel an. Er war inzwischen auf dem
Rücken eines Seeungeheuers, wie Arion auf seinem
Delphin, über das Meer gekommen. Wie in diesen Traditionen eines modernen barbarischen Volkes, finden wir
auch in der alten Geschichte Griechenlands und Aegyptens ein eigenthümliches Gemisch von wirklicher Ueberlieferung und mythischer Phantasie, in denen sich die
Erinnerung an vergangene Zeiten erhalten hat, in denen
noch kein Schreiber vorhanden war, der auch nur die
Namen der Könige in Steintafeln hätte eingraben können.

Besonders lange erhalten sich solche Traditionen,
die in einem bestimmten Wortlaut, namentlich in Form
einer poetischen Behandlung überliefert werden. Vor
der Erfindung der Buchdruckerkunst hatte natürlich die
Dichtkunst für die Erhaltung der Erinnerung an bemerkenswerthe Ereignisse eine viel grössere Bedeutung,
als heute, und manches alte Lied berichtet mit der Treue
einer Chronik historische Thatsachen, wie z.B. jene alten
bretonischen Lieder, in denen das Haar Bertrand du
Guesclin's mit einer Löwenmähne verglichen wird und
in denen geschildert wird, wie Jeanne de Montfort
(Jeanne-la-Flamme) ihre Rüstung anlegte und mit
Schwert und Feuerbrand von Hennebont auszog, um das
französische Lager in Brand zu stecken. Allein wenn
uns auch derartige malerische Scenen in poetischer Form
überliefert worden sind, so fehlt dem Dichter oder Sänger
doch die bewusste Absicht, die Thatsachen mit historischer Treue zu berichten. Er will seine Zuhörer er-

freuen, er will dem Nationalstolz seines Volkes oder dem
Familienstolz des Fürsten, in dessen Sälen er seine Lieder
vortrug, schmeicheln. Er verherrlichte daher in seinen
Liedern wirkliche Personen und Ereignisse, aber in einer
Weise, wie es für die dramatische Scenerie seines Vor-
trags am besten passte, ohne dabei auf historische Treue
ein allzu grosses Gewicht zu legen. Das Nibelungenlied
beginnt mit der Schilderung der Hofhaltung der drei
burgundischen Könige zu Worms am Rhein. Ihre
Schwester ist die liebliche Chriemhild, deren Gatte Sieg-
fried von Hagen verrätherischer Weise erschlagen wird.
Später vermählt sie sich mit dem Hunnenkönig Attila,
und nach Beendigung des blutigen Kampfes, in dem sie
selbst zuletzt getödtet wird, klagen Attila und Theodorich
von Verona (Etzel und Dietrich von Bern) um die gefallenen
Mannen. Obwohl in dem Gedicht genug historische
Personen und historische Localitäten vorkommen, sind
doch die Begebenheiten, welche hier geschildert werden,
nichts weniger, als historisch. Die Geschichte lehrt uns
z. B., dass Attila zwei Jahre früher starb, als Theodorich
geboren wurde. Das Gedicht ist nur die spätere Version
einer Erzählung, die uns in einer älteren Form in der
skandinavischen Völsungensage überliefert ist. Der
Königshof zu Worms sowie die übrigen Localitäten und
Personen dienen nur dazu, um die dramatische Scenerie
der Erzählung zu erhöhen. Aus der Zeit, in welche die
im Nibelungenliede geschilderten Begebenheiten fallen,
besitzen wir historische Ueberlieferungen, die uns in den
Stand setzen, die Grenze zwischen Wahrheit und Dichtung
zu erkennen. Allein wie sollen wir diese Grenze in
poetischen Ueberlieferungen erkennen, die uns in Zeiten
versetzen, in die wir nicht auf dem Wege der historischen
Forschung einzudringen vermögen? Die Iliade und die

Odyssee enthalten vielleicht manche Erinnerungen an wirkliche Personen und Begebenheiten, vielleicht hat wirklich ein Agamemnon in Mykenä regiert und es hat vielleicht wirklich eine Belagerung von Troja stattgefunden. Allein in den poetischen Schilderungen Homer's sind natürliche Ereignisse und Wunder ähnlich wie in den Sagen der Maori so innig mit einander verschmolzen, dass es unmöglich ist, das wirklich Historische in ihnen zu erkennen. Es ist schwer zu beurtheilen, bis zu welchem Grade der Unpartheilichkeit die Erinnerungen alter Völker von einem Sänger überliefert werden, der keinen einzigen Fall zu erzählen weiss, dass ein hervorragender griechischer Führer in gleichem Kampfe von einem Trojaner erschlagen wurde. Wenn uns die alte Poesie nichts anderes überlieferte, als diese entstellten Erinnerungen an historische Ereignisse, so würde sie für das Studium der Anthropologie durchaus werthlos sein. Allein von einem anderen Gesichtspunkte aus betrachtet bildet sie für die anthropologische Forschung eine äusserst werthvolle Quelle.

Wenn auch die Ereignisse, welche der Dichter erzählt, erdichtet sein mögen, so enthalten doch die Schilderungen von Zuständen viel historische Wahrheit. In den Namen und Schilderungen von Völkern, Ländern und Städten entwirft uns der Dichter unbewusst ein Bild der Welt und ihrer Bewohner, wie es ihm aus eigener Anschauung bekannt war. Das Verzeichniss der Schiffe und Völker im zweiten Buche der Iliade giebt uns eine Vorstellung von dem Zustande der Schifffahrt auf dem Mittelmeere, wie er zu Lebzeiten des Dichters war. Homer hatte Kunde von den alten Aegyptern, ihren bewässerten Feldern und ihrer Geschicklichkeit in der Heilkunde, er kannte die seefahrenden Phönicier und ihre Purpurstoffe.

Der Name Kadmos gehört der phönicischen Sprache an
und bedeutet „der Oestliche", während uns das „sieben-
thorige" Theben beweist, dass die Bewohner desselben
die mystische Zahl sieben verehrten, was auf die Verehrung der sieben Planeten in Babylon zurückzuführen
ist. Der Dichter hat schwerlich eine Vorstellung davon
gehabt, welchen Dienst er der wissenschaftlichen Forschung
späterer Jahrhunderte leistete, indem er seine Wundererzählungen mit Schilderungen umgab, für welche die
ihn umgebende Welt als Vorbild diente. Die Erzählung,
wie sich Odysseus unter dem Bauch des grossen Widders
anklammerte, oder wie er in das Land des Hades, das
Schattenreich der Todten segelte, ist nichts als Sage.
Allein die Schilderung Polyphem's ist eine der wenigen
aus dem Alterthume erhaltenen Beschreibungen der
Lebensweise barbarischer Völker, und in der Fahrt in die
Unterwelt sind uns die Anschauungen der alten Griechen
über die Fortdauer der Seele nach dem Tode erhalten.
Ebenso werthvoll wie diese Erzählungen sind für uns die
Schilderungen der Lebensweise und Sitten. Nausikaa,
die Königstochter, treibt den mit Maulthieren bespannten
Wagen an die Mündung des Flusses hinab, um dort die
Gewänder, mit denen der Wagen beladen ist, zu waschen.
Odysseus schreitet durch die Strassen der seefahrenden
Phäaken, bewundert den Hafen und die mächtigen Wälle,
betritt die eherne Schwelle des Palastes des Alkinoos und
umfasst, nachdem er eingetreten, als Schutzflehender die
Knie der Königin Arete. Dann setzt er sich am Herde
nieder in die Asche, bis ihn der König, eingedenk des
Donnerers Zeus, an der Hand ergreift und ihn zu dem
glänzenden Sitze führt, den zuvor sein eigener Sohn eingenommen hatte. So reiht sich, wenn wir die Geschicke
des vielgewanderten Odysseus verfolgen, eine Scene an

die andere, aus der wir die Lebensweise der alten Heroen
erkennen, wie sie mit dem Speere in der Hand und von
schnellen Hunden begleitet auf die Jagd zogen, wie sie
an der Hausthüre die Kleider ablegten, um das Badezimmer
zu betreten, wie sie mit Oel gesalbt zu dem Mahle kamen,
welches aus gebratenem Fleische und Brot bestand und
ohne Benutzung von Tellern und Messern eingenommen
wurde, wie sie sich damit belustigten, die Wurfscheibe
auf glatter Bahn zu schleudern oder wie sie im Sonnenscheine ausgestreckt der Ruhe pflegten und sich mit dem
Brettspiel unterhielten, wie sie den Göttern Trankopfer
von dunklem Weine und Brandopfer von Fleisch dar-
brachten und zugleich die Götter um Erfüllung ihrer
Wünsche anflehten. Dies alles sind historische Thatsachen, welche für das Studium der Anthropologie von
dem grössten Werthe sind. Selbst in dem eigenthümlichen
Gemenge von Natürlichem und Uebernatürlichem, so
seltsam es unseren modernen Anschauungen vorkommen
mag, ist uns ein früherer Zustand der religiösen Vorstellungen erhalten. Die Götter treten in der Wohnung
des wolkenversammelnden Zeus zusammen, um zu berathen, was mit den Heeren der sie verehrenden Menschen,
die sich auf der Erde feindlich gegenüberstehen, geschehen soll. Göttliche Wesen nehmen sogar an dem
Kampfe der sterblichen Krieger Theil, Poseidon zieht den
bronzespitzigen Speer aus dem Schilde des Aeneas und
trägt den Krieger unversehrt über die Häupter der
Krieger hinweg aus dem Kampfe. Selbst die Göttinnen
werden unter sich handgemein, wenn z. B. Here der
Artemis Bogen und Köcher entreisst und unter höhnischem
Gelächter um die Ohren schlägt, bis die jungfräuliche
Jägerin mit Zurücklassung des Bogens weinend davon-
läuft. Es wäre durchaus falsch, wenn man glauben wollte,

dass dies die Menschen, welche zuerst dem Vortrage
dieser wunderbaren Rhapsodien lauschten, als willkürlich
erfundene poetische Ausschmückung aufgefasst hätten.
Sie befanden sich in ihren religiösen Anschauungen in
jenem Uebergangszustande, welcher im vorhergehenden
Capitel geschildert worden ist (vergl. S. 437). Die geistigen Wesen, welche ihren Vorfahren die persönlichen Ursachen der Naturerscheinungen und der Ereignisse gewesen
waren, hatten ihren ursprünglichen Charakter eingebüsst,
wurden aber immer noch als Gottheiten betrachtet, welche
die Natur beherrschen und in das Schicksal der Menschen
eingreifen. Eine Vergleichung dieses Zustandes mit der
Gegenwart giebt uns eine Vorstellung von einem der
wichtigsten Ereignisse, welche sich in der Geschichte
vollzogen haben, nämlich dem Uebergang des menschlichen
Denkens von der mythologischen auf die historische
Stufe. Dieser Uebergang trat nicht plötzlich ein, sondern
vollzog sich allmählich im Laufe von Menschenaltern. Es
giebt kaum ein lehrreicheres Capitel in Grote's Geschichte
von Griechenland, als dasjenige, in welchem er das philosophische Zeitalter schildert, wie die Griechen zu ihrem
Erstaunen und Bedauern zu bemerken anfingen, dass die
Homer'schen Gedichte, die ihnen zu einem heiligen Buche
geworden waren, nur schlecht mit ihren eigenen Lebens-
erfahrungen harmonirten, so dass sie sich fragten, ob
sich die Welt wirklich seit den Tagen, als die Menschen
mit den Göttern zusammen an einer Tafel sassen, so sehr
verändert haben könne.

Ein grosser Theil der sogenannten alten Geschichte
muss in dieser Weise betrachtet werden. Es ist Sache
der historischen Kritik, zu ermitteln, bis zu welchem
Grade die Berichte der alten Geschichtsschreiber vernünftiger Weise als glaubhaft angesehen werden dürfen.

Ein moderner Leser kann über die älteste römische Geschichte eine sachgemässere Vorstellung haben, als die Römer selbst zur Zeit des Livius und Cicero. Wir erkennen leichter, als sie, dass der Name der Stadt Rom wahrscheinlich nicht von dem Namen eines gewissen Romulus abzuleiten ist, sondern dass vielmehr der Name Romulus erfunden wurde, um für den Namen der Stadt Rom eine Erklärung zu haben. Die bekannte Erzählung, dass Romulus und Remus von einer Wölfin aufgesäugt worden seien, fällt in sich zusammen, wenn wir dieselbe Wundererzählung bei Herodot wiederfinden, der sie von der Geburt des Cyrus berichtet. Allein auch hier zeigt sich wieder der indirecte Nutzen der Geschichte, selbst wenn die Ereignisse, die sie erzählt, in das Reich der Sage zu verweisen sind. Wenn auch niemals eine Person Namens Romulus existirt hat, so ist uns doch durch die Erzählung von der Gründung Roms eine Ceremonie überliefert, welche in alten Zeiten bei der Gründung neuer Städte beobachtet wurde, nämlich die Andeutung der Stadtmauer durch eine Furche, die mit dem Pfluge gezógen wurde. Selbst die aus späteren Zeiten überlieferten Erzählungen, die uns in den Aufzeichnungen von Zeitgenossen überliefert sind, müssen oft in einer ähnlichen Weise auf ihre wahre Bedeutung geprüft werden. So wird man die Erzählung des Livius von dem Eidschwure des Hannibal und den Vorbereitungen zum Kriege gegen Antiochus ohne Bedenken als wirkliche Geschichte betrachten. Die Erzählung dagegen, dass um diese Zeit ein Ochse die Worte geäussert habe „Roma cave tibi" ist sehr geeignet, von einer Classe, in welcher sie gelesen wird, mit Gelächter aufgenommen zu werden. Es wäre verkehrt, wenn der Lehrer über diese Erzählung flüchtig hinweggehen oder sie für etwas Widersinniges erklären wollte.

Er wird vielmehr darauf hinweisen, dass der Geschichtsschreiber die Erzählung wahrscheinlich aus den von
den Priestern geführten Verzeichnissen der Wunder-
erscheinungen schöpfte, dass aus ihr hervorgeht, wie es
im alten Rom für möglich gehalten wurde, dass ein Ochse
sprechen könne und wie dasselbe als ein göttliches
Wunder angesehen wurde, wie derartige Vorstellungen
einen so wesentlichen Theil der Volksreligion bildeten,
dass die Auguren darauf bedacht waren, solche Wunder-
erscheinungen ausfindig zu machen, um sowohl auf die
Regenten, als auch auf die Volksmenge einen Einfluss
auszuüben. So kann auch eine Erzählung, die auf den
ersten Blick sehr widersinnig zu sein scheint, für die
Geschichte der Civilisation von grossem Werthe sein.

Natürlich können wir auch aus anderen, als den
eigentlichen historischen Ueberlieferungen Nachrichten
über die Zustände früherer Zeit schöpfen. Wenn nur
die Worte und Gedanken der Alten über irgend Etwas
überliefert sind, so bilden dieselben für uns eine Quelle,
aus welcher wir historische Kenntnisse schöpfen können.
So ist uns in den Hymnen der Weda das alltägliche
Leben der alten Arier, welche diese Hymnen sangen, geschildert. Wenn z. B. die Windgötter in einer an sie
gerichteten Hymne geschildert werden, wie sie in Wagen
mit starken Radspeichen, mit wohlgeformten Zügeln und
mit knallenden Peitschen einherfahren, so zieht der
moderne Leser aus dieser Schilderung natürlich den
Schluss, dass die Menschen, bei denen diese Hymnen entstanden, selbst in Wagen fuhren. Wenn die Götter goldene Ketten als Schmuck auf der Brust tragen, Speere
auf den Schultern und Dolche an den Seiten tragen, so
giebt uns diese Schilderung ein Bild von der Ausrüstung
des arischen Kriegers. So schildert uns diese vorhisto-

rische Hymnensammlung das patriarchalische Leben der
Arier mit seinen umherschweifenden oder im Winter in
Ställen eingeschlossenen Herden, dem Pflügen der Felder
und dem Ernten des Korns, mit seinen Familienbanden
und gesetzlichen Bestimmungen, der Verehrung der
grossen Naturgötter des Himmels und der Erde, der
Sonne und der Finsterniss, des Feuers, des Wassers und
der Winde, dem Glauben an die lichten Regionen der
Verstorbenen, dem Lobe des Almosenspenders und dem
Ruhme des Gerechten. In den heiligen Büchern der
alten Perser, die in der Avesta gesammelt sind, sind uns
die Traditionen eines anderen Zweiges des arischen
Völkerstammes erhalten, die sich von ihren brahmani-
schen Verwandten trennten und der Lehre Zoroaster's anhingen. Der grosse Unterschied beider Religionen tritt
uns am deutlichsten in dem Umstande entgegen, dass die
Anhänger Zoroaster's die Lichtgötter (deva) der Brahmanen in böse Dämonen (daeva) umgewandelt haben.
Sie verbrannten die Todten nicht, wie die Brahmanen,
um das heilige Feuer nicht zu entweihen, sondern sie
setzten dieselben, wie noch heute die Parsen in ihren
„Thürmen des Schweigens", aus, damit sie von den wilden
Thieren und Raubvögeln verzehrt würden. Im Anfange
der Avesta wird als erste und beste der von der guten
Gottheit erschaffenen Religionen eine Gegend mit Namen
„Airyana vaejo", d. h. arischer Same genannt, welche
später von der bösen Gottheit durch einen zehnmonatlichen
Winter verdorben wurde. Diese Erzählung deutet darauf
hin, dass die alten Perser ihre arische Urheimath in den
kalten Abhängen des asiatischen Centralgebirges gegen
die Quellen des Oxus und Jaxartes hin erblickten. Hier
und da finden wir zwischen den heiligen Versen eine
Andeutung über das Leben dieser kühnen und rauhen

Hirten und Ackerbauer, die mit den verschlagenen Persern und den betriebsamen Parsen unserer Tage wenig Aehnlichkeit haben. Mit welcher Begeisterung sie sich der rauhen Arbeit der Bodenbearbeitung widmeten, ersehen wir aus ihren Gesängen, in denen das Vergnügen geschildert wird, welches die Erde empfindet, wenn der Ackerbauer den feuchten Boden trocken legt und den trockenen bewässert, wie sie demjenigen Wohlstand bringt, welcher sie mit seinen Armen bearbeitet: „Wenn das Korn wächst, dann zischen die Dämonen; wenn die Schösslinge spriessen, dann husten die Dämonen; wenn die Stengel wachsen, dann weinen die Dämonen; wenn die dicken Aehren kommen, dann fliehen die Dämonen."

Der Hund bildete einen unentbehrlichen Genossen des Menschen. Er musste die Herden vor den Wölfen und die menschlichen Wohnungen vor Dieben schützen. Es existirten gesetzliche Vorschriften über die Behandlung des Hundes und über die Strafen, die über denjenigen verhängt werden sollten, welcher einem Hunde schlechte Nahrung giebt. Dieses Vergehen galt für ebenso sündhaft, als ob es gegen einen Menschen begangen worden sei. Man kann sich vorstellen, ein wie derber Menschenschlag es sein musste, der solche Gesetze machte, die den Kindern und Kindeskindern eingeprägt und so den künftigen Generationen überliefert wurden.

Während bei den Ariern die Erinnerung an die Vergangenheit durch die mündliche Ueberlieferung der heiligen Verse erhalten wurde, hatten andere Völker bereits begonnen, die denkwürdigen Ereignisse ihrer Zeit durch schriftliche Aufzeichnungen der Nachwelt zu überliefern. Eine gute Vorstellung von dieser ältesten Art der Geschichtschreibung geben uns die Uebersetzungen ägyptischer und assyrischer Urkunden, welche in den

Records of the Past veröffentlicht worden sind. Hier
finden wir z. B. Dr. Birch's Uebersetzung der Inschrift,
in welcher die Kriegszüge Una's, Kronenträgers des Königs
Teta (2000 v. Chr.) geschildert werden, ebenso die Uebersetzung der Inschriften der Tempelwände von Karnak,
welche die Schlacht von Megiddo schildern, in welcher
Thothmes III. um 1500 v. Chr. die Heere Syriens und
Mesopotamiens besiegte und den Weg nach dem Inneren
Asiens öffnete. In dieser Inschrift wird erzählt, wie der
König, von Gaza kommend, im Süden von Megiddo, an
der Küste der Wasser von Kaner, ankam. Hier schlug
er sein Zelt auf und hielt eine Ansprache an das ganze
Heer: „Beeilet euch, setzt eure Helme auf, denn ich werde
des Morgens zum Kampfe aufbrechen gegen den verächt-
lichen Feind!" Es wurde die Losung ausgegeben: „Stand-
haft, standhaft, wache, wache, wache emsig bei des Königs
Zelt!" Es war am Morgen des Neumondfestes, als der
König in seinem goldverzierten Wagen inmitten seines
Heeres aufbrach. Der Gott Amun beschützte ihn und er
siegte über die Feinde. Sie fielen vor ihm nieder, liessen
ihre Pferde und Wagen im Stich und flohen nach der
Festung, deren Besatzung die Kleider ablegte und über
die Mauern herabliess, um die Fliehenden heraufzuziehen.
Die Aegypter metzelten die Feinde nieder, bis sie in
Reihen lagen wie Fische, erobernd drangen sie in die
Festung Megiddo ein. Hier kamen die Häuptlinge des
Landes an und brachten als Tribut Gold und Silber,
Lapis Lazuli und Alabaster, Gefässe mit Wein und
Herden. Das Verzeichniss der Beute nennt 240 lebende
Gefangene, 83 (den Todten abgehauene) Hände, 2041
Stuten, 191 Füllen, eine goldene Lade, 892 Wagen u. s. w.
Ein anderer Theil der Inschrift zählt die reichlichen
Gaben auf, welche der siegreiche König dem Gotte Amen

Ra darbrachte, Felder und Gärten, die seinen Tempel
versorgen sollten, Gänse, die seine Seen bevölkern sollten,
bis herab auf das Brod und das Bier, welches ihm täglich
dargebracht werden sollte. Der König will nicht, wie er
ausdrücklich in der Inschrift sagt, mit seinen Thaten
prahlen, weshalb er nicht mehr sagt, als er wirklich gethan hat, um nicht den Widerspruch der Menschen
herauszufordern. Hier erkennen wir bereits den Einfluss
der öffentlichen Meinung. Dieselbe verlangt durchaus nicht,
dass die Ereignisse mit historischer Treue berichtet werden,
sie gestattet vielmehr, dass die nationalen Siege übertrieben und die Niederlagen mit Stillschweigen übergangen
werden, allein selbst die ruhmredigen Geschichtschreiber
Aegyptens würden es nicht gewagt haben, über Ereignisse
zu berichten, die der historischen Unterlage entbehren.
Indem wir uns zu den assyrisch-babylonischen Inschriften
wenden, wollen wir als Beispiel einen Tempelstein aus
der Stadt Ur in Chaldäa, dem heutigen Mugheir, wählen,
auf welchem die folgenden Worte in Keilschrift ein-
gegraben sind: „Dem (Gott) Ur, dem ältesten Sohne von
Bel, erbaute sein König Urukh, der mächtige Mann, der
kühne Krieger, König von (der Stadt) Ur, König von
Sumir und Akkad, Bit-timgal, das Haus seiner Freude."
Sumir und Akkad, die in dieser Inschrift genannt werden,
waren die Sitze der alten chaldäischen Cultur. Bereits
im 16. Jahrhundert v. Chr. wurden diese Völker von
Hammurabi unterworfen, und infolge der Verschmelzung
mit dem assyrischen Reiche ging ihre alte Cultur und
Religion unter. Dieser König von Babylon sagt in einer
Inschrift: „Die Gnade des Bel gab die Völker von Sumir
und Akkad in meine Gewalt. Für sie grub ich den nach
meinem Namen benannten Kanal von neuem aus, die
Freude der Menschen, ein Strom mit reichlichem Wasser

für das Volk; alle seine Ufer stellte ich neu her und errichtete neue stützende Mauern, das Volk von Sumir und Akkad versorgte ich mit immerwährendem Wasser."

Durch derartige Aufzeichnungen sind die Geschichtsforscher in den Stand gesetzt, die überlieferten Verzeichnisse von Königen zu controliren und so eine ununterbrochene Reihe ägyptischer und babylonischer Dynastien seit der Gründung der grossen Städte Memphis und Ur zusammenzustellen. Wir können die Traditionen der Israeliten, die in späteren Zeiten in den historischen Büchern des alten Testaments niedergelegt wurden, mit den alten Inschriften vergleichen, wo in beiden über dieselben Ereignisse berichtet wird. Die Tradition der Israeliten berichtet (1. Mos. 11, 21), ihre Vorfahren seien in Ur in Chaldäa und in Aegypten gewesen. Diese Erzählung beweist, dass die Israeliten mit diesen beiden grossen Völkern des Alterthums in Verkehr gestanden haben. Die Erzählung (2. Mos. 1, 2), dass die Israeliten Pharao eine Stadt Namens Rameses bauen mussten, deutet darauf hin, dass ihre Knechtschaft in Aegypten in die Regierungszeit Ramses II., des Grossen (19. Dynastie) fällt (1400 v. Chr.). Hier haben wir einen Berührungspunkt zwischen der ägyptischen und der hebräischen Chronologie. In den Büchern der Könige werden spätere Personen und Ereignisse erwähnt, die uns aus schriftlichen Ueberlieferungen anderer Länder wohl bekannt sind, wie z. B. Sisak, der König von Aegypten, der gegen Rehabeam kämpfte und den Tempel plünderte (1. Kön. 14, 25). Die Erzählung Herodot's (II, 141), dass Sanherib, König von Assyrien, mit seinem Heere fliehen musste, weil die Mäuse die Bogen der Soldaten zernagten, bezieht sich wahrscheinlich auf dieselbe Niederlage Sanherib's, von welcher die Bibel (2. Kön. 19) einen anderen Bericht giebt.

Herodot schildert uns die alte Welt, wie sie einem griechischen Reisenden und Geographen des fünften Jahrhunderts v. Chr. bekannt war. Der Vater der Geschichte, wie man ihn genannt hat, schrieb nicht als Chronist seines eigenen Volkes, sondern mit dem grösseren Gesichtskreis eines Anthropologen, für den alles Wissen der Menschheit von Interesse war. Neuere Entdeckungen haben die Angaben Herodot's bestätigt, so dass wir berechtigt sind, den alten Geschichtschreibern Vertrauen zu schenken, wenn sie, wie er, das, was sie nur vom Hörensagen kannten, sorgfältig von dem unterscheiden, von dessen Richtigkeit sie sich selbst überzeugten. So erzählt Herodot die seltsame Geschichte von dem Betrüger, der sich für den Smerdis ausgab und auf dem persischen Throne sass, bis er an seinen abgeschnittenen Ohren erkannt und von Darius getödtet wurde. Als aber vor einigen Jahren eine Inschrift, die mit Keilschriftzeichen in eine hohe Felswand bei Behistun in Persien eingehauen ist, entziffert wurde, stellte es sich heraus, dass die Inschrift den Bericht des Darius selbst enthielt, den er in den drei Sprachen des Landes hier hatte eingraben lassen. Der Inhalt stimmt mit der Erzählung Herodot's genau überein, ein Beweis, dass dieser Geschichtschreiber über die Geschichte Persiens gut unterrichtet war. Einen noch bemerkenswertheren Beweis für seine Zuverlässigkeit bildet sein Bericht über die ägyptischen Könige, welche 2000 Jahre vor seiner Zeit regierten, den er nach seiner eigenen Angabe auf die Mittheilungen ägyptischer Priester stützte. Durch sie hatte er die Namen der in den drei bekanntesten Pyramiden begrabenen Könige Cheops, Chephren und Mykerinos erfahren. In späteren Zeiten war die Kritik oft geneigt, diese Könige in das Bereich der Fabel zu verweisen, als aber in der neueren Zeit gelang, die ägyptischen Hieroglyphen zu entziffern, fand man in den Inschriften dieser Pyramiden auch die von Herodot überlieferten Namen der Könige. Die beste alte Geschichte kann in dieser Weise durch Monumente, die lange Zeit verloren waren, bestätigt werden. So erzählt z. B. Thucydides (VI, 54), Peisistratos habe zwei Altäre aufgestellt. Von dem einen derselben hätten die Athener die Inschrift entfernt, die andere dagegen sei noch lesbar und laute: „Dieses Denkmal seines Archontats errichtete Peisistratos, der Sohn des Hippias, in dem heiligen Bezirke des pythischen Apollo." Wie Professor Newton erzählt, wurde dieser Stein im Jahre 1878 in einem Hofe in der Nähe des Ilissos aufgefunden. Den belebenden Eindruck, den solche Denkmale auf den Geschichtsforscher machen, wird Einer zu würdigen wissen, wenn er im britischen Museum die goldenen Münzen erblickt, die den Kopf Alexander's des Grossen mit Widderhörnern zeigen und die zum Andenken an jene denkwürdige Episode seines Lebens geprägt wurden, als er für den Sohn des Jupiter Ammon erklärt wurde, oder wenn er zu seinem Erstaunen die goldenen Münzen sieht, die ihn belehren, dass der durch Shakespeare so bekannt gewordene Cymbeline wirklich ein britischer König war, welcher Münzen mit seinem Namen prägen liess.

Nachdem wir so einen Blick auf die ältesten Geschichtsquellen geworfen haben, haben wir nicht nöthig, das leicht zugängliche Gebiet der späteren Geschichte zu betreten. Dagegen haben wir noch des Mythus zu gedenken, der für die Geschichtsforscher so oft ein Stein des Anstosses gewesen ist. Der Mythus ist keineswegs nur als ein Irrthum oder eine Thorheit zu betrachten, er ist vielmehr ein Erzeugniss des menschlichen Geistes, welches

30*

für den Anthropologen von grösstem Interesse ist. Der
Mythus ist erdichtete Geschichte, eine Erzählung von
Ereignissen, die nie stattgefunden haben. In den Berichten der alten Geschichtschreiber sind wirkliche Begebenheiten mit Mythen so innig vermischt, dass es oft
mit den grössten Schwierigkeiten verbunden ist, die
Grenze zwischen beiden mit Sicherheit zu verfolgen.
Sehr leicht ist allerdings der mythenhafte Charakter
einer Erzählung zu erkennen, wenn dieselbe etwas berichtet, was wir vom Standpunkte unseres heutigen
Wissens für unmöglich erklären müssen. Wir wissen
z. B., dass der Himmel, der uns wie ein blaues Gewölbe
oder Firmament erscheint, nicht ein wirkliches festes
Gewölbe ist, wie es sich die Alten vorstellten. Wir
müssen daher alle Erzählungen in das Bereich des Mythus
verweisen, in denen von Göttern berichtet wird, welche
in himmlischen Palästen wohnen und Hof halten, oder
von Menschen, welche von der Erde in den Himmel hin-
aufsteigen, oder von Riesen, die den Ossa auf den Pelion
thürmten, um die wolkigen Höhen zu erklimmen und
gegen die Götter zu kämpfen. Es giebt ausserdem noch
andere Mittel, die uns in den Stand setzen, mythische
Erzählungen von den historischen zu unterscheiden. Oft
erkennen wir, dass einer Erzählung keine historische
Thatsache zu Grunde liegt, weil uns die Ursachen bekannt sind, die zur Erfindung der Erzählung die Veranlassung gaben.

So wie wir selbst, sind auch die Barbaren von dem
Wunsche beseelt, für jede Erscheinung eine Erklärung
zu finden. Sie suchen sich daher diese Erscheinungen
in einer Weise zu erklären, welche ihr Vorstellungs-
vermögen befriedigt. Sie gehen aber leicht einen Schritt
weiter, und ihre Erklärungen werden zu Erzählungen,

die mit Namen von Orten und Personen ausgeschmückt
sind und die sich im Laufe der Zeit vollständig in Mythen
verwandeln. Bei civilisirten Völkern gilt es nicht für
schicklich, blosse Vermuthungen in Form von erdichteten
Geschichten auszusprechen. Allein so lange der Mensch
noch auf der sogenannten Stufe der Mythenbildung steht,
trägt er kein Bedenken, seine Vermuthungen über das,
was sich wohl ereignet haben könnte, in Form von solchen
Erzählungen zum Ausdrucke zu bringen. Zu einer Zeit,
als die vergleichende Anatomie kaum bekannt war, betrachtete man häufig die riesigen Knochen, welche man
hier und da im Boden fand, nicht nur für Ueberreste von
Thieren, sondern man glaubte in ihnen auch Knochen
von aussergewöhnlich grossen Menschen, von Riesen, zu
erkennen, die, wie man annahm, in früheren Zeiten die
Erde bevölkert hatten. Die moderne Wissenschaft hat
nachgewiesen, dass die Knochen von Elephanten, Nas-
hörnern und anderen Thieren, aber nicht von menschenähnlichen Geschöpfen stammen. Allein als man in diesen
Knochen noch die Ueberreste von Riesen zu erkennen
glaubte, erfand die menschliche Phantasie Erzählungen
von diesen Riesen und ihren Thaten, die noch jetzt in
allen Theilen der Erde erzählt werden, als ob sie Traditionen wirklicher Ereignisse wären. Die Sioux in
Nordamerika erzählen, ihr Land sei einst von riesigen
Thieren bewohnt gewesen, und den Knochen derselben
schreiben sie noch jetzt eine zauberische Kraft zu.
Ebenso erzählen sie von dem Riesen Ha-o-kah, der über
die breitesten Flüsse und die höchsten Tannen hinweg-
schreiten konnte, und dessen Andenken sie bei ihren
Festen durch Tänze und Gesänge ehren. Die Veranlassung
zu diesem Glauben hatten offenbar fossile Knochen,
wahrscheinlich Mastodonknochen gegeben. Es ist übrigens

durchaus nicht zu verwundern, dass die Knochen ausgestorbener riesiger Säugethiere die Veranlassung zu
dem Glauben wurden, dass einst ein Geschlecht menschlicher Riesen existirt habe. Legte doch noch im
vorigen Jahrhundert der puritanische Geistliche Dr.
Cotton Mather der Royal Society einen Bericht über die
Auffindung von Knochen in Neuengland vor, die er für
Ueberreste vorsündfluthlicher Riesen erklärte.

Zahlreiche Mythen verdanken ihre Entstehung dem
Bestreben, für die Namen der Völker eine Erklärung zu
finden. Eine sehr einfache Erklärung, der wir häufig
begegnen, besteht darin, dass der Name des Volkes von
dem Namen eines Häuptlings oder des Stammvaters des
Volkes abgeleitet wird. Zuweilen ist allerdings der
Name eines Volksstammes auf den Namen einer einzelnen Person zurückzuführen. In den meisten Fällen
aber gab nicht der Name einer einzelnen Person die
Veranlassung zur Benennung eines Volkes, sondern umgekehrt der Name des Volkes führte zu der Annahme
mythischer Personen, durch welche derselbe eine Erklärung finden sollte. Zuweilen kann man noch heute
die Entstehung solcher Mythen verfolgen. So führen
z. B. unter den Eingeborenen von Brasilien und Para-
guay einige Stämme den Namen Tupi, andere den Namen
Guarani. Nach einer Tradition dieser Völker sollen nun
einst zwei Brüder, Tupi und Guarani, über das Meer
nach Brasilien gekommen und nebst ihren Kindern das
Land in Besitz genommen haben. Ein Streit, der mit
einem von einem sprechenden Papagei angeregten Zank
der Weiber der beiden Brüder seinen Anfang nahm,
hatte zur Folge, dass sich die Brüder nebst ihren Familien
von einander trennten. Tupi blieb in dem Lande und
Guarani zog in die Gegend des La Plata. Nun erzählt

Martius, dass der Name guarani, d. h. Krieger, von den
Jesuiten den südamerikanischen Indianern beigelegt
wurde, welche sie in ihren Missionen versammelt hatten.
Der Mythus von den beiden Stammbrüdern ist also
offenbar modernen Ursprungs. Von solchen sogenannten
eponymischen Mythen finden sich in den ältesten Ueberlieferungen alter Völker zahlreiche Beispiele. Bekannt
sind aus der griechischen Mythologie die Zwillings-
brüder Danaos und Aigyptos, die Stammväter der Danaer
(Griechen) und Aegypter, sowie Hellen, der Stammvater
der Hellenen, dessen drei Söhne Aiolos, Doros und
Xuthos, die Stammväter der Aeolier, Dorier u. s. w.

Einer interessanten Verschmelzung beider Arten von
Mythen, nämlich der aus dem Vorhandensein fossiler
Knochen und der aus Volksnamen hergeleiteten, begegnen wir in England. In einer von Geoffrey von
Monmouth im zwölften Jahrhundert verfassten Geschichte
der Briten wird erzählt, der ursprüngliche Name Englands sei Albion gewesen, und es sei nur von wenigen
Riesen bewohnt gewesen. Brutus, ein verbannter tro-
janischer Fürst, landete in England und nannte nach
seinem eigenen Namen das Land Britannien und seine
Begleiter Briten. Mit ihm kam ein Anführer Namens
Corineus. Dieser nannte den ihm zufallenden Antheil
des Landes Corinea und seine Leute Corineer (cornish,
Bewohner von Cornwall). In diesem Theil des Landes
lebten zahlreiche Riesen. Einer von ihnen, Goemagot
(oder Gogmagog) war zwölf Ellen hoch und so stark, dass
er eine Eiche wie eine Haselgerte zusammenbiegen
konnte. Eines Tages hatten die Briten die Riesen in
einer Schlacht überwunden und alle mit Ausnahme
Goemagots erschlagen. Mit diesem hatte Corineus einen
Ringkampf zu bestehen. Er ergriff den Riesen, trug ihn

auf seinen Armen auf die Spitze einer Klippe bei Plymouth, welche jetzt den Namen „Hoe" (d. h. Hacke)
trägt und warf ihn in den Abgrund. Daher heisst die
Stelle, so erzählt der Chronist, bis auf den heutigen
Tag „Goemagots leap" (Goemagots Sprung). Die Bedeutung dieser Sage ist leicht zu erkennen. Sie entstand
aus der Sitte, den Ursprung der Völker von Troja abzuleiten; Brutus und Corineus wurden erfunden, um die
Namen Britannien und Cornwall zu erklären; Goemagot
oder Gogmagog ist eine Verschmelzung der biblischen
Gog und Magog, die in der Tradition als zwei Riesen
betrachtet wurden. Was hat aber die Veranlassung zu
der Erzählung gegeben, dass der Riese über die Hoe bei
Plymouth ins Meer gestürzt worden sei? Höchst wahrscheinlich der Umstand, dass gerade an dieser Stelle
fossile Thierknochen gefunden wurden, die man als
Ueberreste von Riesen ansah. Selbst als in der neueren
Zeit bei Gelegenheit von fortificatorischen Arbeiten an
dieser Stelle riesige Kiefer und Zähne gefunden wurden,
konnte man die Meinung äussern hören, es seien diese
Knochen die Ueberreste des Riesen Gogmagog.

Es macht uns keine Schwierigkeiten, in den Sinn
derartiger Mythen einzudringen, da sie nichts anderes
sind, als Vermuthungen über Dinge, die sich ereignet
haben könnten, die mit allerhand malerischem Beiwerk
ausgeschmückt sind, um ihnen das Ansehen geschicht-
licher Ereignisse zu verleihen. Das Verständniss für
eine andere Gruppe von Mythen vermittelt uns die
Poesie. Wie bereits in einem früheren Capitel erwähnt
wurde, hatten in früheren Zeiten und bei uncultivirten
Völkern manche Vorstellungen eine ernste Bedeutung,
die für uns in das Gebiet der poetischen Phantasie gehören. Demjenigen, welcher die Naturerscheinungen

durch Annahme eines dem menschlichen Leben vergleichbaren Naturlebens und göttlicher der menschlichen Seele vergleichbaren Naturseelen erklärt, musste die Sonne als ein persönliches Wesen erscheinen, welches majestätisch am Himmel emporsteigt und Nachts in die Unterwelt versinkt; das sturmbewegte Meer war eine dem kecken Seefahrer verderbenbringende Gottheit; die wilden Thiere des Waldes waren in Denken und Sprache dem Menschen vergleichbar, selbst die Bäume waren von Geistern bewohnt, deren Stimme in dem Rauschen der Blätter vernommen wurde, und wer die Axt an den Stamm eines Baumes legte, machte sich eines Verbrechens schuldig, welches fast einem Morde gleichkam. So erschien die Welt als ein ewig wechselndes Traumgebilde. Ein Mensch oder ein Gott konnte sich in ein Thier, einen Fluss oder einen Baum verwandeln, Felsen konnten in Stein verwandelte Menschen, hölzerne Stäbe konnten verwandelte Schlangen sein. Wenn auch diese Vorstellungen durch die fortschreitende Civilisation mehr und mehr verschwinden, so giebt es doch auch heute noch Völker, welche auf dieser Stufe der Naturmythenbildung stehen. In diesem Traumlande wird für den Erzähler jede poetische Phantasie die Veranlassung zu einer Wundererzählung. Wenn er sich vielleicht auch selbst bewusst war, dass die Begebenheiten, welche er erzählte, erdichtet waren, so galt es doch nach seinem Tode, nachdem die Erzählungen durch Generationen hindurch von Barden und Priestern wiederholt worden waren, für unehrerbietig, die Wahrheit derselben in Zweifel zu ziehen. Diesem Vorgang begegnen wir in allen Theilen der Erde, und die griechischen Mythen von den grossen Naturgöttern, deren Anzweifelung für Xenophanes und Anaxagoras so übele Folgen hatte, unterscheiden sich im

Wesentlichen nicht von den Mythen, welche wir bei modernen Barbaren, z. B. den Südseeinsulanern antreffen. Einige Beispiele mögen dazu dienen, die Entstehung dieser Naturmythen zu erläutern.

Die Bewohner von Tahiti erzählen, einst seien Seefahrer über den Ocean gefahren, während der Meergott Hiro in der Tiefe des Meeres in einer Höhle in Schlaf gesunken sei. Der Windgott habe einen furchtbaren Sturm erregt, um das Schiff der Seefahrer zu zerstören. Allein als sie den Meergott um Hilfe angerufen hätten, sei derselbe an die Oberfläche gekommen, habe den Sturm besänftigt und die Seefahrer vor dem Untergang gerettet. Genau dieselbe Sage finden wir im Homer. Hier ist es der Meergott Poseidon, der die Winde gegen das gebrechliche Schiff des Odysseus entfesselt, bis Ino dem letzteren zu Hilfe kommt und ihn auffordert, sich zu entkleiden und nach der Küste der Phäaken zu schwimmen. Beide Erzählungen sind nichts anderes, als Schilderungen des stürmischen Meeres in der Sprache des Naturmythus. Die Neuseeländer erzählen, Maui habe alle Winde mit Ausnahme des wilden Westwindes eingesperrt. Diesen habe er nicht einfangen können, um ihn, wie die übrigen, in eine Höhle, deren Oeffnung er mit einem Stein sperrte, einzuschliessen. Zuweilen gelingt es ihm, den Westwind zu verjagen. Dann zieht er sich in eine Höhle zurück und lässt einige Zeit nach. Das Ganze ist eine mythische Beschreibung des Wetters, durch welche ausgesprochen werden soll, dass der Westwind besonders stark und vorherrschend ist, während die übrigen schwächeren Winde nur hin und wieder auftreten. Dieser neuseeländische Mythus zeigt die grösste Uebereinstimmung mit der classischen Sage von Aeolus und seiner Berghöhle, in welcher er die Winde eingeschlossen hält.

Die Neger Westindiens erzählen von einem grossen Kampf zwischen dem Feuer und dem Wasser. Das Feuer kam langsam heran und der Strom setzte dem weiteren Vordringen desselben eine Grenze. Das Feuer rief die Winde zu Hilfe und es entspann sich ein grosser Kampf, dem selbst der liebe Gott aus den Wolken zuschaute. Es ist nicht anzunehmen, dass die bekannte Schilderung der Iliade jemals zu diesen Negern gedrungen sein sollte. Auch hier wird ein grosser Kampf zwischen dem Feuergott und den Flüssen beschrieben, an welchem die Winde theilnahmen und in welchem die von der Gluth bedrängten Fische hin und her taumelten.

Die durch eine Oeffnung in den Wolken hervordringenden Sonnenstrahlen scheinen auf die Phantasie europäischer Völker den Eindruck von Seilen gemacht zu haben, vermittelst deren, wie bei einem altmodischen Ziehbrunnen, das Wasser emporgezogen wird. Diese Vorstellung hat sich bis auf den heutigen Tag in der bekannten Redensart „die Sonne zieht Wasser" erhalten. Auch die Polynesier vergleichen die Sonnenstrahlen mit Seilen. Sie sagen nämlich, es seien die Seile, durch welche die Sonne befestigt sei; früher habe sich die Sonne schneller bewegt, allein ein Gott habe einst am Horizont eine Schlinge gelegt und die aufgehende Sonne mit derselben gefangen, so dass sie sich seitdem nur langsam auf ihrer Bahn fortbewegen kann. Wenn wir sagen, „die Sonne wird von der Nacht verschlungen", so ist das weiter nichts, als eine bildliche Redensart. Bei manchen barbarischen Völkern finden wir aber die Vorstellung verbreitet, dass die untergehende Sonne von einem Ungeheuer verschlungen wird. Aus dieser Vorstellung entsprang bei den Maori die

Erzählung von dem Tode des göttlichen Heroen Maui. Man kann die Stammmutter des Maui, das grosse Weib Nacht, am Horizont, da wo der Himmel und das Meer zusammenkommen, blitzen und sich gleichsam öffnen und schliessen sehen. Maui kroch in ihren Leib und würde auch unversehrt wieder herausgekommen sein, wenn nicht plötzlich der kleine Fliegenfänger *tiwakawaka* seinen fröhlichen Gesang angestimmt und die Nacht aufgeweckt hätte, infolge dessen Maui zerquetscht wurde. Dass dies ein Naturmythus ist, in welchem das Versinken der Sonne in die Dunkelheit als ein Sterben derselben aufgefasst wird, ergiebt sich uns dem Umstande, dass der Fliegenfänger in dieser Erzählung eine Rolle spielt. Dieser Vogel hat nämlich die Gewohnheit, seine Stimme bei Sonnenuntergang erschallen zu lassen. Zu den verbreitetsten Naturmythen gehören diejenigen, welche von dem Tag und der Nacht handeln und in denen gewöhnlich ein Ungeheuer vorkommt, welches die Sonne verschlingt und später wieder ausspeit. In den Mythen der Zulu wird der Magen dieses Ungeheuers als eine mit Hügeln und Häusern bedeckte, von Vieh und von Menschen bewohnte Gegend geschildert. Wenn sich das Ungeheuer öffnet, so kommen die eingeschlossenen Geschöpfe hervor, und zwar von allen zuerst der Hahn mit dem Rufe *kukuluku*, d. h. „ich sehe die Welt". Eine moderne Version dieses alten Naturmythus ist das Märchen von Rothkäppchen.

Die in den angeführten Beispielen vorkommenden mythischen Personen sind sichtbare Objecte wie die Sonne oder wenigstens sinnlich wahrnehmbare Dinge, wie der Wind oder der Tag. Die Mythenbildung beschränkt sich indessen keineswegs auf derartige Objecte, sondern jeder beliebige Begriff, von dem eine gewisse

Thätigkeit ausgesagt werden kann, kann als ein persönliches Wesen behandelt werden. Man kann sagen: der Sommer kommt, der Schlaf befällt den Menschen, die Hoffnung erhebt, die Gerechtigkeit fordert. Dies genügt für den auf der Stufe der Mythenbildung stehenden Menschen, um sich den Sommer, den Schlaf, die Hoffnung und die Gerechtigkeit in der Gestalt menschlicher Wesen vorzustellen. So unterstützt das, was Professor Max Müller eine Sprachkrankheit nennt, die Entstehung von Mythen. Ja die menschliche Phantasie geht in der Erfindung mythischer Erzählungen noch weiter. Wir sahen im vorhergehenden Capitel, wie die Vorstellung der Seele zu der Vorstellung des ursächlichen Zusammenhangs führte. Wenn daher die Ursache von irgend etwas als eine Art Seele oder Geist gedacht wird, so muss die Ursache oder die Seele des Sommers, des Schlafs, der Hoffnung, der Gerechtigkeit leicht den Charakter eines persönlichen Wesens annehmen. Zum Verständniss alter Poesie ist es nothwendig, dies zu wissen. Homer schildert, wie auf dem Schlachtfeld die furchtbare Kēr waltet, die auf dem Schild des Achilles dargestellt war, wie sie, die Schultern in ein blutbeflecktes Gewand gehüllt, einen zum Tode verwundeten Krieger ergreift oder einen Leichnam bei den Füssen erfasst und aus dem Schlachtgetümmel hinwegschleift. Dieses Wesen ist nicht nur ein personificirter Begriff, sondern es ist die als ein selbständig handelndes persönliches Wesen gedachte Ursache, weshalb ein bestimmter Krieger im Kampfe erschlagen wird, und nicht an seiner Stelle ein anderer. Diese Vorstellung ist in der Mythologie der arischen Völker weit verbreitet. Wir begegnen derselben z. B. wieder in der nordischen Mythologie. Hier entsendet Odin in jede Schlacht die Jungfrauen, welche in Walhalla

den beim Mahle versammelten Helden die Becher füllen,
die Walküren, welche die Schlacht entscheiden und
durch das Loos bestimmen, welche Krieger fallen sollen.
Ein anderes bekanntes Beispiel, wie gewisse Vorstellungen als persönliche Wesen gedacht werden, sind die
Moiren und Parzen, die Schicksalsspinnerinnen der griechischen und römischen Mythologie. In der nordischen
Mythologie begegnen wir denselben Wesen in den Nornen
der Edda, weisen Frauen, die in der Nähe der Quelle
unter der Weltesche Ygdrasill wohnen und das Schicksal
der Menschen bestimmen. Diese drei mythischen Wesen
sind, wie sich schon aus ihren Namen erkennen lässt,
die Personification der Vergangenheit (Urdhr), Gegenwart (Verdhandi) und Zukunft (Skuld).

Oft erleiden Erzählungen im Laufe der Zeit bedeutende Veränderungen, indem sie von neuen Sängern
und Erzählern in neue Formen gebracht und einem
neuen Zuhörerkreis angepasst werden. Infolge dieser
Veränderungen ist es oft mit grossen Schwierigkeiten
verbunden, den Ursprung der Mythen zu erkennen. Bei
den Versuchen, den Ursprung eines Mythus zu ermitteln,
muss daher mit der grössten Vorsicht verfahren werden.
Es ist nicht schwer, selbst für eine an und für sich sinnlose Erzählung eine ernsthafte Erklärung zu finden. So
erklärt z.B. ein gelehrter, aber etwas übereilter Forscher,
der englische Ammenvers „the cow jumped over the
moon" (die Kuh sprang über den Mond) sei ein Ueberbleibsel eines Naturmythus, in welchem eine vor dem
Mond vorüberziehende Wolke als Kuh bezeichnet wird.
Zur Erklärung eines Mythus gehört zuweilen mehr, als
das blosse Aufstellen von Vermuthungen. Es müssen
Gründe geltend gemacht werden, weshalb die eine Vermuthung eine höhere Wahrscheinlichkeit für sich hat,

als eine andere. Es wäre übereilt, Prometheus, den
Feuerbringer, für die Personification des alten Feuerbohrers zu erklären, wenn wir nicht wüssten, dass
dieses Instrument im Sanskrit den Namen *pramantha*
führt. Diese gleichzeitige Uebereinstimmung des Namens
und der Sache macht es sehr wahrscheinlich, dass wir
wirklich in dem Feuerbohrer den Ursprung der Prome-
theussage zu suchen haben. Ein anderes Beispiel bietet
uns die indische Mythologie in der Sage von dem kleinen
Brahmanen Vâmana. Um den Hochmuth des Königs
Bali zu demüthigen, bat er denselben, er möge ihm soviel Land schenken, als er mit drei Schritten abmessen
könne. Sobald die Bitte gewährt war, dehnte sich der
Zwerg zu der Riesengestalt Wischnu's aus, schritt mit
einem Schritt über die ganze Erde, mit einem zweiten
durch die Luft und mit einem dritten durch den Himmel,
den Bali aber trieb er in die Regionen der Hölle, wo er
noch regiert. Diese höchst bemerkenswerthe Däumlings-
geschichte ist, wie es scheint, eigentlich ein Mythus von
der Sonne, die sich über den Horizont erhebt, zu maje-
stätischer Kraft anschwillt und das Weltall durchschreitet.
Der Zwerg Vâmana ist nämlich eine Verkörperung
Wischnu's und Wischnu war ursprünglich die Sonne.
Auch in den Hymnen der Weda finden wir die Vorstellung von den drei Schritten, mit denen Wischnu das
Weltall durchschreitet, nur ist sie hier noch nicht zu
einer Erzählung geworden.

Wir haben endlich noch der Ausbreitung der Mythen
mit einigen Worten zu gedenken. Eine Erzählung, mag
sie der Wirklichkeit entnommen oder erdichtet sein, erleidet oft dadurch eine wesentliche Veränderung, dass
der Erzähler einen geeigneten Namen hinzufügt, dass er
sie zu einer Volkslegende umgestaltet oder ihr das An-

sehen einer historischen Erzählung verleiht. Durch
Stobaeus ist uns ein Fragment von Demaratus erhalten,
in welchem die bekannte Sage, die in der römischen Geschichte an die Namen der Horatier und Curiatier geknüpft wird, als eine Episode aus der Geschichte Ar-
kadiens erzählt wird. Die römische Geschichte entlehnte
die Erzählung, wie es scheint, einer älteren Sage, ähnlich
wie die schweizerische Geschichte die Erzählung von dem
Bogenschützen und dem Apfel aus einer älteren Sage
entlehnte, um den Nationalhelden Tell zu verherrlichen.
Wie die Sagen aus verschiedenen, theils historischen,
theils mythischen Quellen entsprangen, lässt sich an
verschiedenen Beispielen deutlich verfolgen. Blaubart
war eine historische Person, Gilles de Retz, Herr von
Laval, Marschall von Frankreich, der den Beinamen
Blaubart der eigenthümlichen schwarzblauen Farbe seines
Bartes verdankte. Ein italienischer Alchemist hatte ihm
eingeredet, er könne seine Kraft durch ein Bad in Kinder-
blut wiederherstellen. Um dies auszuführen, hatte er
in seinem Schlosse Champtocé an der Loire, dessen
Trümmer noch heute zu sehen sind, eine grosse Anzahl
von Kindern zusammengebracht. Als schliesslich sein
scheussliches Treiben an den Tag kam, wurde er im
Jahre 1440 in Nantes verbrannt. Dass aber Blaubart,
wie die moderne Sage berichtet, wiederholt seine Frauen
ermordet habe, ist historisch nicht nachweisbar. Es
scheint vielmehr, dass auf den historischen Blaubart die
Erzählungen von dem bretonischen Weibermörder Comor,
Grafen von Poher übertragen wurden, dessen Name und
Thaten fast tausend Jahre früher in sagenhaften Erzählungen erwähnt werden, die ihn als einen Usurpator
und Tyrannen schildern, der ein Weib nach dem anderen
heirathete und ermordete. Als er aber zuletzt die schöne

Trifine heirathete und ermordete, ereilte ihn die Rache, indem er von einem rechtschaffenen Prinzen überwunden und getödtet wurde. Ob · diese Erzählung historische Begebenheiten berichtet oder ob sie eine Version einer noch älteren Erzählung ist, lässt sich nicht entscheiden. Hätte Heinrich VIII. von England in jener Zeit gelebt, so wäre eine solche Erzählung vielleicht mit seinem Namen in Verbindung gebracht worden. Andere Einzelheiten der modernen Blaubartsage treffen wir bereits in der Erzählung von Trifine, z. B. wie sie ihre Verwandten um Hilfe angeht, als sie die Gefahr erkannte, und wie sie entdeckte, dass Blaubart seine früheren Frauen ermordet habe. Diese Entdeckung wird indessen in der modernen Form der Sage in einer anderen Weise herbeigeführt, als in der älteren Form derselben. Nach der älteren Sage geht Trifine hinab in die Kapelle, um zu beten. Da öffnen sich die Gräber der vier ermordeten Frauen und die Leichen erheben sich, jede mit dem Messer, dem Strick oder einem anderen Instrument in der Hand, durch welches der Mord ausgeführt wurde. In der modernen Form der Sage ist diese schreckliche Scene durch die bekannte Episode ersetzt, in welcher ein verbotenes Zimmer die Hauptrolle spielt und die seit langer Zeit von den Erzählern benutzt wurde, der wir auch in den Märchen von tausend und einer Nacht begegnen. Die alte Sage von Trifine endigt damit, dass ihr Gatte sie in den Wald verfolgt und ihr den Kopf abschlägt. St. Gildas aber lässt den Leichnam mit dem Kopf in der Hand zu dem Schlosse Comor's zurückkehren, zerstört das Schloss, indem er eine Hand voll Staub über dasselbe wirft und setzt dann Trifine den Kopf wieder auf, worauf sich dieselbe in ein Kloster zurückzieht und hier den Rest ihres Lebens zubringt. .

Spätere Erzähler zogen es vor, die Geschichte ein weniger grauenhaftes Ende nehmen zu lassen.

Diese Wundererzählung lässt uns den bereits früher erwähnten historischen Nutzen der Mythen erkennen. Die Erzählung, wie St. Gildas die schöne Trifine mit dem Kopf in der Hand zu dem Schloss zurückbrachte und ihr sodann den Kopf wieder aufsetzte, versetzt uns in eine Zeit, in welcher es für erbaulich galt, solche Wunder von Heiligen zu berichten, da man den Heiligen die Macht zuschrieb, solche Wunder zu verrichten. So besitzen alte Erzählungen, die nach unserer Vorstellung übertrieben sind, dennoch historischen Werth für uns, indem sie uns in Zeiten versetzen, in denen man an die Möglichkeit der in diesen Erzählungen geschilderten Begebenheiten glaubte. Dies gilt selbst von den äsopischen Fabeln. Auf einer Stufe der geistigen Entwickelung, auf der es für möglich gehalten wird, dass menschliche Seelen in thierischen Körpern leben, dass ein Wolf die Seele eines menschlichen Feindes enthalten kann oder dass ein Vorfahre in Gestalt einer Schlange sich dem Herde nähern kann, auf einer solchen Stufe ist auch die Vorstellung vernünftig handelnder Thiere nicht unvernünftig. Bei den Buddhisten, bei denen zuerst die Thiererzählungen zu moralischen Fabeln wurden, werden zahlreiche solcher Fabeln an die Lebensgeschichte des Begründers der buddhistischen Religion geknüpft. Es war Buddha selbst, der in Gestalt eines Vogels den Knochen aus dem Schlund des Löwen zog und dadurch belohnt wurde, dass er für sein Entkommen beglückwünscht wurde; es war Buddha selbst, der in Gestalt eines Bauers das Geschrei des in eine Löwenhaut gehüllten Esels anhörte und demselben erklärte, dass er nur ein Esel sei. Dass derartige Sagen zu der heiligen

Literatur von Millionen von Menschen gehören, ist eine Thatsache, die für das Studium der Civilisation von dem grössten Interesse ist und die uns davor warnt, eine Erzählung als werthlos zu betrachten, weil sie mythisch ist.   Aus den Mythen mancher Völker können wir oft mehr lernen, als aus ihrer Geschichte.

Sechzehntes Capitel.

Die Gesellschaft.

Die Familie.   Sittlichkeit niederer Rassen.   Oeffentliche Meinung und
Herkommen.   Sittlicher Fortschritt.   Rache und Rechtsprechung.   Krieg.
Eigenthum.   Ceremonien bei feierlichen Handlungen.   Familiengewalt und
Verantwortlichkeit.   Patriarchalische und kriegerische Häuptlinge.   Nationen.
Stände.   Regierung.

Die Worte „wild“ und „barbarisch“, denen man
häufig in Berichten über Verbrechen begegnet, sind in
der Sprache des alltäglichen Lebens mit „roh“ oder
„grausam“ gleichbedeutend geworden. Nun sind allerdings die Gewohnheiten der minder civilisirten Völker,
der Wilden und der Barbaren, ohne Zweifel roher
und grausamer, als die der civilisirten Nationen, allein
hierin liegt keineswegs der wesentliche Unterschied
zwischen beiden. Wilde und barbarische Völker repräsentiren oft, wie aus dem Inhalt der vorhergehenden Capitel
hervorgeht, Culturstufen, über die sich unsere Vorfahren
bereits vor langer Zeit erhoben haben, und die Gewohnheiten und Gesetze jener Völker lassen uns oft die Bedeutung der unserigen erkennen, die wir schwerlich in
einer anderen Weise errathen würden. Es kann sich
hier natürlich nicht um eine ausführliche Besprechung
der Verhältnisse der bürgerlichen Gesellschaft handeln,

es sollen vielmehr nur einige der wichtigsten Punkte hervorgehoben werden.

Die natürliche Grundlage der bürgerlichen Gesellschaft bilden die Familien, die durch die Bande der Verwandtschaft, durch die Heirathsgebräuche, durch die Eltern- und Kindespflicht zusammengehalten werden. Die Formen dieser Gebräuche und Pflichten sind indessen ausserordentlich mannigfaltig. Die Ehe kann ein wechselndes und vorübergehendes Zusammenleben oder eine Vereinigung eines Mannes mit mehreren Weibern (Polygamie) oder auch eines Weibes mit mehreren Männern (Polyandrie) sein. Der Begriff der Familie ist bei uncultivirten Völkern oft ein wesentlich anderer, als der unserige. So ist es nach unseren Vorstellungen etwas Selbstverständliches, die Familienabstammung nach der männlichen Linie zu rechnen, was einen deutlichen Ausdruck darin findet, dass der Sohn den Zunamen des Vaters annimmt. Allein bei vielen auf niederer Civilisationsstufe stehenden Völkern gilt das Gegentheil als selbstverständlich. Bei den meisten australischen Völkern gehören die Kinder zum Geschlecht der Mutter, nicht zum Geschlecht des Vaters. In den Kämpfen der Eingeborenen treten daher Vater und Sohn stets als natürliche Feinde einander gegenüber. Die Häuptlingswürde erbt oft in weiblicher Linie fort, wie z. B. bei den Natchez, deren Sonnentempel im heutigen Louisiana standen. Die civilisirten Völker des Alterthums hatten von diesem Gesetze der weiblichen Erbfolge, so verbreitet es auch ist, keine Kenntniss. Als daher Herodot bei den Lykiern die Sitte vorfand, den Namen der Mutter anzunehmen und den Stammbaum nach der Abstammung in weiblicher Linie aufzustellen, so glaubte er, dass dies eine den Lykiern eigenthümliche Sitte sei, durch welche sie sich von allen anderen Völkern

unterschieden. Bei wilden und barbarischen Völkern
ist ein sehr verbreiteter Gebrauch die sogenannte Exo-
gamie, die es dem Manne verbietet, ein Weib aus dem
eigenen Stamme zu nehmen. Eine Verletzung dieses
Verbotes gilt als Verbrechen und wird sogar mit dem
Tode bestraft. Man hat oft die Meinung ausgesprochen,
das Leben der Wilden sei nicht an bestimmte gesetzliche
Vorschriften gebunden. Allein in Australien giebt es
Völker, bei denen der Mann verpflichtet ist, eine Frau
aus einem ganz bestimmten Stamme zu nehmen. Bei den
Irokesen in Nordamerika nahmen die Kinder den Stammes-
namen der Mutter an. Gehörte z. B. die Mutter zum
Bärenstamm, so war der Sohn ein Bär und er durfte da-
her kein Bärenmädchen heirathen, sondern musste sich
sein Weib aus dem Stamme der Hirsche oder der Reiher
wählen. Solche Vorschriften finden wir auch bei höheren
Völkern, welche die Abstammung nach der männlichen
Linie rechnen. So darf in Indien ein Brahmane kein
Weib heirathen, welches denselben Stammnamen führt,
wie er. Auch ein Chinese darf nicht ein Weib heirathen,
welches denselben Zunamen hat, wie er selbst. Die
Familien- und Stammesgebräuche bei wilden und barbarischen Völkern sind so mannigfaltig und verwickelt, dass
wir auf eine ausführliche Besprechung derselben verzichten müssen. Nur einige besonders lehrreiche Punkte
mögen hervorgehoben werden. Die Heirath ist auf den
niedrigsten Stufen der Gesellschaft ein bürgerlicher Ver-
trag. Bei den wilden Jägerstämmen Nicaraguas legt der
junge Mann, welcher ein Mädchen zur Frau begehrt, einen
erlegten Hirsch und einen Haufen Brennholz vor der
Hütte der Eltern des Mädchens nieder. Durch diese
symbolische Handlung erklärt er sich bereit, die Jagd zu
betreiben und die Arbeit des Mannes zu verrichten. Wird

die Gabe angenommen, so ist mit der Annahme die Ehe, ohne dass weitere Ceremonien gemacht werden, geschlossen. Bei höheren Culturvölkern ist die Eheschliessung mit umständlicheren Ceremonien und Festlichkeiten verbunden. Auch wird, wie bei anderen wichtigen Lebensereignissen, ein Priester hinzugezogen, um den Vermählten den göttlichen Segen ertheilen zu lassen. Durch diese Gebräuche hat eine Vermählung einen ganz anderen Charakter angenommen, als sie in jenen Zeiten besass, als es noch gebräuchlich war, die Frauen gewaltsam zu entführen. Dieser Gebrauch herrscht noch heute bei manchen Völkern, z. B. den wilden Jagdvölkern Brasiliens, deren Krieger Raubzüge nach entfernten Dörfern unternehmen, um Weiber gewaltsam fortzuführen. Dem Gebrauche des Frauenraubes begegnen wir in den Traditionen zahlreicher Völker, z. B. der Erzählung, wie die Männer des Stammes Benjamin die zum Tanz versammelten Töchter Shilohs entführten, sowie in der bekannten römischen Sage vom Raube der Sabinerinnen, in welcher der in den römischen Sitten als Ceremonie fortlebende Frauenraub in historische Form gebracht war. Wie verbreitet diese Sitte in alter Zeit war, geht daraus hervor, dass sie sich bei vielen Völkern, bei denen mildere Sitten die Oberhand gewonnen hatten, als ein ceremonieller Gebrauch erhalten hat. Obwohl bei den Spartanern die Ehen unter Einwilligung der betheiligten Familien geschlossen wurden, führten, wie Plutarch berichtet, die Freunde des Bräutigams eine Scene auf, die eine gewaltsame Entführung der Braut vorstellte. Derselbe Gebrauch herrschte noch vor wenigen Generationen in Wales, wo die kriegerisch ausgerüsteten Freunde des Bräutigams die Braut entführten. In Irland wurden sogar Speere gegen die Angehörigen der Braut geschleudert,

allerdings aus einer solchen Entfernung, dass eine Verletzung ausgeschlossen war. Trotzdem ereigneten sich
zuweilen bei diesem Scheinkampfe infolge von Unvor-
sichtigkeit Unfälle. Ein solcher Unfall, der für einen
gewissen Lord Hoath den Verlust eines Auges zur Folge
hatte, scheint dieser Sitte ein Ende gemacht zu haben.
Infolge der Zunahme des Eigenthums entstand der Gebrauch, Weiber zu kaufen. Ein Zulumädchen wird von
den Angehörigen dem Bewerber gegen eine bestimmte
Anzahl von Ochsen ausgeliefert. Auch unter unseren
barbarischen Vorfahren in England herrschte diese Sitte,
wie wir noch jetzt aus überlieferten gesetzlichen Bestimmungen ersehen können. Später wurde von Knut
das Verkaufen der Weiber verboten, doch durfte eine
freiwillige Gabe des Gatten angenommen werden. Es ist
ein interessantes Problem in der Entwickelungsgeschichte
der Gesetze, wie sich aus dem ursprünglichen Kaufpreise
der Braut eine Gabe oder Ausstattung für dieselbe entwickelte. Eine derartige Versorgung wurde nothwendig,
als der Gebrauch in Wegfall kam, dass die Witwe von
dem Bruder des Gatten geheirathet wurde.

Wir haben zuerst von der Ehe gesprochen, weil von
ihr die Familie abhängt, die die Grundlage der Gesellschaft bildet. Nach dem über die Familienvereinigung
der Wilden und Barbaren Gesagten dürfen wir nicht
erwarten, bei diesen einen ebenso wohlgeordneten Haushalt anzutreffen wie bei den höher civilisirten Völkern,
deren Wohlstand wesentlich durch einen geordneten
Haushalt bedingt wird. Allein selbst bei den rohesten
Völkern, vorausgesetzt dass sie nicht durch Laster oder
Elend verkommen sind, finden wir eine Vorstellung von
der sittlichen Bedeutung des Familienlebens. Ihre Sitten
sind nach unseren Vorstellungen hart und rauh, allein in

der Zärtlichkeit der Mutter, der Vertheidigung der Familie und des Hauses durch den Vater, in der Pflege der unmündigen Kinder, der Anhänglichkeit der Geschwister an einander, in dem gegenseitigen Beistande und Vertrauen, mit welchem sich die Glieder der Familie entgegenkommen, erkennen wir bereits die Familienbande des Mitgefühls und des gemeinsamen Interesses sowie das Bewusstsein einer sittlichen Pflicht. Das Bewusstsein der Zusammengehörigkeit überträgt sich von der Familie auf weitere Kreise. Ein Volksstamm entwickelt sich naturgemäss aus einer Familie oder Gruppe von Familien, die sich mit der Zeit vergrössert und in zahlreiche Haushaltungen zerfällt, deren Glieder aber durch das Gefühl der Verwandtschaft zusammengehalten werden, ein Gefühl, welches nicht selten in dem Mythus eines gemeinsamen Stammvaters zum Ausdruck kommt.

Das Leben wilder Völker lehrt uns auch, wie die menschliche Gesellschaft existiren kann, ohne dass die Ordnung von einer Polizei aufrecht erhalten zu werden braucht. Selbst bei den uncultivirtesten Völkern kann das Leben nicht ausschliesslich durch das Faustrecht geregelt werden. Auch bei den Wilden hat der Schwächere nicht zu befürchten, von dem Stärkeren überfallen und aus seiner Hütte verjagt zu werden. Unter der ausschliesslichen Herrschaft des Rechtes des Stärkeren würde ein Volksstamm in kurzer Zeit seiner Auflösung entgegengehen. Wo Nahrungsmittel in reichlicher Menge vorhanden sind und Kriege keinen verderblichen Einfluss ausüben, kann das Leben niederer barbarischer Völker durchaus friedlich und glücklich sein. Die Eingeborenen der westindischen Inseln, auf denen Columbus zuerst landete, hat man als die friedlichsten und wohlwollendsten Völker der Erde bezeichnet. Der Reisende Schom-

burgk, der die Lebensweise der kriegerischen Cariben aus
eigener Anschauung kannte, schildert dieselben, sofern
sie noch nicht durch die Laster des weissen Mannes verdorben waren, als gute und friedfertige Menschen. Er
fand bei ihnen harmlosen Frohsinn, aufrichtige Freundschaft und Dankbarkeit. In der Moral hätten sie von
der civilisirten Welt nichts zu lernen, da sie zwar nicht
von derselben reden, sie aber in ihren Handlungen be-
thätigen. Ein ähnliches Bild entwirft der holländische
Reisende Kops von den Papuanen von Dory auf Neuseeland, deren Häuser wie die Wohnungen der alten
schweizerischen Pfahlbautenmänner im Wasser auf Pfählen
standen. Der genannte Reisende rühmt ihren sanften
Charakter, ihren Sinn für Recht und Gerechtigkeit, ihren
sittlichen Lebenswandel, die Ehrfurcht, mit welcher sie
dem Alter entgegenkommen und die Liebe, mit welcher
sie die Kinder pflegen. Ihre Wohnungen sind nicht ver-
schliessbar, denn Diebstahl gilt für eine schwere Sünde
und kommt selten vor. Englische Beamte haben oft die
Zuverlässigkeit und Ehrlichkeit der nicht dem Hindu-
stamme angehörenden Einwohner Indiens rühmend anerkannt. So erzählt W. Elliot von einem armen Volksstamme
Südindiens, dessen Angehörige vielfach zur Bewachung
der Felder benutzt werden, da sie in dem Rufe stehen,
dass sie lieber verhungern, als das Getreide auf den
Feldern stehlen würden. Wegen ihrer Wahrheitsliebe
stehen sie selbst bei ihren reicheren Nachbarn in hohem
Ansehen. Man sagt von ihnen: „Ein Kurubar spricht
immer die Wahrheit." Die erwähnten Berichte über die
Cariben und Papuanen stammen von solchen Reisenden,
die in friedlichem Verkehr mit ihnen gestanden haben.
Anders lauten die Berichte derjenigen, welche ihnen
feindlich gegenübergestanden haben und in denen sie als

grausame und hinterlistige Menschen geschildert werden, denen die Grausamkeit und Hinterlist als etwas Rühmliches und Verdienstliches gilt. Es unterliegt keinem Zweifel, dass die Lebensweise barbarischer Völker eine in hohem Grade sittliche sein kann, was für uns um so belehrender ist, als wir es hier mit einer natürlichen Sittlichkeit zu thun haben. Die Religion solcher Völker besteht vorzugsweise in der Verehrung von Seelen Verstorbener und von Naturgeistern, besitzt dagegen nicht den starken moralischen Einfluss, den sie bei höher civilisirten Völkern ausübt. Die Behandlung der Mitmenschen wird bei solchen Völkern durch göttliche Gebote oder durch die Furcht vor göttlicher Strafe viel weniger beeinflusst, als durch die äusseren Lebensverhältnisse. Unter dem Einfluss von Mangel und Kriegsnoth wird der Mensch brutal und selbstsüchtig, und zu allen Zeiten haben rauhe Sitten bei solchen wilden Völkern geherrscht, bei denen der tägliche harte Kampf ums Dasein edlere Gefühle nicht aufkommen liess. Ein wesentlicher Unterschied zwischen niederen und höheren Menschenrassen besteht sodann darin, dass der geistig beschränkte Barbare kein hinreichend entwickeltes Denkvermögen besitzt, um sich auf die sittliche Stufe des civilisirten Menschen emporschwingen zu können. Der Wilde, der sich uneingedenk des vergangenen und unbekümmert um den kommenden Tag, in seiner Hängematte ausstreckt, wenn er seine Bedürfnisse befriedigt hat, besitzt nicht das lebhafte Spiel der Phantasie, welches uns beständig die Vergangenheit und die Zukunft vor Augen führt, das uns an die Stelle unserer Mitmenschen versetzt und uns an ihrem Geschick, an ihren Freuden und Leiden Antheil nehmen lässt. Manches Unrecht entspringt aus einem Mangel an Ueberlegung. Wenn sich ein Trunkenbold das Elend,

welchem er entgegengeht, einigermaassen lebhaft vorstellen könnte, so würde diese Vorstellung vielleicht die
Oberhand über seine Leidenschaft gewinnen. Oft hat
der Zürnende das Schwert in die Scheide gesteckt, wenn
in seinem Geist plötzlich das Bild der den blutigen
Leichnam umringenden klagenden Weiber aufblitzte.
Dem Wilden fehlt aber die ruhige Ueberlegung in viel
höherem Grade, als dem civilisirten Menschen, er lässt
sich leichter von der Leidenschaft hinreissen, er ist roh
und grausam aus Mangel an Mitgefühl für die Leiden
Anderer, ebenso wie ein Kind grausam gegen Thiere ist,
weil es nicht im Stande ist, sich die Schmerzen, welche
die Thiere empfinden, vorzustellen. Was wir jetzt über
das Leben der Wilden wissen, behütet uns vor phantastischen Ansichten, wie wir sie bei Philosophen des vorigen
Jahrhunderts antreffen, welche den „edlen Wilden" als
ein für civilisirte Völker nachahmenswerthes Muster von
Tugend hinstellten. Trotzdem müssen wir zugeben, dass
wir Tugend und Glück in einfacheren Formen auch bei
solchen Völkern antreffen, welche Aexte aus scharfen
Steinen verfertigen und das Feuer mit dem Feuerbohrer
erzeugen. Das Leben der Wilden bestätigt uns den
wichtigen Satz der Moralwissenschaft, dass Moralität und
Glück unzertrennlich mit einander verbunden sind, dass
die erstere die Bedingung des letzteren ist.

Auf keiner Stufe der Civilisation hängt das Verhalten
des Einzelnen ausschliesslich von seinen eigenen Ansichten über Recht und Unrecht ab. Selbst bei den
Wilden steht die Gesellschaft, wie bei uns, wenn auch in
geringerem Grade, unter der Herrschaft von Einflüssen,
die die Willensfreiheit des Einzelnen beschränken. So
übt bei den Wilden die öffentliche Meinung bereits einen
sehr bemerkenswerthen Einfluss aus. Während der Ein-

zelne zu sehr geneigt ist, in seinem Thun das eigene
Interesse und den Vortheil seiner näheren Freunde
maassgebend sein zu lassen, treten diese Motive da in
den Hintergrund, wo die öffentliche Meinung mit einem
Egoismus höherer Art das Wohl der Gesammtheit unter
ihren Schutz nimmt und den Einzelnen anspornt, seine
Privatinteressen bei Seite zu setzen und im Interesse der
Gesammtheit sein Eigenthum und selbst sein Leben zu
opfern. Das versammelte Volk kann den Feigling durch
seinen Spott der allgemeinen Verachtung preisgeben und
den Tapferen mit Ruhm und Ehre auszeichnen. Reisende
haben beobachtet, dass namentlich auch die Frauen, wenn
sie auch eine noch so untergeordnete Stellung einnehmen,
ihren Einfluss in dieser Richtung geltend zu machen
wissen. Mancher Krieger, der beim Anblick der Feinde
den Muth verlor, wagte dennoch nicht zu fliehen, wenn
er an den Spott dachte, mit dem er von den Mädchen
empfangen werden würde, wenn er unversehrt aber ehrlos
in das Dorf zurückkehrte. Unter diesem Druck der
öffentlichen Meinung handeln die Menschen dem Herkommen gemäss, welches in den meisten Lebensangelegen-
heiten als Richtschnur dient. Forschungsreisende haben
oft aus dem Umstande, dass sie bei manchen Völkern
nichts einer Obrigkeit Vergleichbares antrafen, voreilig
den Schluss gezogen, dass solche Wilde ohne alle Einschränkung nach ihrem freien Willen lebten. Dies ist
jedoch ein Missverständniss, da das Leben uncivilisirter
Völker nach allen Richtungen hin durch die Schranken
des Herkommens gefesselt ist. Herkömmliche Sitten
haben sich aber grösstentheils aus Rücksichten für den
wirklichen oder vermeintlichen Nutzen der Gesammtheit
entwickelt. So wird bei den Wilden das Recht der Gastfreundschaft hochgehalten, da Jeder weiss, dass er selbst

leicht in die Lage kommen kann, die Gastfreundschaft
eines Anderen in Anspruch nehmen zu müssen. Allein
einerlei ob eine Gewohnheit nützlich ist oder nicht, ja
selbst wenn der Zweck derselben in Vergessenheit gerathen ist, so wird sie, wie sie von den Vorfahren ererbt
worden ist, beibehalten. Es ist vorgekommen, dass sich
Wilde Fingerglieder abgeschnitten oder so lange gefastet haben, dass viele von ihnen Hungers starben. Der
einzige Grund aber, den sie oft für diese Selbstpeinigung
anzugeben vermögen, ist der, dass dieselbe eine von den
Vorfahren ererbte Sitte sei. Bei manchen Völkern
Australiens wurden viele Vögel und die besten Theile
der erlegten vierfüssigen Thiere für die Alten reservirt.
Diese Rücksicht auf die Alten kam ohne Zweifel der
Gesammtheit zu Gute, da die Alten im Lager blieben,
Netze und Waffen anfertigten, die Jugend belehrten und
durch ihr Wissen ihrem Volke nützten, welches in ihnen
seine erfahrenen Berather verehrte. Aus diesen und
ähnlichen Sitten geht deutlich hervor, dass selbst wilde
Völker weit davon entfernt sind, unter der blossen Herrschaft der rohen Gewalt zu stehen.

So haben selbst die ältesten und rohesten Volks-
gemeinschaften ihre bestimmten Ansichten über Recht
und Unrecht. Wenn wir aber die Sitten von Völkern
beurtheilen wollen, die auf einer tieferen Culturstufe
stehen, so müssen wir uns davor hüten, unsere modernen
Vorstellungen von Recht und Unrecht maassgebend sein
zu lassen. Wir müssen uns vielmehr in unserer Phantasie auf jene tiefere Culturstufe zu versetzen suchen, um
jene Sitten würdigen zu können. Auf diese Weise werden
wir die Ueberzeugung gewinnen, dass die Vorstellungen
von Gut und Schlecht, von Recht und Unrecht keineswegs bei allen Völkern und zu allen Zeiten dieselben

gewesen sind. Ein lehrreiches Beispiel von der Verschiedenheit dieser Vorstellungen bildet die Behandlung
der Alten bei Völkern verschiedener Culturstufe. Manche
rohe Völker behandeln die Alten ihres Stammes mit der
grössten Sorgfalt und pflegen dieselben bis zu ihrem
Tode, namentlich wenn die Ehrfurcht vor dem Alter
nach dem Tode in die Verehrung der Seele des Verstorbenen übergeht. Bei anderen Völkern nimmt die
Verehrung der Alten ein früheres Ende, wie z. B. bei den
brasilianischen Stämmen, welche die Alten und Kranken
mit Keulen erschlagen, ja zuweilen die Leichen derselben
verzehren, sei es, dass ihnen die Pflege derselben zu
mühsam ist, sei es, dass sie, wie sie selbst sagen, ein
gutes Werk zu thun glauben, wenn sie einem Leben ein
Ende machen, welches nicht mehr an den Freuden des
Kampfes, des Mahles und des Tanzes theilnehmen kann.
Wir begegnen dieser Sitte besonders häufig bei umherschweifenden Völkern. Die Horde muss des Nahrungserwerbs halber von einem Ort zum anderen, die Alten
und Kranken, welche der Horde nicht zu folgen vermögen,
müssen zurückgelassen werden, da die Jäger und die mit
der Beute der Jagd beladenen Weiber dieselben nicht
tragen können. Mancher Reisende war Zeuge solcher
herzzerreissender Scenen, wie z. B. Catlin, als er sich von
einem alten, weisshaarigen, blinden und abgemagerten
Puncahhäuptling verabschiedete. Derselbe kauerte an
einem schwachen Feuer, zu seinem Schutze war eine von
einigen Stäben gehaltene Büffelhaut über ihm ausgespannt und vor ihm stand ein Gefäss mit Wasser und
lagen einige halb abgenagte Knochen. Dieser alte
Krieger war auf seinen eigenen Wunsch zurückgelassen
worden, als der Stamm, welchem er angehörte, zu neuen
Jagdgründen aufbrach. Ebenso hatte er selbst, wie er

sagte, vor Jahren seinen Vater verlassen, als derselbe
nicht mehr im Stande war, die Züge des Stammes mit-
zumachen. Bei ansässigen, ackerbautreibenden Völkern,
die sich eines gewissen Wohlstandes erfreuen, giebt es
keine Entschuldigung mehr für eine solche grausame
Behandlung der Alten. Trotzdem wurde die Sitte selbst
in Europa noch lange Zeit beibehalten, theils um einem
elenden und qualvollen Dasein ein Ende zu machen,
theils aber und vorzugsweise, um einer von den Vorfahren ererbten Gewohnheit treu zu bleiben. Wie nach
dem Bericht Herodot's bei den Massageten, so wurden
auch bei den Wenden die Alten und Schwachen getödtet,
ihre Leichen gekocht und gegessen. In Schweden be-
wahrte man in den Kirchen grosse hölzerne Keulen, sogenannte Familienkeulen auf, von denen einige bis heute
erhalten sind und die dazu dienten, die Greise und
hoffnungslos Kranken in feierlicher Weise zu tödten. Es
ist interessant, in alten Ueberlieferungen zu verfolgen,
wie in Deutschland diese Barbarei milderen Sitten Platz
machte, wie z. B. der alte und altersschwache Hausvater
sein Vermögen unter seine Kinder theilt und fortan wohl
versorgt am „Katzenplatze" neben dem Herd sitzt. Je
mehr die Civilisation fortschritt, desto mehr wurde das
menschliche Leben ohne Rücksicht auf den Nutzen oder
das Vergnügen, die es gewährt, als etwas Unverletzliches
angesehen, und wir können nur mit Abscheu auf die
Sitten unserer Vorfahren blicken, die sich kein Gewissen
daraus machten, einem beschwerlichen und qualvollen
Dasein ein gewaltsames Ende zu bereiten.

Bei der Beurtheilung der Sitten von Völkern niederer Culturstufe darf auch nicht vergessen werden, dass
nach der Ansicht solcher Völker der Mensch keineswegs
allen Mitmenschen gegenüber dieselben sittlichen Pflichten

zu erfüllen hat. Er kennt seine Pflichten, die er dem
Nachbar gegenüber hat, aber nicht alle Menschen sind
seine Nachbarn. Dieser Standpunkt tritt in den Ansichten über Todtschlag und Diebstahl deutlich hervor.
Bei keinem Volke wird die Tödtung eines Menschen an
und für sich als ein Verbrechen angesehen, dieselbe kann
im Gegentheil unter gewissen Bedingungen eine ver-
dienstliche Handlung sein, wenn sie z. B. im Kriege, zur
Selbstvertheidigung, als Strafe, Rache oder zu Opfer-
zwecken vollzogen wird. Dagegen gilt es bei keinem
auch noch so wilden Stamme für erlaubt, jeden beliebigen
Menschen zu tödten, da unter einer solchen Gesetzlosig-
keit selbst die Völker der Wüste und der Dschungeln
der Vernichtung entgegengehen würden. Wir können
sagen, dass das Gebot „du sollst nicht tödten" von allen
Menschen anerkannt wird, nur ist die Art und Weise,
wie es befolgt wird, eine sehr verschiedene. Bei vielen
Völkern wird die Tödtung eines Menschen einfach als ein
Beweis der Tapferkeit gepriesen. So durfte ein junger
Siouxindianer nicht eher die Feder in seinen Kopf-
schmuck stecken, als bis er einen Menschen getödtet
hatte. Eher erhielt er nicht den Titel eines Tapferen
oder eines Kriegers und eher verstand sich kaum ein
Mädchen dazu, ihn zu heirathen. Ein junger Dajake auf
Borneo konnte kein Weib bekommen, bevor er den Kopf
eines erlegten Feindes beigebracht hatte. Ebenso musste
ein Nagakrieger in Assam erst einen Schädel oder einen
Scalp nach Haus bringen, bevor er das Recht hatte,
tätowirt zu werden und ein Weib zu nehmen, ein Recht,
auf das er vielleicht schon Jahre lang gewartet hatte.
Die Trophäe brauchte nicht von einem Feinde zu
stammen, im Gegentheil, sie durfte durch die nieder-
trächtigste Verrätherei erworben worden sein, nur durfte

das Opfer nicht dem eigenen Stamme angehören. Trotzdem galt bei den Sioux der Todtschlag als ein Verbrechen, ausgenommen wenn Blutrache vorlag, und bei
den Dajaken wurde der Mord bestraft. Dieser scheinbare Widerspruch findet seine Erklärung darin, dass die
bei einem Stamme herrschenden Ansichten über Recht
und Unrecht und die bestehenden Gesetze nur das Interesse des eigenen Stammes im Auge haben. Der Stamm
macht das Gesetz im Interesse der Selbsterhaltung und
nicht, weil der Todtschlag an und für sich ein Unrecht
ist. Er muss sein Eigenthum in tödtlichem Kampfe
gegen die Nachbarn vertheidigen und deshalb wird der
Krieger, der einen Beweis für seine Tüchtigkeit beigebracht hat, durch eine Auszeichnung belohnt. Bei
vielen verkommenen Stämmen gilt allerdings dieser Beweis für erbracht, wenn der Kopf einer alten Frau oder
eines heimtückisch überfallenen Fremden als Trophäe
beigebracht wird. Dieser einfache Gegensatz zwischen
dem Stammesgenossen und dem Fremden tritt uns in
allen Anschauungen über Recht und Unrecht entgegen,
denen wir in der alten Geschichte begegnen und die nur
langsam einer edleren Vorstellung weichen. Sehr deutlich tritt uns die ältere Anschauung in dem lateinischen
Worte *hostis* entgegen. Dasselbe bedeutet ursprünglich
„fremd“, nimmt aber ganz naturgemäss die Bedeutung
„Feind“ an. In alten Gesetzen wurde die Tödtung eines
Stammesgenossen als ein bedeutend schwereres Verbrechen
betrachtet, als die Tödtung eines Fremden, während die
Tödtung eines Sclaven nur als eine Zerstörung von Eigenthum aufgefasst wurde. Selbst jetzt ist in den Augen
eines Colonisten die Tödtung eines braunen oder schwarzen
Menschen ein geringeres Vergehen, als die Tödtung eines
weissen. Indessen gewinnt die Ansicht von der Unver-

letzlichkeit des menschlichen Lebens ohne Unterschied
der Rasse immer grössere Verbreitung.

Aehnliches gilt über die Vorstellungen von Diebstahl
und Raub. Auf niederer Civilisationsstufe ist das Gebot
„du sollst nicht stehlen" nicht unbekannt, allein es findet
nur auf Stammesgenossen und Freunde Anwendung, nicht
auf Fremde und Feinde. Sproat bemerkt von den Ahts
in Britisch-Columbien, ein einem Indianer auf Treu und
Glauben anvertrauter Gegenstand sei vollständig sicher,
obgleich das Stehlen ein allgemein verbreitetes Laster
sei, insofern es sich um das Eigenthum anderer Stämme
oder weisser Männer handelt. Es wäre indessen verkehrt,
fügt er hinzu, wenn man den Diebstahl bei diesen Wilden
für ein ebenso strafbares Vergehen halten wollte, wie bei
uns, da ihnen weder ein moralisches, noch ein sociales
Gesetz das Bestehlen eines fremden Stammes verbietet.
Obgleich bei den afrikanischen Völkern das Eigenthum
innerhalb der Stammesgrenzen durch strenge Vorschriften
geschützt ist, gehören Raubzüge gegen fremde Stämme
nicht zu den Seltenheiten. Reisende haben geschildert,
wie sich ein Trupp Zulu heimlich an ein entferntes Dorf
heranschleicht, Männer, Frauen und Kinder nieder-
metzelt, das Dorf in Brand steckt und mit Beute beladen
frohlockend heimkehrt. Wie das streitbare Volk der
alten Germanen über den Diebstahl dachte, erkennen wir
aus den bekannten Worten Cäsar's: „Räubereien ausserhalb der Grenzen einer Gemeinde haben nichts Schimpf-
liches, sondern werden als ein Mittel, die Jugend zu üben
und die Trägheit zu vermindern, empfohlen." Selbst inmitten der modernen Civilisation kann die Gesellschaft
infolge einer Kriegserklärung auf die Stufe der Plün-
derung und Kaperei zurücksinken. Allein in Friedenszeiten erfreut sich heute Eigenthum und Leben einer

32*

höheren Sicherheit, als früher. In den Auslieferungs-
verträgen, denen zufolge die Verbrecher dem Lande, in
welchem sie sich eines Verbrechens schuldig machten,
zur Bestrafung ausgeliefert werden, erkennen wir das
Bestreben, die Völker zu einer grossen bürgerlichen Gemeinde zu vereinigen, deren Glieder gleiche Rechte ge-
niessen, aber auch gleiche Pflichten gegen einander zu
erfüllen haben.

Um dem Rechte Geltung zu verschaffen und dem
Unrecht Schranken zu setzen, waren indessen seit den
ältesten Zeiten stärkere Mittel erforderlich, als nur das
sittliche Gefühl des Menschen und die öffentliche Meinung.
Bei allen civilisirten Völkern existiren gesetzliche Vorschriften darüber, wie die Uebelthäter mit Geldbussen,
Freiheitsstrafen, körperlicher Züchtigung und selbst mit
dem Tode bestraft werden sollen. Dies Strafverfahren
entwickelte sich aber ganz allmählich und es ist deutlich
zu erkennen, wie es aus früheren Zuständen hervorgegangen ist. Als es noch keine besonderen Berufs-
richter und Vollstrecker ihrer Urtheile gab, hatte Jedermann das Recht und die Pflicht, dem Gesetze Achtung
zu verschaffen. Dieses Gesetz war aber nichts anderes
als das, was wir jetzt Rache nennen. Wenn im barbarischen Leben leidenschaftlicher Kampf entbrennt und ein
Mensch erschlagen wird, so kommt dies Gesetz der Rache
zur Geltung. Welchen Einfluss es auf die bürgerliche
Gesellschaft ausübt, können wir bei den Australiern beobachten. Zu den heiligsten Pflichten eines Eingeborenen
gehört es, wie Grey berichtet, den Tod seiner nächsten
Verwandten zu rächen. Wenn er dieser Verpflichtung
nicht nachkäme, würden ihn die alten Frauen verhöhnen;
ist er unverheirathet, so würde kein Mädchen mit ihm
reden; hat er Weiber, so würden ihn dieselben verlassen;

seine Mutter würde wehklagen, einen so entarteten Sohn geboren zu haben, sein Vater würde mit Verachtung auf ihn herabschauen und er würde dem öffentlichen Spott anheimfallen. Was ist aber zu thun, wenn der Mörder entflieht, was in einem wilden und dünn bevölkerten Lande ein Leichtes sein muss? In diesem Falle wird die ganze Familie des Verbrechers verantwortlich gemacht. Wenn daher ein Mensch erschlagen worden ist und der Thäter sich der Verfolgung durch die Flucht entzieht, so wissen die Verwandten desselben, dass ihr Leben auf dem Spiele steht. Selbst die Kinder von sieben Jahren wissen, ob sie zur Verwandtschaft des Mörders gehören und halten sich, wenn dies der Fall ist, versteckt. Hier treten uns zwei Gesichtspunkte entgegen, die in der Entwickelung der Gesetze eine wichtige Rolle gespielt haben. Durch die Billigung der Blutrache macht die Gesellschaft den Rachetrieb, den der Mensch mit den Thieren gemeinsam hat, dem Gemeinwohl dienstbar, und dadurch, dass die ganze Familie für das von einem ihrer Glieder verübte Verbrechen verantwortlich gemacht wird, wird der ganze Einfluss der Familie auf jeden Einzelnen im Interesse der Aufrechterhaltung des Friedens zur Geltung gebracht. Es lässt sich nicht leugnen, dass die Blutrache da, wo die richterliche Strafgewalt noch nicht in den Händen einzelner Personen liegt, einen durchaus wohlthätigen Einfluss ausübt, indem sie den Menschen von Gewaltthätigkeiten zurückhält. Bei allen wilden und barbarischen Völkern wird gerade durch die Blutrache verhindert, dass Mord und Todtschlag in einer die Existenx des Volkes bedrohenden Weise um sich greifen. Der Nutzen der Blutrache wird allerdings häufig dadurch vereitelt, dass infolge von Unwissenheit oder Täuschung der Unschuldige von ihr betroffen wird. Die Australier können sich, wie viele andere Wilde, keine Vorstellung davon machen, dass ein Mensch stirbt, ohne getödtet zu werden. Wenn daher Jemand eines natürlichen Todes stirbt, so glauben sie, derselbe sei durch Zauberkünste getödtet worden, ein Feind habe ihn mit einer unsichtbaren Waffe verwundet oder ihm einen todtbringenden Krankheitsdämon gesandt. In einem solchen Falle suchen die Verwandten durch Wahrsagung den bösen Zauberer zu ermitteln, der den Mord begangen hat, und sobald sie denselben ausfindig gemacht haben, zieht der Rächer aus, um ihn zu tödten. Von der anderen Seite wird natürlich Wiedervergeltung geübt und es entspinnt sich eine Fehde, die von einer Generation zur anderen fortlebt. Dies bildet eine Hauptveranlassung für die erbitterte Feindschaft zwischen benachbarten Stämmen, welche die Wilden unaufhörlich in Furcht und Unruhe erhält.

Auch auf höheren Stufen der Civilisation begegnen wir der Blutrache, allein mit zunehmender Civilisation nimmt dieselbe einen milderen Charakter an und hört zuletzt ganz auf. Das Gesetz der Israeliten gestattete zwar die Blutrache noch, errichtete aber Zufluchtsstätten und machte einen Unterschied zwischen dem unfreiwilligen Todtschlag und dem vorsätzlichen Mord. Bei Völkern, die sich eines gewissen Wohlstandes erfreuen, namentlich wenn derselbe nach Geld abgeschätzt wird, tritt an die Stelle der Rache die Entschädigung durch Geld. In Arabien herrschen bis auf den heutigen Tag beide Formen der Sühne neben einander. Während die umherschweifenden Beduinenstämme der Wüste Blutfehden Generationen hindurch mit erbitterter Hartnäckigkeit verfolgen, verzichten die Bewohner der Städte auf die Fehde und willigen in eine Beilegung des Streites durch Erlegung eines Blutgeldes. In ähnlicher Weise konnte

nach altdeutschem Recht die Blutrache durch Erlegung
einer Summe Geldes abgewendet werden. Das angel-
sächsische Wort für diese Abgabe war *wer-gild* (wahrscheinlich soviel wie Manngeld). Dieselbe betrug für
einen Freien 200 Schilling, für niederes Volk weniger,
ebenso für einen Walliser weniger als für einen Engländer. Da wo die Blutrache für die Tödtung eines
Menschen ebenfalls die Tödtung eines Menschen verlangt, werden geringere Verletzungen ebenfalls mit
Gleichem vergolten. Es ist dies die römische *lex
talionis*, das Gesetz der Vergeltung von Gleichem
durch Gleiches. Derselbe Grundsatz ist deutlich ausgesprochen in dem jüdischen Gesetz: „Leben um Leben,
Auge um Auge, Zahn um Zahn, Wunde um Wunde, Streich
um Streich." Dasselbe Gesetz gilt heute noch in Abessinien. Vor nicht langer Zeit belangte eine Mutter einen
Knaben, der von einem Obstbaum herab auf ihren kleinen
Sohn herabgefallen war und denselben getödtet hatte.
Die Richter sprachen der Mutter das Recht zu, einen
andern Sohn auf den Baum steigen und auf den Be-
klagten herabfallen zu lassen, doch machte dieselbe von
dem ihr zugesprochenen Recht keinen Gebrauch. An die
Stelle der Wiedervergeltung mit Gleichem traten Geldbussen. So hatte nach alten englischen Gesetzen für
eine abgehauene Hand oder einen abgehauenen Fuss der
Thäter den halben Preis eines Menschen zu entrichten,
für einen Daumen den halben Preis einer Hand u. s. w.
bis zu 5 Schilling, die für einen kleinen Finger, und
4 Pence, die für den Nagel des kleinen Fingers zu entrichten waren. In unseren Zeiten beruht der Rechtschutz
auf höheren Gesichtspunkten und der Staat betrachtet
es als seine Pflicht, jede Verletzung, die einem seiner
Bürger absichtlich zugefügt wird, zu bestrafen. Wenn

wir heute von einer corsischen „Vendetta" lesen, so
denken wir kaum daran, dass wir es hier mit dem Ueberrest eines alten Rechts zu thun haben, welches in diesem
wilden Berglande bis jetzt noch nicht vollständig erloschen ist. Unser modernes Strafrecht entwickelte sich
aber aus der Privatrache, deren Ausübung Sache des
Verletzten oder seiner nächsten Verwandten war. Jetzt
ist es der Staat, der den Verbrecher im Interesse der
öffentlichen Ordnung zu bestrafen sucht. Die Blutrache,
einst der Wächter der öffentlichen Sicherheit, ist unter
den veränderten Verhältnissen des bürgerlichen Lebens
selbst zum Verbrechen geworden, welches vom Staate als
ein Eingriff in seine Rechte betrachtet und bestraft wird.

Die Privatrache ist zwar durch das Gesetz beseitigt
worden, dagegen entziehen sich die grösseren Streitigkeiten zwischen verschiedenen Staaten noch der Herrschaft des Gesetzes. Das Verhältniss der Privatrache
zum Krieg erkennen wir deutlich bei rohen Völkern, wie
z. B. den Waldbewohnern Brasiliens. Wenn innerhalb
des Stammes ein Mord verübt wird, so sind natürlich nur
die beiden Familien, denen der Mörder und der Ermordete
angehören, bei der Rache betheiligt. Wenn aber der
Mörder einem fremden Stamm angehört, so artet die
Rache meist in offenen Krieg aus. Die verletzte Gemeinde hält Berathung und entschliesst sich, wenn sie es
wagen zu dürfen glaubt, zum Krieg. Eine Kriegerschaar
zieht aus, und die ersten, die sich ins Gefecht stürzen,
sind die näheren Verwandten des Getödteten, die sich
den Körper schwarz bemalen, um ihrer mörderischen Absicht einen sichtbaren Ausdruck zu verleihen. Ein Krieg
zwischen benachbarten Stämmen beginnt in der Regel
mit irgend einer Streitigkeit oder Grenzverletzung. Sobald nun auf der einen oder anderen Seite ein Mann

getödtet worden ist, entwickelt sich aus der Rache für den Gefallenen eine Blutfehde, die Generationen hindurch zu erbitterten Kämpfen Veranlassung geben kann. Solche Zustände erhielten sich in Europa bis weit in die historische Zeit hinein. Nach altem germanischen Recht durfte sich jeder Freie, der an Leib, Gut oder Ehre geschädigt worden war, selbst mit Hülfe seines Gefolges rächen, d. h. er hatte das Recht, einen Privatkrieg zu führen, wenn er sich nicht durch die gesetzlich vorgeschriebene Geldbusse abfinden lassen wollte. Die Unterdrückung dieser Privatkämpfe durch König Edmund bezeichnet einen Wendepunkt in der englischen Geschichte. Dieselben hörten indessen keineswegs sofort vollständig auf, sondern dauerten in geringerem Umfange, namentlich in Northumberland, fort. Selbst in der neueren Zeit fanden in den wilden schottischen Hochlanden noch solche Kämpfe zwischen verschiedenen Clans statt. Adelige bestanden noch auf ihrem alten Recht, als die gewöhnlichen Freien längst aufgehört hatten, gemeinsam mit ihren Nachbarn Kriege zu führen. Noch zur Zeit Eduard's IV. fand bei Nibley Green in Gloucestershire ein Gefecht zwischen Lord Lisle und Lord Berkeley nebst ihrem Gefolge statt. Der Erstere wurde getödtet und seine Wittwe wurde von Lord Berkeley durch eine Geldsumme entschädigt. Dies ist das letzte Beispiel eines Privatkrieges und der Entrichtung eines Wergeldes, welches aus der englischen Geschichte bekannt ist. Das englische Gesetz, welches den Privatkrieg verbietet, bezeichnet einen der grössten Fortschritte in der nationalen Entwickelung. An die Stelle der Privatrache und des Privatkrieges ist jetzt die Rechtsprechung der vom Staate eingesetzten Gerichte getreten. Die Staaten selbst dagegen bringen ihre Streitigkeiten durch den öffent-

lichen Krieg zum Austrag. Derselbe ist nichts anderes,
als die alte Blutfehde in grossem Maassstab.

Ebenso wie das Strafrecht lässt sich auch das bürgerliche Eigenthumsrecht bis in die ältesten Zeiten verfolgen. Das Eigenthumsrecht, wie wir es jetzt bei
uncivilisirten Völkern antreffen, ist vermuthlich von den
ältesten Eigenthumsregeln nur wenig verschieden. Bei
niederen Völkern tritt uns bereits sehr deutlich der
Unterschied zwischen dinglichem und persönlichem Eigenthum, der uns geläufig ist, entgegen. Die Nutzniessung
des Landes steht Allen zu, aber Keiner kann absoluter
Eigenthümer desselben sein. Das einfachste Land- und
zugleich Wildgesetz finden wir bei Völkern, die hauptsächlich von der Jagd und dem Fischfang leben. In
Brasilien waren die Grenzen der Gebiete einzelner
Stämme durch Felsen, Bäume, Flüsse und selbst künstliche Grenzmarken bezeichnet, und eine Ueberschreitung
derselben beim Jagen galt für ein so bedeutendes Vergehen, dass der Schuldige unter Umständen auf der Stelle
erschlagen werden konnte. Bei allen Völkern, die auf
dieser Entwickelungsstufe stehen, hat Jedermann das
Recht, innerhalb der Grenzen seines Stammes zu jagen,
und das Wild wird nur dadurch, dass er es erlegt, sein
Privateigenthum. Wir finden hier also eine bestimmte
Vorstellung eines gemeinsamen Eigenthumsrechts auf das
Land, welches der Gesammtheit des Volksstammes zusteht.
Ebenso deutlich finden wir den Begriff des Familieneigenthums ausgeprägt. Die Hütte gehört der Familie
oder der Familiengruppe, die sie erbaute. Wenn die
Eigenthümer der Hütte das unmittelbar an dieselbe an-
stossende Land einfriedigten und anbauten, so hörte
dasselbe auf, Gemeingut zu sein und wurde zum Familieneigenthum, wenigstens so lange die Familie es im

wirklichen Besitz hatte. Ebenso gehörte der Familie die Ausstattung der Hütte, wie die Hängematten, Mahlsteine und irdenen Gefässe. Persönliches Eigenthum war dagegen Alles, was der Einzelne auf dem Leibe trug oder mit sich führte, die Waffen des Mannes, die Schmuckgegenstände und die spärliche Kleidung, welche Männer und Frauen trugen, über die sie im Leben nach Belieben verfügen konnten und die sie gewöhnlich mit ins Grab nahmen (vergl. S. 417). So finden wir bereits bei barbarischen Völkern den Begriff des Gemeinguts, des Familiengrundbesitzes und des persönlichen Eigenthums, lauter Rechtsbegriffe, die wir in allen Rechtssystemen des Alterthums wiederfinden, obwohl sie sich nicht überall in derselben Weise entwickelten. So waren in den alten Dorfgemeinden Europas, deren Spuren noch heute in England zu bemerken sind, nicht nur die Jagdgebiete und Wiesen Gemeingut, sondern nicht einmal die gepflügten Felder waren Familieneigenthum. Dieselben wurden entweder durch gemeinsame Arbeit bestellt oder von Zeit zu Zeit unter die Familien verlost. Das Eigenthumsrecht der Familie erstreckte sich nur auf die Hütte und den anstossenden Garten. Die Verhältnisse des Grundbesitzes erfuhren zu verschiedenen Zeiten durch das Eingreifen von Kriegsvölkern eine wesentliche Veränderung. Das Land der Unterworfenen wurde häufig von dem König oder Führer der Eroberer unter die Feldherren oder Soldaten vertheilt, die dafür Kriegsdienste zu leisten hatten. Das beste Beispiel ist das mittelalterliche Lehenssystem. In England war bereits vor der Eroberung durch die Normannen die Verwaltung des Volkslandes, welches Eigenthum des ganzen Volkes war, so sehr in die Hände des Königs übergegangen, dass dieser nach Belieben über dasselbe verfügen konnte. In

Militairstaaten wird oft der König zum alleinigen Grund-
besitzer, der seinen Unterthanen gegen Entrichtung eines
jährlichen Tributs die Bebauung des Landes gestattet.
Dies System finden wir im alten Aegypten, sowie im
heutigen Indien. Bei den Römern waren sowohl der
Staat als auch gewisse Familien im Besitz grosser Län-
dereien, die in einzelnen Theilen gegen Entrichtung eines
Theils des Ertrages verpachtet wurden. Hier begegnen
wir den Anfängen der Pacht, von der die Gesetze älterer
Zeiten nichts wissen. Während sich diese Veränderungen
in den Verhältnissen des Grundbesitzes vollzogen, gewann
das bewegliche Eigenthum eine immer grössere Bedeutung.
Kriegsgefangene, die als Sklaven den Boden bebauen
mussten, bildeten einen Theil des Familienwohlstandes.
Hirtenvölker fingen an, neben den Thieren, die ausschliesslich zur Befriedigung des Nahrungsbedürfnisses
dienten, auch solche zu halten, die zum Pflügen des
Bodens gebraucht werden konnten. Durch die Herstellung
werthvoller Waaren, die Zunahme des Handels, die Anhäufung von Schätzen und den Gebrauch des Geldes
wurden neue Erwerbsquellen erschlossen. Unsere modernen Eigenthumsverhältnisse unterscheiden sich von denen
älterer Zeiten sehr wesentlich durch den Umstand, dass
das Gebiet des persönlichen Besitzes an Umfang zugenommen, das des Familienbesitzes dagegen abgenommen
hat, ein Zustand, welcher unserem Zeitalter der wechseln-
den Handelsunternehmungen angepasst ist. Selbst Grundbesitz kann vom Einzelnen durch Kauf erworben und
durch Verkauf veräussert werden. Wenn aber das Gesetz für den Verkauf eines Grundstückes oder eines
Hauses ein viel umständlicheres Verfahren vorschreibt,
als für den Verkauf von hundert Kisten Thee oder einen
Diamantschmuck, so erkennen wir hierin die Spuren des

alten Systems, nach welchem der Uebergang des unbeweglichen Eigenthums aus einer Hand in die andere mit Schwierigkeiten verbunden und von der Zustimmung zahlreicher Betheiligter abhängig war. Trotz dieser Veränderungen hat sich das alte System des Familieneigenthums in einem gewissen Umfang bis auf den heutigen Tag erhalten, wie wir deutlich aus der Art und Weise erkennen, wie mit dem hinterlassenen Vermögen eines Verstorbenen verfahren wird. In den ältesten Zeiten bildete das Eigenthum des Verstorbenen entweder das gemeinsame Besitzthum der Familie, welche auf demselben weiter lebte, oder es wurde unter die Kinder oder die Söhne vertheilt. Wenn der älteste Sohn das patriarchalische Oberhaupt der Famlie ist, so erhält er zuweilen einen doppelten Antheil. Diese Art der Theilung finden wir sowohl bei den airischen, als auch bei den semitischen Völkern, sie ist sowohl in den Gesetzen des Manu, als auch im Deuteronomium vorgeschrieben. In Frankreich hat bis auf den heutigen Tag das alte Princip der Theilung gesetzliche Gültigkeit, während in England Jeder über sein Eigenthum nach Belieben durch ein Testament verfügen kann. Natürlich hat diese Freiheit in den meisten Fällen nur eine theoretische Bedeutung, da eine Enterbung der eigenen Kinder zu Gunsten eines Fremden sowohl vom Pflichtgefühl, als auch von der öffentlichen Meinung als ein Act der Willkür verdammt werden würde. Wenn ein Engländer stirbt, ohne ein Testament zu hinterlassen, so erkennt das Gesetz die Rechte seiner Familie an, indem es das persönliche Eigenthum des Verstorbenen unter sie vertheilt. Der Grundbesitz geht indessen in der Regel auf den ältesten Sohn über. Es ist interessant, die historische Entwickelung des Gesetzes zu verfolgen, welches den Nachgeborenen ein Recht auf

das bewegliche Vermögen des Vaters zuerkennt, nicht
dagegen ein Recht auf den Grundbesitz. Vor etwa tausend
Jahren gingen in Europa die Lehensgüter nach dem
Tode des Inhabers auf den ältesten Sohn über. Hiermit
sollte keineswegs diesem auf Kosten der jüngeren Brüder
ein besonderer Vortheil zugewendet werden, sondern er
wurde so zum Oberhaupt einer Gruppe von Familien
oder eines kleinen Stammes, der das Land bewohnte und
dasselbe unter Umständen unter seiner Führung vertheidigen musste. Wenn heute das Oberhaupt der
Familie der alleinige Besitzer des Familienvermögens geworden ist und über dasselbe nach eigenem Ermessen
verfügen darf, so sehen wir, wie alte Gesetze, wenn sie
unter veränderten Verhältnissen beibehalten werden, zu
Resultaten führen können, die ursprünglich gar nicht
durch sie erreicht werden sollten. Das Recht der Erst-
geburt verbreitete sich nicht über ganz England, sondern
in manchen Theilen des Landes haben sich andere Formen
des Erbrechts erhalten, die aus noch früheren Zeiten
stammen, als das Lehenssystem. So war es z. B. zur Zeit
Eduard des Bekenners Gebrauch, das Land nach dem
Tode des Vaters unter die Söhne gleichmässig zu ver-
theilen. Heute ist dieses Erbrecht unter dem Namen
„gavelkind“ oder kentisches Recht bekannt. Auch in
anderen Gegenden des Landes hat sich dieser Gebrauch
erhalten. Man vermuthet z. B., dass Kentish Town im
Norden von London seinen Namen daher hat, dass hier
dieses kentische Erbrecht herrscht. In England herrscht
sogar noch ein anderes Erbrecht, welches einer noch
älteren Stufe der gesellschaftlichen Zustände zu entstammen scheint. Es ist dies der unter dem Namen
„borough-english“ bekannte Rechtsgebrauch, nach welchem z. B. in Hackney oder Edmonton das Land an den

jüngsten Sohn übergeht, wenn der Vater stirbt, ohne ein Testament zu hinterlassen. Dieses Erbrecht des Jüngsten, so sonderbar es erscheint, findet sich auch an anderen Orten Europas und Asiens. Dieses Gesetz passt ausgezeichnet für die Verhältnisse von Völkern, die sich in einer Gegend niederlassen, die noch reich an unbebautem Land ist. Sobald die Söhne erwachsen sind, verlassen sie das elterliche Haus, um sich eine neue Heimstätte zu gründen, nur der jüngste bleibt zu Haus, um die Eltern im Alter zu pflegen, deren Eigenthum nach ihrem Tode in seinen Besitz übergeht. Dies ist einer von den zahlreichen Gebräuchen, die willkürlich und unzweckmässig zu sein scheinen, weil sie sich über die Zeit hinaus, in welcher sie entstanden und den Verhältnissen entsprachen, erhalten und ihre Bedeutung verloren haben.

In alten Zeiten, als es noch keine Rechtsgelehrten und keine Gesetzbücher gab, dienten feierliche Ceremonien dazu, Rechtshandlungen dem Gedächtniss einzuprägen. Manche dieser Ceremonien haben sich bis heute erhalten und lassen ihre Bedeutung noch deutlich erkennen. Wenn z. B. zwei Personen unverbrüchlichen Frieden oder Freundschaft schliessen wollen, so unterziehen sie sich der Ceremonie der Blutvermischung, um sich durch dieselbe gewissermaassen blutverwandt zu machen. Nicht selten gehen Reisende diese Blutbrüderschaft mit Angehörigen barbarischer Völker ein. Im östlichen Afrika wird diese Ceremonie in der Weise ausgeführt, dass sich beide Personen auf ein Thierfell niedersetzen, sich gegenseitig kleine Schnitte in die Brust beibringen, das vermischte Blut kosten und sich gegenseitig in die Wunden einreiben. So herrscht noch heute ein Gebrauch, der nach Herodot's Erzählung bei den alten Lydiern und

Scythen herrschte und der auch in den nordischen Sagen
und in irischen Legenden erwähnt wird. Aus dieser
Sitte erkennen wir deutlich den wichtigen Grundsatz der
barbarischen Moral, dass der Mensch keineswegs der
Menschheit im Allgemeinen Freundschaft schuldig ist,
sondern nur seinen eigenen Verwandten, so dass ein
Fremder zum Verwandten werden muss, um Anspruch
auf Wohlwollen und Treue zu bekommen. Auch gemeinsames Essen und Trinken gilt bei uncultivirten
Völkern als Besiegelung eines Freundschaftsbündnisses,
da der Gast durch die gemeinsame Mahlzeit gewissermaassen Mitglied des Haushaltes wird und moralisch als
Familienmitglied behandelt werden muss. Dies erklärt
zum Theil den hohen Werth, der überall auf gemeinsame
Mahlzeiten gelegt wird. In Indien beruht bis auf den
heutigen Tag die Gliederung der Gesellschaft auf den
Kastenregeln, welche genau vorschreiben, mit wem ein
Mensch zusammen essen darf, und mit wem nicht. Ein
im fernen Osten sehr verbreiteter Heirathsgebrauch be-
steht darin, dass das Paar gemeinsam aus einer Schüssel
isst. Unter den Hindu herrscht die Sitte, bei einer Ver-
mählung die Kleider des Bräutigams und der Braut zum
Zeichen der Vereinigung zusammen zu binden, und die
Braut tritt mit dem Fusse auf einen Stein, um anzudeuten, dass sie unwandelbar sein werde wie ein Stein.
In England herrschte im vorigen Jahrhundert unter
Landstreichern die Sitte, dass sich Mann und Frau die
Hände über ein todtes Thier reichten, um symbolisch das
Versprechen auszudrücken, vereinigt zu bleiben, bis der
Tod sie trenne. Wenn im alten Rom Jemand vor Ge-
richt seinen Anspruch auf einen Sklaven geltend machen
wollte, so schritt er auf denselben zu und berührte ihn
mit einem Stabe, welcher einen Speer vorstellen sollte.

In Deutschland herrschte in alten Zeiten die Sitte,
den Uebergang eines Grundstücks in die Hände eines
neuen Besitzers durch Ueberreichung eines Stückes
Rasen anzudeuten, in welchen ein grüner Zweig gesteckt
war. Zur Zeit des Lehensrechts legte der Vasall seine
Hände zwischen die des Herrn, um dem Abschlusse des
Lehensverhältnisses einen symbolischen Ausdruck zu
geben.

In den gesetzlichen Bestimmungen alter Zeiten gab
es indessen auch Ceremonien, die mehr waren, als nur
eine solche Geberdensprache. Barbarische Gesetze
suchten seit den ältesten Zeiten magische und göttliche
Mächte zu Hilfe zu rufen, um den Schuldigen zu entdecken, um wahres und falsches Zeugniss zu unterscheiden
und um ein Versprechen bindend zu machen. Dies führte
zur Entwickelung des weitverbreiteten Systems der Gottesgerichte oder Gottesurtheile und Eide. Manche Gottesgerichte haben durch ihren Eindruck auf das Gewissen
des Schuldigen dazu beigetragen, die Wahrheit an den
Tag zu bringen. In Indien wird von allen Gliedern
eines Haushaltes, unter denen ein Dieb vermuthet wird,
ein Mund voll Reis genommen und oft scheut sich der
Dieb wirklich, denselben zu verschlucken. Ein geweihter
Bissen Brod oder Käse diente früher zu demselben Zwecke
in England, und die alte Formel, „dieser Bissen möge
mich ersticken, wenn ich lüge", ist bis heute noch nicht
in Vergessenheit gerathen. Eine andere Art, einen Dieb
zu ermitteln, besteht darin, dass alle Verdächtigen einen
Schlüssel in der Hand halten müssen, an welchem eine
Bibel hängt und der sich in der Hand des Schuldigen
dreht. Im Alterthume wurde eine ähnliche Ceremonie
mit einem an den Spitzen einer geöffneten Scheere auf-
gehängten Sieb ausgeführt. Jetzt sind die Gottesgerichte

Tylor, Anthropologie. 33

aus den Gesetzen der civilisirten Völker entfernt. Allein
in Ländern wie Arabien hat z. B. das Gottesgericht des
glühenden Eisens noch gesetzliche Gültigkeit, wie in
England in jenen Zeiten, aus denen die Sage von der
Königin Emma stammt, die über die rothglühenden
Pflugschare schritt. Selbst in der neueren Zeit ist noch
in England der Fall vorgekommen, dass ein altes Weib,
welches in dem Verdacht stand, eine Hexe zu sein, in
Wasser untergetaucht wurde. Es ist dies das alte Gottesgericht des Wassers, wobei das geweihte Element den
Bösen zurückstösst und den Rechtschaffenen annimmt,
so dass der Schuldige auf dem Wasser schwimmt, während
der Unschuldige untersinkt. Dieses Gottesgericht ist in
dem alten indischen Gesetzbuche des Manu enthalten
und bildete in England bis zum Beginn des dreizehnten
Jahrhunderts ein gesetzliches Mittel, welches gegen die
des Mordes und Raubes Angeklagten angewandt wurde.
Während die Gottesgerichte dem Schuldigen sofort
Schaden bringen, wird in den Eiden, die in ihrer Natur
im Wesentlichen mit den Gottesgerichten übereinstimmen,
eine zukünftige, in diesem Leben oder nach dem Tode
eintretende Strafe angerufen. Wenn der Ostjake vor
Gericht einen Eid leistet, so wird eine Bärenhaut herbei-
gebracht, in welche er beisst, indem er zugleich einen
Bären anruft, der ihn beissen soll, wenn er einen Mein-
eid schwört. Die bei uns gebräuchlichen Formalitäten
einer Eidesleistung lassen deutlich die Spuren hohen
Alters erkennen. In Schottland erhebt der Zeuge die
Hand gegen den Himmel, dieselbe Geberde, welche die
Griechen und Juden ausführten, um die höchste Gottheit
zum Zeugen anzurufen und die göttliche Rache auf den
Meineidigen herabzubeschwören. Das in England gebräuchliche Küssen der Bibel stammt von dem Gebrauche,

einen heiligen Gegenstand zu berühren, wie z. B. bei den alten Römern der Schwörende den Altar oder wie Harold das Reliquienkästchen berührte. Die Formel „So helfe mir Gott" stammt von der alten skandinavischen Eidesformel „So helfe mir Freyr und Niord und der allmächtige Gott (d. h. Thor)", welche der Schwörende aussprach, indem er den blutbefleckten Ring am Altar mit der Hand berührte. Die Namen Freyr und Thor haben sich bis heute in den Namen Freitag und Donnerstag (engl. *Thursday*) erhalten.

Der letzte Punkt, dem wir unsere Aufmerksamkeit zuzuwenden haben, ist die historische Entwickelung des Regierungswesens. Das Verständniss der complicirten politischen Einrichtungen civilisirter Völker wird erleichtert, wenn wir zunächst die einfacheren Formen derselben ins Auge fassen, die wir bereits bei wilden und bei barbarischen Völkern antreffen. Die Grundlage der Gesellschaft bildet, wie wir bereits sahen, die Selbstregierung der einzelnen Familie. In vielen Fällen ist das Familienoberhaupt in seiner Familie unumschränkter Herrscher. So kann z. B. bei den barbarischen Waldvölkern Brasiliens der Vater mit seinen Weibern und Kindern machen, was er will, er darf sie selbst als Sklaven verkaufen, ohne dass ein Anderer das Recht hat, Einspruch dagegen zu erheben. Bei vielen niederen Völkern wird es kaum anerkannt, dass jedes menschliche Wesen, welches auf die Welt kommt, ein Recht habe, zu leben, was bei civilisirten Völkern als etwas Selbstverständliches gilt. Bei einem mühseligen und kümmerlichen Leben, wie es die Australier und manche andere Völker führen, werden die neugeborenen Kinder oft aus Noth ausgesetzt, weil die Eltern nicht im Stande sind, dieselben zu ernähren. Dass dies mehr aus Noth, als aus Hartherzigkeit

geschieht, kann man daraus ersehen, dass die Eltern
unter Umständen mit eigener Lebensgefahr das Leben
eines Kindes beschützen, bei dessen Geburt die Eltern
im Zweifel waren, ob es am Leben bleiben sollte oder
nicht. Aber auch in Gegenden, in denen der Mensch
unter günstigeren Verhältnissen lebt, ist die hässliche
Sitte des Kindermordes verbreitet. Sowohl bei den alten
Römern, als bei unseren eigenen Vorfahren hatte der
Vater das Recht, zu bestimmen, ob ein neugeborenes
Kind aufgezogen oder ausgesetzt werden sollte. Sobald
es aber einmal Mitglied des Haushaltes geworden
ist, so geniesst es eine grössere Sicherheit des Lebens,
und wenn der junge Barbare zum Krieger erzogen wird
und selbst das Oberhaupt eines neuen Haushaltes wird,
so ist er in der Regel ein freier Mann. Nach dem ältesten römischen Recht hatte das Familienoberhaupt eine
fast unumschränkte Gewalt über die Familie. Der Vater
konnte seine erwachsenen Söhne züchtigen und selbst
tödten, er konnte sie verheirathen und ihre Ehe wieder
trennen, ja er hatte das Recht, dieselben zu verkaufen.
Mit fortschreitender Civilisation erhielten sowohl in Rom,
als auch in anderen Gegenden die Söhne persönliche
Selbständigkeit und Eigenthumsrecht, und wenn wir die
heutigen Verhältnisse mit den Zuständen älterer Zeiten
vergleichen, so sehen wir deutlich, wie das Christenthum,
welches nicht die Familienrechte, sondern das Heil des
Einzelnen im Auge hatte, zur Befestigung der persönlichen Freiheit beigetragen hat. Trotzdem haben sich
die besten Züge der Familienherrschaft auch in dem
modernen Leben erhalten. Unter der Autorität der
Eltern werden die Kinder für ihre zukünftigen Pflichten
erzogen und das Gesetz giebt den Kindern nur sehr beschränkte Rechte gegen die Eltern, um nicht das Band,

welches die Gesellschaft zusammenhält, zu lockern. Sobald aber die Familie aufhörte, ein kleines selbständiges Königthum zu sein, wurde der Einzelne für seine Handlungen persönlich verantwortlich. Während in früheren Zeiten für ein begangenes Verbrechen an der Familie des Thäters Rache genommen wurde, so lehren uns die modernen Rechtsvorstellungen, dass dieses Verfahren unrecht ist, indem durch dasselbe ein Unschuldiger von der Strafe betroffen wird. Bei barbarischen Völkern ist dieses Verfahren allerdings das beste Mittel, um die Ordnung aufrecht zu erhalten, und wo dies Verfahren in Gebrauch ist, gilt dasselbe als durchaus gerecht und naturgemäss, wie z. B. bei den Australiern, wo sich alle Familienglieder, von denen eins einen Mord begangen hat, als schuldig betrachten. Dieser Vorstellung begegnen wir übrigens keineswegs nur bei Wilden, sondern auch in den Gesetzen alter Culturvölker, z. B. der Griechen und Römer. Hier mag nur eine bemerkenswerthe Stelle aus dem hebräischen Gesetz angeführt werden, in welcher die alte Anschauung erwähnt, aber durch eine höhere Rechtsvorstellung ersetzt wird: „Die Väter sollen nicht für die Kinder, noch die Kinder für die Väter sterben, sondern ein Jeglicher soll für seine Sünde sterben." (5. Mos. 24, 16.)

Wo auch der Reisende in wilden Gegenden wenige Familien antrifft, die in der Wüste umherschweifen, oder wo er im tropischen Walde in der Nähe eines Stromes einige Hütten antrifft, überall findet er, wenn er genau genug nachforscht, die rohen Anfänge einer Regierung, weil es überall Angelegenheiten giebt, welche die ganze Gemeinde betreffen, sei es dass ein Lagerplatz ausgewählt werden oder dass ein Fischereistreit mit einem benachbarten Stamme beigelegt werden soll. Es giebt vielleicht kein zweites Volk, bei welchem sich so geringe Spuren einer Regierung finden, als bei den Grönländern. Und doch hat man beobachtet, dass, wenn mehrere Familien den Winter hindurch in einer gemeinsamen Hütte wohnten, ein besonders wetterkundiger alter Fischer seinen Platz am Nordende der Schneehütte hat. Derselbe übt die Aufsicht über die Insassen der Wohnung aus, sorgt dafür, dass sie die Schneewände in gutem Zustande erhalten und achtet darauf, dass sie zusammen die Hütte verlassen und wieder in dieselbe eintreten, damit nicht durch ein wiederholtes Oeffnen des Eingangs zu viel Wärme verloren geht. Auch wenn grössere Jagdzüge unternommen werden, so wird ein erfahrener Pfadfinder zum Führer ernannt. Bei uncivilisirten Völkern ist es etwas Gewöhnliches, dass ein durch Erfahrung oder Klugheit ausgezeichneter Mann zum Häuptling erkoren wird. Derselbe hat indessen keine oder nur geringe Macht über die Familien, er übt seinen Einfluss durch Ueberredung aus, die eine wesentliche Unterstützung in der öffentlichen Meinung findet. Natürlich nimmt die Familie des Häuptlings eine einflussreiche und hervorragende Stellung ein, was leicht dazu führt, dass die Häuptlingswürde in der Familie erblich wird. Wo die Erbfolge in weiblicher Linie herrscht und daher der Sohn des Häuptlings dem Vater nicht nachfolgt, ist der neuerwählte Häuptling gewöhnlich ein jüngerer Bruder oder ein Neffe mütterlicher Seite. Wo dagegen die Häuptlingswürde in männlicher Linie forterbt, da entwickelt sich ein patriarchalisches Regiment. Wenn ein einzelner Haushalt in einer unbewohnten Gegend eine neue Niederlassung begründet, so steht natürlich der Familienvater an der Spitze derselben. Auch wenn neue Hütten zu der ersten hinzukommen, bleibt er das Haupt des zahlreicher werdenden Stammes. Wenn er alt wird, so handelt sein ältester Sohn mehr und mehr in seinem Namen, und wenn er endlich stirbt, so wird der Sohn als sein Nachfolger in der Gemeinde anerkannt. Auf diese Weise entwickelt sich die erbliche Häuptlings- oder Patriarchenwürde. Aber auch bei dieser Art der Erbfolge kann der Berechtigte, wenn ihm die erforderlichen Eigenschaften fehlen, von der Nachfolge ausgeschlossen und seine Stelle durch einen Oheim oder einen Bruder eingenommen werden, ohne dass die Söhne des Ausgeschlossenen des Erbrechts verlustig gehen. Die patriarchalische Erbfolge ist sehr verbreitet, sie beschränkt sich keineswegs auf ein einzelnes Volk oder eine einzelne Rasse. Wir finden dieselbe z. B. heute sowohl bei den Bergvölkern Indiens, als auch bei westafrikanischen Negern. Uns ist die patriarchalische Herrschaft aus dem alten Testament bekannt, welches uns dieselbe in derjenigen Form zeigt, den sie bei einem Hirtenvolke annimmt und die wir noch heute fast unverändert bei den Arabern der Wüste sehen können, deren Stämme von Patriarchen, den Scheiks oder alten Männern regiert werden. Auch bei den arischen Völkern bildet das patriarchalische System die älteste Form des Staatswesens. Noch heute erkennen wir die Ueberbleibsel desselben in den indischen und russischen Dorfgemeinden, wo wir im Dorfältesten, der im Rathe der „Weissköpfe" den Vorsitz führt, den modernen Repräsentanten des von den Häuptern der jüngeren Zweige des Stammes umgebenen Patriarchen erkennen. Unter einer solchen milden Regierung können nur Völker von geringen Bedürfnissen in friedlichen Zeiten gedeihen, da der natürliche Communismus, der in der patriarchalischen Herrschaft seinen Ausdruck findet, nur da möglich ist, wo es keine Armen und Reichen giebt. Die schwache Seite dieser gesellschaftlichen Zustände liegt in dem Umstande, dass ein Fortschritt der Civilisation kaum möglich ist, wenn die Gewohnheit der Vorfahren als Richtschnur dient und die Gewalt in den Händen von Urgrossvätern liegt. Kriegerische Zeiten erfordern eine kräftigere und intelligentere Regierung, als diese, und die Veränderungen, welche aus den Nachkommen wilder Horden civilisirte Völker gemacht haben, waren zum grössten Theil das Werk des Kriegshäuptlings.

Wenn unter uncultivirten Völkern ein Krieg ausbricht, so wird der Friedenshäuptling bei Seite geschoben und ein Kriegshäuptling erwählt, oder bei kriegerischen Völkern steht der letztere zu allen Zeiten an der Spitze. Derselbe muss ein geübter Krieger sein und oft eigenthümliche Prüfungen bestehen, um seine Tüchtigkeit und Ausdauer nachzuweisen. Die Cariben erproben die Tüchtigkeit eines zum Kriegshäuptling Ausersehenen, indem sie ihn unbarmherzig schlagen und kratzen, in einer Hängematte über einem Feuer von grünen Blättern räuchern oder in ein Ameisennest einscharren. Bei chilenischen Völkern wird derjenige zum König erwählt, welcher von allen Bewerbern den dicksten Baumstamm auf seine Schultern heben und denselben am weitesten forttragen kann. Eine wunderbare Veränderung geht in diesen Gegenden vor sich, wenn ein Krieg ausbricht. Der lose Haufe wird zu einem Kriegsheer, dessen Befehlshaber die Macht über Leben und Tod besitzt. Als der Naturforscher Martius mit einem Miranhahäuptling durch einen brasilianischen Wald wanderte, kamen sie an einen Baum, an welchen ein menschliches Skelett mit Schlingpflanzen angebunden war. Der Häuptling erzählte, dass dieser Mann von ihm an diesen Baum angebunden und durch Pfeile getödtet worden sei, weil er seinem

Befehle, einen benachbarten Stamm gegen die einfallen-
den Umaua zu Hilfe zu rufen, nicht nachgekommen sei.
Bei barbarischen Völkern üben zuweilen der Friedenshäuptling und der Kriegshäuptling gemeinsam die Herrschaft aus, allein wenn Bogen und Speer einmal die
Oberhand gewonnen haben, so gewinnt der Kriegshäuptling einen überwiegenden Einfluss, der zur Alleinherr-
schaft führt. Der Krieg giebt dem kühnen und geschickten Führer eine unumschränkte Gewalt, die zwar
dem Namen nach mit dem Feldzuge aufhört, die aber in
Wirklichkeit leicht in lebenslängliche Dictatur übergeht.
Kriegerherrschaft in bürgerlichen Angelegenheiten ist
nichts anderes als Despotismus, und wenn der Kriegs-
führer so der Tyrann seines eigenen Landes werden
kann, so kann er noch leichter in einem eroberten Lande
zum Gewaltherrscher werden. Das Negerkönigreich
Dahomé, welches seit zwei Jahrhunderten unter dem
Drucke einer barbarischen Kriegerherrschaft steht, zeigt
uns, was sich ein Volk von einem Despoten gefallen lässt,
den es als eine Art Gottheit verehrt. Sie nähern sich
ihm auf allen Vieren kriechend und bestreuen ihre
Häupter mit Staub. Die Unterthanen sind alle seine
Sclaven, über deren Leben er nach Belieben verfügen
kann; die Frauen gehören alle ihm, er kann dieselben
verschenken oder verkaufen; das Land gehört ihm und
Niemand besitzt Eigenthum ohne seine Einwilligung.
Die Könige der asiatischen Völker waren theoretisch
ebenso unumschränkte Herrscher, als dieser, allein bei
fortschreitender Civilisation erlässt oder bestätigt der
König Gesetze, welche seine und seiner Nachfolger
Macht einschränken, das Leben der Unterthanen erträg-
licher machen und die gesellschaftlichen Zustände befestigen. Sobald die Religion im Staate Einfluss gewinnt,

nimmt dieselbe an der bürgerlichen und militärischen
Regierung Antheil. So können bei den Negern der
Hohepriester und der Kriegshäuptling die Häupter der
Regierung sein. Die Inca in Peru dagegen regierten als
Nachkommen und Repräsentanten der göttlichen Sonne
ihr Volk mit väterlichem Despotismus, der den Unterthanen vorschrieb, was sie thun, was sie essen, wie sie
sich kleiden und wen sie heirathen sollten. In einem
solchen Reiche muss die Königswürde in der göttlichen
Herrscherfamilie erblich sein. Ueberhaupt jede Monarchie,
wie sie auch zu Stande gekommen sein mag, strebt erblich zu werden und kriegerische Eroberer lieben es
namentlich, eine erbliche Dynastie nach dem Vorbilde
der patriarchalischen Herrschaft zu begründen. Die
Souveränität kann daher eine elective, eine erbliche, eine
militärische oder eine kirchliche sein und in der Geschichte aller Königreiche wird man die eine oder andere
Combination dieser verschiedenen Formen verfolgen
können.

Wie sehr der Krieg geeignet ist, auf die gesellschaftlichen Zustände einen befestigenden Einfluss auszuüben,
erkennen wir aus den Beschreibungen von Reisenden,
welche die Vorbereitungen gesehen haben, die ein Stamm
trifft, der im Begriffe steht, in ein fremdes Gebiet ein-
zufallen oder das eigene zu vertheidigen. Vorräthe
werden zusammengebracht, die sonst so eigenwilligen
Krieger ordnen sich dem Führer unter, Privatstreitig-
keiten treten zurück und machen einem allgemeineren
Patriotismus Platz. Entfernte verwandte Stämme vereinigen sich gegen den gemeinsamen Feind, benachbarte
Stämme schliessen Bündnisse ab und die Häuptlinge der
einzelnen Stämme ordnen sich den Befehlen eines von
Allen erwählten Führers unter. Hier erkennen wir die

einfachste Form einer organisirten Armee, deren einzelne
Theile von besonderen Befehlshabern geführt werden, die
selbst wieder unter einem Befehlshaber stehen, sowie die
einfachste Form einer Verbündung verschiedener Volksstämme, die auf höherer Civilisationsstufe zur Begründung
von Bundesstaaten, wie das alte Griechenland und die
Schweiz, führt. Wenn solche Verbündungen auch nach
beendigtem Feldzuge fortbestehen, so entwickeln sich aus
ihnen Nationen, in denen häufig, wie im alten Mexico,
der Häuptling des stärksten Stammes König wird. Eine
solche Verschmelzung findet namentlich leicht bei
Stämmen statt, die derselben Rasse angehören und verwandte Dialecte sprechen. Wenn sie sich zu einem
Volke vereinigt haben und einen gemeinsamen Namen,
wie Dorier oder Hellenen, annehmen, so beleben sie absichtlich die alte patriarchische Idee und leben sich in
die Vorstellung gemeinsamer Abstammung (*natio*, die
Geburt) ein, die oft in sagenhaften Erzählungen von
einem gemeinsamen Stammvater zum Ausdruck kommt.
Etwas anders ist der Verlauf der Dinge, wenn ein Kaffern-
häuptling die benachbarten Stämme mit Gewalt unter-
wirft, sich zum gemeinsamen Herrscher aufwirft, die
unterworfenen Häuptlinge zur Entrichtung von Tribut
und die Krieger zur Leistung von Kriegsdiensten zwingt.
Hier haben wir im kleinen Maassstab das Kaiserreich,
zwar ohne das glänzende Aeussere des Kaiserthums
Cäsar's oder Napoleon's, aber im Grunde nicht wesentlich
von diesen verschieden. Es ist, wie man aus dem Gesagten leicht erkennen wird, eine schwierige Aufgabe,
aus der Urgeschichte der Völker zu erkennen, bis zu
welchem Grade sie sich aus einem einzigen unvermischten
Stamm entwickelt oder sich durch Verbündung und Eroberung mit anderen Stämmen vermischt haben. Einen

guten Anhaltspunkt bei der Entscheidung dieser Frage
bietet die Anzahl und Verschiedenheit der Götter, welche
von einem Volke verehrt werden. Wo keine Vermischung
mit fremden Völkern stattfindet, da bilden die Namen
und die Verehrung der gemeinsamen Stammgötter ein
Band, welches die einzelnen Stämme zusammenhält. Wo
sich ein Stamm weit von den ursprünglichen Wohnstätten
entfernt, da wird häufig der Zusammenhang mit der alten
Heimath durch Wallfahrten zu den heiligen Stätten derselben erhalten. Wo aber verschiedene Völker mit einander verschmelzen, da wird die Verehrung der Götter
jedes dieser Völker beibehalten. So wurden bei den
Peruanen die Götter der unterworfenen Völker den
eigenen grossen Gottheiten beigesellt. Die verschiedenen
Combinationen von Göttern in den einzelnen Districten
des alten Aegyptens lassen erkennen, aus wieviel kleinen
Staaten und localen Religionen sich das grosse despotisch-
hierarchische Staatswesen entwickelte. Aus dieser Entwickelung der Nationen, die lange vor der historischen
Zeit anfing, ist die höhere Civilisation des Menschengeschlechtes entsprungen. So lange ein Land nur von
wenigen zerstreuten barbarischen Familien bewohnt wird,
ist kein Bedürfniss für eine starke Regierung. In
einem dichtbevölkerten Lande mit grossen Städten ist
dagegen eine geordnete Staatsgewalt eine Nothwendigkeit. Dass sich das politische Staatswesen aus dem
Kriegswesen entwickelt hat, unterliegt keinem Zweifel.
Durch den Krieg erhielt der Herrscher nicht nur die
Gewalt über ein ganzes Volk, sondern das Heer diente
auch als Vorbild für die Organisation des Volkes. Die
Geschichte lehrt uns deutlich, dass die Menschheit durch
die militärische Disciplin lernte, sich der Autorität zu
fügen und in Massen auf Befehl zu handeln. Die Aegypter

und Babylonier mit ihrem Militärsystem, welches nicht nur das Heer, sondern auch die Priesterschaft und die bürgerlichen Unterthanen beherrschte, brachten unter allen Völkern des Alterthums Industrie und Wohlstand auf die höchste Stufe und waren die Begründer der Literatur und Wissenschaft. Ihnen verdanken wir die Grundlage des modernen Staatswesens, dem wir uns zu unserem eigenen Vortheile freiwillig unterordnen. Eine constitutionelle Regierung, sei sie republikanisch oder monarchisch, ist eine Einrichtung, durch welche sich eine Nation vermittelst der Maschinerie eines Militärdespotismus selbst regiert.

Sobald sich die Gesellschaft nach Stämmen und Nationen gliederte und so zu einem verwickelteren System wurde, entwickelte sich auch der Gegensatz verschiedener Classen oder Stände. Betrachten wir z. B. den berühmten ersten Grundsatz der Vereinigten Staaten, dass alle Menschen von Natur gleich sind (*created equal*), so finden wir in Wirklichkeit eine solche Gleichheit nur bei wilden Jagd- und Waldvölkern, ja selbst bei diesen nicht einmal überall. Der Gegensatz zwischen Freien und Sclaven ist da, sobald der Krieger den überwundenen Feind am Leben lässt und ihn nöthigt, für ihn die schwere Arbeit des Ackerbaues zu besorgen. Auf einer wie tiefen Stufe der Civilisation die Sclaverei auftritt, geht daraus hervor, dass bei einigen niederen amerikanischen Völkern eine Sclavenkaste existirt, welcher das Tragen von Waffen verboten ist. Bei den alten Culturvölkern bildete die Sclaverei ein wesentliches Glied der gesellschaftlichen Ordnung und im hebräischen Patriarchalsystem zählt der Knecht und die Magd als Vermögensobject unmittelbar vor dem Ochs und dem Esel. Dass es bei den Römern nicht viel anders war, beweist schon das Wort Familie, welches ursprünglich nicht die Kinder, sondern die Sclaven (*famulus*) bedeutete. Wir leben in einer Zeit, in welcher bei den höheren Nationen die letzten Spuren der Sclaverei verschwinden, trotzdem geniesst die moderne Welt die Vortheile, welche die Gesellschaft einer früheren Culturstufe aus dieser Einrichtung zu ziehen verstand. Durch Sclavenarbeit wurden Ackerbau und Industrie gefördert, Reichthümer angehäuft und den Priestern, Gelehrten, Dichtern und Philosophen Musse gegeben, die geistige Bildung auf eine höhere Stufe zu erheben. Aus der Sclaverei entwickelte sich wahrscheinlich die Dienstleistung gegen Lohn, wie noch aus dem Worte *service* zu erkennen ist, welches von *servus*, der Sclave, abstammt. Anfangs vermiethete der Herr seine Sclaven zu seinem eigenen Nutzen, später fanden es die Freien vortheilhaft, in ihrem eigenen Interesse zu arbeiten, und so entstand die grosse Classe der Lohnarbeiter, die ein so wesentliches Glied der modernen Gesellschaft bildet. In allen Gemeinden, ausgenommen die kleinsten und einfachsten, zerfallen die Freien in verschiedene Stände. Die alten Normannen zerfielen in drei Classen, Earls, Churls und Thralls, die ungefähr unseren heutigen Adeligen, Freien und Sclaven entsprechen. Der Adel selbst zerfällt wieder in verschiedene Stufen, namentlich eine höhere, welcher die Glieder der Herrscherfamilien oder die Fürsten angehören, und eine niedere, deren Glieder in dem Heere, dem Staate und der Kirche die Stellen von Führern oder Beamten bekleiden.

Wenn ein Volk grösser, reicher und intelligenter wird, so bedarf der Regierungsapparat einer Verbesserung. Die alten einfachen Methoden reichen nicht mehr aus und es muss in der Staatsverwaltung eine Theilung der Arbeit eingeführt werden. Eine der ältesten Pflichten

eines Häuptlings war die Rechtsprechung. So gehört es
z. B. zu den Geschäften eines Kaffernhäuptlings, die Klagen
der streitenden Parteien, deren jede ihm einige Ochsen
zum Geschenk macht, anzuhören und den Streit zu
schlichten. Eine höhere Civilisationsstufe repräsentirt
der orientalische Monarch, der in öffentlicher Versammlung zu Gericht sitzt, oder der König bei den alten
Germanen, der mit der Krone auf dem Haupt in seinem
eigenen Hofe Recht sprach. Auch heute noch geschieht
die Rechtsprechung im Namen des Königs, obgleich sie
längst in die Hände von Berufsrichtern übergegangen ist.
Aehnlich verhält es sich mit anderen Zweigen der Staatsverwaltung. Als die Civilisation die altägyptische und
babylonische Stufe erreicht hatte, lag die Verwaltung in
der Hand von Beamten, die in verschiedene Grade zerfielen, wie die Officiere des Heeres, und die die Steuern
erhoben, die öffentlichen Arbeiten beaufsichtigten, Vergehen bestraften und Streitigkeiten schlichteten. Auch
die modernen Völker werden in ähnlicher Weise wie die
Völker des Alterthums durch einen Beamtenstand regiert
und selbst die freiesten Nationen der Gegenwart behalten
die Formen der absoluten Monarchie bei, in welcher die
dem Souverain zustehende Gewalt durch Diener der
Krone ausgeübt wird. In der Staatsverwaltung wilder
und barbarischer Völker finden sich bereits die Anfänge
des modernen Regierungssystems. Wir finden bei solchen
Völkern bereits die Würde des Häuptlings oder Königs,
die auch auf höheren Stufen der Civilisation fortbesteht.
Selbst der Präsident einer Republik ist gewissermaassen
ein für eine beschränkte Zeitdauer erwählter König.
Nicht minder alt ist der Senat oder der Rath der
Aeltesten. Bei Völkern, die keine geschriebene Ueberlieferungen besitzen, besitzt der Rath der Alten einen

verhältnissmässig viel bedeutenderen Einfluss, als der
Senat bei einem civilisirten Volke. Einer solchen be-
rathenden Versammlung gehören erfahrene alte Leute,
Priester, hohe Beamte und die Häupter grosser Familien
an, so dass ausser der Erfahrung des Alters auch der
Rang zum Eintritt in die Versammlung berechtigt und
der Senat zugleich zum Herrenhause wird. Mit dem
Beginn des politischen Lebens erscheint auch die Volksversammlung. Bei kleinen Stämmen versammelt sich die
ganze Gemeinde oder es kommen wenigstens die sämmtlichen Freien zusammen. Selbst bei den Waldvölkern
Brasiliens werden gewisse feierliche Formalitäten beobachtet, wenn die Stammesgenossen vom Häuptling
zusammengerufen werden, um gemeinsame Angelegenheiten, etwa ein Jagdunternehmen oder eine Kriegsfahrt,
zu berathen. Die Versammlung hört die Redner ruhig
an und wenn sie denselben beistimmt, so giebt sie dasselbe durch Zurufe zu erkennen. Civilisirtere Formen
der Volksversammlung sehen wir z. B. in der achäischen
Agora, die im zweiten Buch der Iliade geschildert
wird und die Freeman mit der grossen Volksversammlung vergleicht, die zur Zeit Eduard des Bekenners in
der Nähe von London abgehalten wurde. Selbst in
unseren Tagen ist die grosse Volksversammlung in Europa
noch nicht verschwunden. Noch heute versammelt sich
zuweilen in der Schweiz die Bevölkerung eines Cantons
auf einem grossen Platz oder einer Wiese, um über die
Fragen, welche die Behörden zu entscheiden haben, mit
Ja oder Nein abzustimmen. Das Zusammentreten des
ganzen Volkes zu einer Berathung ist natürlich nur bei
verhältnissmässig sehr kleinen Volksgemeinden möglich.
Bei grösseren Völkern wird die Autorität der Gesammtheit in einer weniger schwerfälligen Form dadurch auf-

recht erhalten, dass das Volk Vertreter erwählt, die in
seinem Namen handeln. Dies ist ein sehr naheliegender
und einfacher Ausweg, und der erste wilde Volksstamm,
der einen vertrauenswürdigen Redner absandte, um über
Krieg und Frieden zu verhandeln, brachte die Idee der
politischen Vertretung zur Geltung. Einen der bemerkenswerthesten Vorgänge in der politischen Geschichte bildet die Entwickelung der Volksvertretung in
England aus dem berühmten Parlament Simon von Montfort's im dreizehnten Jahrhundert. Es ist Sache der
Geschichtsforscher, näher zu untersuchen, auf welche
Weise die Ritter und Bürger das Recht erwarben, die
Forderungen des Königs zu bewilligen, ein Recht, aus
welchem sich das heutige Unterhaus entwickelt hat.
Hier mag nur auf die grosse Umwälzung hingewiesen
werden, die uns das Unterhaus oder das Haus der Gemeinen gab, während die alte gemischte aber schwerfällige Volksversammlung zum aristokratischen Oberhaus
oder Herrenhaus zusammenschrumpfte. Kein Ereigniss
in der englischen Geschichte hat auf die Entwickelung
der modernen Civilisation einen so bedeutenden Einfluss
ausgeübt, als dieses. Wenn wir betrachten, wie sich das
Regierungswesen bei den aufgeklärtesten modernen
Völkern entwickelt hat, so erkennen wir, dass dasselbe
seine Ziele nicht dadurch erreicht, dass es die Methoden
unserer barbarischen Vorfahren bei Seite wirft, sondern
vielmehr dadurch, dass es dieselben beibehält und durch
Verbesserung und Umformung den modernen Verhältnissen anpasst. Die Staatsverwaltung unter souveräner
Autorität, die Controle des Senats und die durch den
Willen der Nation selbst bedingte politische Macht wirken
zusammen, um das Interesse der Gesammtheit wahr-
zunehmen und Ausschreitungen zu verhindern, während

die Verfassung einer fortwährenden Verbesserung fähig
ist, so dass sie es gestattet, den Regierungsmechanismus
immer mehr zu vervollkommenen.

Hiermit mag die vorliegende Skizze der Anthropologie geschlossen werden. Wir begannen dieselbe mit
der Frage nach dem Alter des Menschen auf der Erde,
setzten dieselbe mit der Betrachtung der körperlichen
Merkmale, der verschiedenen Rassen und Sprachen fort
und beendigten dieselbe mit einer Uebersicht über die
historische Entwickelung der geistigen und gesellschaftlichen Zustände. In den verschiedenen Lebensverhält-
nissen des Menschen lässt sich deutlich eine Entwickelung
verfolgen, die zwar nicht frei von Perioden des Stillstands
und Rückschritts ist, die aber dennoch den Menschen
auf eine höhere und glücklichere Culturstufe emporgehoben hat. Wie aus dem Inhalt der vorhergehenden
Capitel hervorgeht, zeigt sich in dieser Entwickelung ein
grosser Unterschied bei niederen und höheren Völkern.
Sowohl bei wilden, als auch bei civilisirten Völkern
schreitet die Cultur fort, aber nicht unter denselben Bedingungen. Der Wilde betrachtet es niemals als seine
Lebensaufgabe, mehr Kenntnisse zu erwerben und bessere
Gesetze zu machen, als seine Väter. Im Gegentheil, er
hat die Ueberzeugung, dass das Wissen, welches er von
seinen Vorfahren ererbt hat, einer Verbesserung nicht
bedarf. Daher setzen uncultivirte Völker der Ausführung
der wünschenswerthesten Reformen einen hartnäckigen
Widerstand entgegen, und ein wirklicher Fortschritt vollzieht sich bei ihnen mit einer Langsamkeit, von der wir
kaum eine Vorstellung haben. Wenn wir die Lebensverhältnisse uncivilisirter Völker betrachten, so gewinnen
wir die Ueberzeugung, dass diese Abneigung gegen Neue-
rungen in manchen Fällen vollkommen berechtigt ist.

Der Wilde kennt keine anderen Verhältnisse, als diejenigen, unter denen er selbst lebt, und er würde daher
voreilig handeln, wenn er bewährte Einrichtungen auf-
geben und sich in Umwälzungen stürzen wollte, die vielleicht das vorhandene Gute zerstören, ohne dasselbe
durch Besseres zu ersetzen. Je mehr sich bei einem
Volke der Umfang der Erfahrung erweitert, desto
schneller erhebt es sich auf eine höhere Culturstufe.
Wir sind im Besitze dieser erweiterten Kenntnisse, die
den Alten fehlten. Wir sind über die Vorgänge und
deren Folgen aus allen Theilen der Erde unterrichtet
und können daher mit grösserer Zuversicht auf günstigen Erfolg an eine Verbesserung der bestehenden Zustände herantreten. Wir stehen nicht mehr, wie die
Naturvölker, auf der Stufe des unbewussten, sondern auf
der Stufe des bewussten Fortschritts. Der Leser wird
bereits selbst aus den Thatsachen, mit denen ihn der Inhalt des vorliegenden Werkes bekannt gemacht hat, die
Ueberzeugung gewonnen haben, dass das Studium der
Anthropologie und Civilisation nicht nur ein wissenschaftliches Interesse bietet, sondern dass es auch für die
Interessen des praktischen Lebens nicht ohne Bedeutung
ist. Es setzt uns in den Stand, die Stellung des Menschen
in der Welt, wenn auch nicht mit voller Bestimmtheit
und Vollkommenheit, aber doch jedenfalls deutlicher zu
erkennen, als irgend eine frühere Generation. Die
Kenntniss der Entwickelungsgeschichte der Menschheit
von den ältesten Zeiten bis zur Gegenwart setzt uns
nicht nur in den Stand, mit sicherem Schritte der Zukunft entgegenzugehen, sondern dient uns auch als
Führer in der Pflicht, die Welt der folgenden Generation
in einem besseren Zustande zu überliefern, als wir sie
vorfanden.

REGISTER.

CPSIA information can be obtained at www.ICGtesting.com
Printed in the USA
BVOW06s1920291213

340423BV00001B/10/P

9 781143 886065